U0819868

财政部规划教材
“十三五”普通高等教育规划教材
“创赢未来”大学生创新创业教育系列规划教材

# 虚拟商业社会环境（VBSE）跨专业综合实训教程

党建宁　向海斌　车红岩　主　编

中国财经出版传媒集团
中国财政经济出版社

**图书在版编目（CIP）数据**

虚拟商业社会环境（VBSE）跨专业综合实训教程／党建宁，向海斌．车红岩主编．--北京：中国财政经济出版社，2020.7（2022.1重印）

财政部规划教材　“十三五”普通高等教育规划教材　“创赢未来”大学生创新创业教育系列规划教材

ISBN 978-7-5095-9826-9

Ⅰ.①虚…　Ⅱ.①党…②向…③车…　Ⅲ.①企业经营管理-应用软件-高等学校-教材　Ⅳ.①F272.7

中国版本图书馆CIP数据核字（2020）第083497号

责任编辑：蔡　宾　　　　责任校对：李　丽

封面设计：陈宇琰

中国财政经济出版社 出版

URL：http：//www.cfeph.cn

E-mail：cfeph@cfeph.cn

（版权所有　翻印必究）

社址：北京市海淀区阜成路甲28号　邮政编码：100142

营销中心电话：010-88191537　编辑部门电话：010-88190666

北京富生印刷厂印刷　各地新华书店经销

787×1092毫米　16开　23印张　562 000字

2020年7月第1版　2022年1月北京第2次印刷

定价：53.00元

ISBN 978-7-5095-9826-9

（图书出现印装问题，本社负责调换）

本社质量投诉电话：010-88190744

**打击盗版举报热线：010-88191661　QQ：2242791300**

“创赢未来”大学生创新创业教育系列规划教材

# 编 委 会

编委会主任：王学军（兰州财经大学副校长）

编委会成员：王　峰　党建宁　许云斐　向海斌　王敏凤

卢世军　秦文进　车红岩　颜为民

# 前　言

随着社会经济的发展，社会各个行业领域对于人才的需求越来越趋向于具有创新精神和实践技能的复合应用型人才，高校也在逐步深化实践实训课程改革，注重培养学生的动手操作能力。就能力拓展和素质提升而言，训练学生实操能力最有效的方式就是走入企业深入岗位进行实际锻炼，然而，在现实情境中，很少有企业能够提供核心关键岗位供学生进行实习或实践，一般都是一些基础性或观摩类岗位工作，仅能让学生在实际情景中进行参与式观察与感悟。学生往往由于无法上手操作而无法掌握或理解企业或行业的结构化全链条的生产经营过程，最终导致实习实践等环节徒有其表而流于形式，无法到达实践育人的初衷和预期。

本实训教程基于新道科技股份有限公司推出的 VBSE 跨专业综合实训平台（V 综 3.5）编写而成。VBSE（Virtual Business Social Environment）即虚拟商业社会环境，是基于“把企业搬进校园”的理念研发的一种跨专业综合仿真实训平台，该平台的校园教学平台来真实还原商业社会的实际情况，全面模拟现代商业社会中的真实场景和工作情境，以制造企业为核心，设置上下游工贸企业、经销商、连锁企业、国际贸易、物流公司等企业的供应商、客户等，也有会计师事务所、招投标机构、银行等服务组织，还有工商局、税务局、社保局等政务组织。通过对典型单位、部门和岗位的模拟，在实训教学中，学生在课堂上就能身临其境的参与“岗位工作”，由不同专业的学生分工协作，共同完成系统推送的工作任务，在完成每笔业务的过程中感知工作环境，提升实训者的岗位技能、职业素养、业务处理能力、经营决策能力和创新创业能力。

本书详细介绍了虚拟商业社会环境运行的各项规则和各类型企业的 200 多项业务流程，主要包括相关理论、业务概述、具体步骤、操作要点和注意事项。重点介绍了固定经营和自主经营的相关业务。针对固定经营和自主经营每一类业务，详细地介绍了业务流程和业务操作步骤，让学生能迅速找到自己所在组织中要完成的业务，按书中提示准确无误地完成相应的实训任务。

本书的特色之处，包括以下几点：一是依托新道 VBSE 最新版本 V 综 3.5，知识点最新，起点更高；二是列举了众多企业和社会组织，便于学生自主选择心仪的企业或组织，挑选适合的岗位参加实训；三是设置企业运作的职能部门、岗位、流程、业务等，全面仿真数据、货币、单据、账簿、营业执照、公章、合同、工作文档等，使学生能够完整地体验真实的企业工作环境。

本书由党建宁、向海斌、车红岩担任主编，实锦参编。编写分工如下：第一章、第二章、第六章、第八章由党建宁编写，第三章至第五章由车红岩编写，第七章由实锦编写，第九章至第十三章由向海斌编写。全书由党建宁负责审核、修改和总纂。

在本书的编写过程中，得到了新道科技股份有限公司甘青省区总经理李巧柔和服务顾问闫贵山等同志的大力支持，在此表示衷心感谢。

本书在编写过程中，编者不敢有丝毫懈怠，但由于时间仓促和水平有限，书中难免存在疏漏之处，敬请广大读者批评指正。

**编者**

2020 年 2 月 26 日

# 目　　录

# 第一章

# VBSE 创新经济管理类专业实训教学模式

## 第一节 VBSE 课程概述

高等教育承担着培养面向生产、建设、服务和管理第一线需要的高技能人才的使命。高等教育要依托政府，积极与行业、企业合作，参照相关的职业资格标准开发课程，根据技术领域和职业岗位（群）的任职要求，改革人才培养模式、课程体系、教学内容、教学方法和手段，注重基础理论学习，强化实际操作水平，提升跨专业应用能力的培养；要充分利用现代信息技术，开发虚拟实验、虚拟工艺、虚拟车间、虚拟工厂，把企业搬进校园，做到校中有厂，厂中有校；要使企业在分享学校资源优势的同时，参与学校的改革发展，使学校在校企合作中创新人才培养模式；教育学生学会交流沟通和团队协作，提高学生的创造能力、创新精神和创业能力。

跨专业综合实训作为一门实践课程，其核心理念在于"把企业搬进校园"，它通过将企业真实的岗位、业务、数据和业务流程教学化和产品化，在课程上为院校学生提供了逼真的企业实习环境。VBSE 是 Virtual Business Society Environment 的缩写，代表着虚拟商业社会环境，VBSE 希望通过对不同形态组织典型特征的抽取，营造一个虚拟的商业社会环境，让受训者在虚拟的市场环境、商务环境、政务环境和公共服务环境中，根据现实岗位的工作内容、管理流程、业务单据，结合与教学目标适配的业务规则，将经营模拟与现实工作接轨，进行仿真经营和业务运作。VBSE 可进行宏观、微观管理、多人协同模拟经营，是一个可以满足多专业学习与实践的一体化实训课程。

### 一、VBSE 实训的意义

近年来，随着实践教学改革不断深化，各高等院校相继建立了一系列实验室，实践教学质量不断提高，在培养高素质“三创”人才中发挥了积极的作用。从另外一个角度看，高校实验室建设是以自身专业为信托，独立建设，分散实施，目的是解决专业教学计划中所开设课程的实验课，在一定程度上满足各院系的独立教学。但从深层剖析，仍然存在一些问题。

（一）课程综合性无法满足社会对人才的需求

院校培养人才的最终目的是为社会培养优秀人才，按照知识经济时代对管理人才的全新定义，每个人都是社会环境中与他人协同工作，除了要了解自身的工作内容，还要理解与社会供应链中其他组织、个人的协同关系，这样才能更好地适应社会环境，凸显个人价值。高校毕业生应成为具有知识+技术+综合素质+创新精神的“宽专多能”型人才，才能更受用人单位青睐。目前高校的实训课程主要是单一的专业实训，并不涉及跨专业的岗位和职业群，且缺乏系统性、仿真性和综合性的知识应用和能力训练。实验室建设没有考虑实践教学和实验室的层次性和系统性，缺乏整体性设计，使实训室资源相互孤立，未能有效整合，使用效率低下，实训形式单一，缺乏跨专业综合实训的环境，导致学生在整个实训过程中与整个职业环境脱节，对企业内部关系及其与企业外围相关的经济活动与管理部门之间的业务关联缺乏了解，只见树木不见森林，无法满足社会对人才的要求。

（二）毕业生与单位的要求有差距

毕业生的能力可以通过其对岗位的适应程度去考量和评价，主要表现在毕业生自身和企业人力资源部门两个视角。

1. 学生自我评价视角：图1-1显示的是麦可思公司对毕业两年后大学生适应工作岗位情况的调查。从中可以看出“实习和实践环节不够”“无法调动学生学习兴趣”和“课程内容不实用或陈旧”是毕业生所认为的专业教学中需要改进的地方。

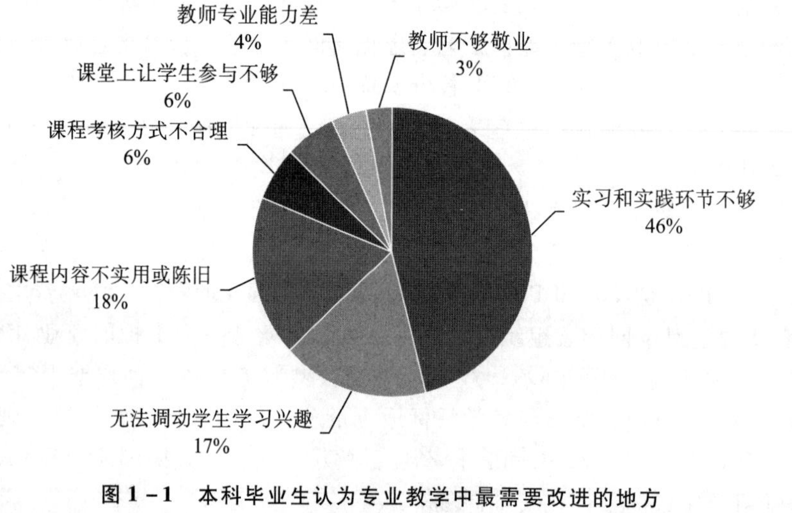


**图1-1　本科毕业生认为专业教学中最需要改进的地方**

2. 企业人力资源部门视角：企业人力资源部门对所招聘应届毕业生的评价更为客观，表1-1显示的是企业人力资源部门对高校毕业生在工作岗位上的表现所做出的评价。从表中可以清晰地看出“实践动手能力”和“组织协调能力”是企业对毕业生最不满意的两项，这一调查结果和从学生视角的调查数据结果基本吻合。

表 1-1 企业对高校毕业生表现的评价
（5 分代表最好，1 分代表最差）

| 考察项目 | 全体 | 研究生 | 本科生 |
| --- | --- | --- | --- |
| 工作态度及职业道德 | 3.6 | 3.6 | 3.6 |
| 专业知识适应情况 | 3.0 | 3.6 | 2.6 |
| 实践动手能力 | 3.0 | 3.1 | 2.7 |
| 创新意识和创新能力 | 3.3 | 3.7 | 3.1 |
| 合作精神 | 3.4 | 3.4 | 3.6 |
| 组织协调能力 | 2.8 | 2.9 | 2.6 |
| 知识面 | 3.2 | 3.6 | 2.8 |

未来企业是“创新、高效、绿色”且全面信息化的云端企业，漫步云端是企业信息化的新境界。云时代人才培养当以应用型人才培养为导向，而 VBSE—“虚拟商业社会环境”是解决经济管理类专业学生实训瓶颈的根本出路，其在中国教育改革和人才培养上走出一条“新道”。

## 二、人才培养理念

VBSE 是通过把仿真企业搬进校园，建立起与实践教学相适应、仿真社会真实经济环境、教学资源分级共享、教学成果可分析整理、理论学习与实践一体化的多专业综合实训中心，从根本上提高实践教学质量，整体提高学生综合素质，拓展并提升学生的职业能力。其立意之根本是“为企业提供高潜质、有全局观的实务型岗位人才，为院校培养受企业欢迎的新型、合格学生，为学生缩短成为社会精英的学习、成长路径”，实现了“院校人才培养”与“社会商业发展”的协调同步，从而确立了高校实训教学的新高度，如图 1-2 所示。

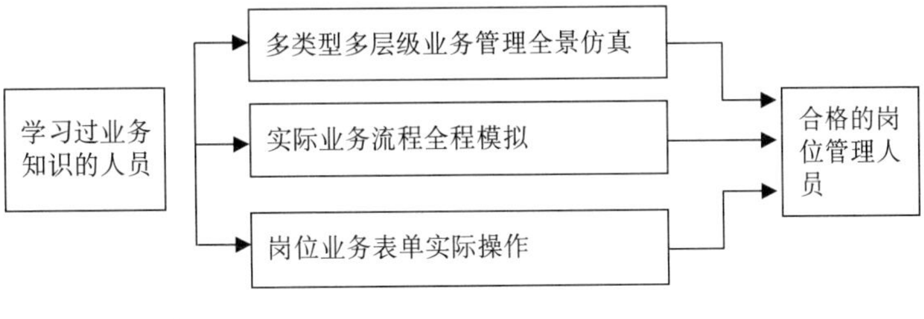


图 1-2 VBSE 人才培养理念

## 三、VBSE 系统架构

（一）VBSE 平台简介

VBSE 综合实践教学平台 3.5 是基于新一代的产业经济形态，构建集市场环境、商务环境、政务环境和公共服务环境为一体的虚拟商业社会环境，可以满足经管类多专业学习与实践的综合实践教学平台。

通过统一的虚拟数据库、知识点、教学资源及运行数据库，为经管类专业提供系统化的实训实习课程体系，用手工训练环节让学生熟悉企业业务逻辑，用信息化训练环节让学生掌握企业实际使用的第三方管理软件工具，从而能够实现让经济管理类毕业生成为“管理信息化企业的合作入门劳动力”的应用型人才培养目标，应用模式如图 1－3 所示。

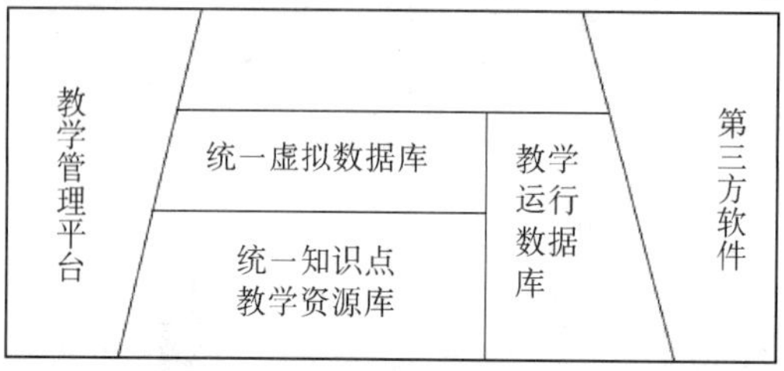


**图 1－3　VBSE 应用模式**

通过模拟现实岗位工作内容、业务流程、业务单据，结合与教学目标适配的业务规则，学生置身其中进行岗位分工、角色扮演、业务运作、仿真经营，体验产业经济环境下组织间的分工、协同与发展，达到全面认知企业体验职业岗位的要求，培养在现代商业社会中从事经济活动所需的岗位技能、职业素养、经营决策能力和创新创业能力。同时新形态实训课程以及信息技术和网络教学资源的融合，兼具了指导学生自主开展学习，学会工作、学会思考，从而培养学生在协同工作中的全局意识和综合职业素养，实现“把企业搬进校园”的教学理念。

### （二）平台功能

虚拟商业社会环境平台是一款 B/S 的软件，学员可以通过浏览器访问平台。VBSE 技术平台是支撑实训实习课程体系的基础平台，是制作课程的工具、授课与学习的载体、教学管理的平台。通过技术平台可以实现跨专业在标准实训实习课程体系的基础上，结合自身办学特色、区域经济特征，发挥既有办学优势，形成一套独特的应用型人才培养体系。平台原理如图 1－4 所示。

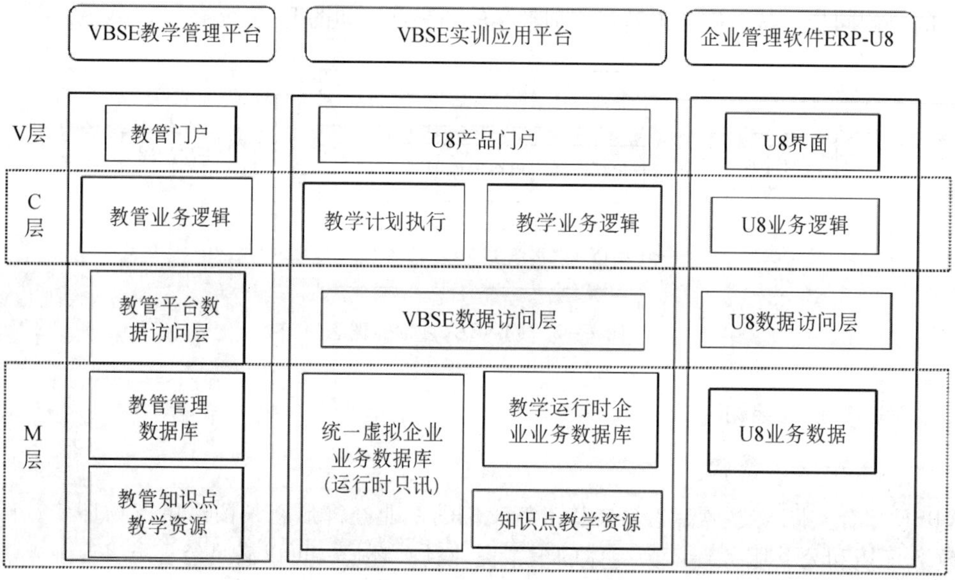


**图 1－4　VBSE 技术平台原理**

平台具有三大功能：课程制作工具、教师授课与学生学习载体以及教学管理平台。

1. 课程制作是指院校可以利用该技术平台进行课程的开发与课程组合；课程开发是指院校在该技术平台上开发和制作课程；课程组合是指利用已有课程根据不同的教学目标组合出新的课程。

2. 教师授课与学生学习载体是指教师可以使用平台进行授课，主要以推送知识点任务的方式进行。学生学习载体主要是指学生可接受教师推送的任务，呈现在学生面前的任务有两种类型——科学类知识点和手艺知识点。科学类知识点主要是以三分屏的方式呈现，是关于知识点的 Flash 视频、教学 PPT 以及电子教材；手艺类的知识点主要是软件操作界面已有的有关软件操作的流程说明。

3. 教学管理平台是指平台承担教学管理的任务，具体包括课程参数设置模块、试题分类模块、试题导入模块、考核方案设置模块、组织规则模块、试卷结构模块、单项成绩查询模块、课程成绩查询模块、学生信息导入模块、用户管理和授权利模块、班级信息模块、教学资源搜索模块、教学大纲执行模块、教学进度查询模块。

## 第二节　VBSE 设计理念及知识体系结构

### 一、VBSE 实训课程特点（VBSE 设计理念）

VBSE 实现具有不同专业背景的学生在完成专业课程学习之后，走向工作岗位之前有一个全面触摸社会供应链的核心链条环节和功能的机会，理解在社会供应链中局部与整体之间的关系，体验基于流程的动作方式：体验每个岗位在社会供应链中的位置、所负责的工作及与他人的协作关系，找到“职业角色”的感觉，为走向社会做好充分的准备。实训课程特点如图 1 - 5 所示。

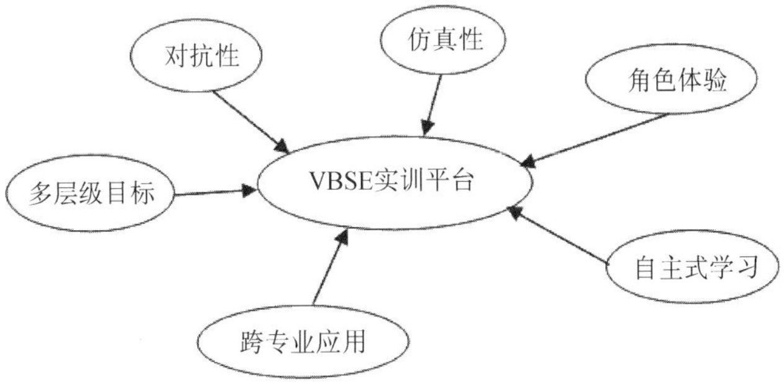


**图 1 - 5　VBSE 课程特点**

1. 对抗性：将参与体验的学生分为几个大组，每个大组模拟一个社会供应链；它们彼此之间是相互竞争的关系，通过营造竞争氛围，有利于激发大家的“斗志”，发挥自己的“潜能”，增加课程的对抗性。细节设计体现在：

（1）效率：现代社会追求快节奏和高效率。企业管理全景仿真中记录了每个岗位任务的完成时间和整个企业的运营时间作为描述效率的指标之一。

（2）效益：每个员工的绩效考核是和企业的整体绩效、部门绩效分不开的，管理全景仿真中以绩效目标为引领，将岗位工作与绩效融合在一起。

2. 仿真性：从现实社会不同的企业原型中抽取核心企业组织的典型业务及与外部服务机构的关联业务形成若干业务场景。全程仿真国际商务及企业运营，获得真实的业务体验。

（1）机构仿真：企业管理全景仿真中包含了制造业及相关外部环境（包括政府管理机构、服务行业、客户及供应商）等不同形态的组织仿真，构建了完整的虚拟商业社会环境。

（2）环境仿真：现代企业组织有两种管理环境：传统手工管理和信息化管理。企业管理全景仿真中涵盖了企业组织从手工管理到信息化实施到信息化管理的完整设计，使受训者深刻体验到两种管理环境下的业务流程及工作要求的不同。

（3）流程仿真：VBSE 通过对丰富的资源库的提炼，实现管理流程和业务流程与现实工作一致。

（4）业务仿真：企业管理全景仿真以岗位胜任为第一目标，针对实习岗位提炼了近百个关键任务和日常工作任务，懂业务才能会管理，针对每项任务，均有任务流程及执行的指导。

3. 角色体验：每个社会供应链的组织由若干学生组成，分别担任不同岗位，每个岗位都具有相应的责、权、利，相互配合完成完整流程。一个阶段的体验完成后，可以进行角色互换，体验不同工作岗位的要求及工作职能。

4. 自主式学习：填鸭式教学方式压抑了学生作为主体的能动性。教师转换角色，成为VBSE 实训内容的设计师和引导人。VBSE 采用开放式教学设计，以任务为引领，极大程度地激发了个人潜能，以学生为主体，倡导自主实训，以“训”促学，边“训”边学，学“训”结合。

5. 跨专业应用：不同的专业培养不同方向的专门人才，企业管理全景仿真中可以支撑工商管理、财务、市场营销、信息管理、金融、贸易、工业工程等多专业综合学习。每个专业的同学可以自主选择自己的工作岗位，并和企业中其他部门同仁一起协同工作，共同为企业创造价值。

6. 多层级目标：跨专业综合实训中心的教学活动不针对特定专业，而是关注企业、企业外部环境、关键岗位、典型业务的工作流程的训练。既要求对仿真环境的体验，又要求完成企业管理决策，还要求完成相应管理流程的任务，达到决策、执行、体验三位一体的实践教学目标。

## 二、VBSE 知识体系结构

VBSE 实训平台由“基本规则”到“管理理论与策略”的知识体系递进，借助“操作、逻辑、理论、应用”4 个方面的培养层级，保障了虚拟商业社会环境 VBSE 的人才培养目标，其知识体系架构如图 1－6 所示。

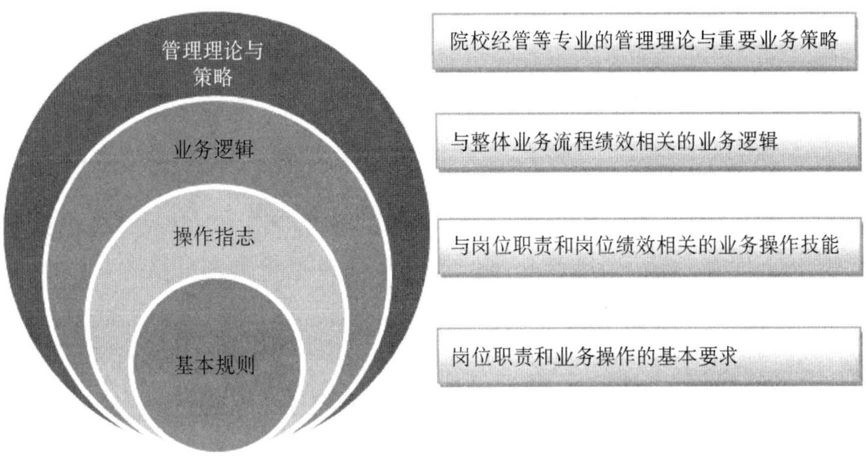


图 1－6 VBSE 实训课程知识体系架构

## 第三节 VBSE 实训流程

VBSE 实训课程的过程分为实训准备、岗位体验和实训总结三个阶段。

### 一、实训准备

实训准备阶段共要完成 8 道具体的流程。

1. 实训动员。仿真实习开始之前，由实习组织者就本次实习的目的、内容、时间安排、组织形式、实习要求、实习考核等内容做统一宣讲。通过实习动员会使学生：理解本次实习的意义、明确实习的要求及工作规范、了解实习考核评价指标体系。

2. 岗位胜任能力测评。实习之前，对所有同学做综合素质测评。综合素质测评由实习系统自动抽题、自动计分，题目类型包括基本素质、通用管理、营销、采购、生产、仓储、人力资源、行政管理、财务等各方面内容。该任务要求实训者了解实训岗位之后，在上岗之前进行一个在线的岗位胜任力测试，目的是了解自己、了解岗位、知己知彼，做到人职匹配。测评内容如表 1－2 所示。

表 1－2 岗位胜任力在线测评内容

| 步骤 | 测评项目 | 测评内容 |
|---|---|---|
| 1 | 能力测评 | 人际能力、执行能力、领导力和学习能力 |
| 2 | 特质测评 | 自信心、警觉性、诚信心 |
| 3 | 知识测评 | 企业注册、知识结构、营销、财务等 |
| 4 | 意愿测评 | 意愿性 |
| 5 | 精神测评 | 风险精神、创新精神、冒险性 |
| 6 | 综合测评 | 基本素质、财务管理、营销、采购、生产、仓储、人力资源、行政管理 |

在参与仿真实习的学生中，根据岗位胜任力测评结果，选取综合测评最高的作为 CEO 备选人选，再参考个人意愿及教师推荐，指定若干位 CEO 候选人。

3. 竞聘 CEO。CEO（Chief Executive Officer），即首席执行官。首席执行官是在一个企业中负责日常经营管理的最高级管理人员，也称行政总裁。CEO 向公司的董事会负责，在公司或组织内部拥有最终的执行经营管理决策的权力。

在 VBSE 实训中，采用竞聘方式确定每个管理团队的 CEO。竞选发言，由竞聘者陈述对 CEO 角色的理解、价值主张、处事原则等。所有参与实习的学生可以参与投票。最终以竞聘者得票多少决定是否胜出。

4. 招聘管理团队。为了快速组建公司管理团队，CEO 需要立即着手招聘企业人力资源主管。待人力资源主管选定后，和人力资源主管一起制作招聘海报、提出岗位职位要求，收集、筛选招聘简历，面试应聘人员。

这个阶段的实训目标是让参与实训者了解团队概念并掌握团队组建的方法；了解面试概念，掌握面试技巧；了解简历和概念并制作简历，待聘员工带着个人填写的应聘登记表去意向单位应聘，经过双向选择，最终确定自己的企业及岗位。

5. 公司成立。公司成立，熟悉企业基本情况，公司管理团队确认后，CEO 召开公司成立大会，介绍公司组织机构，对企业战略和企业未来发展前景与管理团队进行分享。

6. 领取办公用品。在正式开始实习之前，需要领用必须的办公设备及办公用具。信息化时代，公司为每位管理人员配备了电脑，并安装配置在工位上。除此之外，还要领用实习用到的单据、账表、企业公章、模拟货币等。办公用品领用完成后，各企业各岗位可以布置自己的办公区，为自己打造一个舒适的办公环境。

7. 岗前培训。现在每个人都有了明确的工作分工，也领取了开展工作必须的物品。那么在正式上岗之前，必须要接受岗前培训。岗前培训要教会员工完成工作所必需的知识和技能，让新员工掌握干好本职工作所需要的方法和程序。换句话说，就是让他们工作起来更富有成效，犯错误的可能性更小。在企业管理全景仿真实习中，岗前培训阶段必须掌握的内容有业务规则、关键任务和原始单据。

（1）熟悉业务规则。企业管理全景仿真中，把企业必须遵守的内外部环境限制抽象为业务规则，企业竞争是在同一环境下的竞争，熟悉业务规则就会掌握竞争的主动权。

（2）理解关键任务。每个实习同学在企业中都扮演着不同的岗位角色，相应地具有不同的岗位职责。岗位职责明确规定了职工所在岗位的工作任务和责任范围。企业管理全景仿真中，每个角色定义了不同数量的关键任务，学会这些关键任务的处理即具备了该岗位的基本胜任能力。

（3）认知原始凭证。原始凭证是指经办单位或人员在经济业务发生或完成时取得或填制的，用以记录经济业务发生或完成的情况、明确经济责任的会计凭证。例如，购物取得的发票。因此，无论你担任什么岗位，都要掌握原始凭证的填制、识别等基本要求。由于各项经济业务的内容和经济管理的要求不同，各种原始凭证的名称、格式和内容也是多种多样的。但是，所有的原始凭证（包括自制的和外来的凭证），都是作为经济业务的原始证据，必须详细载明有关经济业务的发生或完成情况，必须明确经办单位和人员的经济责任。因此，各种原始凭证都应具备一些共同的基本内容。原始凭证所包括的基本内容，通常称为凭证要素，主要有：

①原始凭证的名称；
②凭证的编号；
③填制凭证的日期；
④接受凭证单位名称（抬头人）与填制单位名称；
⑤经济业务简要内容；
⑥金额（单价、数量）；
⑦有关人员（部门负责人、经办人员）的签名盖章。

如果是开给外单位的原始凭证一定要加盖填制单位的公章或专用章。从外单位取得的原始凭证，也应由填制单位加盖公章或专用章。

为了保证岗前培训的效果，可以结合运用多种培训方式。包括教师现场培训、新手上路——多媒体课件和自学。

8. 熟悉企业期初业务数据。新的管理团队成立之后，要与好佳童车厂上一代管理者进行各项业务的交接，尤其关键的是要理清各部门管理的未完结的各项业务，以使各项业务能够连贯地延续下去。

部门职责不同，决定了其管理的业务类型不同。

## 二、岗位体验

岗位体验是综合实习的主体内容，根据企业管理环境不同，分为手工管理环境岗位体验和信息化管理环境岗位体验两个阶段。

1. 认知业务流程。业务流程是为达到特定的价值目标而由不同的人分别共同完成的一系列活动。活动之间不仅有严格的先后顺序限定，而且活动的内容、方式、责任等也都必须有明确的安排和界定，以使不同活动在不同岗位角色之间能够相互配合协同完成。业务流程是对企业关键业务的描述。从中可以体现出企业资源的配置、企业组织机构的设置以及一系列管理制度。

传统的高等教育划分了多个专业方向，专业的划分有利于教学实施和专业化发展，但同时会弱化全局观、不利于工作协同。因此，仿真实习的首要目标是认知企业业务流程，学会与他人协同工作，共同实现企业目标。

2. 完成岗位工作。仿真实习中，每个岗位的岗位工作都划分为两类：一类是业务流程中相互对接的工作，与他人的活动有严密的逻辑关系，称之为业务工作，如计划员在编制主生产计划时一定要根据营销部提供的销售订单汇总和市场预测数据；另一类是与岗位相关与其他部门无关的日常工作，如报销办公费等。

业务工作需要遵从逻辑关系，按照业务流程执行的先后顺序在系统提示下依序完成。日常工作可以根据需要随时完成。

3. 体验手工管理。这里的“手工”是指企业全部的业务处理及管理全部采用人工管理的方式。这是作为管理者必须亲身经历并深度体验的一个阶段。

制造企业通过生产过程将原材料转化为产品。要从这个转化过程中获得最大的价值，必须设计能高效生产产品的生产过程；进而必须管理作业从而更加经济地生产产品；管理作业就意味着对过程中使用的资源即人力、财力和物力进行计划和控制。管理层的计划和控制的主要方法是通过物料流动，物料流动控制着流程绩效。

手工管理方式下，无论是经济业务的发生，还是物流、信息流、资金流的流动都是以单据来体现的。通过手工管理方式，能清晰地洞察企业业务的发生是如何驱动了物流、信息流、资金流的流动，从而对企业经营管理的全貌有一个整体性认识。“懂业务会管理”是成为合格管理人才的必修课。

4. 体验信息化管理。经过一个时期的手工管理体验，企业深刻感受到信息化的必要性，因此准备采用信息化手段进行企业业务管理。

信息化不是对手工的简单复制，而是要结合企业业务需求和计算机系统的优势，对原有的业务进行梳理，优化业务流程，深化管理精度，提升管理效率。例如，信息化环境中，凭证只需录入一次，审核之后，系统自动完成记账，同时完成日记账、明细账、总账的记录。

企业信息化是一个复杂的系统工程，通过对信息化环境下岗位工作的完整体验，可以充分对比手工和信息化两种环境下的工作流程、岗位工作的不同，体验信息化给管理工作带来的方便和快捷。

## 三、实习总结

仿真实习结束了，每个人都满载着收获，或许也带着些许的遗憾。这将是你成长中的一段重要经历，是开启你未来职业生涯的新起点。

实习总结是仿真实习的最后一个环节，记入整体实习成绩的一部分。作为实习体验的真实写真，通过它你可以与大家分享你内心的点点滴滴，分享你成长的心路历程，它也将作为你一生中最值得记忆的一段经历被永久珍藏。

# 第二章

# 应用指南

## 第一节　VBSE 系统操作及教学组织

### 一、VBSE 系统操作原理

虚拟商业社会环境（VBSE）系统，相当于一个办公自动化平台，同一组织不同部门的岗位，或不同组织的关联岗位，统一在这个平台上共同完成业务处理。

VBSE 系统提供两种身份登录，一个是教师身份；另一个是学生身份。教师身份登录后，可以进行课程设置、任务推送和学生管理，可以查看学生经营的情况、控制实训进程；学生登录平台，可以接收教师推送的任务，完成自己岗位的工作后将任务再推送到下一环节。作为一个教师和学生交互使用的平台，需要老师和学生相互配合，才能共同完成。其操作原理如图 2－1 所示。

VBSE 跨专业综合实训，通过系统推送的任务，集中再现了制造企业的采购、生产、库存和销售管理等供应链工作，也再现了与制造企业紧密相关的其他社会组织的活动，比如企业缴纳税款业务、物流运输业务等。这些任务，按日期分组织、分岗位进行推送，不同的组织和岗位，看到的任务可能不同。

### 二、VBSE 实训课程的总体任务

课程总体任务包括固定数据阶段和自主经营阶段，固定数据阶段又包括团队组建、上岗交接、经营准备、月初经营和月末经营等 5 个环节，如表 2－1 所示。这些任务基本涵盖了企业内部管理和企业与供应链上下游企业及社会组织之间的往来业务。

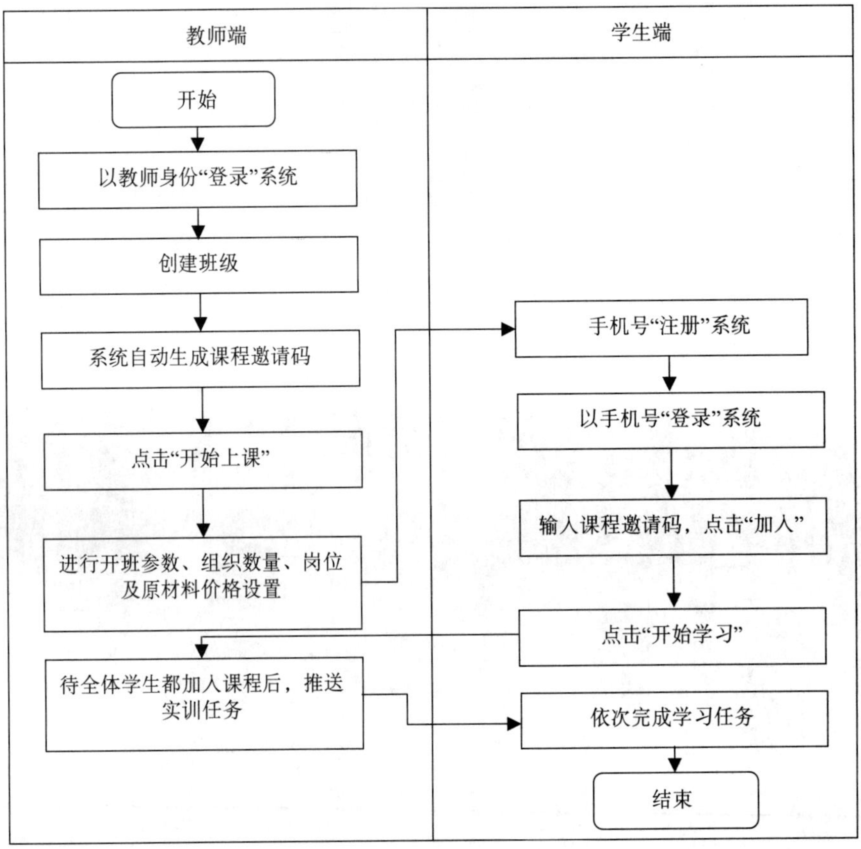


**图 2－1　VBSE 系统操作原理**

表 2－1　　　　**VBSE 实训任务列表**

| 虚拟日期 | 任务名称 | 任务列表 |
| --- | --- | --- |
| 1 月 5 日 | 团队组建 | 实习动员 |
| | | 系统操作培训 |
| | | CEO 候选人报名 |
| | | CEO 候选人竞选演讲 |
| | | 投票选举 CEO |
| | | 了解各组织岗位招聘需求 |
| | | 现场招聘团队组建 |
| | | 员工上岗 |
| | | AR 商业环境认知 |
| 1 月 5 日 | 上岗交接 | 了解各岗位职责 |
| | | 熟悉企业规则 |
| | | 分发办公用品 |
| | | 查看办公用品清单 |
| | | 各岗位工作交接 |

续表

| 虚拟日期 | 任务名称 | 任务列表 |
| --- | --- | --- |
| 1月5日 | 上岗交接 | 收集各企业基本存款账户和银行预留签章 |
| | | 学习公司注册流程 |
| | | 虚拟商业社会行政管理制度编制（工商局） |
| | | 虚拟商业社会社会保障制度编制（人社局） |
| | | 税务知识讲解（税务局） |
| 1月5日 | 经营准备 | 办理个人银行卡 |
| | | 部门借款 |
| | | 发放薪酬 |
| | | 申报个人所得税 |
| | | 申报企业增值税 |
| | | 申请和办理市场开拓（经销商） |
| | | 申请和办理 ISO900 认证（制造企业） |
| | | 签订购销合同 |
| | | 签订运输合同 |
| | | 整理销售需求 |
| | | 编制主生产计划 |
| | | 编制物料净需求计划 |
| | | 签订代发工资协议 |
| | | 签订社保公积金同城委托收款协议 |
| | | 签订税务同城委托收款协议 |
| | | 商标制作及注册 |
| | | 行政管理检查（工商局） |
| | | 下达社保稽查通知书（人社局） |
| | | 就业指导——职业规划（人社局） |
| | | 税务检查制度和奖惩机制的制定（税务局） |
| 1月5日 | 月初经营 | 车架生产领料（原材料） |
| | | 童车生产领料（半成品） |
| | | 组织经销商竞单 |
| | | 库存产品销售出库（产成品） |
| | | 工贸企业收货入库 |
| | | 扣缴五险一金 |
| | | 缴纳个人所得税 |
| | | 缴纳企业增值税 |
| | | 行政管理检查（工商局） |
| | | 企业年度报告公示 |
| | | 社保稽查（人社局） |
| | | 行政处罚（人社局） |
| | | 就业指导——简历制作（人社局） |
| | | 税务稽查（税务局） |

续表

| 虚拟日期 | 任务名称 | 任务列表 |
|---|---|---|
| 1月25日 | 月末经营 | 机加完工入库（半成品） |
| | | 车架完工入库 AR 模拟操作 |
| | | 组装完工入库（产成品） |
| | | 童车完工入库 AR 模拟操作 |
| | | 整理销售需求 |
| | | 编制主生产计划 |
| | | 编制物料净需求计划 |
| | | 派工领料 |
| | | 支付运输费 |
| | | 制造企业、商贸到货并办理入库 |
| | | 制造企业原材料采购入库 AR 模拟操作 |
| | | 认证增值税抵扣联 |
| | | 报送车间电费 |
| | | 支付车间电费 |
| | | 核算薪酬 |
| | | 计提折旧 |
| | | 销售成本核算 |
| | | 存货核算 |
| | | 成本核算 |
| | | 期末账务处理 |
| | | 编制资产负债表 |
| | | 编制利润表 |
| | | 行政管理检查（工商局） |
| | | 就业指导——面试技巧（人社局） |

## 三、VBSE 实训与任务之间的关系

VBSE 系统推送的任务由多个步骤组成，每个步骤需要组织间、部门间、岗位间合作完成。以采购及付款为例，与之相关的步骤有：

1. MCG1 与工贸企业签订购销合同（制造企业）。
2. MCG2 与制造企业签订购销合同（工贸企业）。
3. MCG3 录入采购订单（制造企业）。
4. MCG4 确认采购订单（工贸企业）。
5. MCG5 准备发货并通知制造企业（工贸企业）。
6. MCG6 接到发货单准备取货（制造企业）。
7. MCG7 向物流公司下达运输订单（制造企业）。
8. MCG8 受理制造企业运输订单（物流公司）。

9. MCG9 去工贸企业取货并开发票（物流公司）。
10. MCG10 给制造企业办理出库并开发票（工贸企业）。
11. MCG11 装车发运给制造企业（物流公司）。
12. MCG12 送货到制造企业（物流公司）。
13. MCG13 到货并办理入库（制造企业）。
14. MCG14 收到运输费发票并支付（制造企业）。
15. MCG15 收到工贸企业发票并支付（制造企业）。
16. MCG16 收到制造企业运费回单（物流公司）。
17. MCG17 收到制造企业货款银行回单（工贸企业）。

这 17 个步骤组成制造企业采购与付款的所有流程。在固定数据阶段，这些步骤按先后顺序推送，分散在准备阶段、月初经营和月末经营三个阶段，时间为 1 月 5 日和 1 月 25 日，所以可以这样理解："采购业务需经一个虚拟日才能到货"，这是模拟企业实务中采购需要提前的场景而设置的。采购及付款业务的流程如图 2－2 所示。

图 2－2 VBSE 采购付款业务各任务之间的关系

VBSE 实训中推送的任务，每个步骤前均有编号，编号命名规则为"任务简称 + 数字"，比如 MCGn 表示是制造企业采购业务第 n 个步骤，实训的时候要按任务编号的顺序由小到大逐步完成。另外一些不需要岗位配合的学习型和考核型任务，可以通过自学和自我测试独立完成。

## 四、VBSE 课程安排

VBSE 课程比较适合开设的学期为毕业前的第一个或第二个时期，实训时尽可能将不同专业的学生组成实训班，带给学生真实的工作体验。所以 VBSE 的教学不同于常规的知识讲授型或技能训练型的课程，教学组织也不能采用常规的"教、学、做"或" See - Do - Get"的逻辑框架，建议 VBSE 的教学组织形式如下。

### （一）课程教学安排

VBSE 系统设置了固定数据和自主经营两个阶段。固定经营设置了 2019 年 1 月 5 日和 1 月 25 日两个虚拟日期，旨在让学生熟悉实训规则，了解企业业务和财务核算的流程。自主经营时间为 2020 年 1 月 5 日，经营周期可视各课程开设时间长短灵活确定。

VBSE 系统提供线上虚拟单据填写和线下真实单据填写两种模式，支持手工和信息化环境同步开展实训。教师可以根据学校情况及学生基础，设计不同的教学方案。推荐实施的教学方案如表 2 - 2 所示。

**表 2 - 2　　V 综 3.5 实训教学安排建议**

| 可选方案 | 方案描述 | 授课内容 | 时间安排 |
|---|---|---|---|
| 集中授课 | 连续安排 | 固定数据 3 天 + 自主经营 2 天 | 12 节 ×5 天 |
| | | 固定数据 4 天 + 自主经营 3 天 | 8 节 ×7 天 |
| 分散授课 | 每周末 | 固定数据 3 天 + 自主经营 2 天 | 12 节 ×5 天 |
| | | 固定数据 4 天 + 自主经营 3 天 | 8 节 ×7 天 |
| | 每周 8 学时 | 固定数据 4 周 + 自主经营 3 周 | 每周 8 节 ×7 周 |
| | 每周 6 学时 | 固定数据 5 周 + 自主经营 4 周 | 每周 6 节 ×9 周 |

可以在整个实训中，全程启用信息化环境，在用友 U8 中完成企业业务和财务的处理，从而加快实训的进程。如果时间充足，还可以实现岗位的轮岗，让学生获得更多的岗位体验。

### （二）课程考核方法

本实训课程是分岗位的综合实训课，课程考核标准不同于其他课程，既要从团队角度考核，又要从分岗的个人角度考核；既要考核业务处理能力，又要考核工作态度和业素养。所以本实训课程的考核，采用受训学生自主评价与指导教师评价相结合、个体评价与团队评价相结合、定性评价与定量评价相结合、过程评价与结果评价相结合的方法，考核方式中的团队考核和职场工作态度考核，可以体现在企业文化建设、团队任务完成效果、办公室环境建设和个人出勤情况等，也可以设置事务所岗位对日常财务工作进行考核，如有需要可根据实际情况适度调整。可参考的考核和评价指标，如表 2－3 所示。

表 2－3　V 综 3.5 实训的考核体系

| 项目 | 得分或权重 | 考核对象 | 评分 |
|---|---|---|---|
| 团队精神与合作效果 | 20 | 团队 | 教师 |
| 履行本岗位职责 | 30 | 个人 | 团队负责人 |
| 共作态度和工作绩效 | 10 | 个人 | 个人、团队负责人、教师 |
| 提交实训资料 | 10 | 团队、个人 | 教师、团队负责人 |
| 系统考核 | 30 | 个人 | 系统自动评分 |
| 合计 | 100 | | |

（三）课堂组织

VBSE 实训打破了传统课堂中教师和学生的角色定位，师生角色随着课程的展开发生着变化，教师不再是课堂的主导，而转变为课堂活动的组织者、引导者、任务推送者和虚拟市场的维护者，学生成为教学活动的主导，是活动的参与者和职场人员。具体角色如表 2－4 所示。

表 2－4　VBSE 实训课程不同阶段教师和学生所扮演的角色

| 课程流程 | 具体任务 | 教师角色 | 学生角色 |
|---|---|---|---|
| 团队组建 | 实训动员、CEO 竞聘、组织招聘 | 组织者、引导者 | 活动参与者 |
| 上岗交接 | 分发办公用品、工作交接 | 组织者 | 新任各岗位职员 |
| 固定数据 | 经营准备；月初经营、月末经营 | 任务推送者、业务指导者、顾问 | 学习者（见习生、岗位角色扮演 |
| 自主经营 | 模拟企业及其他社会组织开展日常业务 | 虚拟市场维护者、独立审计、进程控制者 | 岗位角色扮演 |
| 实训总结 | 进行实训总结 | 组织者、引导者 | 活动参与者 |

## 第二节　学生演练指南

### 一、登录系统

如图 2－3 所示，在谷歌浏览器地址栏中输入系统登录地址，登录至“用户登录界面”。学生输入自己的学号、密码及邀请码，点击“登录”按钮，进入学生的主界面，点击“进入班级”登录到学生操作界面，学生的账号为教师导入的 Excel 中的学号，密码默认为 6 个 1，邀请码为教师创建教学班时系统产生的邀请码。

图 2－3 VBSE 系统登录界面

VBSE 系统使用图标式菜单，菜单分两级。登录系统可进行如下操作：

（1）签到。

（2）企业信息查看。学生上岗后可看到本企业的基本信息。

（3）资源搜索。在页面左侧点击学习资源，选择资源库，这些资源包括 XPS 格式的 PPT、DOC 等。

（4）维护个人信息，可以修改个人密码、上传头像，并可输入身份证号完成身份的登记。

## 二、任务中心

1. 推送任务。学生登录系统后，当教师推送任务时，在“任务中心”会显示“待办任务”“已办任务”“发起任务”，如图 2－4 所示。

（1）待办任务：某一项实训任务中的环节需要当前岗位学员办理。

（2）已办任务：已经办结的的实训任务。

（3）发起任务：某项实训任务的第 1 个环节，需要当前岗位学员发起并完成；发起后单击“完成”按钮，该任务不会消失，但会给出提示，上次发起未结束（发起任务的操作建议每个任务完成后再发起下一次任务）。该类型的任务一般出现在自主经营环节。

2. 在办任务。任务分为知识型、手工操作型、软件操作型和考核型。

（1）知识型任务，主要显示视频、教材的 PPT 和 WORD，便于老师讲解或自学时参考。

（2）手工操作型任务，主要显示流程图、教材的 PPT 和 WORD，便于老师讲解或自学时参考。

（3）软件操作型任务，主要显示软件界面、教材的 PPT 和 WORD，便于老师讲解或自学时参考。

（4）考核型任务，一般是需要在线答题的任务，答题完成后，单击“提交”按钮提交试卷，系统会显示这次考试的成绩。

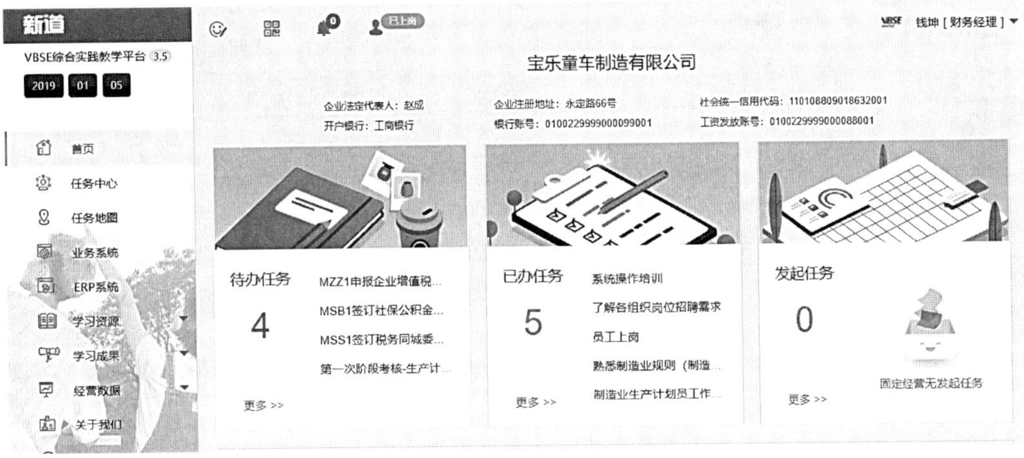


图 2-4 VBSE 任务界面

3. 任务地图。单击“任务地图”会弹出各种组织内部的财务、采购、销售、生产、人力等各项实训业务的图标，点击所需要了解的业务，会显示该业务的具体流程图，详见图 2-5。使参训学生对每一笔业务的供应链关系有清晰的理解。

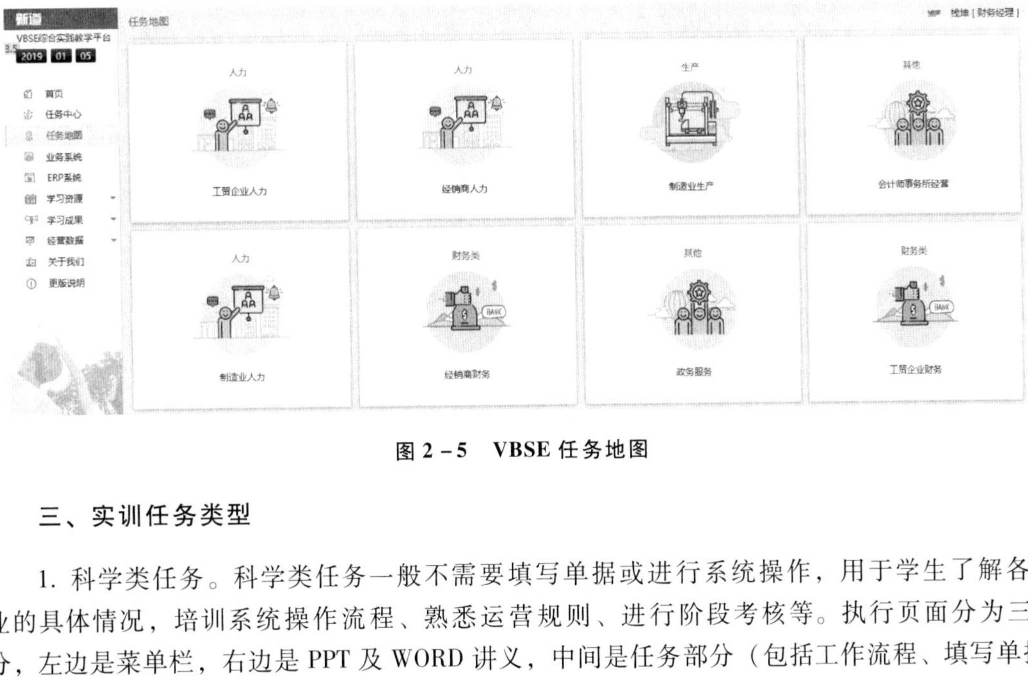


图 2-5 VBSE 任务地图

## 三、实训任务类型

1. 科学类任务。科学类任务一般不需要填写单据或进行系统操作，用于学生了解各企业的具体情况，培训系统操作流程、熟悉运营规则、进行阶段考核等。执行页面分为三部分，左边是菜单栏，右边是 PPT 及 WORD 讲义，中间是任务部分（包括工作流程、填写单据、业务操作等标签），如图 2-6 所示。

图 2-6　VBSE 科学类任务流程

2. 手艺类任务。手艺类任务根据任务类型需要填写单据或业务操作，屏幕右边上半部分是对该笔业务的描述，下半部分是该业务的相关课件资源及操作手册，如图 2-7 所示。

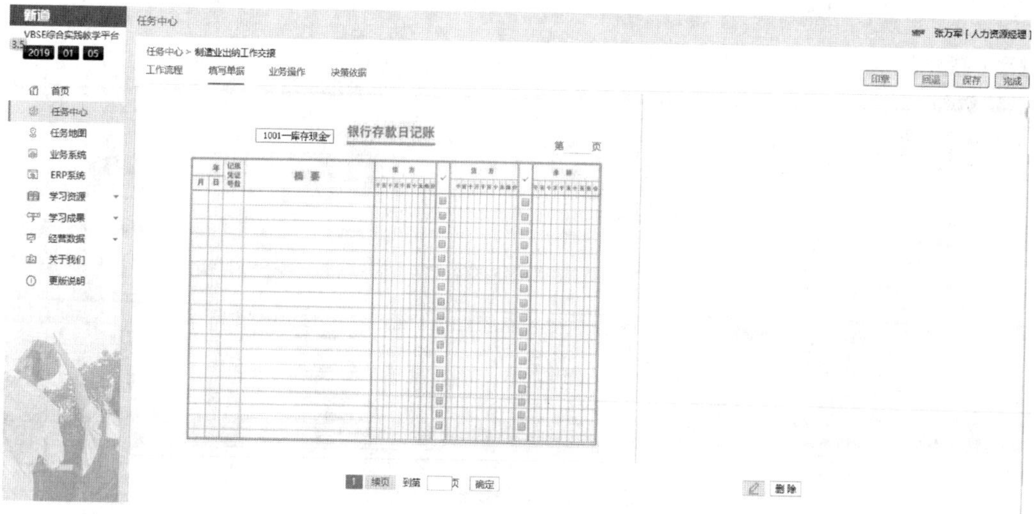


图 2-7　单据填写类任务

## 四、经营数据查询

在经营数据中，进入进度管理，可以在右侧看到本企业进行中和已完成的任务，选择需要查看的业务，在弹出的流程图及流程描述中可以看到流程的完成进度，如图 2-8 所示。

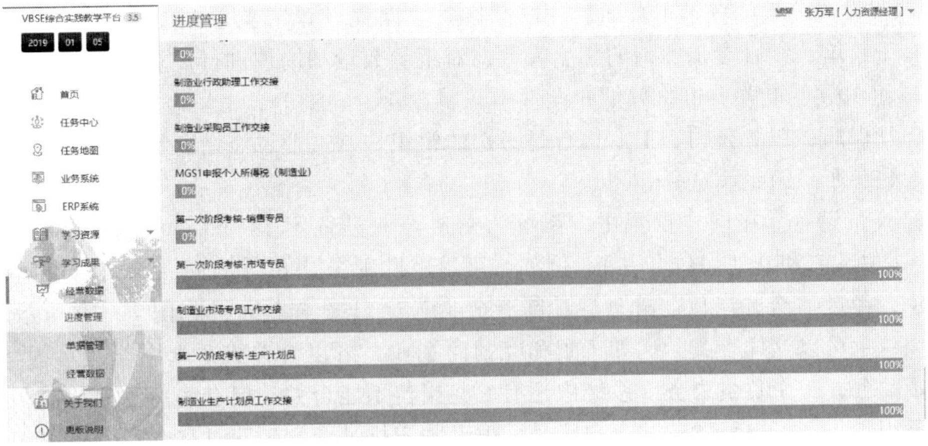


图 2－8　进度管理界面

# 第三节　教师授课指南

## 一、准备工作

1. 创建教学班。VBSE 系统，先要以教师身份登录，创建班级，生成课程邀请码后，将课程邀请码发给学生，同时学生以自己的手机号注册，输入课程邀请码，加入课程学习。教师端创建班级，进行课程设置如图 2－9 所示。

图 2－9　创建教学班

2. 课程设置。教师登录主页面后，鼠标移至“课程设置”菜单项上，页面显示该菜单项的所有子菜单，结合参加实训的学生人数，对组织数量和岗位进行设置。

（1）组织数量设置。组织数量的设置中，制造业、经销商、工贸企业、物流、工商局、税务局、社保局、服务公司、工商银行是必选的组织。制造业、经销商和工贸企业的组数可以根据人数参照系统说明选择。

（2）岗位设置。在岗位设置中，系统为制造企业设置了 18 个岗位，但岗位可以合并（总经理岗位不能和其他岗位合并），例如，可以将除财务岗位外的同一部门的不同岗位合并成一个，经过“合并岗位”处理后，制造企业就有 11 个岗位了，如图 2－10 所示。其他组织的岗位也可以这样合并，比如工贸和经销商企业，可以合并成 3 个岗位，除总经理外，一个负责业务，一个负责财务。系统中还有一些岗位不能合并，但有些岗位没有实训任务或实训任务很少，则可以设置一些虚拟账号，由老师安排某个学生同时掌管几个账号，分别完成这些账号所接收到的任务。比如，可以让同一个学生分别登录工商专员、税务专员和社会保险专员的账号，完成三个岗位的工作。

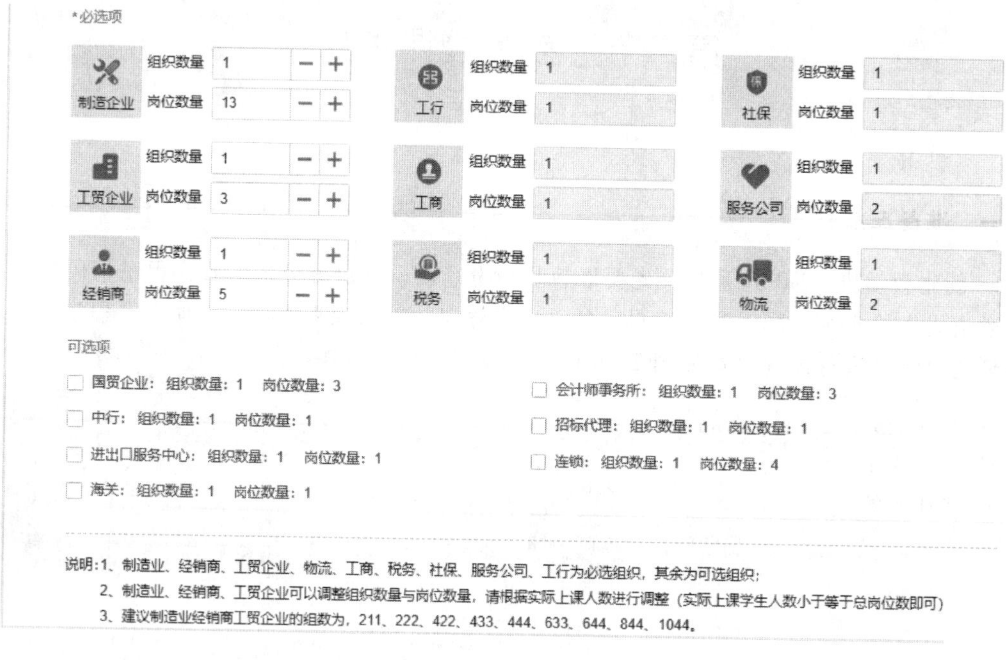


**图 2－10　岗位设置**

（3）虚拟环境设置。虚拟环境设置主要是针对自主经营阶段，根据实际经营情况对原材料价格和虚拟订单进行设置，包括新增虚拟销售市场订单、新增维护虚拟供应市场订单、批量导入虚拟市场订单，如图 2－11 所示。

3. 实习总动员。实训开始之前，由实习组织者就本次实习的目的、内容、时间安排、组织形式、实习要求、实习考核等内容做统一宣讲。通过实习动员使学生理解本次实习的意义、明确实习的要求及工作规范、了解实习考核评价指标体系。

4. 岗位胜任能力测评。实训之前，对所有同学做综合素质测评。综合素质测评由实习

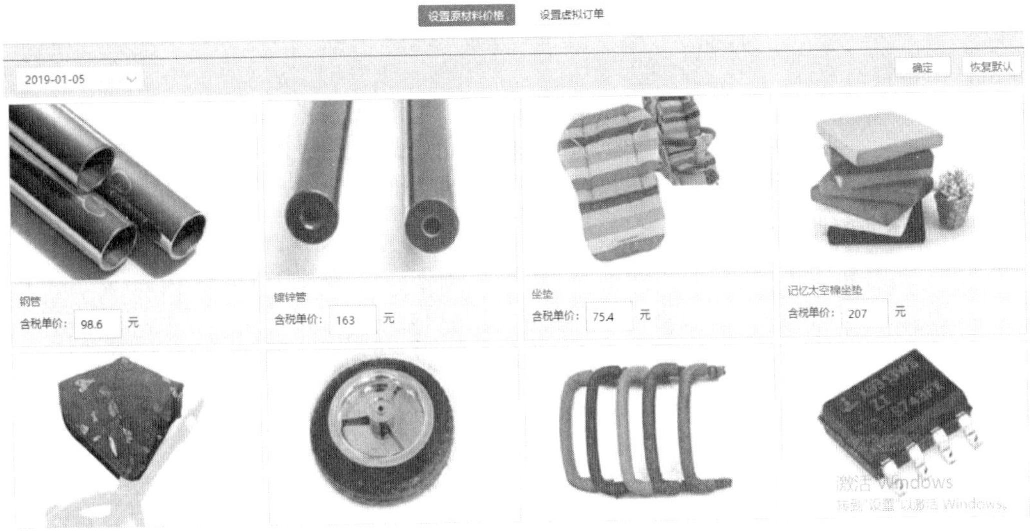


图 2－11 虚拟环境设置

系统自动抽题、自动计分，题目类型包括基本素质、通用管理、营销、采购、生产、仓储、人力资源、行政管理、财务等各方面内容。

在参与实训的学生中，根据岗位胜任力测评结果，选取综合测评分数最高的作为 CEO 备先人选，再参考个人意愿及教师推荐，指定若干位 CEO 候选人。

## 二、推送任务

1. 教师对组织数量和岗位设置完成后，单击“提交”按钮，系统提示“开课需要 1～3 分钟，期间请耐心等待”。点击确定按钮后立即开课”的对话框，单击“确定”按钮立即开课。

2. 系统弹出教学大纲流程图，根据课程进行情况，可一次选择多个任务，也可“全选”所有任务，单击“推送”按钮，进行任务指推送。

3. 将任务的首个节点推送至学生端，担任此岗位的学生登录系统，任务中心会出现此任务的待办项。

## 三、查询教学进度

在教学进度管理中，点击所要查询的企业名称，会显示该企业在进行中和已完成的任务，选择需要查看的任务，在弹出的流程图及流程描述中可以看到流程的完成进度。

## 四、查看电子教案

电子教案是虚拟商业社会环境平台中重要的一项资源，主要是为学习者提供学习资源、学习指导和操作指南。分为科学类任务和操作类任务

1. 科学类任务。执行任务时，在“任务中心”菜单中点击任务名称，弹出科学类任务执行页面，页面会显示该任务相关的视频、电子教材的 word 版和 PowerPoint 版。

2. 操作类任务。执行任务时，在“任务中心”菜单中点击任务名称，弹出操作类任务

执行页面，用户可在页面下半部分看到该任务的教学资源。

## 五、考勤查询

教师可在实训的过程中对学生进行考勤。在课程进行中选择某一时间点击“开始签到”，一定时间段后“结束签到”。考勤结束后，在左侧的“学生管理”菜单中选择“签到查询”子菜单，查询考勤汇总表。

# 第三章

# VBSE 企业运营通用经营规则

## 第一节　人力资源规则

人力资源是企业生产经营活动的基本要素。公司的员工配置、工资标准及核算、员工招聘与培训，要在遵循本规则的前提下，做出科学合理的规划安排，以保证公司的生产经营活动协调、有序、高效进行。

### 一、人员配置规则

（一）制造企业

1. 制造企业的组织结构。核心制造企业由 7 个部门组成，分别为企业管理部、营销部、生产计划部、仓储部、采购部、财务部、人力资源部。企业规模较小，人数不超过 100 人，由共 18 个管理岗位及若干工人组成，如图 3－1 所示。

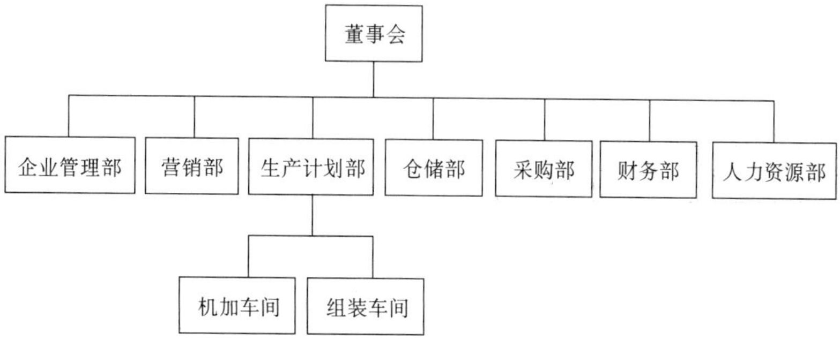


**图 3－1　制造企业组织结构图**

2. 制造企业岗位及人员设置，制造企业期初员工的配置情况如表 3－1 所示。

**表 3－1**

| 部门 | 岗位名称 | 岗位级别 | 在编人数 | 直接上级 |
|---|---|---|---|---|
| 企业管理部 | 总经理（兼企管部经理） | 总经理 | 1 | 董事会 |
| | 行政助理 | 职能管理人员 | 1 | 总经理 |
| 营销部 | 营销部经理 | 部门经理 | 1 | 总经理 |
| | 市场专员 | 职能管理人员 | 1 | 部门经理 |
| | 销售专员 | 职能管理人员 | 1 | 部门经理 |
| 生产计划部 | 生产计划部经理 | 部门经理 | 1 | 总经理 |
| | 车间管理员 | 职能管理人员 | 1 | 部门经理 |
| | 生产计划员 | 职能管理人员 | 1 | 部门经理 |
| | 初级生产工人 | 工人 | 25 | 车间管理员 |
| | 中级生产工人 | 工人 | 15 | 车间管理员 |
| 仓储部 | 仓储部经理 | 部门经理 | 1 | 总经理 |
| | 仓管员 | 职能管理人员 | 1 | 部门经理 |
| 采购部 | 采购部经理 | 部门经理 | 1 | 总经理 |
| | 采购员 | 职能管理人员 | 1 | 部门经理 |
| 人力资源部 | 人力资源部经理 | 部门经理 | 1 | 总经理 |
| | 人力资源助理 | 职能管理人员 | 1 | 部门经理 |
| 财务部 | 财务部经理 | 部门经理 | 1 | 总经理 |
| | 出纳 | 职能管理人员 | 1 | 部门经理 |
| | 财务会计 | 职能管理人员 | 1 | 部门经理 |
| | 成本会计 | 职能管理人员 | 1 | 部门经理 |

（二）商贸企业

1. 商贸企业的组织结构，如图 3－2 所示。

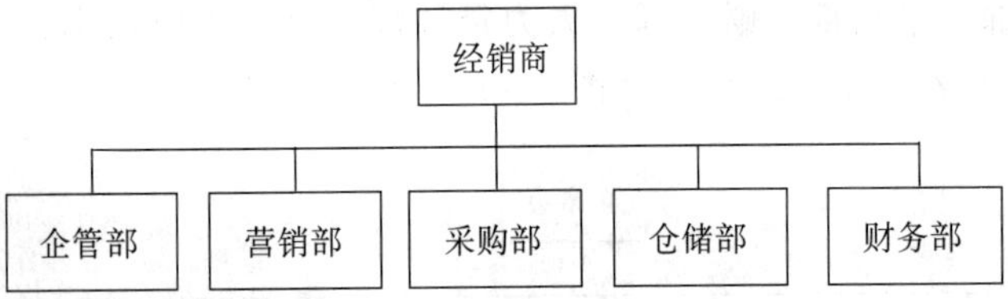


**图 3－2 商贸企业组织结构图**

2. 商贸企业岗位及人员设置，如表 3－2 所示。

**表 3－2**

| 部门 | 岗位名称 | 在编人数 | 直接上级 |
|---|---|---|---|
| 企管部 | 总经理 | 1 | — |
| 企管部 | 行政经理 | 1 | 总经理 |

续表

| 部门 | 岗位名称 | 在编人数 | 直接上级 |
|---|---|---|---|
| 营销部 | 营销经理 | 1 | 总经理 |
| 采购部 | 采购经理 | 1 | 总经理 |
| 仓储部 | 仓储经理 | 1 | 总经理 |
| 财务部 | 财务经理 | 1 | 总经理 |
| 财务部 | 出纳 | 1 | 财务经理 |

(三) 工贸企业

1. 工贸企业的组织结构，如图 3－3 所示。

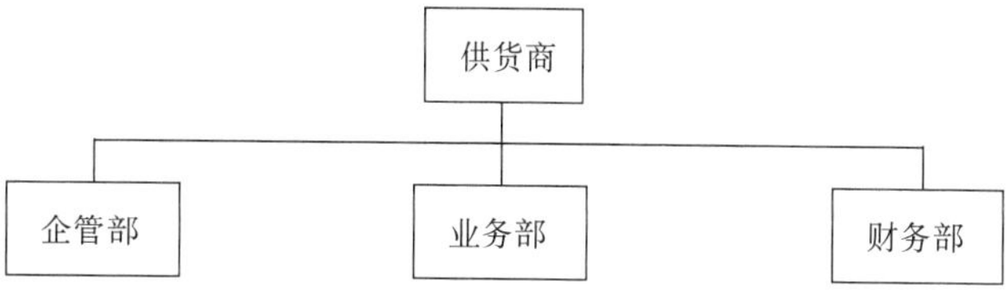


**图 3－3 工贸企业组织结构图**

2. 工贸企业岗位及人员设置，如表 3－3 所示。

**表 3－3**

| 部门 | 岗位名称 | 在编人数 | 直接上级 |
|---|---|---|---|
| 企管部 | 总经理 | 1 | —— |
| 企管部 | 行政经理 | 1 | 总经理 |
| 业务部 | 业务经理 | 1 | 总经理 |
| 财务部 | 财务经理 | 1 | 总经理 |

(四) 人员招聘与培训

企业需求人才时，可以向资源服务公司提供人才需求信息，由服务公司推荐合适人员，企业择优录用后支付招聘费用。不同类别人员的招聘提前期不同，招聘费用及招聘提前期如表所示，无论何种类别的人员，试用期内无奖金，试用期工资为基本工资的 80%，如表 3－4 所示。

**表 3－4　　新招人员薪金及招聘费用**

| 人员类别 | 招聘提前期（月） | 招聘费用（元/人） | 试用期（月） | 基本工资（元） |
|---|---|---|---|---|
| 部门经理 | 2 | 500 | 3 | 7 500 |
| 职能管理人员 | 1 | 1 000 | 3 | 5 500 |
| 生产工人 | 0 | 1 000 | 3 | 3 600 |
| 中级工人 | 0 | 1 200 | 3 | 4 000 |
| 高级工人 | 0 | 1 400 | 3 | 4 600 |

新员工试用 3 个月后，人力资源部组织转正答辩，答辩通过转为正式员工；答辩不通过

办理辞退手续。

注意：招聘实际费用可在标准的基础上有上下20%的浮动。

## 二、职工薪酬规则

### （一）职工薪酬的构成

职工薪酬是指企业为获得职工提供的服务而给予各种形式的报酬以及其他相关支出。在虚拟商业社会环境中，职工薪酬主要由以下几个部分构成：

（1）职工工资、奖金（奖金按年度计算，根据企业本年度的经营状况而定）；

（2）医疗保险费、养老保险费、失业保险费、工伤保险费和生育保险费等社会保险费；

（3）住房公积金；

（4）因解除与职工的劳动关系给予的补偿，即辞退福利。

### （二）职工薪酬的计算及发放

1. 企业人员的薪酬组成为：

职工年度总薪酬的计算如下：

年度总薪酬 = 月基本工资 ×12 + 年度绩效奖金 ×4 + 企业应缴福利

其中，月基本工资由人力资源部在每月月底统计，财务部月底计提相关费用，人力资源部在次月初发放到个人。季度绩效奖金由人力资源部在每个季度绩效考核完成后统计，财务部在下季度第一个月随当月工资一起发放到个人。例如，第三季度（7～9月）绩效奖金与10月份工资一同核算，并于11月初随同10月份工资一起发放。企业应缴福利是根据北京市社保局相关规定，在个人自主缴付福利之外，企业为员工缴付的五险一金福利，包括养老保险、失业保险、工伤保险、生育保险和住房公积金。职工实际领取的薪酬是在扣除个人自主缴付福利和个人所得税之后的实际金额。

职工每月实际领取的工资 = 月基本工资 + 季度绩效奖金 - 缺勤扣款 - 个人应缴五险一金 - 个人所得税

缺勤扣款 = 缺勤天数 ×（月基本工资 ÷ 当月全勤工作日数）

（1）制造企业的薪酬标准。

①基本工资标准，如表3-5所示。

表3-5　　人员基本工资标准

| 人员类别 | 月基本工资 |
|---|---|
| 总经理 | 12 000元/月 |
| 部门经理 | 7 500元/月 |
| 职能管理人员 | 5 500元/月 |
| 营销部员工 | 4 500元/月 |
| 初级/中级/高级生产工人 | 3 600元/月、4 000元/月、4 600元/月 |

②年度奖金与绩效，如表 3－6 所示。

表 3－6　　人员年度奖金与绩效

| 人员分类 | 年度绩效奖金 |
|---|---|
| 生产工人 | 按 1 元/辆计件提成 |
| 营销部人员 | 上季度销售总额 ×3‰ × 绩效分配比例 |
| 除营销部之外的其他职能部门人员 | 上季度企业净利润 ÷15 ×5% × 绩效考评结果 |

所有人员（除工人外）在每个季度根据公司业务和经营目标制定个人绩效目标，季度末对个人绩效进行自评。部门经理、人力资源部和总经理共同评定确定个人最终绩效，得出绩效考评结果，最终绩效考评结果按绩效排名强制分布为 A、B、C 三级。

个人绩效考评结果与季度绩效奖金挂钩，其中，部门经理（除营销部经理）及职能管理人员的绩效考评结果与绩效奖金的应用关系，如表 3－7 所示。

表 3－7　　人员的绩效考评结果与绩效奖金的应用关系

| 绩效结果 | 强制分布比例 | 奖金系数 | 奖金 |
|---|---|---|---|
| A（优秀） | 20%（3） | 1.1 | 上季度企业净利润 ×5% ÷15 ×1.1 |
| B（中等） | 70%（10） | 1 | 上季度企业净利润 ×5% ÷15 ×1 |
| C（合格） | 10%（2） | 0.9 | 上季度企业净利润 ×5% ÷15 ×0.9 |
| D（不合格） | | | 建议辞退 |

营销部经理的绩效奖金为营销部季度绩效奖金的 20%，市场专员和销售员绩效奖金为营销部季度奖金的 40%。

季度奖金实际发放金额与个人绩效考核评定结果挂钩，业绩考核采取百分制，业绩评定 85 分及以上者发放全额季度绩效奖金，低于 85 分的发放季度绩效奖金的 80%。

注意：总经理绩效得分为企业员工得分的平均数。

（2）商贸企业的薪酬标准。

①基本工资标准，如表 3－8 所示。

表 3－8　　商贸企业基本工资标准

| 人员类别 | 月基本工资 |
|---|---|
| 总经理 | 12 000 元/月 |
| 部门经理 | 7 500 元/月 |
| 职能主管 | 5 500 元/月 |

②资金与绩效，如表 3－9 所示。

表 3-9　　商贸企业年度奖金与绩效

| 人员分类 | 年度绩效奖金 |
|---|---|
| 总经理 | 12 000 元 ×4 |
| 部门经理 | 7 500 元 ×4 |
| 职能主管 | 5 500 元 ×4 |

2. 五险一金。五险一金缴费基数及比例各地区操作细则不一，本实习中社会保险、住房公积金规则参照北京市有关政策规定设计，略做调整。

社保中心行使社会保障中心和住房公积金管理中心职能。五险一金缴费基数于每年 3 月核定，核定后的职工月工资额即为缴纳基数。五险一金缴费比例，如表 3-10 所示。

表 3-10　　社保住房公积金缴纳比例

| 险种 \ 缴纳比例 | 单位承担 | 个人承担 | 合计 |
|---|---|---|---|
| 养老保险 | 20% | 8% | 28% |
| 医疗保险 | 10% | 2% +3 | 12% +3 |
| 失业保险 | 1% | 0.2% | 1.2% |
| 工伤保险 | 0.3% | 0 | 0.3% |
| 生育保险 | 0.80% | 0 | 0.8% |
| 住房公积金 | 10% | 10% | 20.00% |

注意：

单位养老保险缴费 20% 其中 17% 划入统筹基金，3% 划入个人账户。实训中以员工转正后的基本工资金额数为社会保险和住房公积金的缴费基数。

3. 个人所得税。个人所得税计算采用 2018 年 10 月 1 日起开始执行的 7 级超额累进税率。2019 年 1 月 1 日，个人所得税的免征额从 3 500 元提升到了 5 000 元；前四级的应纳税所得额发生了变化，速算扣除数也发生了一定变化；2019 年新加了一些专项扣除款项，主要包括子女教育支出、继续教育支出、大病医疗支出、房贷房租等。2019 年，所适用的个人所得税税率表（以全年 60 000 元为起征点），如表 3-11 所示。

个人所得税计算方式为：

个人所得税 = 全月应纳税所得额 × 税率 − 速算扣除数

表 3-11　　工资、薪金所得适用个人所得税七级超额累进税率表

| 级数 | 全年应纳税所得额 | 税率（%） | 速算扣除数 |
|---|---|---|---|
| 1 | 不超过 36 000 元的 | 3 | 0 |
| 2 | 超过 36 000 元至 144 000 元的部分 | 10 | 2 520 |

续表

| 级数 | 全年应纳税所得额 | 税率（%） | 速算扣除数 |
|---|---|---|---|
| 3 | 超过 144 000 元至 300 000 元的部分 | 20 | 16 920 |
| 4 | 超过 300 000 元至 420 000 元的部分 | 25 | 31 920 |
| 5 | 超过 420 000 元至 660 000 元的部分 | 30 | 52 920 |
| 6 | 超过 660 000 元至 960 000 元的部分 | 35 | 85 920 |
| 7 | 超过 960 000 元的部分 | 45 | 181 920 |

注：本表所称全年应纳税所得额是指居民个人全年取得综合所得，以每一纳税年度收入额减除费用 6 万元以及专项扣除、专项附加扣除和依法确定的其他扣除后的余额。

4. 辞退福利。企业辞退员工需支付辞退福利，辞退福利为三个月基本工资，辞退当年无绩效奖金。辞退当月的薪酬为：

辞退当月薪酬 = 实际工作日数 ×（月基本工资/当月全勤工作日数）+ 辞退福利

## 三、考勤规则

### （一）考勤管理

每天的实训开始后，学生必须登录 VBSE 系统点击“考勤”按钮进行考勤签到。

VBSE 实训中对实际业务进行了抽象，一个实际工作日完成一个月的工作内容，每月工作任务集中在 2 个虚拟工作日。

计算出勤天数时，实训学生因病、事休假一个实际工作日的按 3 个工作日计算，休假类型按照实际情况确定。

如：学生 A 因病没有参加当天的课程，则他的实际出勤天数 = 当月应出勤天数 - 3 天，休假类型为病假。其中应出勤天数为当月实际工作日天数。

迟到、早退按照实际情况计算，每次罚款 30 元。考勤扣款从当月工资中扣除。

### （二）考勤计算规则

VBSE 实习中实行月度考勤，但因每月只设计 3 ~ 5 个虚拟工作日，在进行考勤统计时依照下列规则计算：

员工出勤天数 = 当月虚拟工作日出勤天数 ÷ 当月虚拟工作日总天数 ×21.75

员工缺勤天数 =21.75 - 员工出勤天数

考勤周期实行月度考勤，考勤周期为本月 28 日至次月 27 日。

各类假期薪资发放规则如下：

（1）迟到、早退每次扣款 30 元，考勤扣款从当月工资中扣除。

（2）旷工 1 日，扣 3 日工资。

（3）事假为非带薪假期，扣发全部日工资。

（4）病假发放该日工资的 50%。

（5）婚假、丧假、产假、计划生育假、年休假为有薪假期，发放全额日工资。

### 四、培训规则

服务公司提供面向企业和个人的人才培训服务。

服务公司提供的企业人才培训服务收费标准见表3－12，服务公司业务员与企业相关人进行协商，人均收费可在标准的基础上有上下20%的浮动。

表3－12　　服务公司培训收费标准

| 参训人员 | 培训收费标准 |
| --- | --- |
| 总经理 | 10 000元/1·次 |
| 部门经理（主管） | 7 000元/1·次 |
| 普通员工 | 4 000元/1·次 |

服务公司也开办面向个人的培训课程，培训课程讲授前收取培训费，培训费以现金的形式结算，培训收费标准为50～1 000元。

## 第二节　财务规则

财务业务规则主要包括会计核算制度、会计管理制度、预算管理方法、筹资规则、投资规则、账簿设置与会计核算程序等方面的主要规则，各企业必须按照本规则的各项规定组织会计核算，进行会计管理。

### 一、税务规则

商贸企业从事生产经营活动，涉及国家或地方多个税种，包括企业所得税、增值税、城建税、教育费及附加、个人所得税。

1. 税种类型。按照国家税法规定的税率和起征金额进行税额的计算，企业所得税按照利润总额的25%缴纳，销售货物和购进货物增值税率均为13%，城建税为增值税税额的7%，教育附加为增值税税额的3%。个人所得税由企业代扣代缴，按照七级累进税率进行缴纳，起征点为月收入5 000元。

2. 日常纳税申报及缴纳税款。在税收征收期内，按照生产制造公司的经营情况，填制各税申报表，携带相关会计报表，到税务部门办理纳税申报业务，得到税务部门开出的税收缴款书，并到银行缴纳税款。依据税务部门规定，每月初进行上月的纳税申报及缴纳。如遇特殊情况，可以向税务部门申请延期纳税申报。

### 二、会计核算规则

1. 企业采用现金结算、转账支票和电汇三种方式。原则上，日常经济活动，低于2 000元的可以使用现金，超过2 000元的一般使用转账支票结算（差旅费或支付给个人业务除外），转账支票用于同一票据交换区内的结算。异地付款一般采用电汇方式；

2. 存货计价。存货核算按照实际成本核算，原材料计价采用实际成本计价，材料采购按照实际采购价入账，材料发出按照全月一次加权平均计算材料成本。

全月一次加权平均相关计算：

材料平均单价 =（期初库存数量 × 库存单价 + 本月实际采购入库金额）÷（期初库存数量 + 本月实际入库数量）

材料发出成本 = 本月发出材料数量 × 材料平均单价

3. 固定资产取得方式及折旧。固定资产均通过购买的方式取得。固定资产购买当月不计提折旧，从次月开始计提折旧，出售当期须计提折旧，下月不提折旧。固定资产折旧按照直线法计提。折旧相关信息如表 3－13 所示。

**表 3－13** 固定资产折旧相关数据 单位：元

| 资产编号 | 资产名称 | 使用年限（月） | 开始使用日期 | 资产原值 | 残值 | 资产净值 |
|---|---|---|---|---|---|---|
| 0100001 | 办公大楼 | 240 | 2017.09.15 | 12 000 000.00 | 600 000.00 | 11 287 500.00 |
| 0100002 | 普通仓库 | 240 | 2017.09.15 | 5 400 000.00 | 270 000.00 | 5 079 375.00 |
| 0100003 | 大厂房 | 240 | 2017.09.15 | 7 200 000.00 | 360 000.00 | 6 772 500.00 |
| 0200001 | 普通机床（机加生产线） | 120 | 2017.09.15 | 210 000.00 | – | 183 750.00 |
| 0200002 | 普通机床（机加生产线） | 120 | 2017.09.15 | 210 000.00 | – | 183 750.00 |
| 0200003 | 普通机床（机加生产线） | 120 | 2017.09.15 | 210 000.00 | – | 183 750.00 |
| 0200004 | 普通机床（机加生产线） | 120 | 2017.09.15 | 210 000.00 | – | 183 750.00 |
| 0200005 | 普通机床（机加生产线） | 120 | 2017.09.15 | 210 000.00 | – | 183 750.00 |
| 0200006 | 普通机床（机加生产线） | 120 | 2017.09.15 | 210 000.00 | – | 183 750.00 |
| 0200007 | 普通机床（机加生产线） | 120 | 2017.09.15 | 210 000.00 | – | 183 750.00 |
| 0200008 | 普通机床（机加生产线） | 120 | 2017.09.15 | 210 000.00 | – | 183 750.00 |
| 0200009 | 普通机床（机加生产线） | 120 | 2017.09.15 | 210 000.00 | – | 183 750.00 |
| 0200010 | 普通机床（机加生产线） | 120 | 2017.09.15 | 210 000.00 | – | 183 750.00 |
| 0200011 | 组装生产线 | 120 | 2017.09.15 | 510 000.00 | – | 446 250.00 |
| 0300001 | 笔记本电脑 | 48 | 2017.09.15 | 6 000.00 | – | 4 125.00 |
| 0300002 | 笔记本电脑 | 48 | 2017.09.15 | 6 000.00 | – | 4 125.00 |
| 0300003 | 笔记本电脑 | 48 | 2017.09.15 | 6 000.00 | – | 4 125.00 |
| 0300004 | 笔记本电脑 | 48 | 2017.09.15 | 6 000.00 | – | 4 125.00 |
| 0300005 | 笔记本电脑 | 48 | 2017.09.15 | 6 000.00 | – | 4 125.00 |
| 0300006 | 笔记本电脑 | 48 | 2017.09.15 | 6 000.00 | – | 4 125.00 |
| 0300007 | 笔记本电脑 | 48 | 2017.09.15 | 6 000.00 | – | 4 125.00 |
| 0300008 | 台式电脑 | 48 | 2017.09.15 | 4 800.00 | – | 3 300.00 |
| 0300009 | 台式电脑 | 48 | 2017.09.15 | 4 800.00 | – | 3 300.00 |
| 0300010 | 台式电脑 | 48 | 2017.09.15 | 4 800.00 | – | 3 300.00 |
| 0300011 | 台式电脑 | 48 | 2017.09.15 | 4 800.00 | – | 3 300.00 |

续表

| 资产编号 | 资产名称 | 使用年限（月） | 开始使用日期 | 资产原值 | 残值 | 资产净值 |
|---|---|---|---|---|---|---|
| 0300012 | 台式电脑 | 48 | 2017.09.15 | 4 800.00 | – | 3 300.00 |
| 0300013 | 台式电脑 | 48 | 2017.09.15 | 4 800.00 | – | 3 300.00 |
| 0300014 | 台式电脑 | 48 | 2017.09.15 | 4 800.00 | – | 3 300.00 |
| 0300015 | 台式电脑 | 48 | 2017.09.15 | 4 800.00 | – | 3 300.00 |
| 0300016 | 台式电脑 | 48 | 2017.09.15 | 4 800.00 | – | 3 300.00 |
| 0300017 | 台式电脑 | 48 | 2017.09.15 | 4 800.00 | – | 3 300.00 |
| 0300018 | 台式电脑 | 48 | 2017.09.15 | 4 800.00 | – | 3 300.00 |
| 0300019 | 打印复印一体机 | 48 | 2017.09.15 | 24 000.00 | – | 16 500.00 |
| 合计 | – | – | – | 27 328 800.00 | 1 230 000.00 | 25 504 800.00 |

4. 制造费用的归集及分配。将生产管理部门发生的费用以及生产过程中各车间共同的间接费用计入制造费用。制造费用按照费用发生车间设置明细科目——机加车间、组装车间。机加车间发生的费用，如工人工资、机加车间设备折旧及维修等能够明确确认为机加车间发生的费用计入制造费用——机加车间。同样，组装车间的费用计入制造费用——组装车间。生产计划部管理人员的工资、使用的设备折旧、报销的办公费等计入“管理费用”。厂房折旧计算制造费用，并按照各类设备占用厂房空间比例进行分配。

（1）成本计算规则。产品成本包括直接材料、直接人工和制造费用结转。制造费用中车间的费用直接计入该车间生产的产品成本，如果该车间有两个及以上产品生产，则按照该产品的生产工时进行分配车间制造费用。在产品只计算材料费用，不计算制造费用和人工费用，即结转当期生产成本的金额为：期初生产成本（直接材料）+本期归集的直接人工+本期归集的制造费用。

①成本归集。原材料成本归集按照材料出库单的发出数量×平均单价，人工成本为当月计算的生产部门的人员工资，包括生产管理人员和生产工人。

②半成品核算。车架为半成品，车架核算的范围为车架原材料、生产车架发生的人工费、制造费，以及分摊的相关生产制造费用。

③产品之间费用分配。如果同一车间生产不同产品，以各产品完工数量为分配标准，分配该车间制造费用。

（2）坏账损失。制造业采用备抵法核算坏账损失。坏账准备每年按照年末应收账款账户余额的3%提取。已经确认为坏账损失的应收账款，并不表明公司放弃收款的权利。如果未来某一时期收回已作坏账的应收账款，应该及时恢复债权，并按照正常收回欠款进行会计核算。

（3）利润分配。公司实现当期利润，应当按照法定程序进行利润分配。根据公司章程规定，按照当期净利润的10%提取法定盈余公积金，根据董事会决议，自行提取任意盈余公积金。按照公司制定的股利政策（按照净利润总额的20%分配股利），向股东分配股利。每年年末做一次利润分配。

### 三、票据使用规则

1. 出售支票规则。仿真实习中各个企业使用的支票，由银行制作并收取工本费，使用者必须到银行购买使用。任何企业和个人不得自制支票。从银行取得的支票，发生的费用计入财务费用中。

2. 领购发票规则。发票业务主要包括发票的购领、监督。税务局根据企业的经营规模和销售收入核定企业每月购领增值税专用发票的限额及次数，如不满足企业生产经营需要，企业可以向税务局提出增版权和增量申请。

发票的种类：增值税专用发票、增值税普通发票和服务业发票。

纳税人购买发票时，需缴纳发票的工本费。普通发票 10 元/张，增值税专用发票 30 元/张，服务业发票 10 元/张。

### 四、费用报销规则

公司发生的费用主要有：办公费、差旅费、广告费、市场开拓费、招聘费、培训费、仓储费、招待费等费用。其中办公费按照标准，每月报销；其他费用，依据实际发生，在预算范围内报销，超过预算的，需要总经理批准。

1. 办公费用报销标准，如表 3－14 所示。

**表 3－14　　办公费用报销标准**

| 人员类别 | 报销标准（元/月） |
|---|---|
| CEO | 1 000 |
| 部门经理 | 500 |
| 职能部门管理人员 | 300 |
| 生产工人 | 60 |

2. 审批流程。日常费用（办公费、差旅费、招聘费）在预算范围内的，部门经理和财务经理审批后，财务部做支出处理，超过预算范围的，需要总经理审批。其他费用（广告费、市场开拓费、培训费、仓储费、招待费）在预算范围内并在 1 万元以下的，部门经理和财务经理审批，否则（1 万元以上或者超过预算范围的），需要总经理审批。

### 五、筹资规则

资金是公司的血液，公司经营与发展离不开资金支持。企业资金来源于以下几种渠道：实收资本、银行抵押贷款、商业信用（应收、应付、应计费用等）等渠道。

1. 筹资用途。公司根据财务部门的筹资预案进行充分论证，并考虑合理的资金结构，做出科学的筹资决策。制造业，经销商，工贸企业，国贸企业，连锁企业可向中国工商银行申请抵押贷款。贷款金额 0～1 000 万元，贷款期限 1～12 个月，企业可根据自身情况申请贷款金额与期限。

银行抵押贷款筹资信息，如表 3－15 所示。

表 3－15　　银行抵押贷款筹资信息表

| 年利率（%） | 6 | 7 | 8 | 9 | 10 | 11 | 12 |
|---|---|---|---|---|---|---|---|
| 月利率（%） | 0.50 | 0.58 | 0.67 | 0.75 | 0.83 | 0.92 | 1.00 |

申请企业抵押贷款所需基本资料：营业执照，法人代表身份证，银行开户许可证，最近一期财务报表（均需加盖财务印鉴）。

抵押保证：房屋产权。

还款方式：一次还本付息。

2. 存款规则。银行存款种类、期限和利率，如表 3－16 所示。

表 3－16　　银行存款种类、期限和利率表

| 种类 | 期限 | 年利率（%） |
|---|---|---|
| 活期存款 | | 0.35 |
| 定期存款 | 三个月 | 1.10 |
| | 半年期 | 1.30 |
| | 一年 | 1.50 |
| | 三年、五年 | 2.75 |

## 第三节　销售规则

工贸公司将商品销售给制造企业，双方进行合同洽谈，并签订纸质合同，制造企业在 VBSE 系统中提交订单后，工贸企业进行确认作为后续交易依据。如出现延期交货，按双方合同中的约定进行处理，如出现争议，提交工商局进行调解或处罚。

制造业销售童车给经销商、国际贸易类型企业，不得销售给其他类型企业，须与经销商类型企业签订并在系统中录入订单相关信息，订单相关信息作为系统中发货、结算的依据；制造业还可以参与招投标公司的招投标业务，中标后可以进行销售、发货、开发票、收款等业务活动；制造业销售童车给华中地区的虚拟经销商；销售之前，需要完成市场开拓，然后再投放广告；制造业每月固定销售童车给国贸企业（约生产量的 3%），以供国贸企业出口。

商贸企业将童车卖到虚拟市场中，虚拟市场分为：东部、南部、西部、北部、中部，其中东部、南部、西部、北部四个地区由商贸企业经营，中部地区只能由制造企业经营。虚拟市场的订单需要先到服务公司开拓市场，再投广告费。市场开拓费用：北部（351 000 元）、东部（368 000 元）、南部（351 000 元）、西部（334 000 元）广告费的投放在固定经营阶段按照系统给定的数据投放，到自主经营阶段，广告费的投放金额是 10 万元起投，以万元为单位递增，这样服务公司才能根据投放金额派发订单（一个区域内的虚拟订单派发依据是已投放金额占本区域总投放金额的比例，由高至低依次进行选单，每次选择一笔虚拟订单，直至虚拟订单选完）。市场开拓一次一年有效，广告投放一次有效期限为一个虚拟日，转下一个虚拟日期需要

重新投放广告费。虚拟市场的订单，可以在库存充足的情况下，提前发货、收款。

注：在与虚拟客户的销售过程中，遵循先发货后收款的原则，在系统中未销售出库的订单不支持收款。

### 一、市场预测与分析

市场预测是各企业能够得到的关于产品市场需求预测的参考信息，对市场预测的分析与企业的营销方案策划息息相关。在市场预测中包括各市场、各产品的总需求量、价格等。

### 二、广告投放与市场开发

为了让客户了解企业、产品和服务，企业会投入大量的资金用于企业整体品牌和产品的宣传，以争取尽可能多的客户订单。为此，要策划营销方案、广告投放渠道、公共关系、产品推介会等一系列营销活动。在虚拟商业社会环境中，这些活动统一以"广告费"来体现。

课程中虚拟商品市场分为华东、华中、华南、华北四个大区。每个区域市场中都会不定期地释放购货订单。

1. 制造企业通过投放广告费取得参加商品交易会的入场券，服务公司依据各企业投放的广告费金额及投放区域因素决定选单次序及选单数量。

2. 商贸企业（客户）需要通过投放广告费获取虚拟商品市场订单资格。商贸企业（客户）在该区域市场投放广告后，即开发了该区域市场，方能获得选单资格。

3. 市场开拓规则。

（1）制造业进行生产销售前，要首先进行市场开拓。制造业市场专员需要前往服务公司办理市场开拓的业务，首先开拓中部市场，具体费用为 531 000 元。

（2）制造业可以通过委托服务公司进行华中地区市场开拓，开拓后投入广告费，广告费的投放金额为 10 万元起投，以万元为单位递增，投入广告费后，依据得分由高到低依次选择华中地区的市场订单。

### 三、延期交货、分期交货及罚责

1. 如果由于产能不够或者其他原因，可能导致订单不能按交货期交货。发生延期交货时，企业为此应受到相应的处罚，为最大限度地减少延期交货造成的损失，企业可以采取分期交货策略。

2. 在与客户签订合同时，双方协商后，可在合同中约束建议参考处理办法。

3. 发生延期交货的档期，会根据合同约定支付相应比例的违约金。

### 四、销售合同签订

1. 生产制造公司销售产品必须与客户签订销售合同，销售合同是确定购销关系的依据。有效合同将受到保护，以维护购销双方的正当权益。

2. 销售合同中产品销售为含税价，增值税税率为 16%，销售商品时需要给客户开具增值税专用发票。

3. 与客户签订完纸质合同后，还需要在软件中进行订单录入，并提交给客户进行线上确认。如果客户认为存在问题，可选择拒绝。

## 五、商业折扣

公司销售产品可根据实际情况向客户提供商业折扣，按一次性销售数量给予不同商业折扣，可参考表 3－17、图 3－4、表 3－18、图 3－5、表 3－19 中的销售量及销售价格预测，也可根据实际经营情况制订。

表 3－17　　2019 年第 4 季度市场销量预测　　单位：件

| 市场 | 产品名称 | 10 月 | 11 月 | 12 月 |
|---|---|---|---|---|
| 本地 | 经济童车 | 60 600 | 62 000 | 61 800 |

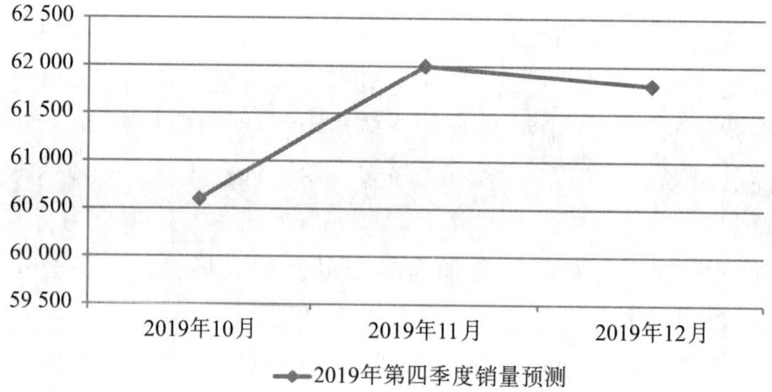


图 3－4　销售量预测图（单位：件）

表 3－18　　2019 年第 4 季度市场销量预测　　单位：件

| 市场 | 产品名称 | 2019 年 10 月 | 2019 年 11 月 | 2019 年 12 月 |
|---|---|---|---|---|
| 本地 | 经济童车 | 624.39 | 595.12 | 564.48 |

图 3－5　销售价格预测

表 3－19　　商业折扣标准

| 商业折扣标准 | 折扣 | 备注 |
|---|---|---|
| 销售量＜5 000 | 无 | 按每种产品计量 |
| 5 000≤销售量＜8 000 | 1% | 按每种产品计量 |
| 8 000≤销售量＜10 000 | 2% | 按每种产品计量 |
| 10 000≤销售量＜15 000 | 3% | 按每种产品计量 |
| 销售量≥15 000 | 5% | 按每种产品计量 |

# 第四节 生产规则

在虚拟商业社会中只有制造业有开展生产工作，企业生产离不开厂房、生产设备、仓库等基本生产场地及生产设施。在VBSE虚拟商业社会中制造业期初交接时，制造业拥有一座大厂房，大厂房内安装10台普通机床和1条组装生产线，且各设备无损坏，运行良好（见表3-20）。

## 一、厂房规则

**表3-20** **厂房规则**

| 厂房类型 | 价值（万元） | 使用年限（年） | 折旧（元/月） | 容量 | 面积（平方米） |
|---|---|---|---|---|---|
| 大厂房 | 720 | 20 | 28 500 | 20台机床位 | 500 |
| 小厂房 | 480 | 20 | | 12台机床位 | 300 |

注意：

（1）期初交接的大厂房经营期间不得出售。

（2）在经营过程中，如遇厂房容量不足的情况可以向服务公司进行购买，服务公司只提供小厂房。

（3）厂房容量与安装设备数量之间的关系：1个机床位可以安装1台普通机床。2个机床位可以安装1台数控机床。4个机床位可以安装1台组装流水线。

（4）厂房没有租赁业务，只能购买。

## 二、设备规则

企业可根据生产经营情况，随时购买生产设备。企业生产设备分机床和组装流水线两类。机床能生产各种类型的车架，组装流水线能组装各种类型的童车。生产设备的基本信息，如表3-21所示。

**表3-21**

| 生产设备 | 购置费（万） | 使用年限 | 折旧费（元/月） | 维修费（元/月） | 生产能力（台/虚拟1天） | | | 出售 |
|---|---|---|---|---|---|---|---|---|
| | | | | | 经济 | 舒适 | 豪华 | |
| 普通机床 | 21 | 10 | 1 750.01 | 33 | 500 | 500 | | 按账面价值出售 |
| 数控机床 | 72 | 10 | 5 999.76 | 180 | 3 000 | 3 000 | 3 000 | |
| 组装流水线 | 51 | 10 | 4 249.83 | 100 | 7 000 | 7 000 | 6 000 | |

注意：

（1）设备需要提前一个月购买，购买后需要一个月安装调试期。

（2）生产设备按月计提折旧，企业所得税法规定：火车、轮船、机器、机械和其他生产设备，折旧年限为10年，购买当月不计提折旧；

（3）按月支付维修费用，当月（首月）购入不用支付维修费。

同时，设备对技术人员的需求情况，如表3－22所示。

表3－22　设备对技术人员需求表

| 设备 | 人员级别 | 要求人员配置数量（人） |
|---|---|---|
| 普通机床 | 初级 | 2 |
| 数控机床 | 高级 | 2 |
| 组装流水线 | 初级 | 5 |
| | 中级 | 15 |

## 三、工作中心

工作中心指的是直接改变物料形态或性质的生产作业单元。工作中心是用于生产产品的生产资源，包括机器、人和设备，是各种生产或加工单元的总称。一个工作中心可以是一台设备、一条生产线、一个班组或生产单一产品的封闭车间；对于外协工序，对应的工作中心则是协作单位的代号。工件经过每一个工作中心都要发生费用，产生成本。工作中心的数据是工艺路线的核心组成部分，是运算物料需求计划、能力需求计划的基础数据之一。生产制造公司工作中心产能情况，如表3－23所示。

表3－23　制造企业工作中心产能情况表

| 设备名称 | 产品 | 定额生产能力（台数×单台生产产能/虚拟1天） | 所属部门 |
|---|---|---|---|
| 普通机床 | 经济型童车车架 | 10×500 | 生产计划部 |
| | 舒适型童车车架 | 10×500 | |
| 数控机床 | 经济型童车车架 | 1×3 000 | 生产计划部 |
| | 舒适型童车车架 | 1×3 000 | |
| | 豪华型童车车架 | 1×3 000 | |
| 组装流水线 | 经济型童车 | 1×7 000 | 生产计划部 |
| | 舒适型童车 | 1×7 000 | |
| | 豪华型童车 | 1×6 000 | |

## 四、产能规则

生产设备根据各自生产能力进行派工，派工时，派工数量应小于等于该设备的生产能力。需要根据产品的物料清单（BOM）检查原材料是否齐套，原材料没有达到齐套，不能派工；一条生产线只允许生产一个品种的产品。例如，给一条组装流水线上安排生产5 000台经济型童车，剩下的2 000台产能不能用于生产舒适型童车与豪华型童车。必须等该资源产能全部释放后才允许安排不同种类的产品生产，如表3－24至表3－25所示。

## 五、工艺规则

工艺路线是指企业各项自制件的加工顺序和在各个工序中的标准工时定额情况，也称为加工路线，是一种计划管理文件，主要用来进行工序排产和车间成本统计。

表 3-24　　物料编码：P0001-经济型童车

| 工序 | 部门 | 工序描述 | 工作中心 | 加工工时 |
|---|---|---|---|---|
| 10 | 生产计划部-机加车间 | 经济型童车架加工 | 普通（或数控）机床 | 虚拟1天 |
| 20 | 生产计划部-组装车间 | 经济型童车组装 | 组装生产线 | 虚拟1天 |

表 3-25　　物料编码：P0002-舒适型童车

| 工序 | 部门 | 工序描述 | 工作中心 | 加工工时 |
|---|---|---|---|---|
| 10 | 生产计划部-机加车间 | 舒适型童车架加工 | 普通（或数控）机床 | 虚拟1天 |
| 20 | 生产计划部-组装车间 | 舒适型童车组装 | 组装生产线 | 虚拟1天 |

表 3-26　　物料编码：P0003-豪华型童车

| 工序 | 部门 | 工序描述 | 工作中心 | 加工工时 |
|---|---|---|---|---|
| 10 | 生产计划部-机加车间 | 豪华型童车架加工 | 数控机床 | 虚拟1天 |
| 20 | 生产计划部-组装车间 | 豪华型童车组装 | 组装生产线 | 虚拟1天 |

1. 购买研发费用。制造业初始默认的生产许可为经济型童车，随着企业运营提高，需要生产舒适型或豪华型童车，该企业则在服务公司购置相应的生产技术成果，代表企业已完成新产品的研发，可以立即开工生产。舒适型、豪华型童车产品研发时间：虚拟1天，如表3-27所示。

表 3-27　　研发费用表

| 研发类型 | 价格（元） |
|---|---|
| 舒适型 | 1 000 000.00 |
| 豪华型 | 1 500 000.00 |

2. ISO认证。制造业进行生产前，首先进行ISO9000的资质认证，制造业生产计划部需要前往服务公司办理本企业的ISO9000资质认证的业务。具体费用为50 000元/次，认证一次即可。

3. 3C认证。制造业进行销售出库前，首先进行3C的资质认证，初始默认的生产许可为经济型童车，制造业生产计划部需要前往服务公司办理相应产品的3C认证。具体费用为22 000元/次，认证一次即可，如表3-28所示。

表 3-28　　3C认证费用表

| 产品 | 3C认证费用（元） |
|---|---|
| 经济型童车 | 22 000 |
| 舒适型童车 | 22 000 |
| 豪华型童车 | 22 000 |

4. 水电费。生产一个车架的平均用电量为3千瓦时，组装一辆童车平均用电量为2千瓦时，工业用电为1.5元/千瓦时，普通机床耗电1 478.4千瓦时/月，组装流水线耗电

4 329.6 千瓦时/月，数控机床耗电 2 640 千瓦时/月，管理部门日常电费忽略不计。

每生产 5 000 个车架平均用水量为 30 立方米，水价为 3 元/立方米。按每月实际完工入库数量计算，请在每月结束前，前往服务公司缴纳上月水电费（固定数据阶段电费按照给定数据，进行核算）。

## 第五节　仓储规则

### 一、仓库信息

在期初交接的时候，制造业拥有一座普通仓库，普通仓库用于存放：产成品、半成品、原材料。存货办理入库后立即占用仓库容量，办理出库后立即恢复仓库容量。制造业在办理领料的时候不会恢复仓库容量，在派工之后才会恢复仓库容量，如表 3－29 至表 3－31 所示。

表 3－29　　仓库信息表

| 仓库名称 | 可存放物资 |
|---|---|
| 普通仓库 | 钢管、坐垫、车篷、车轮、经济型童车包装套件、镀锌管、记忆太空棉坐垫、数控芯片、舒适型童车包装套件、豪华型童车包装套件 |
| | 经济型童车车架、舒适型童车车架、豪华型童车车架 |
| | 经济型童车、舒适型童车、豪华型童车 |

表 3－30　　仓库容量信息

| 仓库类型 | 使用年限（年） | 仓库面积（平方米） | 仓库容积（立方米） | 仓库总存储单位 | 售价（万元） |
|---|---|---|---|---|---|
| 普通仓库 | 20 | 500 | 3 000 | 300 000 | 540 |

表 3－31　　普通仓库可存放物资种类与数量信息

| 存货编码 | 存货名称 | 存货占用存储单位 |
|---|---|---|
| P0001 | 经济型童车 | 10 |
| P0002 | 舒适型童车 | 10 |
| P0003 | 豪华型童车 | 10 |
| M0001 | 经济型童车车架 | 10 |
| M0002 | 舒适型童车车架 | 10 |
| M0003 | 豪华型童车车架 | 10 |
| B0001 | 钢管 | 2 |
| B0002 | 镀锌管 | 2 |
| B0003 | 坐垫 | 4 |

续表

| 存货编码 | 存货名称 | 存货占用存储单位 |
|---|---|---|
| B0004 | 记忆太空棉坐垫 | 4 |
| B0005 | 车篷 | 2 |
| B0006 | 车轮 | 1 |
| B0007 | 经济型童车包装套件 | 2 |
| B0008 | 数控芯片 | 1 |
| B0009 | 舒适型童车包装套件 | 2 |
| B0010 | 豪华型童车包装套件 | 2 |

## 二、物料及成品

仓储部负责原材料及成品的原材料采购入库、生产领料出库、生产完工入库、成品销售出库和保管工作。在制造业工作中原材料只用于采购、生产领料工作中，不能进行销售；半成品只用于完工入库和生产领料工作中，不能进行销售；成品只用于完工入库和销售工作中，不能进行采购，如表3－32至表3－34所示。

**表3－32　原材料信息**

| 物料名称 | 物料编码 | 单位 | 规格 | （相对制造企业）来源 |
|---|---|---|---|---|
| 钢管 | B0001 | 根 | Φ外16/Φ内11/L5000（mm） | 外购 |
| 镀锌管 | B0002 | 根 | Φ外16/Φ内11/L5000（mm） | 外购 |
| 坐垫 | B0003 | 个 | HJM500 | 外购 |
| 记忆太空棉坐垫 | B0004 | 个 | HJM600 | 外购 |
| 车篷 | B0005 | 个 | HJ72×32×40 | 外购 |
| 车轮 | B0006 | 个 | HJΦ外125/Φ内60 mm | 外购 |
| 经济型童车包装套件 | B0007 | 套 | HJTB100 | 外购 |
| 数控芯片 | B0008 | 片 | MCX3154A | 外购 |
| 舒适型童车包装套件 | B0009 | 套 | HJTB200 | 外购 |
| 豪华型童车包装套件 | B0010 | 套 | HJTB300 | 外购 |

**表3－33　半成品信息**

| 物料名称 | 物料编码 | 单位 | 规格 | （相对制造企业）来源 |
|---|---|---|---|---|
| 经济型童车车架 | M0001 | 个 | 无 | 自制 |
| 舒适型童车车架 | M0002 | 个 | 无 | 自制 |
| 豪华型童车车架 | M0003 | 个 | 无 | 自制 |

**表3－34　成品信息**

| 物料名称 | 物料编码 | 单位 | 规格 | （相对制造企业）来源 |
|---|---|---|---|---|
| 经济型童车 | P0001 | 辆 | 无 | 自制 |
| 舒适型童车 | P0002 | 辆 | 无 | 自制 |
| 豪华型童车 | P0003 | 辆 | 无 | 自制 |

## 三、物料清单

1. 经济型童车。经济型童车产品结构图，如图 3－6、表 3－35 所示。

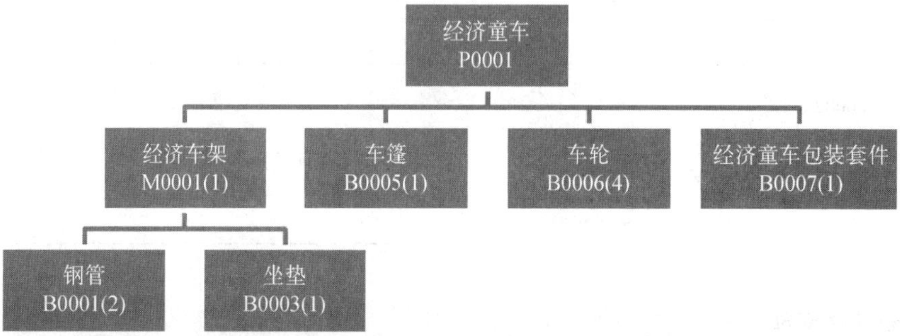


**图 3－6　经济型童车产品结构图**

表 3－35　　经济型童车产品物料清单（BOM）

| 结构层次 | 父项物料 | 物料编码 | 物料名称 | 规格型号 | 单位 | 用量 | （相对制造企业）备注 |
|---|---|---|---|---|---|---|---|
| 0 | — | P0001 | 经济型童车 | — | 辆 | 1 | 自产成品 |
| 1 | P0001 | M0001 | 经济型童车车架 | — | 个 | 1 | 自产半成品 |
| 1 | P0001 | B0005 | 车篷 | HJ72×32×40 | 个 | 1 | 外购原材料 |
| 1 | P0001 | B0006 | 车轮 | HJΦ 外 125/Φ 内 60mm | 个 | 4 | 外购原材料 |
| 1 | P0001 | B0001 | 经济型童车包装套件 | HJTB100 | 套 | 1 | 外购原材料 |
| 2 | M0001 | B0001 | 钢管 | Φ 外 16/Φ 内 11/L5000（mm） | 根 | 2 | 外购原材料 |
| 2 | M0001 | B0003 | 坐垫 | HJM500 | 个 | 1 | 外购原材料 |

2. 舒适型童车。舒适型童车产品结构图，如图 3－7、表 3－36 所示。

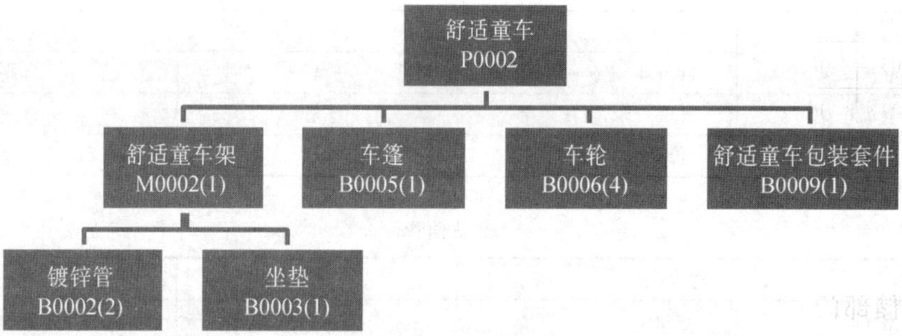


**图 3－7　舒适型童车产品结构**

表 3－36　　舒适型童车物料清单（BOM）

| 结构层次 | 父项物料 | 物料编码 | 物料名称 | 规格型号 | 单位 | 用量 | （相对制造企业）备注 |
|---|---|---|---|---|---|---|---|
| 0 | — | P0002 | 舒适型童车 | — | 辆 | 1 | 自产成品 |
| 1 | P0002 | M0002 | 舒适型童车车架 | — | 个 | 1 | 自产半成品 |
| 1 | P0002 | B0005 | 车篷 | HJ72×32×40 | 个 | 1 | 外购原材料 |
| 1 | P0002 | B0006 | 车轮 | HJΦ 外 125/Φ 内 60mm | 个 | 4 | 外购原材料 |
| 1 | P0002 | B0009 | 舒适型童车包装套件 | HJTB200 | 套 | 1 | 外购原材料 |
| 2 | M0002 | B0002 | 镀锌管 | Φ 外 16/Φ 内 11/L5000（mm） | 根 | 2 | 外购原材料 |
| 2 | M0002 | B0003 | 坐垫 | HJM500 | 个 | 1 | 外购原材料 |

3. 豪华型童车。豪华型童车产品结构图，如图 3－8、表 3－37 所示。

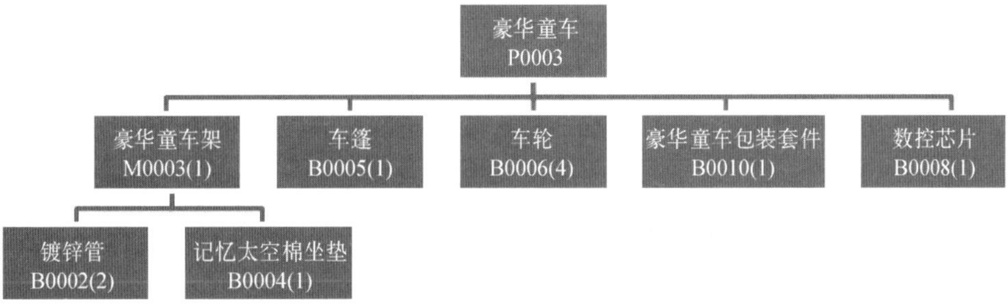


图 3－8　舒适型童车产品结构

表 3－37　　豪华型童车物料清单（BOM）

| 结构层次 | 父项物料 | 物料编码 | 物料名称 | 规格型号 | 单位 | 用量 | 备注 |
|---|---|---|---|---|---|---|---|
| 0 | — | P0003 | 豪华型童车 | — | 辆 | 1 | 自产成品 |
| 1 | P0003 | M0003 | 豪华型童车车架 | — | 个 | 1 | 自产半成品 |
| 1 | P0003 | B0005 | 车篷 | HJ72×32×40 | 个 | 1 | 外购原材料 |
| 1 | P0003 | B0006 | 车轮 | HJΦ 外 125/Φ 内 60mm | 个 | 4 | 外购原材料 |
| 1 | P0003 | B0008 | 数控芯片 | MCX3154A | 片 | 1 | 外购原材料 |
| 1 | P0003 | B0010 | 豪华型童车包装套件 | HJTB300 | 套 | 1 | 外购原材料 |
| 2 | M0003 | B0002 | 镀锌管 | Φ 外 16/内 11/L5000（mm） | 根 | 2 | 外购原材料 |
| 2 | M0003 | B0004 | 记忆太空棉坐垫 | HJM600 | 个 | 1 | 外购原材料 |

## 四、仓储部门人员

仓储部设置两个岗位：仓储部经理和仓管员。仓储部经理负责任务单据审核、登记台账、业务统计；仓管员负责物料、成品的出入库业务。

# 第六节　采购规则

制造业的原材料采购只能从工贸企业类型的企业进行采购，不能从其他类型的企业进行采购。经销商从制造企业采购童车成品，双方洽谈并签订纸质合同，制造企业在VBSE系统中提交电子订单，客户进行确认，作为后续交易依据。

## 一、采购原材料品种

生产制造公司可自主选择原材料供应商，决定采购的品种和数量、采购时间。根据公司可生产的产品类型及物料清单，公司有可能采购的原材料有10种，具体如表3－38所示。

表3－38　　制造企业原料选购情况表

| 存货编码 | 存货名称 | 规格 | 计量单位 | 存货属性 | 市场供应平均单价（元） | 市场供应平均含税单价（元） |
|---|---|---|---|---|---|---|
| B0001 | 钢管 | Φ外16/内11/L5000（mm） | 根 | 外购 | 103.70 | 117.18 |
| B0002 | 镀锌管 | Φ外16/Φ内11/L5000（mm） | 根 | 外购 | 169.97 | 192.07 |
| B0003 | 坐垫 | HJM500 | 个 | 外购 | 78.21 | 88.14 |
| B0004 | 记忆太空棉坐垫 | HJM0031 | 个 | 外购 | 215.85 | 243.91 |
| B0005 | 车篷 | HJ72×32×40 | 个 | 外购 | 140.77 | 159.07 |
| B0006 | 车轮 | HJΦ外125/Φ内60 mm | 个 | 外购 | 26.07 | 29.46 |
| B0007 | 经济型童车包装套件 | HJTB100 | 套 | 外购 | 88.63 | 100.15 |
| B0008 | 数控芯片 | MCX3154A | 片 | 外购 | 264.85 | 299.28 |
| B0009 | 舒适型童车包装套件 | HJTB200 | 套 | 外购 | 187.69 | 212.09 |
| B0010 | 豪华型童车包装套件 | HJTB300 | 套 | 外购 | 220.02 | 248.62 |

注意：此处单价为不含税价，增值税税率为13%。

工贸企业可从系统中虚拟供应商选择采购的商品品种及数量。工贸企业采购的商品如表3－39所示。

表3－39　　工贸企业原料选购情况表

| 商品编码 | 商品名称 | 规格 | 计量单位 | 商品属性 | 平均单价（元） |
|---|---|---|---|---|---|
| B0001 | 钢管 | Φ外16/Φ内11/L5000（mm） | 根 | 外购 | 86.28 |
| B0002 | 镀锌管 | Φ外16/Φ内11/L5000（mm） | 根 | 外购 | |
| B0003 | 坐垫 | HJM500 | 个 | 外购 | 65.16 |
| B0004 | 记忆太空棉坐垫 | HJM0031 | 个 | 外购 | |

续表

| 商品编码 | 商品名称 | 规格 | 计量单位 | 商品属性 | 平均单价（元） |
|---|---|---|---|---|---|
| B0005 | 车篷 | HJ72×32×40 | 个 | 外购 | 117.62 |
| B0006 | 车轮 | HJΦ 外 125/Φ 内 60 mm | 个 | 外购 | 21.94 |
| B0007 | 经济型童车包装套件 | HJTB100 | 套 | 外购 | 73.48 |
| B0008 | 数控芯片 | MCX3154A | 片 | 外购 | |
| B0009 | 舒适型童车包装套件 | HJTB200 | 套 | 外购 | |
| B0010 | 豪华型童车包装套件 | HJTB300 | 套 | 外购 | |

## 二、采购原材料的流程

（1）月初，采购部门根据生产部门的材料净需求，考虑现有原材料库存及原材料市场供应形势、采购提前期、安全库存、采购批量等因素，编制采购计划表。

（2）采购部门与供应商签订意向合同，确定未来一段时间里即将购买的原材料品种、预计数量和约定价格。其中，采购意向合同中的预计数量仅供乙方作为计划参考时使用，甲方对此不做采购承诺。如出现违约纠纷情况，可提交工商局进行协调。

（3）每月，采购部门根据企业的备料需要和供应商签订纸质“购销合同”，完成纸质合同后，在系统中制作采购订单并提交工贸企业进行确认。

（4）工贸企业根据订单中的约定时间向制造企业发货，制造企业接货入库，如果出现工贸企业库存不足等其他原因，造成工贸企业无法按期发货的情况，按双方在合同中的约定进行处理。

（5）双方依据签订的“购销合同”进行收付款。

# 第四章

# 企业期初状况分析

团队在成立后接手公司，要进行三项基本工作：第一是进行团队建设，主要是为了培养的凝聚力；第二是要读懂期初的相关数据；第三是要了解数据之间的关联性。

## 第一节　团队组建及办公用品发放

### 一、团队组建

业务流程概述。公司管理团队确认后，CEO 召开公司成立大会，介绍公司组织机构，对企业战略和企业未来发展前景与管理团队进行分享。团队建设一般包括以下几个部分。

（1）确定领导和决策人。在虚拟商业社会环境中，比较常见的方式是总经理负责制，随着团队的日益成熟，可以发展到团队共同决策，总经理拍板。

（2）目标方面，团队要制订团队的目标，个人的目标要支持团队目标的达成。

（3）协作保证，要做好团队的协调和合作。

（4）责任方面，要明确每个岗位每名员工的责任。

（5）技能方面，要把员工的特长和团队的需要加以结合。

（6）绩效评估，要通过绩效评估等方式监督员工。

内部会议业务流程如表 4－1 所示。

表 4－1　会议流程

| 序号 | 角色 | 操作步骤 | 操作内容 |
| --- | --- | --- | --- |
| 1 | 总经理 | 公司成立致词 | 1. 欢迎各位成员的加入<br>2. 阐述企业经营口号<br>3. 提出实训期间的员工成长目标、工作期望 |
| 2 | 总经理 | 组织自我介绍 | 1. 总经理要求团队中的每个人做 1～2 分钟的自我介绍<br>2. 在成员做完自我介绍后，再次欢迎各位成员的加入 |
| 3 | 总经理 | 提出工作要求 | 1. 再次重申公司的目标及对成员的工作期望<br>2. 对各部门之间、员工之间的协同工作提出要求 |
| 4 | 总经理 | 建立沟通渠道 | 1. 为员工提供相互了解的平台，建立内部交流群<br>2. 编制公司通讯录并公布 |

## 二、领取、发放办公用品

在虚拟商业社会环境中，每个实训组织单位都需要领取必要的办公用品，在这个过程中需要注意的有两个点：一是每个组织单位都要有专门的员工负责领取和保管这些办公用品；二是各部门内部的人员使用办公用品也同样需要加强管理，特别是一些证章等物品。领取办公用品流程，如表 4－2 所示。

表 4－2　领取办公用品流程

| 序号 | 角色 | 操作步骤 | 操作内容 |
| --- | --- | --- | --- |
| 1 | 银行柜员 | 领取办公用品 | 1. 领取办公用品　2. 发放办公用品 |
| 2 | 人力资源助理 | 领取办公用品 | 1. 领取办公用品　2. 发放办公用品 |
| 3 | 税务局专管员 | 领取办公用品 | 1. 领取办公用品　2. 发放办公用品 |
| 4 | 服务公司业务员 | 领取办公用品 | 1. 领取办公用品　2. 发放办公用品 |
| 5 | 客户总经理 | 领取办公用品 | 1. 领取办公用品　2. 发放办公用品 |
| 6 | 供应商总经理 | 领取办公用品 | 1. 领取办公用品　2. 发放办公用品 |

# 第二节　全面了解所接手的公司

## 一、总经理读懂期初数据与设置岗位

1. 总经理读懂期初数据。对于核心制造业来说，总经理（CEO）在公司业务工作开展之前需要理解、掌握核心制造企业的组织结构图，以便合理、有效地调动各种资源。

在虚拟商业社会环境中，核心制造企业的组织结构分为 4 个管理层次、7 个部门、18 个工作岗位，如图 4－1 所示。董事会负责制订公司的战略和行动计划，总经理对董事会负责，并可以对企业管理部、人力资源部、财务部、采购部、仓储部、生产计划部、营销部等部门下达命令。各个部门的经理负责管理各部门，并向总经理进行汇报。

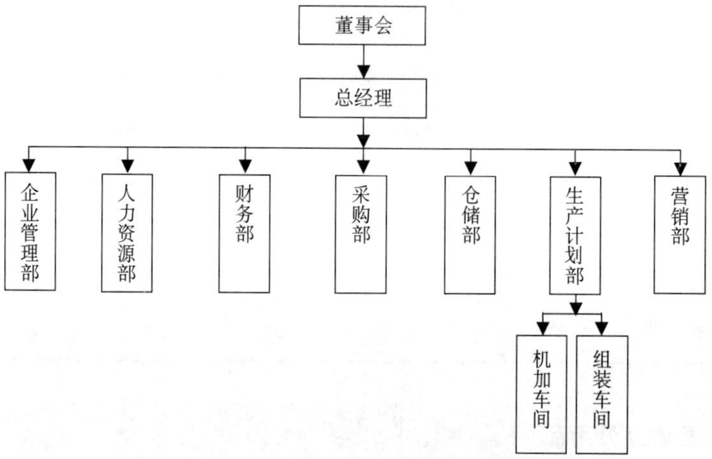


图 4－1　制造企业组织结构图

2. 岗位设置。岗位设置是指在虚拟商业社会环境中，核心企业的岗位设置和人员数量。截至 2019 年 9 月 30 日，管理人员在岗 18 人，车间工人 40 名，平均分布在 2 个车间，如图 4－2 所示。

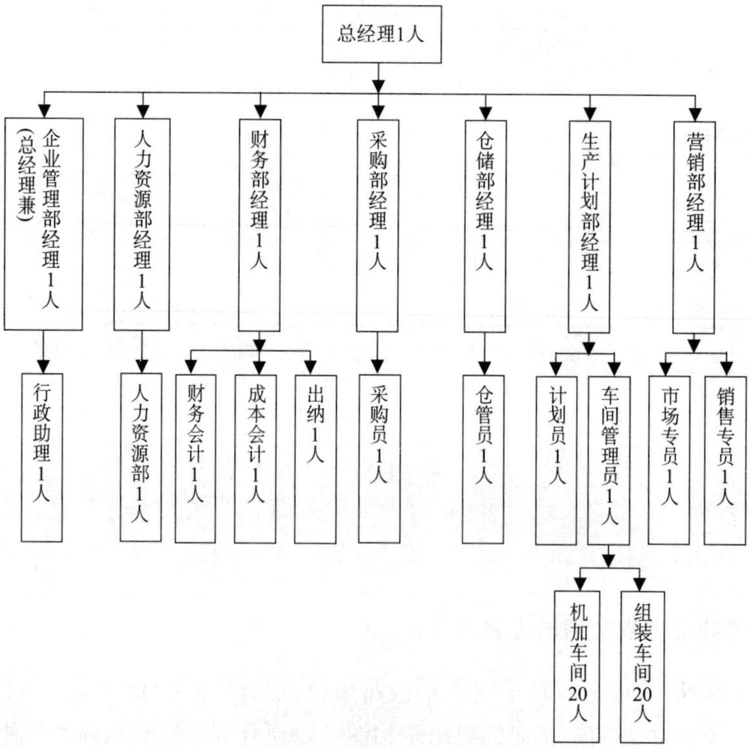


图 4－2　制造企业岗位结构图

（1）岗位兼任情况。总经理兼任企业管理部经理、行政助理兼任商务管理、计划员兼任质量员，在虚拟商业社会环境中，如果学员人数在配置上出现短缺情况，可以采用一人多岗的方式加以解决。

（2）工人数量。在虚拟商业社会环境中，系统虚拟存在40名车间员工。员工人数要依据销售订单情况、生产计划部设备数量及其他业务经营状况做调整。

## 二、行政助理读懂期初数据

行政助理负责配合总经理完成对公司管理工作的开展，是企管部门人员。企管部是企业的重要业务部门，主要负责企业管理及运营、上下联络沟通、及时向领导汇报情况等工作，承担督查和考核各部门的工作。如行政文案事物、内务后勤、制度规程、监督管理等工作。

1. 行政助理在业务开展工作之前需要理解并掌握的信息。

（1）企管部负责企业固定资产的管理工作，在工作交接时，企业中拥有登记在案的固定资产共33项。制造企业每个月的25日进行固定资产折旧的计提，工作交接中所登记的相关信息，为2018年12月25日计提折旧完成之后所显示的数据。

（2）企管部在工作交接的时候需要根据现有固定资产状况，在系统中进行固定资产卡片的填写，为了简易起见，只需要以每个类型的固定资产为例，填写8张固定资产卡片，分别是0100001办公大楼；0100002普通仓库；0100003大厂房；0200001普通机床（机加生产线）；0200011组装生产线；0300001笔记本电脑；0300008台式电脑；0300019打印复印一体机。

固定资产卡片中需要填写“卡片编号”（八张卡片编号分别为001－008）“日期”“固定资产编号”“固定资产名称”“类别型号”（01/02/03）；分别对应“类别名称”（房屋建筑/生产设备/办公设备）“使用部门”“增加方式”“使用状况”“预计使用年限”“折旧方法”“开始使用日期”“已计提月份”“原值”“累计折旧”“净值”“折旧费用类别”。

固定资产卡片中不需填写“规格型号”“存放地点”和“保管人”。

（3）所有固定资产卡片当中的“日期”写“2019年1月5日”，每填写完成一张固定资产卡片之后，点击右侧保存按钮，之后点击上方的加号新增固定资产卡片，切记在所有固定资产填写完成之前不可点击“完成”按钮。

（4）企管部需要将3－13固定资产列表的所有相关信息提供给财务会计。

（5）企管部需要将3－13固定资产列表的编号为0100002的固定资产信息提供给仓储部。

（6）企管部需要将3－13固定资产列表的编号为0100003以及0200001－0200011的固定资产信息提供给生产计划部。

（7）企管部需要将固定资产根据折旧科目的不同，统计出不同折旧科目的折旧费用合计，将相关合计信息在月底的时候提供给财务部经理。

2. 固定资产卡片填写。

（1）制作固定资产卡片。固定资产卡片是每一项固定资产的全部档案记录，即固定资产从进入企业开始到退出企业的整个生命周期所发生的全部情况，都要在卡片上予以记载。固定资产卡片上的栏目有：类别、编号、名称、规格、型号、建造单位、年月、投产日期、原始价值、预计使用年限、折旧率、存放地点、大修理日期和金额，以及停用、出售、转移、报废清理等内容，如图4－3、图4－4所示。

固 定 资 产 卡 片

卡片编号 001　　日期 2019年01月05日

固定资产编号 0100001　　固定资产名称 办公大楼

类别编号 01　　类别名称 房屋建筑

规格型号　　使用部门 企管部

增加方式 购入　　存放地点

使用状况 在用　　预计使用年限 20年　　折旧方法 直线法

开始使用日期 2017年09月15日　　已计提月份 15

原值 12,000,000.00　　净残值 600,000.00

累计折旧 712,500.00

净值 11,287,500.00　　折旧费用类别 管理费用　　保管人

**图4－3　固定资产卡片**

**附属设备**

**资产变动历史**

| 日期 | 变动事项 | 变动原因 | 变动说明 |
|---|---|---|---|
| | | | |
| | | | |
| | | | |
| | | | |
| | | | |

**变动事项主要包括：资产大修理、资产转移、原值变动、资产减少等类型。**

**图4－4　固定资产变动记录表**

（2）现在固定资产卡片数量。截至2018年12月25日，企业共拥有各项固定资产共计33项，每项固定资产均登记在固定资产卡片上。

3. 固定资产登记簿。行政助理的另外一项工作是完成固定资产登记簿。固定资产登记簿的作用是对所有固定资产卡片统一记录、管理的表格。固定资产登记簿记录所有办公用的固定资产种类、购买时间、使用年限及折旧相关内容；固定资产卡片上填列资产类别、名称、原值、使用年限、购置日期、年折旧率、折旧额等信息，方便企业进行固定资产查找、管理，如表4－3所示。

表 4－3　　固定资产登记簿　　单位：元

| 卡片编号 | 资产编号 | 资产名称 | 使用部门 | 使用年限 | 开始使用日期 | 已计提月份 | 资产原值 | 残值 | 月折旧额 | 累计折旧 | 对应科目 |
|---|---|---|---|---|---|---|---|---|---|---|---|
| 001 | 0100001 | 办公楼 | 企管部 | 240 | 2017.9.15 | 15 | 1 200 000 000.00 | 40 000 000.00 | 4 750 000.00 | 7 125 000.00 | 管理费用 |
| 002 | 0100002 | 普通仓库 | 仓储部 | 240 | 2017.9.15 | 15 | 540 000 000.00 | 27 000 000.00 | 2 137 500.00 | 32 062 500.00 | 管理费用 |
| 003 | 0100003 | 大厂房 | 生产计划部 | 240 | 2017.9.15 | 15 | 720 000 000.00 | 14 000 000.00 | 2 850 000.00 | 42 750 000.00 | 制造费用 |
| 004 | 0200001 | 普通机房（机加生产线） | 生产计划部 | 120 | 2017.9.15 | 15 | 21 000 000.00 | | 175 000.00 | 2 625 000.00 | 制造费用－机加 |
| 005 | 0200002 | 普通机房（机加生产线） | 生产计划部 | 120 | 2017.9.15 | 15 | 21 000 000.00 | | 175 000.00 | 2 625 000.00 | 制造费用－机加 |
| 006 | 0200003 | 普通机房（机加生产线） | 生产计划部 | 120 | 2017.9.15 | 15 | 21 000 000.00 | | 175 000.00 | 2 625 000.00 | 制造费用－机加 |
| 007 | 0200004 | 普通机房（机加生产线） | 生产计划部 | 120 | 2017.9.15 | 15 | 21 000 000.00 | | 175 000.00 | 2 625 000.00 | 制造费用－机加 |
| 008 | 0200005 | 普通机房（机加生产线） | 生产计划部 | 120 | 2017.9.15 | 15 | 21 000 000.00 | | 175 000.00 | 2 625 000.00 | 制造费用－机加 |
| 009 | 0200006 | 普通机房（机加生产线） | 生产计划部 | 120 | 2017.9.15 | 15 | 21 000 000.00 | | 175 000.00 | 2 625 000.00 | 制造费用－机加 |
| 010 | 0200007 | 普通机房（机加生产线） | 生产计划部 | 120 | 2017.9.15 | 15 | 21 000 000.00 | | 175 000.00 | 2 625 000.00 | 制造费用－机加 |
| 011 | 0200008 | 普通机房（机加生产线） | 生产计划部 | 120 | 2017.9.15 | 15 | 21 000 000.00 | | 175 000.00 | 2 625 000.00 | 制造费用－机加 |
| 012 | 0200009 | 普通机房（机加生产线） | 生产计划部 | 120 | 2017.9.15 | 15 | 21 000 000.00 | | 175 000.00 | 2 625 000.00 | 制造费用－机加 |
| 013 | 0200010 | 普通机房（机加生产线） | 生产计划部 | 120 | 2017.9.15 | 15 | 21 000 000.00 | | 175 000.00 | 2 625 000.00 | 制造费用－机加 |
| 014 | 0200011 | 组装生产线 | 生产计划部 | 120 | 2017.9.15 | 15 | 51 000 000.00 | | 4 250 00.00 | 6 375 000.00 | 制造费用－机加 |
| 015 | 0300001 | 笔记本电脑 | 企管部 | 48 | 2017.9.15 | 15 | 600 000.00 | | 12 500.00 | 187 500.00 | 管理费用 |
| 016 | 0300002 | 笔记本电脑 | 人力资源部 | 48 | 2017.9.15 | 15 | 600 000.00 | | 12 500.00 | 187 500.00 | 管理费用 |
| 017 | 0300003 | 笔记本电脑 | 财务部 | 48 | 2017.9.15 | 15 | 600 000.00 | | 12 500.00 | 187 500.00 | 管理费用 |
| 018 | 0300004 | 笔记本电脑 | 采购部 | 48 | 2017.9.15 | 15 | 600 000.00 | | 12 500.00 | 187 500.00 | 管理费用 |
| 019 | 0300005 | 笔记本电脑 | 营销部 | 48 | 2017.9.15 | 15 | 600 000.00 | | 12 500.00 | 187 500.00 | 管理费用 |
| 020 | 0300006 | 笔记本电脑 | 仓储部 | 48 | 2017.9.15 | 15 | 600 000.00 | | 12 500.00 | 187 500.00 | 管理费用 |
| 021 | 0300007 | 笔记本电脑 | 生产计划部 | 48 | 2017.9.15 | 15 | 600 000.00 | | 12 500.00 | 187 500.00 | 管理费用 |
| 022 | 0300008 | 台式电脑 | 财务部 | 48 | 2017.9.15 | 15 | 480 000.00 | | 10 000.00 | 150 000.00 | 管理费用 |
| 023 | 0300009 | 台式电脑 | 财务部 | 48 | 2017.9.15 | 15 | 480 000.00 | | 10 000.00 | 150 000.00 | 管理费用 |
| 024 | 0300010 | 台式电脑 | 企管部 | 48 | 2017.9.15 | 15 | 480 000.00 | | 10 000.00 | 150 000.00 | 管理费用 |
| 025 | 0300011 | 台式电脑 | 人力资源部 | 48 | 2017.9.15 | 15 | 480 000.00 | | 10 000.00 | 150 000.00 | 管理费用 |
| 026 | 0300012 | 台式电脑 | 财务部 | 48 | 2017.9.15 | 15 | 480 000.00 | | 10 000.00 | 150 000.00 | 管理费用 |
| 027 | 0300013 | 台式电脑 | 采购部 | 48 | 2017.9.15 | 15 | 480 000.00 | | 10 000.00 | 150 000.00 | 管理费用 |
| 028 | 0300014 | 台式电脑 | 营销部 | 48 | 2017.9.15 | 15 | 480 000.00 | | 10 000.00 | 150 000.00 | 管理费用 |
| 029 | 0300015 | 台式电脑 | 营销部 | 48 | 2017.9.15 | 15 | 480 000.00 | | 10 000.00 | 150 000.00 | 管理费用 |
| 030 | 0300016 | 台式电脑 | 仓储部 | 48 | 2017.9.15 | 15 | 480 000.00 | | 10 000.00 | 150 000.00 | 管理费用 |
| 031 | 0300017 | 台式电脑 | 生产计划部 | 48 | 2017.9.15 | 15 | 480 000.00 | | 10 000.00 | 150 000.00 | 管理费用 |
| 032 | 0300018 | 台式电脑 | 生产计划部 | 48 | 2017.9.15 | 15 | 480 000.00 | | 10 000.00 | 150 000.00 | 管理费用 |
| 033 | 0300019 | 打印复印一体机 | 企管部 | 48 | 2017.9.15 | 15 | 480 000.00 | | 10 000.00 | 150 000.00 | 管理费用 |
| | | | | | | | 2 730 960 000.00 | | 12 120 000.00 | 117 675 000.00 | |

## 三、人力资源部经理读懂期初数据

人力资源是企业的重要业务部门，是企业发展的助推器，其核心职能是选、训、考、用、留这五个方面。人力资源部经理读懂前任交接文档，了解本期业的岗位职能，组织架构，员工构成，在职状况，员工薪酬和社保等信息。人力资源部助理读懂前任工作文档，配合人力资源部经理了解本期业的信息。此外，人力资源部门还需要及时做好人员的考勤工作，对于缺勤人员适当的扣除工资。

（一）人力资源部目前有人力资源经理和人力资源助理两个工作人员（见图4－5）

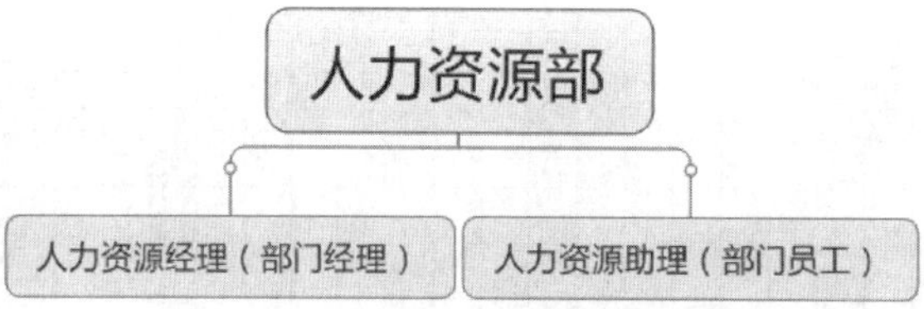


图4－5 人力资源部岗位结构

（二）人力资源部需要读懂的期初数据

1. 人员概况
2. 工资规则
3. 社保及住房公积金缴纳比例
4. 个人所得税计算方式
5. 个人缴纳社保及住房公积金计算
6. 企业缴纳社保及住房公积金计算
7. 个人所得税及实发工资计算

根据以上信息填制薪资计算表和部门薪资汇总表。

2019年1月，制造企业共需发放到员工银行账户的工资合计为211 060.94元；

2019年1月，制造企业共需缴纳的社会保险为27 255.00＋85 225.50＝112 480.50（元）；

2019年1月，制造企业共需缴纳的住房公积金为26 550＋26 550＝53 100.00（元）；

2019年1月，制造企业共需为员工缴纳的个人所得税为634.06元。

## 四、销售部经理读懂期初数据

营销部是企业的重要业务部门，企业的利润来自于销售收入，销售实现是企业生存和发展的关键，因此营销工作的成功与否直接决定企业的成败。营销部兼顾了两大职能，一个职能是销售，一个职能是市场。

（一）营销部目前有营销经理，市场专业和销售专员三个工作人员（见图4－6）

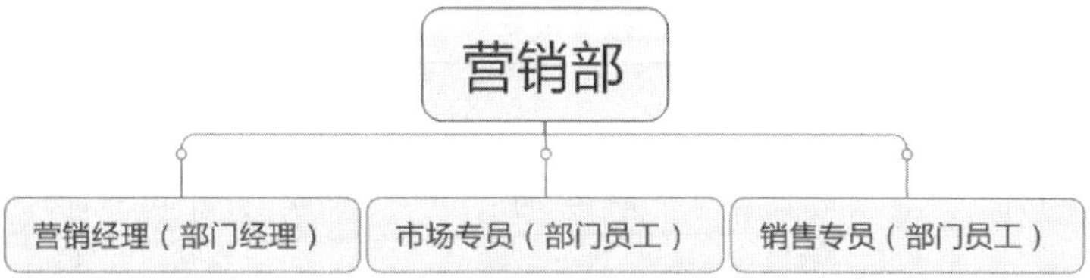


图 4－6　销售部岗位结构

（二）销售部需要读懂的期初数据

销售部门的期初数据项目比较多，各个岗位要读懂的期初数据也有交叉和重合，表 4－4 列出了销售部需要读懂的期初数据。

表 4－4　期初数据表

| 序号 | 期初数据 | 相关说明 | 对应岗位 |
|---|---|---|---|
| 1 | 销售发货明细表 | 已发货未收款的订单 | 营销部经理、销售专员 |
| 2 | 2016 年度销售预测表 | 2016 年 4 季度和 2017 年 1 季度销售预测 | 营销部经理、销售专员、市场专员、生产计划部经理 |
| 3 | 2017 年市场预测 | 2017 年市场预测 | 营销部经理、销售专员、市场专员 |
| 4 | 客户信息汇总表 | 企业客户信息 | 营销部经理、销售专员 |
| 5 | 库存期初报表 | 各种成品的期初库存情况 | 营销部经理、销售专员、生产计划部经理 |
| 6 | 物料清单（BOM） | 了解产品原料组成情况 | 生产计划部经理 |
| 7 | 生产车间产能报表 | 车间产能情况 | 营销部经理、生产计划部经理 |

1. 销售发货明细表。2016 年第四季度共销售 12 000 辆经济童车，已全部发货，其中 LJ110001 订单尚未收到货款，按照约定，付款期为 2016 年 12 月，如表 4－5 所示。

表 4－5　已发货未收款订单

| 单据编号 | 销售订单号 | 客户名称 | 产品名称 | 数量（辆） | 货款额（元） | 合同约定交货期 | 合同约定回款期 | 实际发货数量（辆） | 发票开具情况回款额（元） |
|---|---|---|---|---|---|---|---|---|---|
| 0001 | LJ110001 | 旭日贸易公司 | 经济型童车 | 4 000 | ￥2 808 000.00 | 2016－12－25 | 2016－12 | 4 000 | 已开 |

2. 销售预测表。需求量预测：2016 年第 4 季度，该企业约有 14 000 辆的经济童车需求机会，该需求基本上均匀分布在每月，并且呈上升趋势；价格预测：由于竞争者进入，第四季度本地市场经济童车价格呈明显下降，降幅在 5%～7%之间，如表 4－6 所示。

表 4 - 6　　销售预测表　　单位：辆

| 产品＼时间 | 2016 年 4 季度 | | | 2017 年 1 季度 | | |
|---|---|---|---|---|---|---|
| | 10 月 | 11 月 | 12 月 | 1 月 | 2 月 | 3 月 |
| 经济童车 | 4 000 | 5 000 | 5 000 | 6 000 | 5 000 | 7 000 |
| 舒适童车 | | | | | | |
| 豪华童车 | | | | | | |

3. 市场预测，如表 4 - 7、表 4 - 8、表 4 - 9 所示。

表 4 - 7　　销售数量预测表　　单位：辆

| | 产品 | 1 季度 | 2 季度 | 3 季度 | 4 季度 |
|---|---|---|---|---|---|
| 本地 | 经济童车 | 49 800 | 40 700 | 23 500 | 13 700 |
| | 舒适童车 | — | 8 800 | 15 000 | 14 000 |
| | 豪华童车 | 0 | — | — | 8 300 |
| 国内 | 经济童车 | 40 500 | 20 000 | 11 500 | 5 800 |
| | 舒适童车 | 0 | 10 500 | 20 100 | 20 600 |
| | 豪华童车 | 0 | — | 8 060 | 10 400 |
| 国际 | 经济童车 | 20 700 | 12 500 | 10 800 | 9 600 |
| | 舒适童车 | 0 | 11 000 | 17 800 | 25 600 |
| | 豪华童车 | 0 | — | 0 | 14 900 |
| 合计 | | 111 000 | 103 500 | 106 760 | 122 900 |

表 4 - 8　　价格预测表　　单位：元

| | 产品 | 1 季度 | 2 季度 | 3 季度 | 4 季度 |
|---|---|---|---|---|---|
| 本地 | 经济童车 | 636. 7570281 | 614. 987715 | 581. 4255319 | 550. 2846715 |
| | 舒适童车 | — | 900 | 878. 3333333 | 829 |
| | 豪华童车 | — | — | — | 1 361. 903614 |
| 国内 | 经济童车 | 688. 9876543 | 633. 35 | 604. 3043478 | 577. 2068966 |
| | 舒适童车 | — | 919. 4095238 | 902. 7313433 | 860. 5533981 |
| | 豪华童车 | — | — | 1 422. 325062 | 1 380. 730769 |
| 国际 | 经济童车 | 708. 9516908 | 653. 28 | 634. 1851852 | 599. 2083333 |
| | 舒适童车 | — | 930. 4545455 | 921. 3033708 | 893. 109375 |
| | 豪华童车 | — | — | — | 1 433. 832215 |
| 合计 | | | | | |

表 4 - 9　　收入预测表　　单位：元

| | 产品 | 1 季度 | 2 季度 | 3 季度 | 4 季度 |
|---|---|---|---|---|---|
| 本地 | 经济童车 | 31 710 500 | 25 030 000 | 13 663 500 | 7 538 900 |
| | 舒适童车 | — | 7 920 000 | 13 175 000 | 11 606 000 |
| | 豪华童车 | — | — | — | 11 303 800 |

续表

| | 产品 | 1 季度 | 2 季度 | 3 季度 | 4 季度 |
|---|---|---|---|---|---|
| 国内 | 经济童车 | 27 904 000 | 12 667 000 | 6 949 500 | 3 347 800 |
| | 舒适童车 | — | 9 653 800 | 18 144 900 | 17 727 400 |
| | 豪华童车 | — | — | 11 463 940 | 14 359 600 |
| 国际 | 经济童车 | 14 675 300 | 8, 166 000 | 6 849 200 | 5 752 400 |
| | 舒适童车 | — | 10 235, 000 | 16 399 200 | 22 863 600 |
| | 豪华童车 | — | — | — | 21 364 100 |
| 合计 | | 74 289 800 | 73 671 800 | 86 645 240 | 115 863 600 |

4. 客户信息表，如表 4 – 10 所示。

**表 4 – 10** 客户信息表

| 序号 | 企业法定中文名称 | 简称 | 办公电话 | 邮政编码 | 注册资金 | 企业注册登记日 | 企业法定代表人 | 企业注册地址 | 开户银行 | 银行账号 | 社会统一信用代码 |
|---|---|---|---|---|---|---|---|---|---|---|---|
| 1 | 旭日商贸有限公司 | 旭日 | 010 – 68500412 | 100094 | 450 000 | 2015/1/4 | 李峰 | 北清路 5 号 | 中国工商银行 | 0100229999000099011 | 110108554831327011 |
| 2 | 华晨商贸有限公司 | 华晨 | 021 – 62570416 | 100084 | 450 000 | 2015/1/4 | 王强 | 沙静南路 671 号 | 中国工商银行 | 0100229999000099012 | 110108554831327012 |
| 3 | 仁和商贸有限公司 | 仁和 | 020 – 63470422 | 100086 | 450 000 | 2015/1/4 | 董浩 | 安杰北街 18 号 | 中国工商银行 | 0100229999000099013 | 110108554831327013 |
| 4 | 天府商贸有限公 | 天府 | 028 – 62500478 | 100080 | 450 000 | 2015/1/4 | 康庄 | 丰豪中街 55 号 | 中国工商银行 | 0100229999000099014 | 110108554831327014 |
| 5 | 湖北强盛商贸有限公司（中部） | | 027 – 84859011 | 430090 | 100 000 | 2015/1/4 | | 武汉市汉南区纱帽街汉南大道 12 号 | 中国工商银行 | 0100229999000099015 | 110108554831327015 |
| 6 | 湖北静洁商贸有限公司（中部） | | 027 – 84852312 | 430120 | 100 000 | 2015/1/4 | | 武汉市星源大道 19 号 | 中国工商银行 | 0100229999000099016 | 110108554831327016 |
| 7 | 五洲进出口有限公司 | 五洲 | 010 – 62500478 | 101060 | 100 000 | 2015/1/4 | 郭容 | 广顺北街 38 号 | 中国工商银行 | 0100229999000099017 | 110108554831327017 |

5. 期初库存报表。期初库存就是在一个库存会计时期开始时，可供使用或出售的存货（例如，货品、物资和原料）的账面价值（数量），期初库存，如表 4 – 11 所示。

**表 4 – 11** 期初库存表 单位：辆

| 存货分类 | 存货名称 | 期初数量 | 在途数量 | 在产数量 | 备注 |
|---|---|---|---|---|---|
| 产成品 | 经济童车 | 4 000 | | | |
| 在制品 | 经济童车 | 5 400 | | 7 000 | |
| | 经济车架 | 5 400 | | 5 000 | |

续表

| 存货分类 | 存货名称 | 期初数量 | 在途数量 | 在产数量 | 备注 |
|---|---|---|---|---|---|
| 原材料 | 钢管 | 10 800 | 15 000 | | |
| | 坐垫 | 5 400 | 5 000 | | |
| | 车篷 | 5 400 | 5 000 | | |
| | 车轮 | 21 600 | 20 000 | | |
| | 经济型童车包装套件 | 5 400 | | | |

### 五、生产计划部经理读懂期初数据

生产计划部是企业的重要业务部门，主要负责有效组织生产资源，实现产品高效优质生产。生产计划部经理通过读懂前任交接文档，了解本企业的生产需求，预测，产能状况，生产库存，物料清单，产品设计等信息，为今后的业务开展提供支持。

（一）生产计划部目前有生产计划经理，生产计划员和车间管理员三个工作人员（见图4－7）

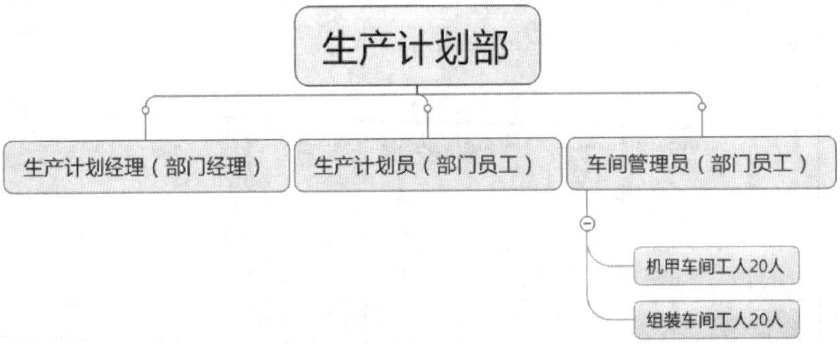


**图4－7　生产计划部岗位结构**

（二）生产计划部需要读懂的期初数据

（1）生产计划部以生产为主，拥有两个生产部门，一个是机加车间，一个是组装车间。机加车间负责生产半成品，组装车间负责生产产成品。

（2）生产计划部从人力资源部了解目前机加车间和组装车间的工人配置情况，并探讨目前人员配置的合理性。

（3）生产计划部从企管部了解目前的拥有厂房情况以及拥有生产设备情况，设备的数量，种类，使用时间等。

（4）生产计划部从仓储部了解目前的各项物料的储备情况，并探讨是否符合目前的生产能力。

（5）生产计划部从营销部了解销售预测情况，预计签订销售合同的情况，从而准备接下来的生产。

(三）生产计划部核实完以上信息后，完成领料、派工、生产、完工入库等生产环节

1. 经济车架派工单。派工单（又称工票或传票）生产管理人员向生产人员派发生产指令的单据，是工业企业中对工人分配生产任务并记录其生产活动的原始记录，是一种面向工作中心说明加工工序优先级的文件，说明工作中心的工序在一周或一个时期内要完成的生产任务。它还说明什么时间开始加工，什么时间完成，计划加工数量是多少，计划加工时数是多少，在制的生产货位是什么，计时的费率，计件的费率，加班的费率，外协的费率等。经济型车架派工单，如表 4－12 所示。

**表 4－12　　经济型车架派工单**

派工部门：生产计划部

派工单号：SC－PG－201909001　　派工日期：2019 年 01 月 5 日

| 产口名称 | 工序 | 工序名称 | 工作中心 | 生产数量（件） | 计划进度 | |
|---|---|---|---|---|---|---|
| | | | | | 开始日期 | 完工日期 |
| 经济车架 | 10 | 车架加工 | 普通机床 | 4 800 | 1 月 5 号 | 2 月 5 号 |
| | | | | | | |
| | | | | | | |

生产计划部经理：叶润中　　车间管理员：周群

2. 经济型童车派工单，如表 4－13 所示。

**表 4－13　　经济型童车派工单**

派工部门：生产计划部

派工单号：SC－PG－201909002　　派工日期：2019 年 01 月 5 日

| 产口名称 | 工序 | 工序名称 | 工作中心 | 生产数量（件） | 计划进度 | |
|---|---|---|---|---|---|---|
| | | | | | 开始日期 | 完工日期 |
| 经济型童车 | 20 | 组装 | 组装生产线 | 4 800 | 1 月 5 号 | 2 月 5 号 |
| | | | | | | |
| | | | | | | |

生产计划部经理：叶润中　　车间管理员：周群

企业在下达了生产任务后，每一张生产任务单所需要生产的产品有没有按时生产完工，已完工的产品是分多少批完工入库的，以及何时生产完工的，是按计划生产完工的还是延期完工的，都需要适时掌握相关情况，以免造成出货延期，本表专为解决此问题而设计。生产计划执行情况，如表 4－14 所示。

**表 4－14　　生产计划执行情况表**

制表部门：生产计划部制表　　日期：2019 年 01 月 5 日

| 派工单号 | 产品名称 | 领料情况 | 开工数量 | 完工数量 | 开工日期 | 计划完工日期 | 完工日期 | 在产品数量（件） | 完工入库数量 | 产品入库日期 | 备注 |
|---|---|---|---|---|---|---|---|---|---|---|---|
| SC－PG－201909001 | 经济型车架 | 已领 | 4 800 | | 2019/01/05 | 2019/02/05 | | 4 800 | | | |
| SC－PG－201909002 | 经济型童车 | 已领 | 4 800 | | 2019/01/05 | 2019/02/05 | | 4 800 | | | |

车间管理员：周群

# 第三节 期初建账

## 一、仓储部经理期初建账

仓管员通过与前任的工作交接，了解本企业的物料与产成品的库存状况，生产加工模式，为企业的生产提供支持。仓储部经理建立库存台账，库存台账是用来核算、监督库存物料和成品的。所以需要将各种物品分别设账，以便能把该物品的进、销、存清晰地反映出来。初次建账，先将所有物品的实物库存数量盘点出来，再按各种物品分别建账，将盘点出来的实物库存数作为台账的期初库存，以后每次入库和出库的物品数量都及时准确地在台账上进行登记，算出结存数量。

安全库存又称缓冲库存，设置安全库存是为了应对供应和需求或提前期中偶然出现的不可预测的波动。如果需求大于预测，就会发生缺货，设置安全库存是为了预防这种可能性的发生，从而避免生产中断或为客户交货中断。仓储部经理根据期初材料，建库存台账，一物一账，将物料的库存期初数量填入库存台账。实训中要建的库存台账分别是：钢管、坐垫、车篷、车轮、经济型童车包装套件、经济型童车车架、经济型童车。

库存台账填写规则，具体如下：

（1）仓储部储存的货物一共有 3 个大类，分别是原材料，半成品和产成品。原材料的物料编号是以 B 开头，占用的是 A 仓库——原材料仓库；半成品的物料编号是以 M 开头，占用的是 B 仓库——半成品仓库；产成品的物料编号是以 P 开头，占用的 C 仓库——产成品仓库。

（2）库存台账中需要填写“物料名称”“物料编号”“规格”“存放仓库”“最高存量”“最低存量”和“计量单位”。其中，所有的物料都没有“最高存量”“最低存量”均为 0；所有“日期”写“2019 年 1 月 5 日”；“凭证号数”空着不填；“摘要”写“上月结转”。每填写完成一张库存台账之后，点击右侧保存按钮，切记在所有库存台账填写完成之前不可点击“完成“按钮。

例如，钢管库存台账，如图 4－8 所示。

## 二、采购部经理期初建账

采购部经理通过读懂前任工作文档，了解本企业的供应商库，供需关系，原材料采购信息，为本企业开展商业采购提供服务支持，如表 4－15 所示。本案例采购部根据企业的需要做出如下决定：按季度与供应商签订采购合同；每月向各供应商下达 1 次订单；从发出采购订单到收到采购物料的时间为 1 个月，即采购提前期为 1 个月；收到物料及货物后的次月支出货款；发出订单和收到物料后，填写“采购合同执行情况表”。

140301—钢管　**库存台账**

分页：_____ 总页：_____

物料名称：钢管　规格：Φ外16/Φ内11/L5000(mm)　最高存量：50000

物料编号：B0001　存放仓库：1号仓库　最低存量：10　计量单位：根

| 2019 年 | | 凭证号数 | 摘 要 | 入库 | | 出库 | | 结存 | |
|---|---|---|---|---|---|---|---|---|---|
| 月 | 日 | | | 数量 | 单价 | 数量 | 单价 | 数量 | 单价 |
| 1 | 5 | | 期初结转 | | | | | 1080 | |
| | | | | | | | | | |
| | | | | | | | | | |
| | | | | | | | | | |
| | | | | | | | | | |
| | | | | | | | | | |
| | | | | | | | | | |
| | | | | | | | | | |
| | | | | | | | | | |

图 4-8　钢管库存台账样单

表 4-15　采购部期初建账任务

| 角色 | 期初数据 | 说明 |
|---|---|---|
| 采购员<br>采购经理 | 采购订单 | 前期下达未完结的采购订单存档用 |
| | 材料入库单 | 前期入库单，留作未来付款备查用 |
| | 采购合同执行情况表 | 未完成的采购合同记录 |
| | 材料供应商信息汇总表 | 企业供应商信息总汇 |
| | 库存期初 | 各种物料的期初库存情况 |
| | 物料清单 | 产品结构 |
| | 材料供应商资料信息 | 供应商的详细资料 |
| | 车间产能报表 | 车间产能情况 |

1. 采购部根据生产部物料需求计划，1 月份执行采购合同下达的 4 份采购订单，如图 4-9 所示。

订单编号：CG67141633　交货日期：2017-01-25

部门：采购部　结算日期：2017-01-25

采购员：12　供应商：恒通工贸有限公司

日期：2017-01-05　地址：小红门路45号

公司：宝乐童车制造有限公司

| 存货编号 | 存货 | 数量 | 含税单价 | 税率 | 含税总金额 | 备注 | 操作 |
|---|---|---|---|---|---|---|---|
| B0001 | 钢管 | 9600 | 121.33 | 17% | 1164768.00 | | |
| B0003 | 坐垫 | 4800 | 91.5 | 17% | 439200.00 | | |
| B0005 | 车篷 | 4800 | 164.7 | 17% | 790560.00 | | |
| B0006 | 车轮 | 19200 | 30.5 | 17% | 585600.00 | | |

图 4-9　采购订单

2. 仓储部根据采购部1月份的采购订单验货入库，填制“采购入库单”，将第二联交给采购部，采购部根据“采购入库单（表4-16）”填写“采购合同执行情况表（表4-17）”和“供应商考核记录表”。

**表4-16　　采购入库单**

制表日期：　2017.02.05　　　　仓库：材料仓

供应商名称：恒通工贸有限公司　　　　类型：原材料采购

单据编号：　　　　订单编号：CG67141633

| 序号 | 品名 | 规格型号 | 单位 | 入库时间 | 数量 | 备注 |
|---|---|---|---|---|---|---|
| 1 | 钢管 | Φ外16/Φ内11/L5000（mm） | 根 | 2017.02.05 | 9 600 | |
| 2 | 坐垫 | HJM500 | 个 | 2017.02.05 | 4 800 | |
| 3 | 车篷 | HJ72×32×40 | 个 | 2017.02.05 | 4 800 | |
| 4 | 车轮 | HJΦ外125/Φ内60mm | 个 | 2017.02.05 | 19 200 | |

仓储部经理：何明海　　　　仓管员：王宝珠

**表4-17　　采购合同执行情况表**

| 合同编号 | 合同总数 | 订单编号 | 供应商名称 | 物料编码 | 物料名称 | 计量单位 | 订货日期 | 订货数量 | 单价 | 总金额 | 计划交期 | 计划付款 | 已到数量 | 入库数量 | 不合格数量 | 到货日期 | 应付金额 | 已付金额 | 实际付款 | 开票情况 | 开票时间 | 备注 |
|---|---|---|---|---|---|---|---|---|---|---|---|---|---|---|---|---|---|---|---|---|---|---|
| | | | | | | | | | | | | | | | | | | | | | | |
| | | | | | | | | | | | | | | | | | | | | | | |
| | | | | | | | | | | | | | | | | | | | | | | |
| | | | | | | | | | | | | | | | | | | | | | | |

## 三、财务部经理期初建账

财务部是企业的重要管理部门，主要负责核算和监控企业经营情况，税务管理、资金筹措和运用、向利益关系人编送财务报告和经营管理报告等。

1. 财务部目前有财务经理，财务会计，成本会计，出纳四个工作人员，如图4-10所示。

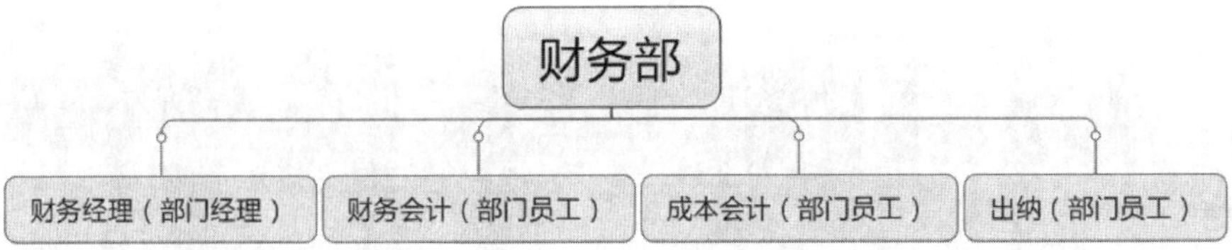


**图4-10　财务部岗位结构**

2. 财务部经理在期初建账时首先需要检查总账、期初数据资料、报表及相关办公用品等，然后根据已有资料，开设总账账簿。

总账是指总分类账簿，也称总分类账，是根据总分类科目开设账户，用来登记全部经济业务，进行总分类核算。进行总括核算资料的分类账簿。总分类账所提供的核算资料，是编制会计报表的主要依据，任何单位都必须设置总分类账。总分类账一般采用订本式账簿。总分类账的账页格式一般采用“借方”“贷方”“余额”三栏式。

3. 总账的启用。会计账簿是储存数据资料的重要会计档案。在账簿启用时，应在“账簿启用和经管人用一览表”中详细记载单位名称、账簿页数、启用日期、并加盖单位公章，经管人员（包括企业负责人、主管会计、复核和记账人员等）均应签名盖章。

4. 开设账户。因为总账是订本式，不能添加账页，所以在建账前应根据总账账页页数和一级科目数量及每个科目估计的业务量，为每个科目的业务预留出足够的记录空间。然后在每页写上账户名称，并在每个账户起始页右边缘粘贴表明账户名称的口取纸，完成账户开设工作。

5. 期初余额的过账。

（1）所有账页当中的“日期”写“2019 年 1 月 5 日”。

（2）为方便管理，工作交接当中所有账页的“记账凭证号数”空着不填；所有账页的“摘要”写“上月结转”。

（3）每填写完成一张账页之后，点击右侧保存按钮，切记在所有账页填写完成之前不可点击“完成”按钮。

（4）科目余额表中的数据并不是进行简单的摘抄记录，还需要了解每一条数据的含义。

科目 1403，140301，140302，140303，140304，140305，1405，140501，1409，140901，需要从仓储部获取相关的库存信息进行数据对比工作。

科目 1601，1602，需要从企管部获取相关的固定资产信息进行数据对比工作。

科目 2211，221101，221103，221104，需要从人力资源部获取相关的人员薪酬发放统计表进行数据对比工作。

科目 22210101，需要从采购部了解上个月的采购付款情况，将税额总计与进项税额数据进行对比工作。

科目 22210102，需要从营销部了解上个月的销售收款情况，将税额总计与销项税额数据进行对比工作。财务部要建的总分类账如图 4－11 至图 4－17 所示。

图 4－11　“库存现金”总分类账期初余额登记

1002--银行存款 **总分类账** 总页：____ 分页：____

科目名称 银行存款

| 2019年 月 | 日 | 记账凭证号数 | 摘要 | 借方 | 贷方 | 借或贷 | 余额 |
|---|---|---|---|---|---|---|---|
| 1 | 5 | | | | | 借 | 1000000000 |

图 4－12 “银行存款”总分类账期初余额登记

1403--原材料 **总分类账** 总页：____ 分页：____

科目名称 原材料

| 2019年 月 | 日 | 记账凭证号数 | 摘要 | 借方 | 贷方 | 借或贷 | 余额 |
|---|---|---|---|---|---|---|---|
| 01 | 05 | | 上月结转 | | | 借 | 341582400 |

图 4－13 “原材料”总分类账期初余额登记

1405--库存商品 **总分类账** 总页：____ 分页：____

科目名称 库存商品

| 2019年 月 | 日 | 记账凭证号数 | 摘要 | 借方 | 贷方 | 借或贷 | 余额 |
|---|---|---|---|---|---|---|---|
| 01 | 05 | | 上月结转 | | | 借 | 608682800 |

图 4－14 “经济型童车”总分类账期初余额登记

1409--自制半成品 **总分类账** 总页：____ 分页：____

科目名称 半成品

| 2019年 月 | 日 | 记账凭证号数 | 摘要 | 借方 | 贷方 | 借或贷 | 余额 |
|---|---|---|---|---|---|---|---|
| 01 | 05 | | 上月结转 | | | 借 | 186969600 |

图 4－15 “经济型车架”总分类账期初余额登记

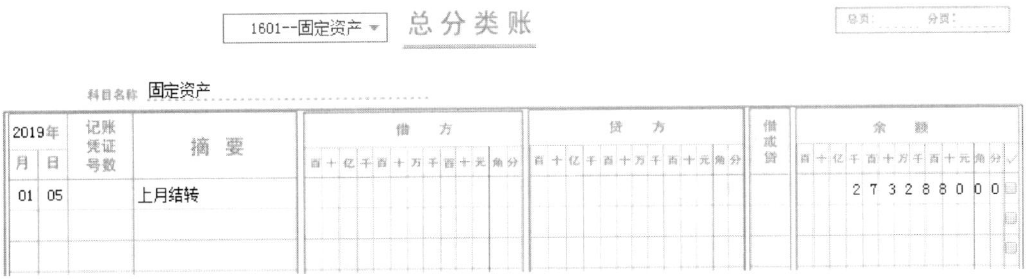


图 4－16 “固定资产”总分类账期初余额登记

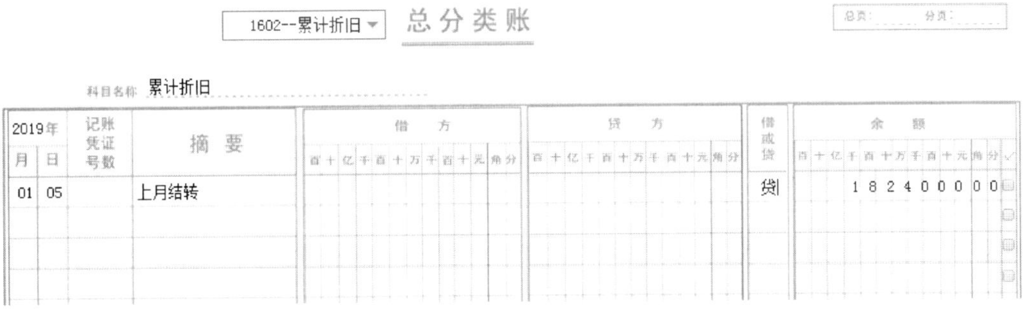


图 4－17 “累计折旧”总分类账期初余额登记

## 四、出纳期初建账

出纳在期初建账是首先要检查银行存款日记账、期初文档等。然后开设日记账簿。

1. 认识日记账。日记账也称序时账，是按经济业务发生的时间先后顺序，逐日逐笔登记账簿。日记账应该根据办理完毕的收付款凭证，随时按顺序逐笔登记，最少每天登记一次。日记账分为现金日记账和银行存款日记账。现金日记账是用来登记库存现金每天的收入、支出和结存情况的账簿。企业应按币种关系设置现金日记账进行明细分类核算。现金日记账的格式一般有三栏式、多栏式和收付分页式三种。在实际工作中大多采用三栏式账页格式。

2. 总账的启用。会计账簿是储存资料的重要会计档案，账簿启用时应在“账簿启用和经管人员一览表”中详细记载单位名称、账簿页数，并加盖单位公章；经管人员（包括企业负责人、主管会计、复核和记账人员等）均应签名盖章。记账人员和会计主管人员在本年度调整工作时，应注明交接日期、接办人员和交检名称，并由交接双方签名或盖章，以明确经济责任。

3. 开设账户并录入期初余额。

（1）填写年、月、日。

（2）摘要统一填“上月结转”。

（3）根据科目余额表将一级科目余额登记在总账中对应账户的“余额”栏并写清楚方向“借”或“贷”。

（4）无余额账户不登记。

“库存现金”现金日记账的期初余额录入如图 4－18 所示。同理完成“银行存款”的期初余额录入。

图 4－18　“库存现金”现金日记账期初余额录入

## 五、财务会计期初建账

财务会计在期初建账首先要检查科目余额表、期初文档，然后根据这些资料开设负责的各个明细账簿，如图 4－19 至图 4－21 所示。

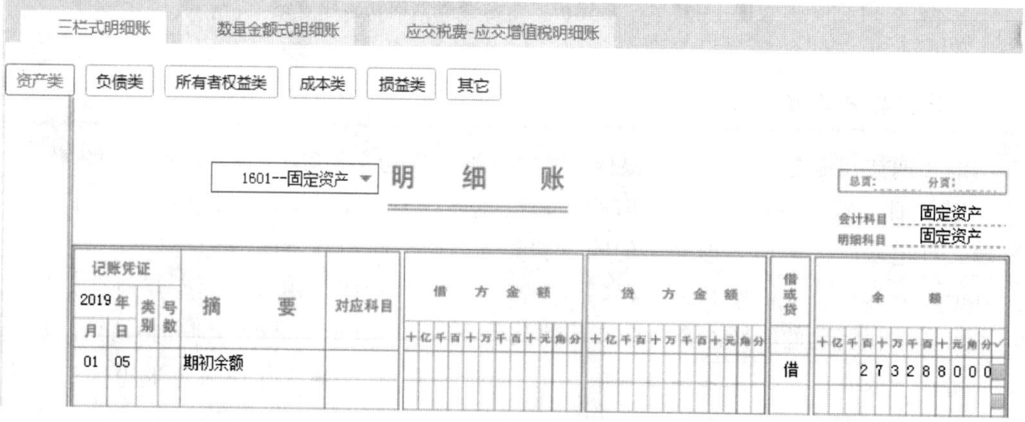


图 4－19　“固定资产”三栏式明细账期初余额登记

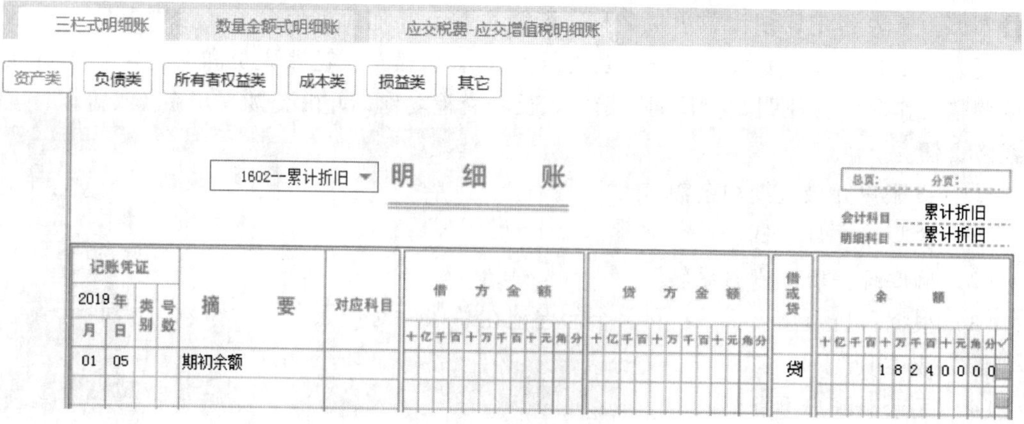


图 4－20　“累计折旧”三栏式明细账期初余额登记

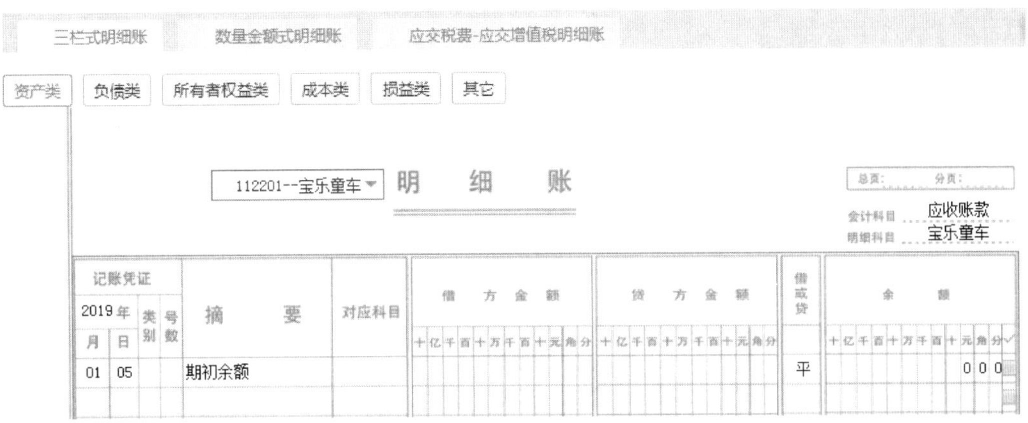


图 4－21　“应收账款”三栏式明细账期初余额登记

1. 明细账的分类。明细账也称明细分类账，是根据总账科目所属的明细科目设置的，用于分类登记某一类经济业务事项，提供有关明细核算的资料。明细账可采用订本式、活页式、三栏式、多栏式、数量金额式。明细账是按照二级或明细科目设置的账户，一般采用活页式账簿。各单位应结合自己的经济业务特点和经营管理要求，在总分类账的基础上设置若干明细分类账，作为总分类账的补充。明细分类账按账页格式不同分为三栏式、多栏式和数量金额式。

（1）三栏式明细账的账页只设借方、贷方和余额三个金额栏，不设数量栏，这种格式适用于那些只需要进行现金核算而不需要进行数量核算的明细核算，如“应收账款”“应付账款”等债权债务科目的明细分类核算。

（2）数量金额式明细账的账页按收入、发出和结余的基础上增设数量和单价栏。这种格式适用于既需要进行金额核算，又需要进行实物核算的各种财产物资的明细账核算，如“原材料”“产成品”等财产物资科目的明细分类核算。

在这种明细分类账格式的上端，一般根据实际需要，设置一些必需的项目，如材料、产品的类别、名称、规格、计量单位、存放地点，有的还要标明最高和最低储备数量等。通过数量金额式明细账的记录能了解各种材料、产成品的增加、减少和结存的详细情况，以利于对材料、产成品的管理和日常监督。

（3）多栏式明细账的账页按照明细科目或明细项目分设若干专栏，以在同一账页上集中反映各有关明细科目或某明细科目项目的金额。这种格式适合用于费用、成本、收入的明细核算，如“制造费用”“管理费用”“主营业务收入”和“营业外支出”等科目的明细分类核算。

2. 明细账的启用。会计账簿是储存资料的重要会计档案，在账簿启用时，应在“账簿启用和经管人员”中详细记载单位名称、账簿页数，并加盖单位公章，经管人员（包括企业负责人、主管会计、复核和记账人员等）均应签名盖章。记账人员和会计主管人员在本年度调整工作时，应注明交接日期、接办人员和交检名称，并由交接双方签名或盖章，以明确经济责任。

3. 开设账户。按照会计科目表的顺序、名称，在明细账页上建立二、三级明细账账户，每个明细科目至少建立一个账页。因为明细账是活页式，能添加账页，所以建账后若出现账页不够，可以随时添加账页，并在每个账户起始页右边缘粘贴表明账户名称的口取纸，完成账户开设工作。

4. 期初余额的录入。

（1）填写年、月、日。

（2）摘要统一填“上月结转”。

（3）根据科目余额表将二级或三级科目余额登记在总账中对应账户的“余额”栏并写清楚余额方向“借”或“贷”。

（4）无余额账户只登记年，不登记月、日、摘要和余额，不用在余额处录入0。

## 六、成本会计期初建账

成本会计在期初建账首先要检查科目余额表、期初文档，然后根据这些资料开设数量金额式明细账。

1. 数量金额式明细账的开设。在每页写上账户明细，填写账页上端内容，并在每个账户起始页右边缘粘贴表明账户名称的口取纸，完成账户开设工作。

2. 多栏式明细账的开设。除了按照数量金额明细账开设方法填写以上内容外，还要在账页中按照明细科目或明细项目分设若干专栏。

3. 三栏式明细账的开设。同数量金额式明细账的开设相同。

4. 期初余额登记。

（1）数量金额明细账期初余额登记

①填写年、月、日。

②摘要统一填“上月结转”。

③根据科目余额表依次将数量、单价、金额登记在数量金额账“结存栏”的对应位置，并写清楚方向“借”或“贷”。

④无余额账户不登记。

以钢管为例说明明细账期初余额登记如图4－22所示。

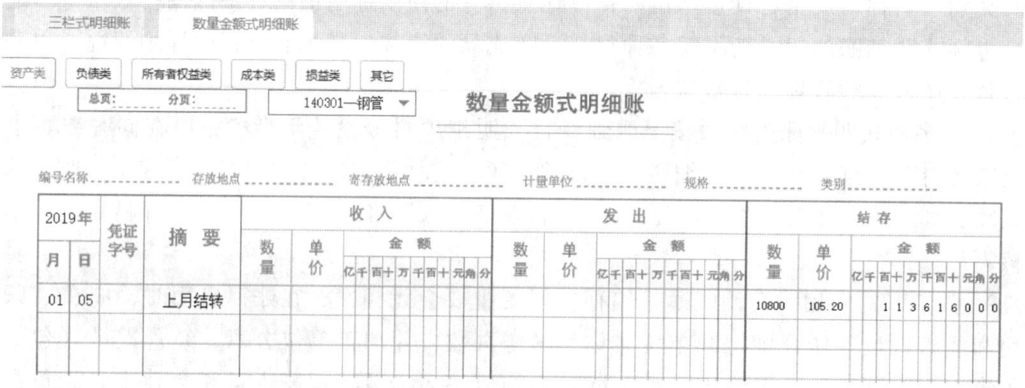
三栏式明细账　数量金额式明细账

资产类　负债类　所有者权益类　成本类　损益类　其它

总页：　分页：　140301—钢管

数量金额式明细账

编号名称　存放地点　寄存放地点　计量单位　规格　类别

| 2019年 月 | 日 | 凭证字号 | 摘要 | 收入 数量 | 收入 单价 | 收入 金额 | 发出 数量 | 发出 单价 | 发出 金额 | 结存 数量 | 结存 单价 | 结存 金额 |
|---|---|---|---|---|---|---|---|---|---|---|---|---|
| 01 | 05 | | 上月结转 | | | | | | | 10800 | 105.20 | 1 1 3 6 1 6 0 0 0 |

图4－22　“钢管”数量金额式明细账期初余额登记

（2）多栏式明细账期初余额登记。

①填写年、月、日。

②摘要统一填“上月结转”。

③根据科目余额表依次将余额登记在借方及相应成本项目栏内。

# 第五章

# 制造企业业务实训

## 第一节 制造业财务

本节主要从财务管理、会计核算角度，对 VBSE 实训中各种组织、各部门、各人员承担的核算工作进行阐述。主要从部门借款、申报和缴纳企业增值税、计提折旧、成本核算、期末账务处理这五个方面进行。制造企业财务部门的主要业务，如图 5 - 1 所示。

### 一、部门借款

为加强资金管理，提高资金利用效率，企业一般会给每个部门一定金额的备用金，作为部门零星开支，每个单位的备用金管理制度各不相同。VBSE 实训中，经营准备阶段各部门都需要借一定金额（500 元）的备用金，借款时员工需填写借款单。经部门主管、财务经理审批后，到出纳处领取现金，财务编制记账凭证，进行账务处理，借记“其他应收款”，贷记“库存现金”。

图 5-1　制造企业财务部主要业务

销售部门借款业务流程，如图 5-2 所示。

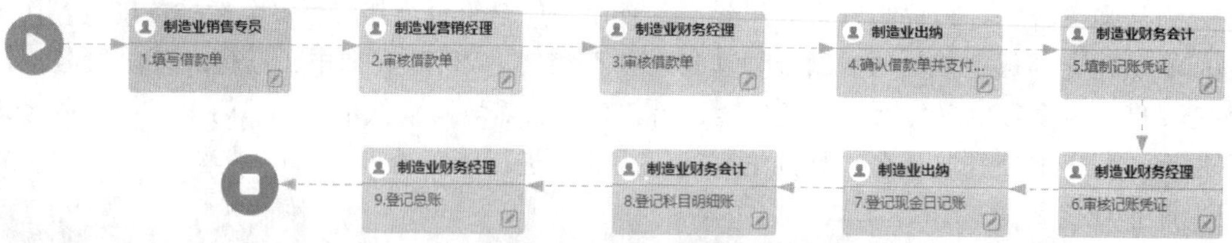


图 5-2　营销部借款流程图

1. 销售专员在 VBSE 系统中填写借款单，借款单如图 5-3 所示，填写完毕，保存任务。

## 借款单

部门：营销部　2019 年 01 月 05 日

借款用途：部门备用金

借款金额：

人民币（大写）伍佰元整　　　小写：500.00

☒ 现金　　☐ 支票　　☐ 电汇

财务部经理：钱坤　总经理：梁天　部门经理：杨笑笑　借款人：马博

图 5－3　借款单

2. 营销部部经理审核借款单。营销部部经理在 VBSE 系统中对借款用途、金额、付款条款进行审核，审核无误后在审核意见处签字确认。

3. 财务部经理审核借款单。财务部经理在 VBSE 系统中对借款用途，金额，付款条款进行审核，审核无误后在审核意见处签字确认。

4. 出纳确认借款单并支付现金。出纳接收销售专员交给的已审核过的借款单并签字，支付现金给借款人并由借款人，将借款单交给财务会计做凭证。

5. 财务会计填制记账凭证。财务会计接收到出纳交给的借款单，在 VBSE 系统“单据填写”中填制记账凭证，将借款单粘贴在后面作为附件，送财务经理审核，如图 5－4 所示。

### 记　账　凭　证

字第　　号

2019 年　1 月　5 日

| 摘要 | 总账科目 | 明细账科目 | 借方金额 | | | | | | | | | | | 贷方金额 | | | | | | | | | | | ✓ |
|---|---|---|---|---|---|---|---|---|---|---|---|---|---|---|---|---|---|---|---|---|---|---|---|---|---|
| | | | 亿 | 千 | 百 | 十 | 万 | 千 | 百 | 十 | 元 | 角 | 分 | 亿 | 千 | 百 | 十 | 万 | 千 | 百 | 十 | 元 | 角 | 分 | |
| 营销部备用金 | 1221--其他应收款 | | | | | | | | 5 | 0 | 0 | 0 | 0 | | | | | | | | | | | | ☐ |
| | 1001—库存现金 | | | | | | | | | | | | | | | | | | | 5 | 0 | 0 | 0 | 0 | ☐ |
| | | | | | | | | | | | | | | | | | | | | | | | | | ☐ |
| | | | | | | | | | | | | | | | | | | | | | | | | | ☐ |
| | | | | | | | | | | | | | | | | | | | | | | | | | ☐ |
| | 1221--其他应收款 | | | | | | | | | | | | | | | | | | | | | | | | ☐ |
| 合　计 | | | | | | | | | 5 | 0 | 0 | 0 | 0 | | | | | | | 5 | 0 | 0 | 0 | 0 | ☐ |

附单据 1 张

会计主管：　记账：宋中华　出纳：　复核：钱坤　制单：

图 5－4　营销部借款记账凭证

6. 财务经理审核记账凭证。财务经理接收财务会计交给的记账凭证，进行审核，审核无误后，在记账凭证上签字或盖章，交出纳登记现金日记账。

7. 出纳登记现金日记账。出纳接收财务部经理审核后的记账凭证，在系统中根据记账凭证登记现金日记账，记账后在记账凭证上签字或盖章，将记账凭证交财务会计登记科目明细账，登记“其他应收款”科目明细账，如图 5－5 所示。

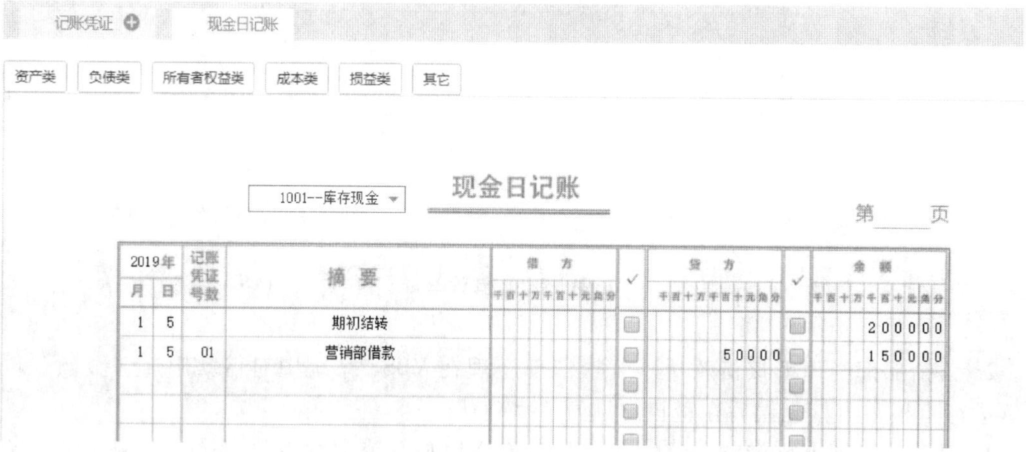


图 5－5 营销部借款现金日记账

8. 财务会计登记科目明细账。财务会计接收出纳交给的记账凭证，根据记账凭证登记“其他应收款”科目明细账，记账后在记账凭证上签字或盖章，“其他应收款”科目明细账，如图 5－6 所示。

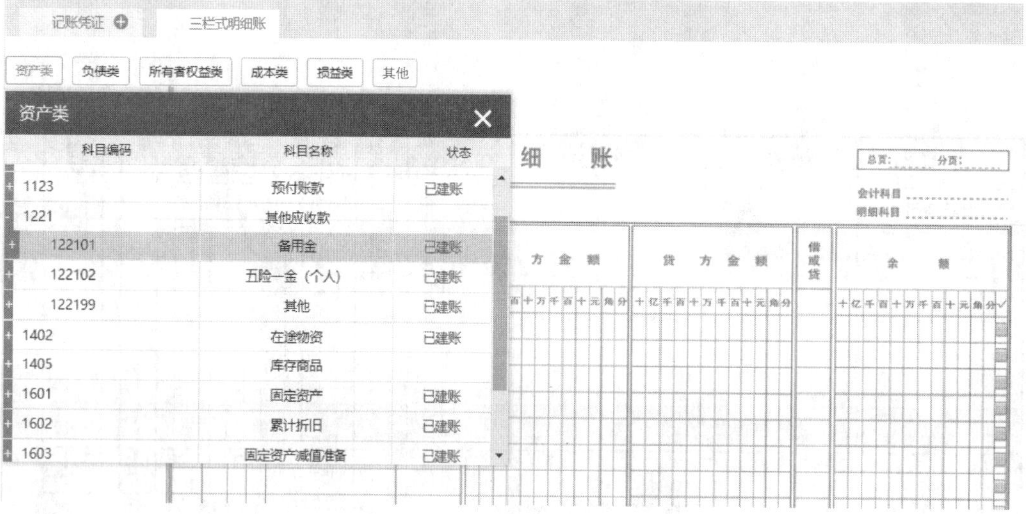


图 5－6 “其他应收款”科目明细账

9. 财务部经理登记总账。财务部经理接收财务会计交给的记账凭证，在记账凭证上签字或盖章，根据记账凭证登记“库存现金”和“其他应收款”科目总账，如图 5－7 所示。

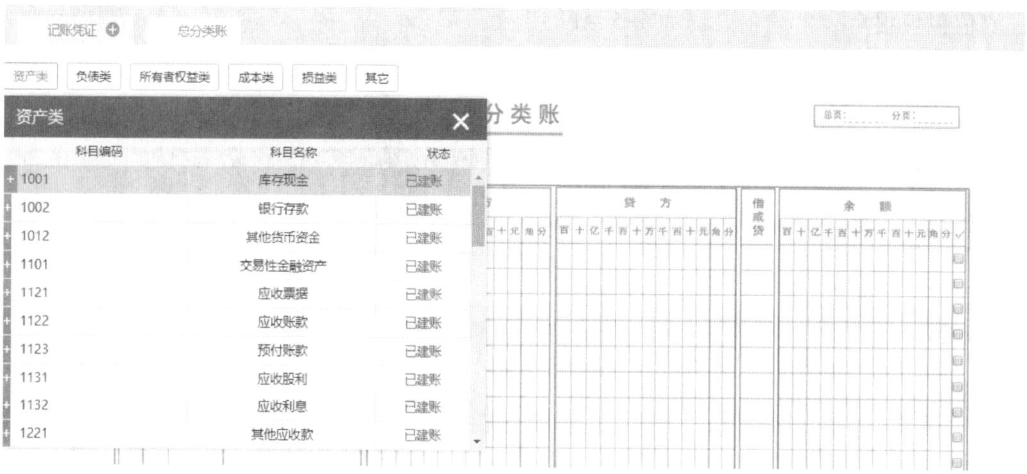


图 5－7　营销部借款总分类账

## 二、申报和缴纳企业增值税

增值税是以商品在流转过程中产生的增值额作为计税依据而征收的一种流转税，是我国最主要的税种之一。企业根据主管国税机关核定的纳税期限，自纳税期限满之日起 15 日以内，向机构所在地税务机关申报纳税。增值税的缴纳，分为申报和扣款两个环节。

1. 申报企业增值税业务流程。在计算增值税应纳税额时，企业财务会计需要根据上月资产负债表、利润表及科目余额表填写增值税纳税申报表，并提交公司审核。企业增值税需要月末申报，下月月初缴纳。财务经理整理增值税申报资料并进行网上申报，税务专员进行审核。财务经理确认申报状态并在系统中进行扣款，出纳查询扣款情况并收到缴纳证明，将缴纳证明交财务部门相关岗位人员进行记账处理。业务流程如图 5－8 所示。

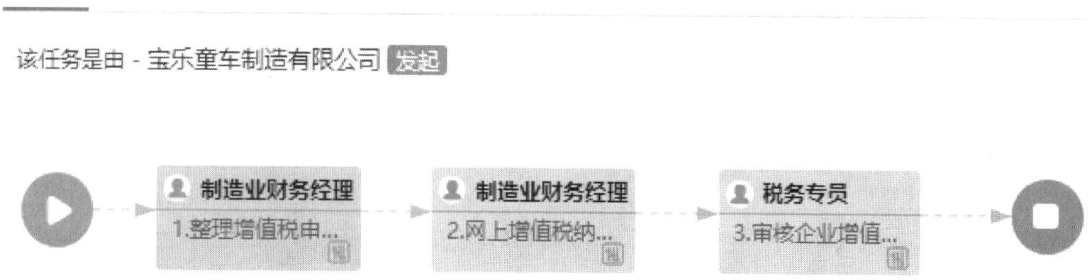


图 5－8　申报企业增值税流程

（1）财务经理填写增值税纳税申报表。财务经理准备上期的销项税和进项税，对上期发生业务数据汇总并整理。

（2）财务经理网上申报增值税。财务经理在系统中根据确认的金额进行增值税纳税申报，填写完成后提交税务机关审核。具体操作为：在系统待办任务中找到“申报企业增值税”，点击“业务操作”，进入“国家税务总局电子税务局”后，点击下方的“我要办税”按钮（见图 5－9），进入“申报增值税待办项”页面（见图 5－10），填写增值税申报表。

申报增值税填报后，生成主表，如图 5－11 所示。

图 5－9　申报增值税系统界面

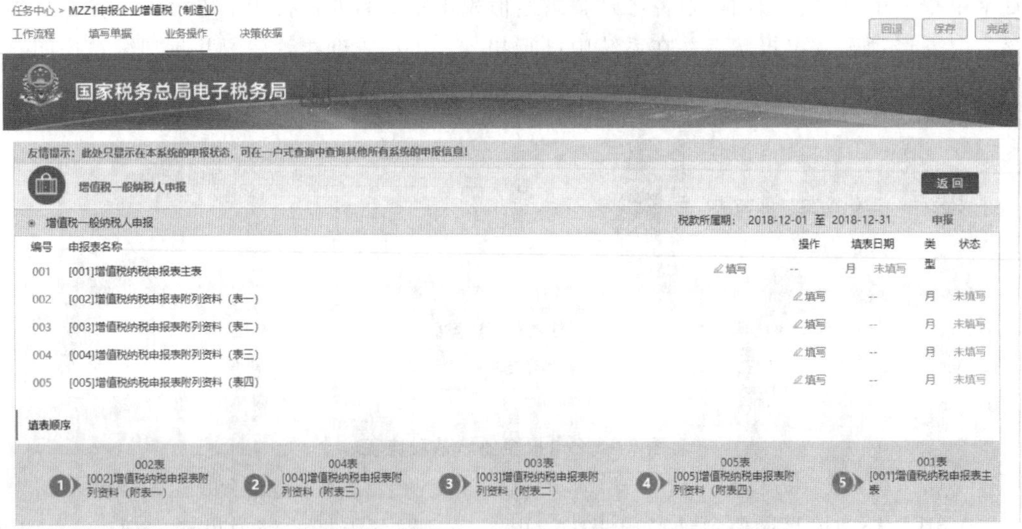


图 5－10　申报增值税待办项

增值税纳税申报表（一般纳税人适用）

| 项目 | | 栏次 | 一般项目 | | 即征即退项目 | |
|---|---|---|---|---|---|---|
| | | | 本月数 | 本年累计 | 本月数 | 本年累计 |
| 销售额 | （一）按适用税率计税销售额 | 1 | 3685344.83 | 0.00 | 0.00 | 0.00 |
| | 其中：应税货物销售额 | 2 | 0.00 | 0.00 | 0.00 | 0.00 |
| | 应税劳务销售额 | 3 | 0.00 | 0.00 | 0.00 | 0.00 |
| | 纳税检查调整的销售额 | 4 | 0.00 | 0.00 | 0.00 | 0.00 |
| | （二）按简易办法计税销售额 | 5 | 0.00 | 0.00 | 0.00 | 0.00 |
| | 其中：纳税检查调整的销售额 | 6 | 0.00 | 0.00 | 0.00 | 0.00 |
| | （三）免、抵、退办法出口销售额 | 7 | 0.00 | 0.00 | —— | —— |
| | （四）免税销售额 | 8 | 0.00 | 0.00 | —— | —— |
| | 其中：免税货物销售额 | 9 | 0.00 | 0.00 | —— | —— |
| | 免税劳务销售额 | 10 | 0.00 | 0.00 | —— | —— |
| | 销项税额 | 11 | 589655.17 | 0.00 | 0.00 | 0.00 |
| | 进项税额 | 12 | 385241.38 | 0.00 | 0.00 | 0.00 |
| | 上期留抵税额 | 13 | 0.00 | 0.00 | 0.00 | —— |

图 5－11　申报增值税填完各附表生成的主表

增值税纳税申报表附列资料（表一）是企业本期销售情况明细；增值税纳税申报表附列资料（表二）是企业本期进项税额明细；增值税纳税申报表附列资料（表三）是本月服务、不动产和无形资产扣除情况分析表；增值税纳税申报表附列资料（表四）是纳税人增值税税控系统专用申报费用和技术维护费按规定抵减增值税纳税额的情况。

实训中需按照附表（一）、附表（三）、附表（二）、附表（四）的顺序填写，填写完成后会自动生成主表，点击表格右上角的"保存"按钮进行保存，再点击"申报"按钮即可将所填表格提交至税务局，如图 5－12 所示。

图 5－12　系统中上传增值税纳税申报表页面

提示："申报"按钮在页面的中间，这个步骤不能遗漏。如果忘记点击"申报"按钮，税务局就收不到企业申报的增值税数据，导致该项任务无法完成，增值税也无法缴纳。

（3）税务专员审核企业增值税申报。税务专员在 VBSE 系统中审核企业提交的增值税申报。具体操作为：税务专员选择企业推送来的企业增值税申报任务，在业务操作中点击“查看”对企业提交的数据进行审核，如图 5－13 所示，确认无误后点击“审核”审核成功，完成该项任务。

增值税纳税审核

| 公司 | 报表名称 | 报表类型 | 报表日期 | 状态 | 操作 |
| --- | --- | --- | --- | --- | --- |
| 宝乐童车制造有限公司 | 增值税纳税申报表 | 按月纳税申报 | 2019-01-25 | 未审核 | |

**图 5－13　税务专员在 VBSE 系统中审核增值税申报表**

提示：在税务专员接收到的企业增值税申报任务中，如果无法查看该公司增值税申报数据，说明该公司财务经理在前面的步骤中未将申报表提交到税务局。可以让财务经理进入“业务系统”，点击“增值税申报”，在页面中间点击“申报”按钮也可以提交到税务局，如图 5－14 所示。

**图 5－14　财务经理再次提交增值税**

2. 缴纳企业增值税。出纳收到增值税扣款通知后，取回税收缴款书交给公司财务，完成相应账务处理。缴纳企业增值税业务流程，如图 5－15 所示。

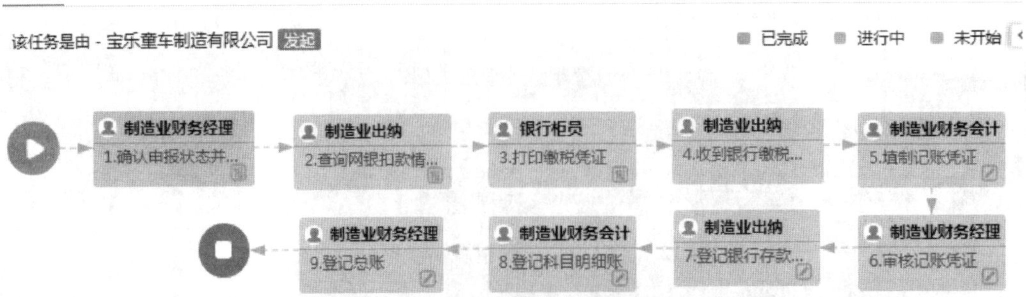


**图 5－15　缴纳企业增值税业务流程**

（1）财务经理确认申报状态并提交扣款。财务经理在系统“业务操作”中查看申报状态，确认审核通过后点击“扣款”按钮，如图 5－16 所示。只要企业应缴的个人所得税和增值税与税务机关签订了委托银行扣款的协议，企业的财务部门可以在网上完成扣款工作，扣款后完成本月的申报工作。

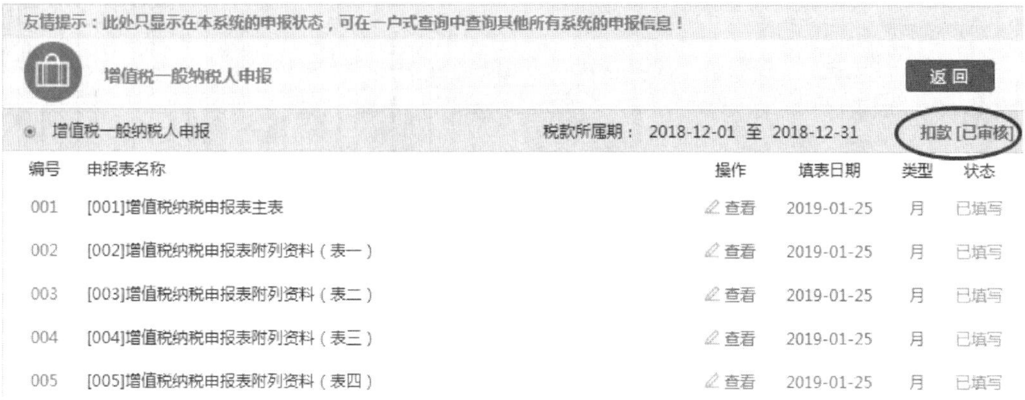


**图 5－16　财务经理确认申报状态并提交扣款**

（2）出纳查询网银扣款情况。出纳查询网银，确认增值税扣款成功，到银行打印税收缴税证明。

（3）银行柜员打印缴税证明。银行柜员查询转账记录，确认企业已经缴纳的增值税金额正确后，打印缴税证明，如图 5－17 所示。

**图 5－17　银行柜员查询转账记录**

（4）出纳收到银行缴税扣款证明。出纳收到银行的缴税扣款证明，将缴税扣款证明交给财务会计。

（5）财务会计填制记账凭证。财务会计根据缴税证明编制“记账凭证”，将银行税收缴款单和税收缴税证明粘贴在记账凭证后面作为附件，将记账凭证交给财务经理审核，如图 5－18所示。

**记 账 凭 证**

字第　　号

2019 年 01 月 05 日

| 摘 要 | 总账科目 | 明细账科目 | 借方金额（亿千百十万千百十元角分） | 贷方金额（亿千百十万千百十元角分） | ✓ |
|---|---|---|---|---|---|
| 缴纳上月增值税 | 2221--应交税费 | 222104--未交增值税 | 2 0 4 4 1 3 7 9 | | |
| | 1002--银行存款 | 100201--工行存款 | | 2 0 4 4 1 3 7 9 | |
| | | | | | |
| | | | | | |
| | | | | | |
| | | | | | |
| 合　　计 | | | 2 0 4 4 1 3 7 9 | 2 0 4 4 1 3 7 9 | |

附单据　　张

会计主管：宋中华　记账：　出纳：　复核：　制单：

图 5－18　财务会计填制记账凭证

（6）财务经理审核记账凭证。财务经理收到记账凭证和缴款书，审核记账凭证填写是否正确。审核无误后，在记账凭证上签字或盖章，交给出纳登记银行存款日记账。

（7）出纳登记银行存款日记账。出纳依据审核的记账凭证登记“银行存款日记账”，登记后在记账凭证上签字或盖章，将记账凭证返还财务会计。如图 5－19 所示。

100201—工行存款　**银行存款日记账**

第　　页

| 2··· 年 月 | 日 | 记账凭证号数 | 摘 要 | 借方（千百十万千百十元角分） | ✓ | 贷方（千百十万千百十元角分） | ✓ | 余额（千百十万千百十元角分） |
|---|---|---|---|---|---|---|---|---|
| 1 | 5 | 002 | 支付电费 | 2897040 | | | | |
| | | | | | | 2897040 | | |
| 1 | 5 | 003 | 缴纳上月增值税 | 20441379 | | | | |
| | | | | | | 20441379 | | |
| | | | | | | | | |
| | | | | | | | | |

图 5－19　出纳登记银行存款日记账

（8）财务会计登记科目明细账。财务会计根据审核后的记账凭证登记“应交税费”和“银行存款”科目明细账，记账后在记账凭证上签字或盖章，如图 5－20 所示。

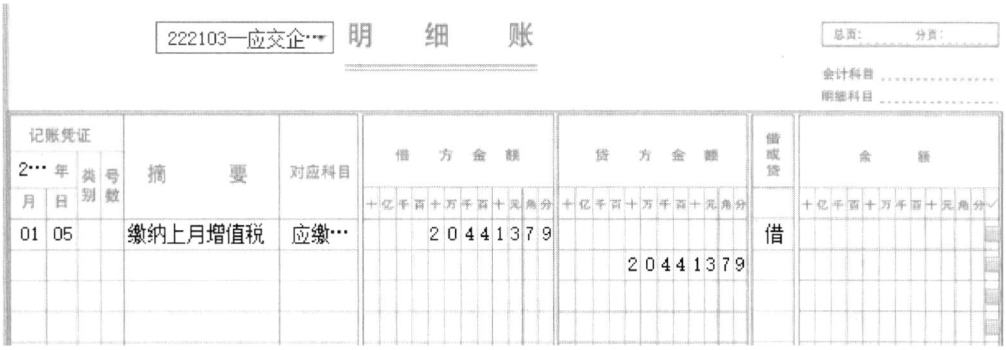


图5-20 财务会计登记科目明细账

（9）财务经理登记总账。财务部经理根据审核后的记账凭证登记科目总账，记账后在记账凭证上签字或盖章。

## 三、计提折旧

固定资产在使用过程中逐渐损耗而转移到商品或费用中去的那部分价值，称为折旧。每个会计期末，企业都要对固定资产计提折旧，将其计入相应的成本或费用。

1. 计提折旧业务介绍。财务会计和成本会计在月末按照会计制度中确定的固定资产折旧方法计算生产部门和企业管理部门折旧，并登记科目明细账。实训中，固定资产均通过购买的方式取得，固定资产购买当月不计提折旧，从次月开始计提折旧，出售当期须计提折旧，下月不提折旧，固定资产折旧按照直线法计提。生产计划部的固定资产折旧计入生产成本，其他部门的折旧计入期间费用。

2. 计提折旧业务流程。2019年1月25日，制造企业由企管部门进行折旧的计算，相关数据交由财务人员进行财务处理。财务会计根据实训中固定资产折旧规则及期初数据计算折旧并填写固定资产折旧计划表，交财务会计和成本会计编制记账凭证，完成账务处理。计提折旧的业务流程，如图5-21所示。

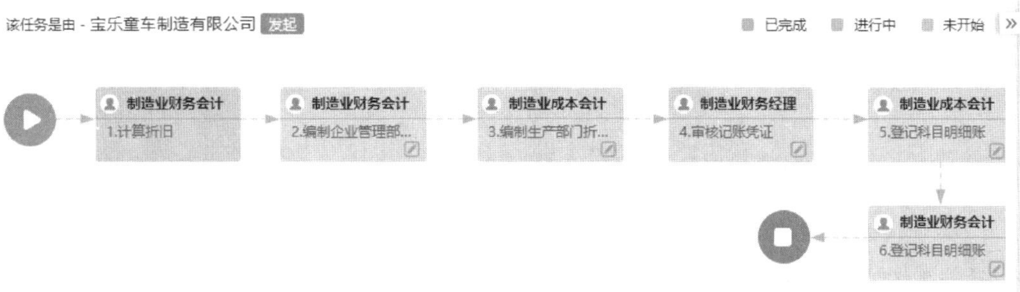


图5-21 计提折旧的业务流程图

（1）计算折旧。财务会计根据实训中规定的固定资产折旧规则及固定资产期初数据计提折旧，填写固定资产折旧计算表。固定资产信息表，参见第三章表3-13所示。折旧的计算可在 Excel 表中指完成。

（2）财务会计编制企业管理部门折旧记账凭证。财务会计根据企业管理部门固定资产折旧计算表填写管理部门折旧记账凭证，将生产部门固定资产折旧计算表交成本会计填制记账凭证。

（3）成本会计编制生产部门折旧记账凭证。成本会计接收财务会计提供的生产部门固定资产折旧计算表，并填制生产部门折旧记账凭证。成本会计所做的固定资产折旧记账凭证，如图 5－22 所示。

（4）财务经理审核记账凭证。财务经理接收财务会计、成本会计交来的记账凭证进行审核，审核无误后在记账凭证上签字并登记总分类账，将记账凭证分别返还财务会计和成本会计登记科目明细账。

（5）成本会计登记科目明细账。成本会计接收财务经理已审核的记账凭证，登记制造费用明细账，登记完明细账后，将记账凭证交财务会计登记累计折旧明细账。

（6）财务会计登记科目明细账。财务会计接收财务经理已审核的记账凭证，登记管理费用明细账，根据管理部门折旧记账凭证和生产部门折旧记账凭证登记累计折旧明细账，登记完明细账后，与其他记账凭证放一起。

**记 账 凭 证**

字第 010号

2019 年 01 月 05 日

| 摘要 | 总账科目 | 明细账科目 | 借方金额（亿千百十万千百十元角分） | 贷方金额（亿千百十万千百十元角分） | ✓ |
|---|---|---|---|---|---|
| 计提本月折旧 | 5001—生产成本 | 50010603—制造费用 | 1750000 | | |
| | 5001—生产成本 | 50010603—制造费用 | 425000 | | |
| | 5101—制造费用 | 510102--折旧 | 2882500 | | |
| | 6601—销售费用 | | 32500 | | |
| | 6602—管理费用 | | 7070000 | | |
| | 1602—累计折旧 | | | 12160000 | |
| 合 计 | | | 12160000 | | |

附单据 张

会计主管： 记账：宋中华 出纳： 复核： 制单：

**图 5－22 成本会计填制折旧记账凭证**

## 四、车架成本核算

1. 车架成本核算业务介绍。车架成本核算需依次进行车架生产领料核算、车架完工入库核算和车架成本核算三个步骤。

（1）生产成本和成本核算。生产成本是指企业一定时期内在生产产品（商品）和提供劳务过程中发生的各种耗费。成本核算就是通过一定的方法将生产产品中发生的各项生产耗费记录下来并计算产品生产总成本和单位成本。

（2）生产成本的构成项目，又称成本项目，一般包括直接材料、直接人工、制造费用。

直接材料：指企业生产产品和提供劳务的过程中所消耗的、直接用于产品生产、构成产品实体的各种材料及主要材料、外购半成品以及有助于产品形成的辅助材料等。

直接人工：指企业在生产产品和提供劳务过程中，直接从事产品生产的工人工资、津贴、补贴和福利费等各项薪酬。

制造费用：指企业生产车间（部门）为生产产品或提供劳务而发生的各项生产费用，包括工资和福利费、折旧费、修理费、办公费、水电费、机物料消耗、劳动保护费、季节性和修理期间的停工损失等。

（3）存货是指企业在日常活动中持有以备出售的产成品或商品、处在生产过程中的在产品、处在生产过程或提供劳务过程中耗用在材料或物料等，包括各类材料、商品、在产品、半成品、产成品以及包装物、低值易耗品、委托代销商品等。

（4）领用存货单位成本的计算方法：个别计价法、逐次加权平均法和全月一次加权平均法、先进先出法。实训中采用全月一次加权平均法。

（5）完工产品成本计算工公式。

完工产品总成本 = 月初在产品成本 + 月末在产品成本

完工产品单位成本 = 完工产品总成本/完工数量

本实训中，月末在产品成本计算方法为：只计算材料费用，不计算直接人工和制造费用。即月末在产品成本按本月发生的直接材料成本计算。而当期完工产品生产成本的金额为：月初的直接材料 + 本期发生的直接人工 + 本期发生的制造费用。

2. 车架成本核算业务流程。成本会计编制制造费用的记账凭证，计算原材料的出库成本，车架成本，由财务经理审核后登记明细账，如图 5 – 23 所示。

**图 5 – 23 车架成本核算流程**

（1）成本会计分配制造费用，并编制记账凭证。成本会计根据制造费用明细账归集的制造费用，编制制造费用分配表并编制记账凭证。

（2）成本会计计算原材料出库价格，并编制记账凭证。成本会计根据原材料明细账、本月的原材料出库单，计算本月原材料的出库成本并编制记账凭证。

（3）成本会计计算车架成本，并编制记账凭证。成本会计根据车架物料清单 BOM 和生产成本明细账，分别汇总直接材料、直接人工、制造费用本月发生数，编制车架的产品成本计算表并编制记账凭证，如图 5 – 24 和图 5 – 25 所示。

## 记账凭证

字第　号

2019 年　01 月　05 日

| 摘要 | 总账科目 | 明细账科目 | 借方金额 | | | | | | | | | | | 贷方金额 | | | | | | | | | | | ✓ |
|---|---|---|---|---|---|---|---|---|---|---|---|---|---|---|---|---|---|---|---|---|---|---|---|---|---|
| | | | 亿 | 千 | 百 | 十 | 万 | 千 | 百 | 十 | 元 | 角 | 分 | 亿 | 千 | 百 | 十 | 万 | 千 | 百 | 十 | 元 | 角 | 分 | |
| 经济车架完工入库 | 1409--自制半成品 | 140901—经济车架 | | | 1 | 5 | 5 | 7 | 2 | 3 | 3 | 2 | 4 | | | | | | | | | | | | |
| | 5001—生产成本 | 50010601--直接材料（经济车架） | | | | | | | | | | | | | | 1 | 4 | 1 | 8 | 3 | 0 | 4 | 0 | 0 | |
| | 5001—生产成本 | 50010202--直接人工（经济车架） | | | | | | | | | | | | | | | 1 | 0 | 2 | 3 | 1 | 2 | 0 | 0 | |
| | 5001—生产成本 | 50010603--制造费用（经济车架） | | | | | | | | | | | | | | | | 3 | 6 | 6 | 1 | 7 | 2 | 4 | |
| | | | | | | | | | | | | | | | | | | | | | | | | | |
| | | | | | | | | | | | | | | | | | | | | | | | | | |
| 合　　计 | | | | | 1 | 5 | 5 | 7 | 2 | 3 | 3 | 2 | 4 | | | 1 | 5 | 5 | 7 | 2 | 3 | 3 | 2 | 4 | |

附单据　张

会计主管：　记账：刘目强　出纳：　复核：　制单：

图 5-24　制造费用记账凭证

## 记账凭证

字第　号

2019 年　01 月　25 日

| 摘要 | 总账科目 | 明细账科目 | 借方金额 | | | | | | | | | | | 贷方金额 | | | | | | | | | | | ✓ |
|---|---|---|---|---|---|---|---|---|---|---|---|---|---|---|---|---|---|---|---|---|---|---|---|---|---|
| | | | 亿 | 千 | 百 | 十 | 万 | 千 | 百 | 十 | 元 | 角 | 分 | 亿 | 千 | 百 | 十 | 万 | 千 | 百 | 十 | 元 | 角 | 分 | |
| 经济车架生产领料 | 5001—生产成本 | 50010601—直接材料 | | | 1 | 4 | 1 | 8 | 3 | 0 | 4 | 0 | 0 | | | | | | | | | | | | |
| | 1403—原材料 | 140301--钢管 | | | | | | | | | | | | | | 1 | 0 | 2 | 5 | 5 | 6 | 8 | 0 | 0 | |
| | 1403—原材料 | 140302--坐垫 | | | | | | | | | | | | | | | 3 | 9 | 2 | 7 | 3 | 6 | 0 | 0 | |
| | | | | | | | | | | | | | | | | | | | | | | | | | |
| | | | | | | | | | | | | | | | | | | | | | | | | | |
| | | | | | | | | | | | | | | | | | | | | | | | | | |
| 合　　计 | | | | | 1 | 4 | 1 | 8 | 3 | 0 | 4 | 0 | 0 | | | 1 | 4 | 1 | 8 | 3 | 0 | 4 | 0 | 0 | |

附单据　张

会计主管：　记账：刘目强　出纳：　复核：　制单：

图 5-25　车架成本核算记账凭证

（4）成本会计计算车架出库价格，并编制记账凭证。成本会计根据车架明细账、本月的领料单，计算本月车架的出库成本并编制记账凭证。

（5）成本会计童车成本计算并填写记账凭证。成本会计编制童车的产品成本计算表，包括料工费并编制记账凭证。

（6）财务经理审核记账凭证。财务经理接收成本会计交给的记账凭证，进行审核，并登记总分类账。审核无误后在记账凭证上签字或盖章，交成本会计登记科目明细账。

（7）成本会计登记科目明细账。成本会计接收财务部经理审核完的记账凭证并根据记账凭证登记科目明细账，如图 5-26 所示。

记 账 凭 证

字第 号

2019 年 01 月 25 日

| 摘要 | 总账科目 | 明细账科目 | 借方金额（亿千百十万千百十元角分） | 贷方金额（亿千百十万千百十元角分） | ✓ |
| --- | --- | --- | --- | --- | --- |
| 制造费用结转 | 5001—生产成本 | 50010601—直接材料 | 5537212 | | |
| | 5101—制造费用 | 510101—工资 | | 262850 | |
| | 5101—制造费用 | 510102—折旧 | | 288250 | |
| | 5101—制造费用 | 510103—电费 | | 25862 | |
| | | | | | |
| | | | | | |
| 合 计 | | | 5537212 | 5537212 | |

附单据 张

会计主管： 记账：刘目强 出纳： 复核： 制单：

图 5－26 童车成本记账凭证

（8）财务经理审核记账凭证。财务经理接收成本会计交给的记账凭证，进行审核，并登记总分类账，审核无误，在记账凭证上签字或盖章，交成本会计登记科目明细账。

（9）成本会计登记科目明细账。成本会计接收财务部经理审核完的记账凭证，根据记账凭证登记科目明细账。

3. 车架生产领料成本核算工作任务由生产计划员发起，成本会计登记明细账结束。业务流程，如图 5－27 所示。

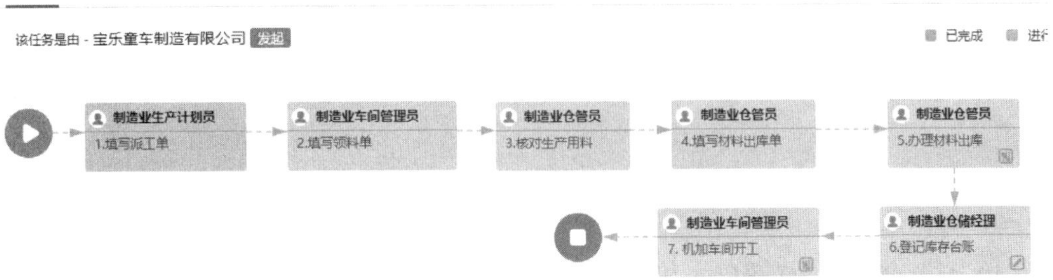


图 5－27 车架生产领料流程图

（1）生产计划员填写派工单。生产计划员根据主生产计划表编制车架派工单，车架派工单两联，一联由生产计划部经理留存，一联交车间管理员，由车间管理员安排生产。

（2）车间管理员填写领料单。车间管理员根据派工单和产品 BOM 结构填写一式三联（车架）领料单，送生产计划部经理审核。

（3）仓管员核对生产用料。仓管员接收领料单，根据派工单和产品 BOM 结构审核领料单，审核无误签字，将领料单交车间管理员去仓库领料。

（4）仓管员填写材料出库单。仓管员根据库存和 BOM 核对物料库存情况，确认无误后在领料单上签字。

（5）仓管员办理材料出库。

（6）仓储经理登记库存台账。

## 五、销售成本核算

1. 销售成本核算业务介绍。销售成本是指已销售产品的生产成本或已提供劳务的劳务成本及其他销售业务的成本。销售成本包括主营业务成本和其他业务成本。

（1）销售成本的计算公式。

主营业务成本 = 产品销售数量或提供劳务数量 × 产品单位生产成本或单位劳务成本

产品单位生产成本或单位劳务成本的计算方法有：个别计价法、逐次加权平均法和全月一次加权平均法以及先进先出法。实训中采用全月一次加权平均法。

全月一次加权平均法计算公式：

$$\text{产品单位生产成本}=\frac{\text{期初库存商品数量}\times\text{库存商品单位成本}+\text{本期实际采购入库商品金额}}{\text{期初商品数量}+\text{本期实际入库商品数量}}$$

库存商品发出成本 = 本月发出库存商品数量 × 产品单位生产成本

（2）销售收入的计算公式。

销售收入 = 产品销售数量或提供劳务数量 × 产品单位单价或单位劳务成本输入

2. 销售成本核算业务流程。制造业结转销售成本共 7 个步骤，财务会计根据销售出库单的汇总，编制销售成本结转表后，交出纳记账，由财务经理审核后，登记科目明细账、数量金额明细表，业务流程如图 5－28 所示。

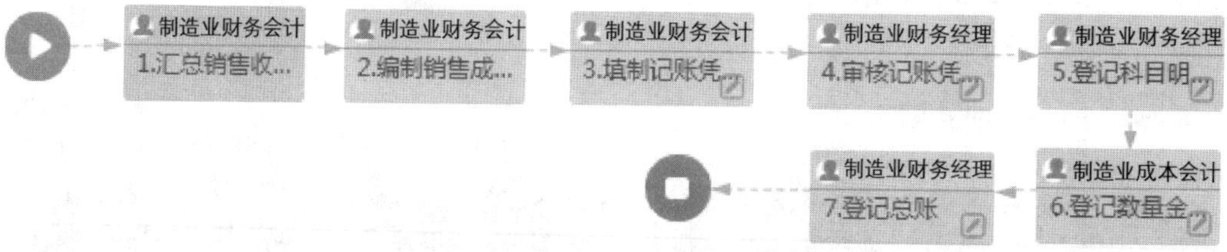


**图 5－28　销售成本核算业务流程图**

（1）财务会计汇总销售收入和销售出库数量。财务会计根据销售出库单汇总销售出库数量，根据主营业务收入总账得出销售收入。

（2）财务会计编制销售成本结转表。财务会计根据出库数量和库存商品成本金额采用全月一次加权平均法计算平均单价，编制销售成本结转表，如表 5－1 所示。

**表 5－1　　销售成本结转表**

| 品种 | 数量（辆） | 成本（元） | 数量（辆） | 成本（元） | 单位成本（元） | 销售量（辆） | 销售成本（元） | 销售成本（元） |
|---|---|---|---|---|---|---|---|---|
| 经济型童车 | 5 400 | 4 086 828 | 4 800 | 3 473 514.74 | 741.21 | 1 100 | 4 002 534 | 4 373 139 |
| | | | | | | | | |
| | | | | | | | | |

（3）财务会计填制记账凭证。财务会计根据原始凭证及产品出库单、销售成本结转表反应的业务内容，编制记账凭证，在记账凭证“制单”处签字或盖章，将记账凭证交给财务经理，如图 5－29 所示。

记 账 凭 证

字第 号

2019 年 01 月 25 日

| 摘要 | 总账科目 | 明细账科目 | 借方金额（亿千百十万千百十元角分） | 贷方金额（亿千百十万千百十元角分） |
|---|---|---|---|---|
| 经济童车结转成本 | 6401—主营业务… | | 4373139 | |
| | 1405—库存商品 | 140501—经济型童车 | | 4373139 |
| | | | | |
| | | | | |
| | | | | |
| | | | | |
| 合 计 | | | 4373139 | 4373139 |

附单据 2 张

会计主管： 记账：朱中华 出纳： 复核： 制单：朱中华

图 5－29 销售成本核算记账凭证

（4）财务经理审核记账凭证。财务经理接收财务会计提交的记账凭证并审核，审核无误后在记账凭证上签字或盖章。

（5）财务会计登记科目明细账。财务会计根据记账凭证登记科目明细账，记账后再记账凭证上签字或盖章，如图 5－30 所示。

三栏式明细账

资产类 负债类 所有者权益类 成本类 损益类 其它

140501—经济型童车 明 细 账

总页： 分页：

会计科目

明细科目

| 2019 年 月 | 日 | 记账凭证 类别 | 号数 | 摘要 | 对应科目 | 借方金额 | 贷方金额 | 借或贷 | 余额 |
|---|---|---|---|---|---|---|---|---|---|
| 01 | 25 | | | 经济型童车结转成本 | 库存商品 | | | 贷 | 4373139 |

图 5－30 销售成本核算科目明细账

（6）成本会计登记数量金额式明细账。成本会计根据记账凭证登记数量金额式明细账，记账后再记账凭证上签字或盖章，如图 5－31 所示。

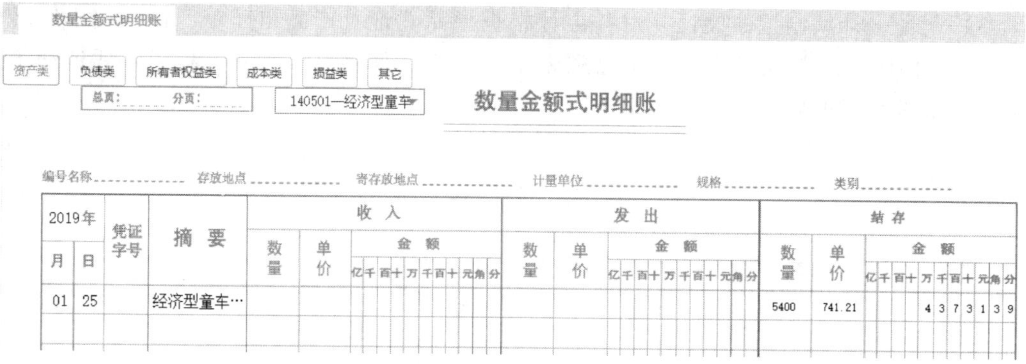


图 5－31 销售成本核算数量金额式明细账

（7）财务经理登记总账。财务经理根据记账凭证登记总分类账，记账后再记账凭证上签字或盖章，如图 5－32 所示。

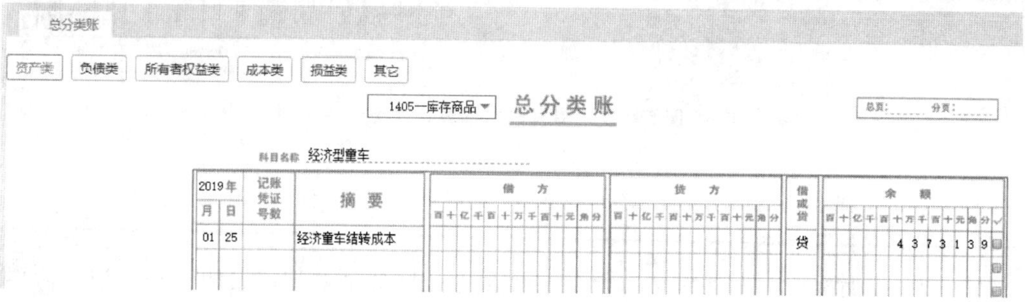


图 5－32 销售成本核算总账

## 六、期末账务处理

账务处理程序是指会计凭证、会计账簿、会计报表相结合的方式和方法，是从审核原始凭证开始，经过编制记账凭证、登记账簿，直到编制出财务报告的方法和步骤。

2019 年 1 月 25 日，制造企业进行本月的期末账务处理，账务上需要结转本期损益，财务部财务经理整理记账凭证，根据科目明细账进行期末账务处理，包括：计提企业所得税、提取法定盈余公积、结转本年利润，还需要编制财务报表。相关数据如表 5－2 所示。

1. 期末账务结转。

**表 5－2　　　　制造企业期初数据科目汇总表**　　　　单位：元

| 凭证号 | 日期 | 摘要 | 总账科目 | 明细科目 | 借方金额 | 贷方金额 |
|---|---|---|---|---|---|---|
| 001 | 2019. 1. 5 | 发放上月工资 | 应付职工薪酬 | 工资 | 265 500. 00 | |
| | | | 应交税费 | 应交个人所得税 | | 634. 06 |
| | | | 其他应付款 | 五险一金（个人） | | 53 805. 00 |
| | | | 银行存款 | 工行存款 | | 211 060. 94 |
| 002 | 2019. 1. 5 | 企管部借备用金 | 其他应收款 | | 500. 00 | |
| | | | 库存现金 | | | 500. 00 |

续表

| 凭证号 | 日期 | 摘要 | 总账科目 | 明细科目 | 借方金额 | 贷方金额 |
|---|---|---|---|---|---|---|
| 003 | 2019.1.5 | 人力资源部借备用金 | 其他应收款 | | 500.00 | |
| | | | 库存现金 | | | 500.00 |
| 004 | 2019.1.5 | 采购部借备用金 | 其他应收款 | | 500.00 | |
| | | | 库存现金 | | | 500.00 |
| 005 | 2019.1.5 | 营销部借备用金 | 其他应收款 | | 500.00 | |
| | | | 库存现金 | | | 500.00 |
| 006 | 2019.1.5 | 仓储部借备用金 | 其他应收款 | | 500.00 | |
| | | | 库存现金 | | | 500.00 |
| 007 | 2019.1.5 | 生产计划部借备用金 | 其他应收款 | | 500.00 | |
| | | | 库存现金 | | | 500.00 |
| 008 | 2019.1.5 | 收到ISO认证费发票 | 管理费用 | | 47 169.81 | |
| | | | 应交税费 | 应交增值税（进项税额） | 2 830.19 | |
| | | | 应付账款 | 融通服务 | | 50 000.00 |
| 009 | 2019.1.5 | 支付ISO认证费 | 应付账款 | 融通服务 | 50 000.00 | |
| | | | 银行存款 | 工行存款 | | 50 000.00 |
| 010 | 2019.1.5 | 销售出库并开发票（恒润商贸1） | 应收账款 | 恒润商贸1 | 1 212 384.00 | |
| | | | 主营业务收入 | | | 1 045 158.62 |
| | | | 应交税费 | 应交增值税（销项税额） | | 167 225.38 |
| 011 | 2019.1.5 | 销售出库并开发票（恒润商贸2） | 应收账款 | 恒润商贸2 | 1 212 384.00 | |
| | | | 主营业务收入 | | | 1 045 158.62 |
| | | | 应交税费 | 应交增值税（销项税额） | | 167 225.38 |
| 012 | 2019.1.5 | 销售出库并开发票（恒润商贸3） | 应收账款 | 恒润商贸3 | 1 212 384.00 | |
| | | | 主营业务收入 | | | 1 045 158.62 |
| | | | 应交税费 | 应交增值税（销项税额） | | 167 225.38 |
| 013 | 2019.1.5 | 销售出库并开发票（恒润商贸4） | 应收账款 | 恒润商贸4 | 1 212 384.00 | |
| | | | 主营业务收入 | | | 1 045 158.62 |
| | | | 应交税费 | 应交增值税（销项税额） | | 167 225.38 |
| 014 | 2019.1.5 | 缴纳上月个人所得税 | 应交税费 | 应交个人所得税 | 634.06 | |
| | | | 银行存款 | 工行存款 | | 634.06 |
| 015 | 2019.1.5 | 缴纳上月五险一金 | 应付职工薪酬 | 社会保险 | 85 225.50 | |
| | | | 应付职工薪酬 | 住房公积金 | 26 550.00 | |
| | | | 其他应付款 | 五险一金（个人） | 53 805.00 | |
| | | | 银行存款 | 工行存款 | | 165 580.50 |
| 016 | 2019.1.5 | 缴纳上月增值税 | 应交税费 | 未交增值税 | 204 413.79 | |
| | | | 银行存款 | 工行存款 | | 204 413.79 |

续表

| 凭证号 | 日期 | 摘要 | 总账科目 | 明细科目 | 借方金额 | 贷方金额 |
|---|---|---|---|---|---|---|
| 017 | 2019. 1. 25 | 采购到货办理入库（丰达1） | 原材料 | 钢管 | 259 800. 00 | |
| | | | 原材料 | 坐垫 | 99 048. 00 | |
| | | | 原材料 | 车轮 | 143 760. 00 | |
| | | | 原材料 | 车篷 | 174 768. 00 | |
| | | | 原材料 | 经济型童车包装套件 | 111 690. 28 | |
| | | | 应交税费 | 应交增值税（进项税额） | 123 879. 32 | |
| | | | 应付账款 | 丰达工贸1 | | 869 472. 00 |
| | | | 应付账款 | 隆飞物流 | | 43 473. 60 |
| 018 | 2019. 1. 25 | 采购到货办理入库（丰达2） | 原材料 | 钢管 | 259 800. 00 | |
| | | | 原材料 | 坐垫 | 99 048. 00 | |
| | | | 原材料 | 车轮 | 143 760. 00 | |
| | | | 原材料 | 车篷 | 174 768. 00 | |
| | | | 原材料 | 经济型童车包装套件 | 111 690. 28 | |
| | | | 应交税费 | 应交增值税（进项税额） | 123 879. 32 | |
| | | | 应付账款 | 丰达工贸2 | | 869 472. 00 |
| | | | 应付账款 | 隆飞物流 | | 43 473. 60 |
| 019 | 2019. 1. 25 | 采购到货办理入库（丰达3） | 原材料 | 钢管 | 259 800. 00 | |
| | | | 原材料 | 坐垫 | 99 048. 00 | |
| | | | 原材料 | 车轮 | 143 760. 00 | |
| | | | 原材料 | 车篷 | 174 768. 00 | |
| | | | 原材料 | 经济型童车包装套件 | 111 690. 28 | |
| | | | 应交税费 | 应交增值税（进项税额） | 123 879. 32 | |
| | | | 应付账款 | 丰达工贸3 | | 869 472. 00 |
| | | | 应付账款 | 隆飞物流 | | 43 473. 60 |
| 020 | 2019. 1. 25 | 采购到货办理入库（丰达4） | 原材料 | 钢管 | 259 800. 00 | |
| | | | 原材料 | 坐垫 | 99 048. 00 | |
| | | | 原材料 | 车轮 | 143 760. 00 | |
| | | | 原材料 | 车篷 | 174 768. 00 | |
| | | | 原材料 | 经济型童车包装套件 | 111 690. 28 | |
| | | | 应交税费 | 应交增值税（进项税额） | 123 879. 32 | |
| | | | 应付账款 | 丰达工贸4 | | 869 472. 00 |
| | | | 应付账款 | 隆飞物流 | | 43 473. 60 |

续表

| 凭证号 | 日期 | 摘要 | 总账科目 | 明细科目 | 借方金额 | 贷方金额 |
|---|---|---|---|---|---|---|
| 021 | 2019.1.25 | 支付运输费用 | 应付账款 | 隆飞物流 | 43 473.60 | |
| | | | 应付账款 | 隆飞物流 | 43 473.60 | |
| | | | 应付账款 | 隆飞物流 | 43 473.60 | |
| | | | 应付账款 | 隆飞物流 | 43 473.60 | |
| | | | 银行存款 | 工行存款 | | 173 894.40 |
| 022 | 2019.1.25 | 支付原材料款 | 应付账款 | 丰达工贸1 | 869 472.00 | |
| | | | 应付账款 | 丰达工贸2 | 869 472.00 | |
| | | | 应付账款 | 丰达工贸3 | 869 472.00 | |
| | | | 应付账款 | 丰达工贸4 | 869 472.00 | |
| | | | 银行存款 | 工行存款 | | 3 477 888.00 |
| 023 | 2019.1.25 | 收到货款 | 银行存款 | 工行存款 | 4 849 536.00 | |
| | | | 应收账款 | 恒润商贸1 | | 1 212 384.00 |
| | | | 应收账款 | 恒润商贸2 | | 1 212 384.00 |
| | | | 应收账款 | 恒润商贸3 | | 1 212 384.00 |
| | | | 应收账款 | 恒润商贸4 | | 1 212 384.00 |
| 024 | 2019.1.25 | 计提人员工资 | 生产成本 | 直接人工（经济车架） | 72 000.00 | |
| | | | 生产成本 | 直接人工（经济型童车） | 78 000.00 | |
| | | | 制造费用 | 工资 | 18 500.00 | |
| | | | 销售费用 | | 16 500.00 | |
| | | | 管理费用 | | 80 500.00 | |
| | | | 应付职工薪酬 | 工资 | | 265 500.00 |
| 025 | 2019.1.25 | 计提企业缴五险一金 | 生产成本 | 直接人工（经济车架） | 30 312.00 | |
| | | | 生产成本 | 直接人工（经济型童车） | 32 838.00 | |
| | | | 制造费用 | 工资 | 7 788.50 | |
| | | | 销售费用 | | 6 946.50 | |
| | | | 管理费用 | | 33 890.50 | |
| | | | 应付职工薪酬 | 社会保险 | | 85 225.50 |
| | | | 应付职工薪酬 | 住房公积金 | | 26 550.00 |
| 026 | 2019.1.25 | 收到电费发票 | 制造费用 | 动力费 | 258.62 | |
| | | | 生产成本 | 制造费用（经济车架） | 19 117.24 | |
| | | | 生产成本 | 制造费用（经济型童车） | 5 598.62 | |
| | | | 应交税费 | 应交增值税（进项税额） | 3 995.92 | |
| | | | 应付账款 | 融通服务 | | 28 970.40 |
| 027 | 2019.1.25 | 支付电费 | 应付账款 | 融通服务 | 28 970.40 | |
| | | | 银行存款 | 工行存款 | | 28 970.40 |

续表

| 凭证号 | 日期 | 摘要 | 总账科目 | 明细科目 | 借方金额 | 贷方金额 |
|---|---|---|---|---|---|---|
| 028 | 2019. 1. 25 | 计提本月折旧 | 生产成本 | 制造费用（经济车架） | 17 500. 00 | |
| | | | 生产成本 | 制造费用（经济型童车） | 4 250. 00 | |
| | | | 制造费用 | 折旧 | 28 825. 00 | |
| | | | 销售费用 | | 325. 00 | |
| | | | 管理费用 | | 70 700. 00 | |
| | | | 累计折旧 | | | 121 600. 00 |
| 029 | 2019. 1. 25 | 经济车架生产领料 | 生产成本 | 直接材料（经济车架） | 1 413 936. 00 | |
| | | | 原材料 | 钢管 | | 1 023 744. 00 |
| | | | 原材料 | 坐垫 | | 390 192. 00 |
| 030 | 2019. 1. 25 | 经济车架完工入库 | 自制半成品 | 经济车架 | 1 552 865. 24 | |
| | | | 生产成本 | 直接材料（经济车架） | | 1 413 936. 00 |
| | | | 生产成本 | 直接人工（经济车架） | | 102 312. 00 |
| | | | 生产成本 | 制造费用（经济车架） | | 36 617. 24 |
| 031 | 2019. 1. 25 | 经济童车生产领料 | 生产成本 | 直接材料（经济型童车） | 3 289 440. 00 | |
| | | | 原材料 | 车轮 | | 543 936. 00 |
| | | | 原材料 | 车篷 | | 695 568. 00 |
| | | | 原材料 | 经济型童车包装套件 | | 439 344. 00 |
| | | | 自制半成品 | 经济车架 | | 1 610 592. 00 |
| 032 | 2019. 1. 25 | 制造费用结转 | 生产成本 | 制造费用（经济型童车） | 55 372. 12 | |
| | | | 制造费用 | 工资 | | 26 288. 50 |
| | | | 制造费用 | 折旧 | | 28 825. 00 |
| | | | 制造费用 | 动力费 | | 258. 62 |
| 033 | 2019. 1. 25 | 经济童车完工入库 | 库存商品 | 经济型童车 | 3 465 498. 74 | |
| | | | 生产成本 | 直接材料（经济型童车） | | 3 289 440. 00 |
| | | | 生产成本 | 直接人工（经济型童车） | | 110 838. 00 |
| | | | 生产成本 | 制造费用（经济型童车） | | 65 220. 74 |
| 034 | 2019. 1. 25 | 经济童车成本结转 | 主营业务成本 | | 3 554 016. 00 | |
| | | | 库存商品 | 经济型童车 | | 3 554 016. 00 |
| 035 | 2019. 1. 25 | 期末结转损益 | 主营业务收入 | | 4 180 634. 48 | |
| | | | 本年利润 | | | 4 180 634. 48 |
| 036 | 2019. 1. 25 | 期末结转损益 | 本年利润 | | 3 810 047. 81 | |
| | | | 主营业务成本 | | | 3 554 016. 00 |
| | | | 管理费用 | | | 232 260. 31 |
| | | | 销售费用 | | | 23 771. 50 |
| 037 | 2019. 1. 25 | 计提所得税费用 | 所得税费用 | | 92 646. 67 | |
| | | | 应交税费 | 应交企业所得税 | | 92 646. 67 |

续表

| 凭证号 | 日期 | 摘要 | 总账科目 | 明细科目 | 借方金额 | 贷方金额 |
|---|---|---|---|---|---|---|
| 038 | 2019.1.25 | 结转所得税费用 | 本年利润 | | 92 646.67 | |
| | | | 所得税费用 | | | 92 646.67 |
| 039 | 2019.1.25 | 结转本年利润 | 本年利润 | | 277 940.00 | |
| | | | 利润分配 | 未分配利润 | | 277 940.00 |
| 040 | 2019.1.25 | 提取盈余公积 | 利润分配 | 提取盈余公积 | 27 794.00 | |
| | | | 盈余公积 | | | 27 794.00 |
| 041 | 2019.1.25 | 结转利润分配 | 利润分配 | 未分配利润 | 27 794.00 | |
| | | | 利润分配 | 提取盈余公积 | | 27 794.00 |
| 042 | 2019.1.25 | 经济车架生产领料 | 生产成本 | 直接材料（经济车架） | 1 413 936.00 | |
| | | | 原材料 | 钢管 | | 1 023 744.00 |
| | | | 原材料 | 坐垫 | | 390 192.00 |
| 043 | 2019.1.25 | 经济童车生产领料 | 生产成本 | 直接材料（经济型童车） | 3 289 440.00 | |
| | | | 原材料 | 车轮 | | 543 936.00 |
| | | | 原材料 | 车篷 | | 695 568.00 |
| | | | 原材料 | 经济型童车包装套件 | | 439 344.00 |
| | | | 自制半成品 | 经济车架 | | 1 610 592.00 |
| 044 | 2019.1.25 | 转出本期增值税 | 应交税费 | 转出未交增值税 | 166 558.13 | |
| | | | 应交税费 | 未交增值税 | | 166 558.13 |

2. 期末报表编制。在 Excel 中，设置取数公式或函数，可以快速地生成科目汇总表和财务报表。科目汇总表中的本期合计数和期末数：

E3 = SUMIF(记账凭证！D:D,B3,记账凭证！F:F)

F3 = SUMIF(记账凭证！D:D,B3,记账凭证！G:G)

G3 = IF((C3 - D3) + (E3 - F3) > =0,(C3 - D3) + (E3 - F3),0)

H3 = IF((D3 - E3) + (F3 - G3) > =0,(D3 - E3) + (F3 - G3),0)

将此公式向下复制填充，即可算出科目汇总表，如表 5 -3 所示。

根据科目汇总表和期初余额表编制的资产负债表和利润表如表 5 -4 和表 5 -5 所示。

**表 5 -3　　制造企业科目汇总表**

| 科目编码 | 科目名称 | 期初余额 | | 本期发生额 | | 期末余额 | |
|---|---|---|---|---|---|---|---|
| | | 借方 | 贷方 | 借方 | 贷方 | 借方 | 贷方 |
| 1001 | 库存现金 | 20 000.00 | | | 3 000.00 | 17 000.00 | |
| 1002 | 银行存款 | 10 000 000.00 | | 6 105 752.00 | 4 347 804.29 | 11 757 947.71 | |
| 1122 | 应收账款 | | | 6 105 752.00 | 6 105 752.00 | | |
| 1221 | 其他应收款 | | | 3 000.00 | | 3 000.00 | |
| 1403 | 原材料 | 3 415 824.00 | | 3 178 394.20 | 6 206 304.00 | 387 914.20 | |
| 1405 | 库存商品 | 4 086 828.00 | | 3 473 514.74 | 4 373 139.00 | 3 187 203.74 | |

续表

| 科目编码 | 科目名称 | 期初余额 | | 本期发生额 | | 期末余额 | |
|---|---|---|---|---|---|---|---|
| | | 借方 | 贷方 | 借方 | 贷方 | 借方 | 贷方 |
| 1409 | 自制半成品 | 1 869 696.00 | | 1 557 377.24 | 3 225 504.00 | 201 569.24 | |
| 1601 | 固定资产 | 27 328 800.00 | | | | 27 328 800.00 | |
| 1602 | 累计折旧 | | 1 824 000.00 | | 121 600.00 | | 1 945 600.00 |
| 2241 | 其他应付款 | | | 53 805.00 | 53 805.00 | | |
| 2202 | 应付账款 | | | 3 756 356.00 | 3 756 356.00 | | |
| 2211 | 应付职工薪酬 | | 377 275.50 | 377 275.50 | 377 275.50 | | 377 275.50 |
| 2221 | 应交税费 | | 204 413.79 | 1 047 229.54 | 1 334 912.64 | | 492 096.89 |
| 4001 | 实收资本 | | 35 000 000.00 | | | | 35 000 000.00 |
| 4101 | 盈余公积 | | 396 687.31 | | 46 890.78 | | 443 578.09 |
| 4103 | 本年利润 | | | 5 263 579.31 | 5 263 579.31 | | |
| 4104 | 利润分配 | | 8 918 771.40 | 93 781.56 | 515 798.57 | | 9 340 788.41 |
| 5001 | 生产成本 | | | 9 746 795.98 | 5 030 891.98 | 4 715 904.00 | |
| 5101 | 制造费用 | | | 55 372.12 | 55 372.12 | | |
| 6001 | 主营业务收入 | | | 5 263 579.31 | 5 263 579.31 | | |
| 6401 | 主营业务成本 | | | 4 373 139.00 | 4 373 139.00 | | |
| 6601 | 销售费用 | | | 32 969.61 | 32 969.61 | | |
| 6602 | 管理费用 | | | 232 260.31 | 232 260.31 | | |
| 6801 | 所得税费用 | | | 156 302.60 | 156 302.60 | | |
| 合计 | | 46 721 148.00 | 46 721 148.00 | 50 876 236.02 | 50 876 236.02 | 47 599 338.89 | 47 599 338.89 |

**表 5-4　　制造企业资产负债表**

编制单位：宝乐童车制造有限公司　　2019 年 01 月 25 日　　单位：元

| 资　产 | 期末余额 | 年初余额 | 负债及所有者权益（或股东权益） | 期末余额 | 年初余额 |
|---|---|---|---|---|---|
| 流动资产： | | | 流动负债： | | |
| 货币资金 | 11 774 947.71 | 10 020 000.00 | 短期借款 | | |
| 交易性金融资产 | | | 交易性金融负债 | | |
| 应收票据 | | | 应付票据 | | |
| 应收账款 | | | 应付账款 | | |
| 预付款项 | | | 预收款项 | | |
| 应收利息 | | | 应付职工薪酬 | 377 275.50 | 377 275.50 |
| 应收股利 | | | 应交税费 | 492 096.89 | 204 413.79 |
| 其他应收款 | 3 000.00 | | 应付利息 | | |
| 存货 | 8 492 591.18 | 9 372 348.00 | 应付股利 | | |
| 一年内到期的非流动资产 | | | 其他应付款 | | |

续表

| 资　产 | 期末余额 | 年初余额 | 负债及所有者权益（或股东权益） | 期末余额 | 年初余额 |
|---|---|---|---|---|---|
| 其他流动资产 | | | 一年内到期的非流动负债 | | |
| 流动资产合计 | 20 270 538.89 | 19 392 348.00 | 其他流动负债 | | |
| 非流动资产： | | | 流动负债合计 | 869 372.39 | 581 689.29 |
| 可供出售金融资产 | | | 非流动负债： | | |
| 持有至到期投资 | | | 长期借款 | | |
| 长期应收款 | | | 应付债券 | | |
| 长期股权投资 | | | 长期应付款 | | |
| 投资性房地产 | | | 专项应付款 | | |
| 固定资产 | 25 383 200.00 | 25 504 800.00 | 预计负债 | | |
| 在建工程 | | | 递延所得税负债 | | |
| 工程物资 | | | 其他非流动负债 | | |
| 固定资产清理 | | | 非流动负债合计 | 0 | 0 |
| 生产性生物资产 | | | 负债合计 | 869 372.39 | 581 689.29 |
| 油气资产 | | | 所有者权益（或股东权益）： | | |
| 无形资产 | | | 实收资本（或股本） | 35 000 000.00 | 35 000 000.00 |
| 开发支出 | | | 资本公积 | | |
| 商誉 | | | 减：库存股 | | |
| 长期待摊费用 | | | 盈余公积 | 443 578.09 | 396 687.31 |
| 递延所得税资产 | | | 未分配利润 | 9 340 788.41 | 8 918 771.40 |
| 其他非流动资产 | | | | | |
| 非流动资产合计 | 25 383 200.00 | 25 504 800.00 | 所有者权益（或股东权益）合计 | 44 784 366.50 | 44 315 458.71 |
| 资产总计 | 45 653 738.89 | 44 897 148.00 | 负债和所有者权益（或股东权益）总计 | 45 653 738.89 | 44 897 148.00 |

**表 5-5　　　　制造企业利润表**

编制单位：宝乐童车制造有限公司　　　　2019 年 01 月 25 日　　　　单位：元

| 项　　目 | 行次 | 本期数 | 本年累计数 |
|---|---|---|---|
| 一、营业收入 | 1 | 5 263 579.31 | |
| 减：营业成本 | 2 | 4 373 139.00 | |
| 营业税金及附加 | 3 | | |
| 销售费用 | 4 | 32 969.61 | |
| 管理费用 | 5 | 232 260.31 | |
| 财务费用 | 6 | | |
| 资产减值损失 | 7 | | |
| 加：公允价值变动收益（损失以“-”号填列） | 8 | | |
| 投资收益（亏损以“-”号填列） | 9 | | |

续表

| 项　　目 | 行次 | 本期数 | 本年累计数 |
|---|---|---|---|
| 其中：对联营企业和合营企业的投资收益 | 10 | | |
| 二、营业利润（亏损以“－”号填列） | 11 | 625 210.39 | |
| 加：营业外收入 | 12 | | |
| 减：营业外支出 | 13 | | |
| 其中：非流动资产处置损失 | 14 | | |
| 三、利润总额（亏损以“－”号填列） | 15 | 625 210.39 | |
| 减：所得税费用 | 16 | 156 302.60 | |
| 四、净利润（亏损以“－”号填列） | 17 | 468 907.79 | |
| 加：年初未分配利润 | 18 | | |
| 五、可供分配的利润 | 19 | | |
| 减：提取法定盈余公积 | 20 | | |

3. 期末账务处理的业务流程，如图 5－33 所示。

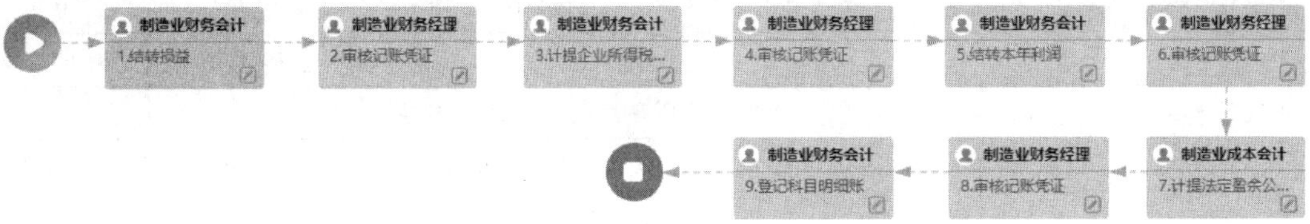


**图 5－33　期末账务处理业务流程图**

（1）财务会计结转损益。财务会计汇总损益类发生额，并与总账核对，将总账里的损益类科目本期发生额结转至本年利润科目，编制记账凭证，如图 5－34 至图 5－41 所示。

记　账　凭　证

字第　　号

2019 年　01 月　25 日

| 摘要 | 总账科目 | 明细账科目 | 借方金额 | | | | | | | | | | | 贷方金额 | | | | | | | | | | | ✓ |
|---|---|---|---|---|---|---|---|---|---|---|---|---|---|---|---|---|---|---|---|---|---|---|---|---|---|
| | | | 亿 | 千 | 百 | 十 | 万 | 千 | 百 | 十 | 元 | 角 | 分 | 亿 | 千 | 百 | 十 | 万 | 千 | 百 | 十 | 元 | 角 | 分 | |
| 转出本期增值税 | 2221—应交税费 | 22210103--转出未交增值税 | | | | 3 | 3 | 5 | 9 | 1 | 4 | 0 | 9 | | | | | | | | | | | | |
| | 2221—应交税费 | 222104—未交增值税 | | | | | | | | | | | | | | | 3 | 3 | 5 | 9 | 1 | 4 | 0 | 9 | |
| | | | | | | | | | | | | | | | | | | | | | | | | | |
| | | | | | | | | | | | | | | | | | | | | | | | | | |
| | | | | | | | | | | | | | | | | | | | | | | | | | |
| | | | | | | | | | | | | | | | | | | | | | | | | | |
| 合　　计 | | | | | | 3 | 3 | 5 | 9 | 1 | 4 | 0 | 9 | | | | 3 | 3 | 5 | 9 | 1 | 4 | 0 | 9 | |

附单据　　张

会计主管:　　记账:　　出纳:　　复核:　　制单:

**图 5－34　应交税费记账凭证**

## 记 账 凭 证

字第 号

年 月 日

| 摘要 | 总账科目 | 明细账科目 | 借方金额 | | | | | | | | | | | 贷方金额 | | | | | | | | | | | √ |
|---|---|---|---|---|---|---|---|---|---|---|---|---|---|---|---|---|---|---|---|---|---|---|---|---|---|
| | | | 亿 | 千 | 百 | 十 | 万 | 千 | 百 | 十 | 元 | 角 | 分 | 亿 | 千 | 百 | 十 | 万 | 千 | 百 | 十 | 元 | 角 | 分 | |
| 期末结转收入类 | 6001—主营业务收入 | | | | 5 | 2 | 6 | 3 | 5 | 7 | 9 | 3 | 1 | | | | | | | | | | | | |
| | 4103—本年利润 | | | | | | | | | | | | | | | 5 | 2 | 6 | 3 | 5 | 7 | 9 | 3 | 1 | |
| | | | | | | | | | | | | | | | | | | | | | | | | | |
| | | | | | | | | | | | | | | | | | | | | | | | | | |
| | | | | | | | | | | | | | | | | | | | | | | | | | |
| | | | | | | | | | | | | | | | | | | | | | | | | | |
| 合计 | | | | | 5 | 2 | 6 | 3 | 5 | 7 | 9 | 3 | 1 | | | 5 | 2 | 6 | 3 | 5 | 7 | 9 | 3 | 1 | |

附单据 张

会计主管： 记账： 出纳： 复核： 制单：

图 5－35 主营业务收入记账凭证

记账凭证 ⊕ 记账凭证 ⊖ 记账凭证 ⊖ 总分类账

## 记 账 凭 证

字第 号

2019 年 01 月 05 日

| 摘要 | 总账科目 | 明细账科目 | 借方金额 | | | | | | | | | | | 贷方金额 | | | | | | | | | | | √ |
|---|---|---|---|---|---|---|---|---|---|---|---|---|---|---|---|---|---|---|---|---|---|---|---|---|---|
| | | | 亿 | 千 | 百 | 十 | 万 | 千 | 百 | 十 | 元 | 角 | 分 | 亿 | 千 | 百 | 十 | 万 | 千 | 百 | 十 | 元 | 角 | 分 | |
| 期末结转费用类 | 4103—本年利润 | | | | 4 | 6 | 3 | 8 | 0 | 7 | 3 | 9 | 2 | | | | | | | | | | | | |
| | 6401—主营业务成本 | | | | | | | | | | | | | | | 4 | 3 | 7 | 2 | 8 | 4 | 4 | 0 | 0 | |
| | 6602—管理费用 | | | | | | | | | | | | | | | | 2 | 3 | 2 | 2 | 6 | 0 | 3 | 1 | |
| | 6601—销售费用 | | | | | | | | | | | | | | | | | 3 | 2 | 9 | 6 | 9 | 6 | 1 | |
| | | | | | | | | | | | | | | | | | | | | | | | | | |
| | | | | | | | | | | | | | | | | | | | | | | | | | |
| 合计 | | | | | 4 | 6 | 3 | 8 | 0 | 7 | 3 | 9 | 2 | | | 4 | 6 | 3 | 8 | 0 | 7 | 3 | 9 | 2 | |

附单据 张

会计主管： 记账：宋中华 出纳： 复核： 制单：宋中华

图 5－36 本年利润记账凭证

记账凭证 ⊕ 记账凭证 ⊖ 记账凭证 ⊖ 记账凭证 ⊖ 总分类账

## 记 账 凭 证

字第 号

2019 年 01 月 25 日

| 摘要 | 总账科目 | 明细账科目 | 借方金额 | | | | | | | | | | | 贷方金额 | | | | | | | | | | | √ |
|---|---|---|---|---|---|---|---|---|---|---|---|---|---|---|---|---|---|---|---|---|---|---|---|---|---|
| | | | 亿 | 千 | 百 | 十 | 万 | 千 | 百 | 十 | 元 | 角 | 分 | 亿 | 千 | 百 | 十 | 万 | 千 | 百 | 十 | 元 | 角 | 分 | |
| 计提所得税费用 | 6801--所得税费用 | | | | | 1 | 5 | 6 | 3 | 7 | 6 | 3 | 5 | | | | | | | | | | | | |
| | 2221—应交税费 | 222103—应交企业所得税 | | | | | | | | | | | | | | | 1 | 5 | 6 | 3 | 7 | 6 | 3 | 5 | |
| | | | | | | | | | | | | | | | | | | | | | | | | | |
| | | | | | | | | | | | | | | | | | | | | | | | | | |
| | | | | | | | | | | | | | | | | | | | | | | | | | |
| | | | | | | | | | | | | | | | | | | | | | | | | | |
| 合计 | | | | | | 1 | 5 | 6 | 3 | 7 | 6 | 3 | 5 | | | | 1 | 5 | 6 | 3 | 7 | 6 | 3 | 5 | |

附单据 张

会计主管： 记账： 出纳： 复核： 制单：

图 5－37 应交企业所得税记账凭证

记账凭证 记账凭证 记账凭证 记账凭证 记账凭证 总分类账

记 账 凭 证

字第　号

2019 年 01 月 25 日

| 摘要 | 总账科目 | 明细账科目 | 借方金额 | | | | | | | | | | | 贷方金额 | | | | | | | | | | | ✓ |
|---|---|---|---|---|---|---|---|---|---|---|---|---|---|---|---|---|---|---|---|---|---|---|---|---|---|
| | | | 亿 | 千 | 百 | 十 | 万 | 千 | 百 | 十 | 元 | 角 | 分 | 亿 | 千 | 百 | 十 | 万 | 千 | 百 | 十 | 元 | 角 | 分 | |
| 结转所得税费用 | 4103—本年利润 | | | | | 1 | 5 | 6 | 3 | 7 | 6 | 3 | 5 | | | | | | | | | | | | |
| | 6801--所得税费用 | | | | | | | | | | | | | | | | 1 | 5 | 6 | 3 | 7 | 6 | 3 | 5 | |
| | | | | | | | | | | | | | | | | | | | | | | | | | |
| | | | | | | | | | | | | | | | | | | | | | | | | | |
| | | | | | | | | | | | | | | | | | | | | | | | | | |
| | | | | | | | | | | | | | | | | | | | | | | | | | |
| 合　计 | | | | | | 1 | 5 | 6 | 3 | 7 | 6 | 3 | 5 | | | | 1 | 5 | 6 | 3 | 7 | 6 | 3 | 5 | |

附单据　张

会计主管：　记账：宋中华　出纳：　复核：　制单：宋中华

图 5－38　结转所得税记账凭证

记账凭证 记账凭证 记账凭证 记账凭证 记账凭证 总分类账

记 账 凭 证

字第　号

2019 年 01 月 25 日

| 摘要 | 总账科目 | 明细账科目 | 借方金额 | | | | | | | | | | | 贷方金额 | | | | | | | | | | | ✓ |
|---|---|---|---|---|---|---|---|---|---|---|---|---|---|---|---|---|---|---|---|---|---|---|---|---|---|
| | | | 亿 | 千 | 百 | 十 | 万 | 千 | 百 | 十 | 元 | 角 | 分 | 亿 | 千 | 百 | 十 | 万 | 千 | 百 | 十 | 元 | 角 | 分 | |
| 结转本年利润 | 4103—本年利润 | | | | | 4 | 6 | 9 | 1 | 2 | 9 | 0 | 4 | | | | | | | | | | | | |
| | 4104—利润分配 | | | | | | | | | | | | | | | | 4 | 6 | 9 | 1 | 2 | 9 | 0 | 4 | |
| | | | | | | | | | | | | | | | | | | | | | | | | | |
| | | | | | | | | | | | | | | | | | | | | | | | | | |
| | | | | | | | | | | | | | | | | | | | | | | | | | |
| | | | | | | | | | | | | | | | | | | | | | | | | | |
| 合　计 | | | | | | 4 | 6 | 9 | 1 | 2 | 9 | 0 | 4 | | | | 4 | 6 | 9 | 1 | 2 | 9 | 0 | 4 | |

附单据　张

会计主管：　记账：宋中华　出纳：　复核：　制单：宋中华

图 5－39　结转本年利润记账凭证

记账凭证 记账凭证 记账凭证 记账凭证 记账凭证 记账凭证

记 账 凭 证

字第　号

2019 年 01 月 05 日

| 摘要 | 总账科目 | 明细账科目 | 借方金额 | | | | | | | | | | | 贷方金额 | | | | | | | | | | | ✓ |
|---|---|---|---|---|---|---|---|---|---|---|---|---|---|---|---|---|---|---|---|---|---|---|---|---|---|
| | | | 亿 | 千 | 百 | 十 | 万 | 千 | 百 | 十 | 元 | 角 | 分 | 亿 | 千 | 百 | 十 | 万 | 千 | 百 | 十 | 元 | 角 | 分 | |
| 提取盈余公积 | 4104—利润分配 | 提取盈余公积 | | | | | 4 | 6 | 9 | 1 | 2 | 9 | 0 | | | | | | | | | | | | |
| | 4101—盈余公积 | | | | | | | | | | | | | | | | | 4 | 6 | 9 | 1 | 2 | 9 | 0 | |
| | | | | | | | | | | | | | | | | | | | | | | | | | |
| | | | | | | | | | | | | | | | | | | | | | | | | | |
| | | | | | | | | | | | | | | | | | | | | | | | | | |
| | | | | | | | | | | | | | | | | | | | | | | | | | |
| 合　计 | | | | | | | 4 | 6 | 9 | 1 | 2 | 9 | 0 | | | | | 4 | 6 | 9 | 1 | 2 | 9 | 0 | |

附单据　张

会计主管：　记账：宋中华　出纳：　复核：　制单：宋中华

图 5－40　提取盈余公积记账凭证

记账凭证　记账凭证　记账凭证　记账凭证　记账凭证　记账凭证

**记 账 凭 证**

字第　　号

2019 年 01 月 25 日

| 摘要 | 总账科目 | 明细账科目 | 借方金额（亿千百十万千百十元角分） | 贷方金额（亿千百十万千百十元角分） | ✓ |
|---|---|---|---|---|---|
| 结转利润分配 | 4104—利润分配 | 410401—未分配利润 | 4691290 | | |
| | 4104—利润分配 | | | 4691290 | |
| | | | | | |
| | | | | | |
| | | | | | |
| | | | | | |
| 合　　计 | | | 4691290 | 4691290 | |

附单据　张

会计主管：　记账：朱中华　出纳：　复核：　制单：朱中华

图 5－41　结转利润分配记账凭证

（2）财务部经理审核记账凭证。审核记账凭证的附件、记账科目、金额、手续是否正确与齐全，经审核无误的记账凭证，财务经理在“复核”和“财务主管”处签字或盖章，根据已审核记账凭证登记总分类账。

（3）财务会计计提企业所得税费用并结转。根据本年利润余额计算企业所得税，填制记账凭证。

（4）财务经理审核记账凭证。收到已填制记账凭证，进行审核，并登记总账。

（5）财务会计结转本年利润。根据本年利润余额，结转至利润分配中，填制记账凭证。

（6）财务经理审核记账凭证。收到填制记账凭证，进行审核，并登记总账。

（7）成本会计计提法定盈余公积并结转。按本年净利润（减弥补以前亏损后）的 10% 提取法定盈余公积，法定盈余公积累计额达到注册资本的 50% 时可以不再提取，将提取的法定盈余公积结转至利润分配中，登记记账凭证。

（8）财务经理审核记账凭证。收到填制记账凭证，进行审核，并登记总账。

（9）财务会计登记科目明细账。根据审核后的记账凭证登记科目明细账，记账后在记账凭证上签字或盖章。

# 第二节　制造业人力

## 一、批量办理个人银行卡

新成立的公司或有新入职的员工，企业都需要到银行为员工办理银行卡。VBSE 实训课程中，实训学员接手的是一家运营了一年零三个月的企业，所有的管理人员全部更换，所以个人银行卡开卡成为每一个虚拟组织都要完成的任务。

实务中关于银行卡的办理，每个银行的要求不尽相同。以某地中国建设银行为例，第一次办理银行卡集体开卡时，需要提供企业营业执照和开户许可证，要与银行签署批量开户协议，填写集体开卡申请书，提交办卡人身份证复印件。如果企业以前办理过批量发卡，再次办理则不用再次提交企业营业执照。

人力资源助理携人力资源经理签字后的“借记卡集体申领登记表”，到银行为新入职员工办理银行卡，其开卡流程如图 5－42 所示。

图 5－42　批量办理个人银行卡流程

1. 填制借记卡集体申领登记表。人力资源助理收集员工姓名、身份证号信息，并录入“借记卡集体申领登记表”，填写“借记卡集体申领登记表”，项目包含：姓名、身份证号等。由员工核对并签字确认信息，“负责人姓名”处由人力资源助理签字，如图 5－43 所示。

实训过程中为方便业务办理，根据参训人数会对岗位进行合并，以制造企业为例，管理人员 18 个岗位，实训时会由 14 个人承担，在批量办理银行卡业务中应一岗一卡，所以制造企业人力资源助理去银行办理的银行卡数应该为 18 张，发放的工资也应该是 18 个人的而不是 14 个人的。同理，工贸企业需要办理 4 张银行卡，经销商需要办理 7 张银行卡。在课程中可将填写的“借记卡集体申领登记表”打印出来并让员工签字确认。

任务中心 > MKK1批量办理个人银行卡（制造业）

工作流程　填写单据　业务操作　决策依据

借记卡集体申领登记表单

借记卡集体申领登记表

申请日期：　　年　　月　　日

| | | | |
|---|---|---|---|
| 单位名称 | | 单位地址 | |
| 负责人姓名 | | 联系电话 | |

本单位愿意集体申领借记卡，保证提供的下述资料真实可靠。

| 序 | 姓名 | 拼音姓名 | 性别 | 证件名 | 证件号码 | 联系地址 | 邮编 | 联系电话 |
|---|---|---|---|---|---|---|---|---|
| 1 | | | | | | | | |
| 2 | | | | | | | | |
| 3 | | | | | | | | |
| 4 | | | | | | | | |
| 5 | | | | | | | | |
| 6 | | | | | | | | |
| 7 | | | | | | | | |
| 8 | | | | | | | | |
| 9 | | | | | | | | |
| 10 | | | | | | | | |
| 11 | | | | | | | | |
| 12 | | | | | | | | |
| 13 | | | | | | | | |
| 14 | | | | | | | | |
| 15 | | | | | | | | |

图 5－43　借记卡集体申领登记表

2. 人力资源部经理审核登记表。人力资源助理将“借记卡集体申领登记表”交人力资源部经理审核，无误后由人力资源部经理审核。

3. 人力资源助理去银行办理开卡业务。人力资源助理到银行柜台递交“借记卡集体申领登记表”，办理银行开卡（注：实际业务中必须带身份证原件）。

4. 银行柜员办理银行开卡。银行柜员根据企业提交的办卡员工信息，核对无误后办理开卡业务，办理开卡完毕后，把银行卡交给办卡申请人。

5. 借记卡集体申领登记表归档。人力资源助理领回银行卡后，将借记卡集体申领登记表归档。

## 二、发放薪酬

发放薪酬是每个企业每月必做的业务，一般是由人力资源部门和财务部门协同配合完成。会计核算时，按照权责发生制的原则，工资费用当月分配下月发放。

1. 发放薪酬业务介绍。实训中，发放薪酬的是上月工资，人力资源部经理依据本企业的员工在职状况，核算本企业的员工薪酬，并按月做出薪酬发放表，出纳持人力资源部制作好的工资发放表，到银行办理转账，将工资款项从单位基本账户，转至单位工资账户，再划拨到员工个人账户上。

2. 发放薪酬业务流程。2019 年 1 月 5 日，制造企业、工贸企业、商贸企业要为接手本企业的全体员工发放上月薪酬。在实训中，制造企业薪酬发放由人力资源部经理核算并发放，工贸企业和商贸企业的薪酬发放业务由行政助理操作。制造企业薪酬发放的业务流程，如图 5－44 所示。

图 5－44 发放薪酬业务流程图

（1）人力资源助理薪资录盘。人力资源助理在 VBSE 系统里打开“薪资录盘”界面，检查员工的相关信息、工资等，依据“职工薪酬发放表”在系统中修改并保存职工基本工资，在系统中修改完毕后，点击导出按钮，将导出的“工资表”拷贝至 U 盘，导出拷贝后不要修改文件格式，如图 5－45 所示。

任务中心 > MXC2发放薪酬（制造业）

工作流程　填写单据　业务操作　决策依据　　回退　保存　完成

修改　保存　导出

| 序号 | 姓名 | 部门 | 级别 | 个人账户 | 公司账户 | 实发工资 | 基本工资 |
|---|---|---|---|---|---|---|---|
| 1 | 肖红 | 人力资源部 |  | 4231588997835104 | 0100229999000099001 | 4386.00 | 5500.00 |
| 2 | 孙盛国 | 生产计划部 |  | 4231588997835121 | 0100229999000099001 | 4386.00 | 5500.00 |
| 3 | 刘自强 | 财务部 |  | 4231588997835148 | 0100229999000099001 | 4386.00 | 5500.00 |
| 4 | 马博 | 营销部 |  | 4231588997835145 | 0100229999000099001 | 3588.00 | 4500.00 |
| 5 | 刘思羽 | 营销部 |  | 4231588997835137 | 0100229999000099001 | 3588.00 | 4500.00 |

上一页　1　…　7　8　9　10　11　…　12　下一页

**图 5－45　人力资源助理有 VBSE 系统中进行薪资录盘**

（2）人力资源助理填写支出凭单。人力资源助理依据“职工薪酬发放表”数据填写支出凭单，并将拷贝了“工资表”的 U 盘交人力资源经理经理和财务经理进行审核，如图 5－46 所示。企业对外的结算业务，无论是先借款后报销，还是先个人垫付再报销，报销时都需要填写支出凭单。

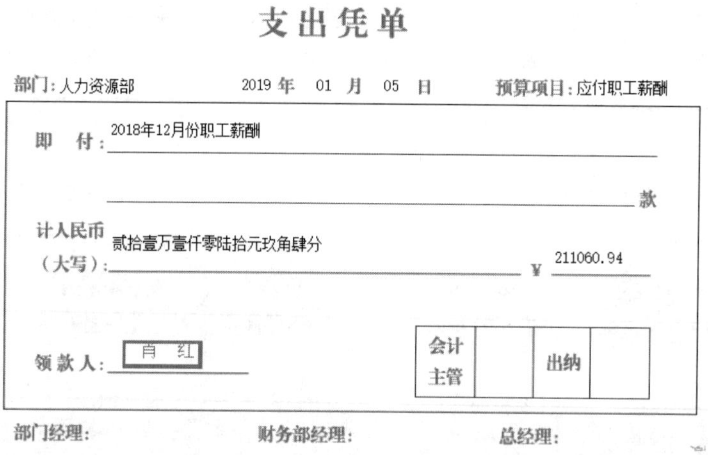

支出凭单

部门：人力资源部　　2019 年　01 月　05 日　　预算项目：应付职工薪酬

即　付：2018年12月份职工薪酬

款

计人民币（大写）：贰拾壹万壹仟零陆拾元玖角肆分　　¥ 211060.94

领款人：肖　红

| 会计主管 |  | 出纳 |  |
|---|---|---|---|

部门经理：　　财务部经理：　　总经理：

**图 5－46　人力资源助理填写薪酬发放支出凭单**

（3）人力资源经理审核支出凭单和薪酬发放表。人力资源经理审核支出凭单信息和薪酬发放表是否一致、正确，审核支出凭单的日期、金额、支出方式、支出用途及金额大小写是否正确，审核完成后在支出凭单上签字确认。

（4）财务经理审核支出凭单和薪酬发放表。财务经理审核支出凭单信息和薪酬发放表是否一致、正确，审核支出凭单的日期、金额、支出方式、支出用途及金额大小写是否正确，审核完成后在支出凭单上签字确认。

（5）出纳开具转账支票。出纳根据支出凭单的信息开具转账支票，将代发的工资数额，从公司一般账户，转到代发工资的专用账户。检查支票填写无误后加盖公司财务章和法人章。

提示：企业与银行签发代发工资协议，银行会给公司一个代发工资的账户。发工资填写的转账支票，收款单位是本公司的名称。去银行办理，填写进账单时，收款人与付款人一样，只是出票人账号是所在银行的基本账户，收款人的账户则是公司代发工资专用账户。企业的“银行账号”和“工资发放账号”可以通过学生端主页面点击“关于我们”，查询“公司概况”，如图5-47所示。

**图5-47　企业工资发放账号查询**

（6）出纳登记支票使用登记簿。出纳根据签发的支票登记“支票登记簿”，并让支票领用人在“支票登记簿”签字。

（7）出纳去银行办理薪资发放。出纳带齐薪资发放资料：职工薪酬发放表、转账支票、薪资录盘去银行办理工资发放。

（8）银行柜台发放薪酬。银行柜员按照企业的职工薪酬发放表，将职工薪酬发放表导入并发放薪酬。具体操作：银行柜员点击“业务操作”进入“薪资发放”页面。在页面的右上角出现“导入”和“发放”两个按钮，点击“导入”会出现文件选择界面，选择企业工资表并导入，相应的数据会上传到当前页面，如图5-48所示。核对无误后点击“发放”按钮，当页面提示“发放成功”时，可以点击“完成”按钮会出现几个企业名称，要选择当前的企业名称完成此项任务。

**薪资发放**　　导入　发放

| 序号 | 姓名 | 部门 | 级别 | 个人账户 | 公司账户 | 实发工资 |
|---|---|---|---|---|---|---|
| 1 | 梁天 | 企业管理部 | | 4231588997835072 | 0100229999000099001 | 9115.70 |
| 2 | 张万军 | 人力资源部 | | 4231588997835101 | 0100229999000099001 | 5952.54 |
| 3 | 杨笑笑 | 营销部 | | 4231588997835103 | 0100229999000099001 | 5952.54 |
| 4 | 叶润中 | 生产计划部 | | 4231588997835071 | 0100229999000099001 | 5952.54 |
| 5 | 何明海 | 仓储部 | | 4231588997835117 | 0100229999000099001 | 5952.54 |

**图5-48　银行柜员系统薪资发放**

（9）银行柜员打印银行回单。银行柜员办理完薪资发放业务后，出纳领取银行的业务回单（可以直接在柜台办理时由银行柜员打印取回；在柜台未打印，次日可以在回单柜中取得），如图 5－49 所示。

ICBC 中国工商银行 企业网上银行（实习） 电子回单 金融@家

电子回单号：20191217171954

| | | | | | |
|---|---|---|---|---|---|
| 付款人 | 户　名 | 宝乐童车制造有限公司 | 收款人 | 户　名 | 发放账户 |
| | 帐　号 | 0100229999000099001 | | 帐　号 | 0100229999000088025 |
| | 开户行 | 中国工商银行 | | 开户行 | 中国工商银行 |
| 金额 | （大写） | 贰拾壹万壹仟零陆拾元玖角肆分 | | | ¥: 211060.94 |
| 转账用途 | | 工资发放 | 转账日期 | | 2019-01-25 |

制单人：30　　流水号：171954　　银行签章：（中国工商银行 电子回单 专用章）

打印

图 5－49　银行柜员打印业务回单

（10）财务会计填制记账凭证。财务会计依据银行业务回单、转账支票存根、支出凭单填制记账凭证，编制记账凭证，将原始单据作为附件粘贴在记账凭证后面，将记账凭证和相关原始单据交给财务经理审核，如图 5－50 所示。

记　账　凭　证

字第　　号

2019 年　01 月　05 日

| 摘 要 | 总账科目 | 明细账科目 | 借方金额 | | | | | | | | | | | 贷方金额 | | | | | | | | | | | ✓ |
|---|---|---|---|---|---|---|---|---|---|---|---|---|---|---|---|---|---|---|---|---|---|---|---|---|---|
| | | | 亿 | 千 | 百 | 十 | 万 | 千 | 百 | 十 | 元 | 角 | 分 | 亿 | 千 | 百 | 十 | 万 | 千 | 百 | 十 | 元 | 角 | 分 | |
| 发放上月工资 | 2211—应付职工薪酬 | 221101—工资 | | | | 2 | 6 | 5 | 5 | 0 | 0 | 0 | 0 | | | | | | | | | | | | |
| | 2221—应交税费 | 222102—应交个人所得税 | | | | | | | | | | | | | | | | | | 6 | 3 | 4 | 0 | 6 | |
| | 2241—其他应付款 | 224101—五险一金（个人） | | | | | | | | | | | | | | | | 5 | 3 | 8 | 0 | 5 | 0 | 0 | |
| | 1002—银行存款 | 100201—工行存款 | | | | | | | | | | | | | | | 2 | 1 | 1 | 0 | 6 | 0 | 9 | 4 | |
| | | | | | | | | | | | | | | | | | | | | | | | | | |
| | | | | | | | | | | | | | | | | | | | | | | | | | |
| 合　计 | | | | | | | 2 | 6 | 5 | 0 | 0 | 0 | 0 | | | | | 2 | 6 | 5 | 0 | 0 | 0 | 0 | |

附单据 2 张

会计主管：　　记账：朱中华　　出纳：　　复核：　　制单：朱中华

图 5－50　财务会计填制发放薪酬记账凭证

（11）财务经理审核记账凭证。财务经理审核财务会计提交的记账凭证，核对记账凭证与原始凭证一致性，审核无误后签字或盖章，将审核后的记账凭证交给出纳登记日记账。

（12）出纳登记银行存款日记账。出纳根据审核后的记账凭证登记银行存款日记账，记账后在记账凭证上签字或盖章，将记账凭证交回财务会计登记科目明细账。

（13）财务会计登记科目明细账。财务会计接收出纳交还的记账凭证，根据记账凭证登记科目明细账，记账后在记账凭证上签字或盖章，如图 5 –51 所示。

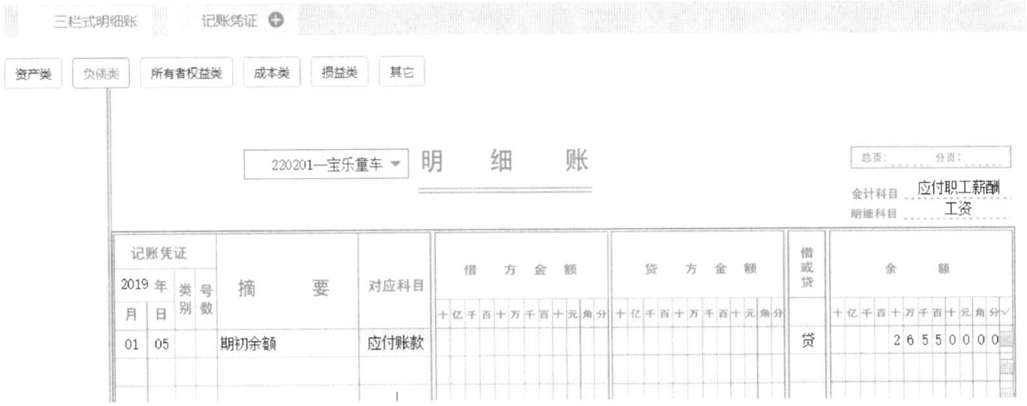


图 5 –51　财务会计登记发放薪酬科目明细账

（14）财务经理登记总账。接收财务会计交给的记账凭证，在记账凭证上签字或盖章，根据记账凭证登记科目总账，如图 5 –52 所示。

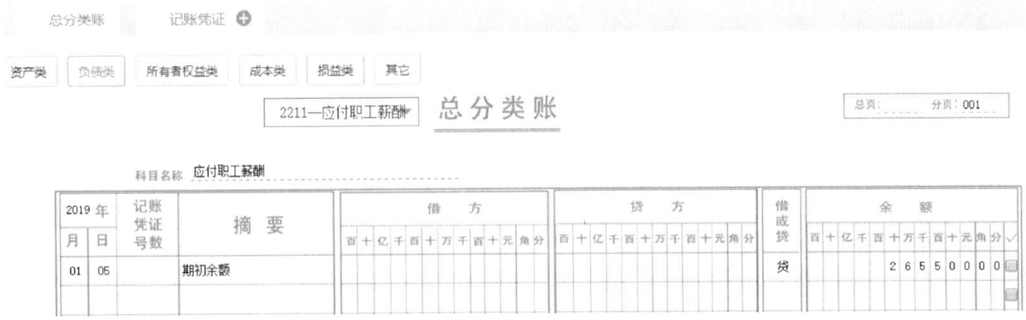


图 5 –52　财务经理登记发放薪酬总账

## 三、核算薪酬

会计法和会计准则都有明确的规定，每月发放工资，都需通过“应付职工薪酬”进行核算，如果工资不进行计提核算，就无法通过“应付职工薪酬”进行核算。同时，权责发生制要求当月发生的费用要记在当月，而实际工作中，工资发放是必须等到该月过完了才能发放，就造成工资计算和发放的滞后性，所以，在该月月末根据历史情况或者用别的手段暂估该月发生的工资费用，做计提分录入账，这样就满足了权责发生制的要求。因此，每个月月末，会计人员都要进行员工薪酬的核算，将其应付的工资以及企业应该缴纳的五险一金，计入相应的费用和成本。

1. 薪酬核算业务介绍。核算薪酬时，人力资源助理首先要确认基本工资、代扣项目、应税工资、实发工资，代扣项目的扣款依据国家相关规则计算；其次要依据增减员表，检查五险一金增加、减少人员，明晰统计是否正确；最后要依据银行五险一金扣款通知书，核对五险一金统计计算是否正确。工资计算后，进行相应的分配，计入期间费用或生产成本。

2. 薪酬核算业务流程，如图 5 –53 所示。

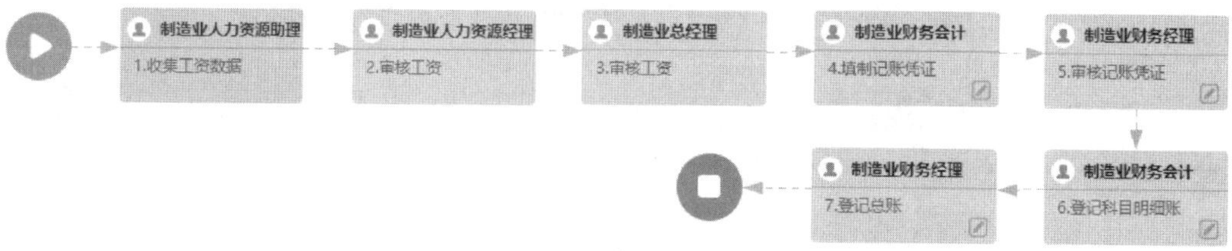


图 5－53　薪酬核算业务流程

（1）人力资源助理收集工资数据。人力资源助理收集以下工资数据信息：

①依据期初数据查找当月入职人员记录，收集整理新增数据；

②依据期初数据查找当月离职人员记录，收集整理减少数据；

③依据期初数据查找当月晋升、调动及工资调整记录，收集整理变更数据；

④依据期初数据查找当月考勤信息，整理汇总当月考勤数据；

⑤依据期初数据查找当期绩效考核评价评分资料，整理汇总绩效考核结果；

⑥依据期初数据查找当月奖励、处罚记录，并作汇总整理；

⑦依据期初数据查找当月五险一金增减、缴费数据，计算五险一金。

收集以上信息后，人力资源助理根据收集到的数据制作工资表。

温馨提示：

① 五险一金的核算方法：参见第三章表 3－10。

按照五险一金的缴存比例，以宝乐童车制造有限公司总经理梁天的五险一金的申报月工资为 12 000 元，则个人扣缴部分：

个人自缴五险一金金额＝个人自缴社会保险费＋个人自缴工积金

个人自缴社会保险费＝申报月工资×五险一金扣缴比例

＝12 000×(8%＋0.2%＋2%)＋3＝1 227（元）

个人自缴公积金＝申报月工资×个人缴费比例＝12 000×10%＝1 200（元）

企业代扣的个人五险一金金额＝ 1 227＋1 200＝1 427（元）

企业应缴五险一金金额＝申报月工资×五险一金扣缴比例

＝12 000×(20%＋1%＋0.3%＋0.8%＋10%＋10%)

＝5 052（元）

②个人所得税计算方法：参见第三章表 3－11。

2018 年 10 月 1 日至 2018 年 12 月 31 日之间将个人所得税的缴纳基数提高到了 5 000 元，而在此之前是 3 500 元。

个人所得税的计算方式为：个人所得税＝全月应纳税所得额×税率－速算扣除数

其中，全月应纳税所得额＝应发工资－5 000

③实发工资的计算方法

应发工资＝基本工－考勤扣款－个人五险一金缴费－辞退福利＋季度奖金

实发工资＝应发工资－个人所得税

（2）人力资源经理审核工资。人力资源经理审核薪酬核算金额，重点对人员变动的正确性进行核查，审核完成所有表单后，在表单对应位置签字，将签字完成的表单返还人力资源助理。并在系统中点击“完成”将线上任务推送至总经理进行工资审核。

（3）总经理审核工资。总经理收到人力资源助理交给的薪酬发放表，审核薪酬核算金额，重点对人员变动的正确性进行核查，审核完成后在表单对应位置签字，将签字完成的表单返还人力资源助理。

（4）财务会计填制记账凭证。财务会计收到人力资源部交来的薪酬表单，编制本月薪酬发放的记账凭证。该任务需要填写两张记账凭证，分别是计提本月职工工资和计提五险一金。具体操作为：点击“记账凭证”旁边的“＋”增加记账凭证的空白页面，如图 5－54 和图 5－55 所示。

记　账　凭　证

字第　　号

2019 年　01 月　25 日

| 摘要 | 总账科目 | 明细账科目 | 借方金额 | | | | | | | | | | | 贷方金额 | | | | | | | | | | | ✓ |
|---|---|---|---|---|---|---|---|---|---|---|---|---|---|---|---|---|---|---|---|---|---|---|---|---|---|
| | | | 亿 | 千 | 百 | 十 | 万 | 千 | 百 | 十 | 元 | 角 | 分 | 亿 | 千 | 百 | 十 | 万 | 千 | 百 | 十 | 元 | 角 | 分 | |
| 计提人员工资 | 5001—生产成本 | 50010202—直接人工 | | | | | 7 | 2 | 0 | 0 | 0 | 0 | 0 | | | | | | | | | | | | |
| | 5001—生产成本 | 50010202—直接人工 | | | | | 7 | 8 | 0 | 0 | 0 | 0 | 0 | | | | | | | | | | | | |
| | 5101—制造费用 | 510101—工资 | | | | | 1 | 8 | 5 | 0 | 0 | 0 | 0 | | | | | | | | | | | | |
| | 6601—销售费用 | | | | | | 1 | 6 | 5 | 0 | 0 | 0 | 0 | | | | | | | | | | | | |
| | 6602—管理费用 | | | | | | 8 | 0 | 5 | 0 | 0 | 0 | 0 | | | | | | | | | | | | |
| | 2211—应付职工薪酬 | 221101—工资 | | | | | | | | | | | | | | | 2 | 6 | 5 | 5 | 0 | 0 | 0 | 0 | |
| 合　计 | | | | | | 2 | 6 | 5 | 5 | 0 | 0 | 0 | 0 | | | | 2 | 6 | 5 | 5 | 0 | 0 | 0 | 0 | |

附单据 1 张

会计主管：　记账：朱中华　出纳：　复核：　制单：朱中华

**图 5－54　财务会计填制计提人员工资记账凭证**

记　账　凭　证

字第　　号

2019 年　01 月　25 日

| 摘要 | 总账科目 | 明细账科目 | 借方金额 | | | | | | | | | | | 贷方金额 | | | | | | | | | | | ✓ |
|---|---|---|---|---|---|---|---|---|---|---|---|---|---|---|---|---|---|---|---|---|---|---|---|---|---|
| | | | 亿 | 千 | 百 | 十 | 万 | 千 | 百 | 十 | 元 | 角 | 分 | 亿 | 千 | 百 | 十 | 万 | 千 | 百 | 十 | 元 | 角 | 分 | |
| 计提企业缴五险一金 | 5001—生产成本 | 50010202—直接人工 | | | | | 3 | 0 | 3 | 1 | 2 | 0 | 0 | | | | | | | | | | | | |
| | 5001—生产成本 | 50010202—直接人工 | | | | | 3 | 2 | 8 | 3 | 8 | 0 | 0 | | | | | | | | | | | | |
| | 5101—制造费用 | 510101--工资 | | | | | | 7 | 7 | 8 | 8 | 5 | 0 | | | | | | | | | | | | |
| | 6601—销售费用 | | | | | | | 6 | 9 | 4 | 6 | 5 | 0 | | | | | | | | | | | | |
| | 6602—管理费用 | | | | | | 3 | 3 | 8 | 9 | 0 | 5 | 0 | | | | | | | | | | | | |
| | 2211—应付职工薪酬 | 221102—社会保险 | | | | | | | | | | | | | | | | 8 | 5 | 2 | 2 | 5 | 5 | 0 | |
| 合　计 | | | | | | | | | | | | | | | | | | | | | | | | | |

附单据 1 张

会计主管：　记账：　出纳：　复核：　制单：

1　2　下一页　续页　到第　　页　确定　　删除

**图 5－55　财务会计填制计提五险一金（企业部分）记账凭证**

（5）财务经理审核记账凭证。财务经理收到财务会计交来的薪酬表单和记账凭证，审核记账凭证的正确性，审核无误后在记账凭证上签字或盖章，并将工资表和记账凭证交还给财务会计。

（6）财务会计登记科目明细账。财务会计根据记账凭证和薪酬表单，填写明细账，记账后在记账凭证上签字或盖章，如图 5－56 所示。

图 5－56　财务会计登记应付职工薪酬（工资）科目明细账

（7）财务经理登记总账。财务经理根据记账凭证登记总账，记账后在记账凭证上签字或盖章，如图 5－57 所示。

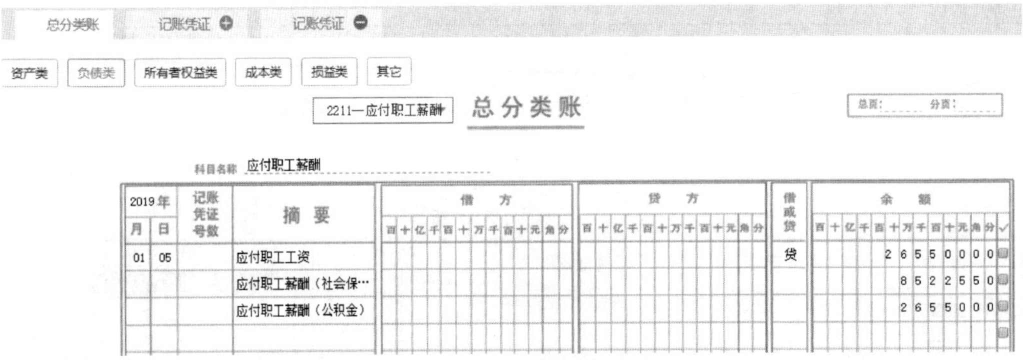


图 5－57　财务经理登记总分类账

## 四、申报个人所得税

个人所得税是国家对本国公民、居住在本国境内的个人的所得和境外个人来源于本国的所得征收的一种所得税，企业有代扣代缴的义务。个税的缴纳，先要申报，后银行自动扣款。

1. 申报个人所得税业务介绍。个税的缴纳，包括申报和缴纳两方面。个税的计算，按照国家税务局规定的税率和方法进行。我国个税自 2018 年 10 月 1 日起征点修订为每月5 000元，2019 年 1 月新个税法规定按居民个人的综合所得缴纳，即以每一纳税年度的收入额减除费用 6 万元以及专项扣除、专项附加扣除和依法确定的其他扣除后的余额，为应纳税所得额。

2. 申报个人所得税业务流程。个人所得税需要先申报后缴纳。人力资源助理整理员工基本信息和工资表交财务部门审核，财务会计将员工缴税信息提交至税务局审核并进行网上个人所得税申报。出纳查询网银扣款情况并向银行索要缴税凭证，企业财务部门进行账务处理，业务流程如图 5 – 58 所示。

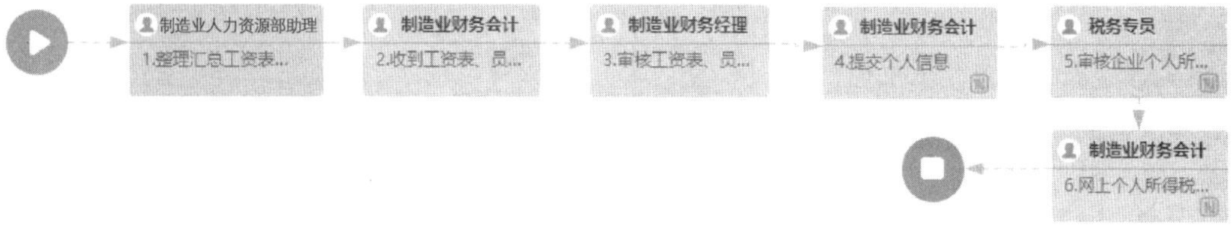


图 5 – 58　申报个人所得税业务流程

（1）人力资源部助理整理汇总工资表、员工信息。人力资源部助理整理、汇总工资表和员工信息并提交工资表和员工信息给财务会计。

（2）财务会计收到工资表、员工信息。财务会计收到人力资源助理提交的工资表和员工信息，与人力资源助理确认工资表和员工信息，确认后提交给财务经理。

（3）财务经理审核工资表、员工信息。财务经理收到财务会计提交的工资表和员工信息，审核个人所得税金额，交给财务会计提交税务局。

（4）财务会计提交个人信息。财务会计根据员工信息在 VBSE 系统中下载导入模版，根据员工信息填写"个人所得税基础信息模板"，将填好的"个人所得税基础信息模板"导入系统中并提交税务局。

操作方法为：财务会计点击"业务操作"按钮进入"自然人税收管理系统扣缴客户端"，如图 5 – 59 所示。点击"人员信息采集"进入该页面，点击"导入"菜单下的"模板下载"标签，如图 5 – 60 所示。下载"人员信息采集模板"并保存。根据员工信息在下载的"人员信息采集模板"表中的填表说明填写，重点需要填写的为序号、姓名、国籍（地区）、身份证类型、身份证号码。需要注意的是，在填写模板时，不能改变原表格式，否则会导致后续上传时导入失败，员工信息也不能重复导入。

图 5 – 59　系统中的自然人税收管理系统扣缴客户端

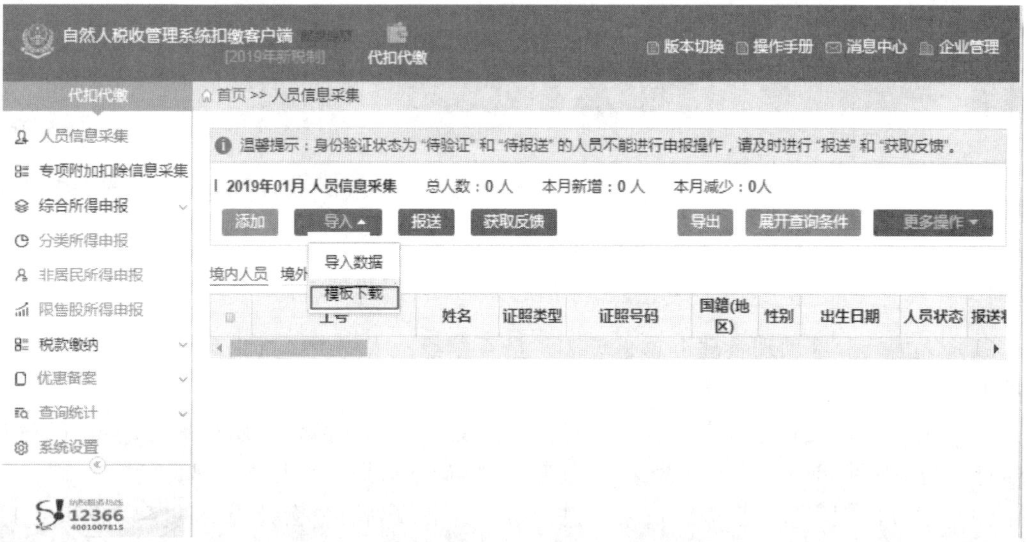


图 5－60　下载人员信息采集模板界面

在模板中填好个人所得税信息后，点击“导入”标签，选择已经编辑好的“人员信息采集表”导入系统，如图 5－61 所示。确认无误后全部选中，点击“报送”按钮，提交税务局等待税务人员审核。

图 5－61　个人所得税基础信息报表导入

（5）税务专员审核企业个人所得税申报。税务专员在 VBSE 系统中选择已经提交企业的个人所得税任务，在线审核企业提交的“人员信息采集表”的准确性，确认无误后点击“审核”按钮，如图 5－62 所示。

图 5－62　税务专员审核人员信息采集表

(6) 财务会计在网上个人所得税申报。财务会计在 VBSE 系统中下载“扣缴个人所得税报告表模板”，根据工资表和员工信息填写“扣缴个人所得税报告表模板”，将填好的“扣缴个人所得税报告表模板”导入系统中并扣缴个人所得税。

操作方法为：财务会计点击“业务操作”按钮进入“自然人税收管理系统扣缴客户端”，点击“综合所得税申报”进入该页面，如图 5－63 所示。点击“收入及减除填写”标签下的“正常工资薪金所得”按钮，下载“正常工资薪金所得模板”，根据工资表和员工信息填写此表。点击“导入”按钮，将填好的“正常工资薪金所得模板”导入系统中，点击“返回按钮”进入“税款计算”标签，本月个人所得税计算如图 5－64 所示。点击“申报表报送”标签，完成个人所得税申报，如图 5－65 所示。

图 5－63　综合所得税申报界面

| 工号 | 姓名 | 证照类型 | 证照号码 | 所得项目 | 累计收入 | 累计免税收入 | 累计减除费用 | 累计扣除项目合计 | 累计准予扣除的捐赠额 |
|---|---|---|---|---|---|---|---|---|---|
| 1001 | 梁天 | 居民身份证 | 110105198212099001 | 工资薪金所得 | 144000 | 0 | 0 | 2427 | 0 |
| 1002 | 张万军 | 居民身份证 | 110105198212099002 | 工资薪金所得 | 90000 | 0 | 0 | 1518 | 0 |
| 1003 | 李斌 | 居民身份证 | 110105198212099006 | 工资薪金所得 | 90000 | 0 | 0 | 1518 | 0 |
| 1004 | 何明海 | 居民身份证 | 110105198212099004 | 工资薪金所得 | 90000 | 0 | 0 | 1518 | 0 |
| 1005 | 钱坤 | 居民身份证 | 110105198212099003 | 工资薪金所得 | 90000 | 0 | 0 | 1518 | 0 |
| 1006 | 叶润中 | 居民身份证 | 110105198212099005 | 工资薪金所得 | 90000 | 0 | 0 | 1518 | 0 |
| 1007 | 杨笑笑 | 居民身份证 | 110105198212099007 | 工资薪金所得 | 90000 | 0 | 0 | 1518 | 0 |

图 5－64　税款计算界面

| 报表名称 | 纳税人数 | 累计收入额 | 应扣缴税额 | 已预缴税额 | 应补（退）税额 | 是否可申报 |
|---|---|---|---|---|---|---|
| 综合所得申报表 | 7 | 1477200 | 5088.72 | 4454.66 | 634.06 | 是 |

图 5－65　申报表报送界面

## 五、缴纳个人所得税

出纳取得个税扣款通知后，将取回的税收缴款书按照公司财务的工作流程在财务部内，依次办理财务处理。其业务流程如图 5－66 所示。

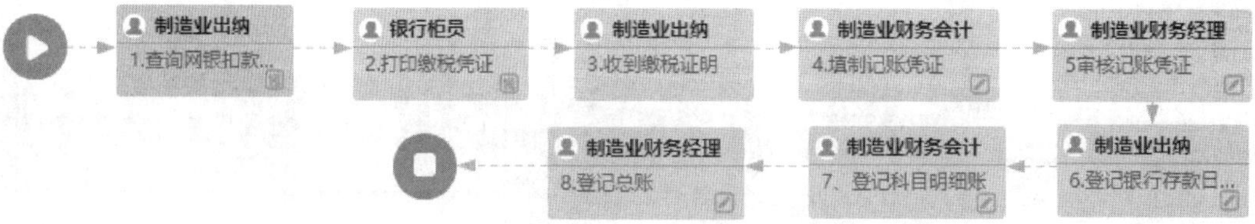


图 5－66　缴纳个人所得税业务流程

（1）出纳查询网银扣款情况。出纳查询银行转账流水信息，查看个人所得税是否已扣款成功。如果已经扣款成功，则点击“操作”下方的“打印”按钮打印税收缴税证明，如图 5－67 所示。如果不显示“个税扣款”项，则可能因为在网上申报个人所得税业务时，未点击“扣款”按钮，这时出纳直接进入页面上的“业务系统”，通过银行转账方式交至税务局，如图 5－68 所示。

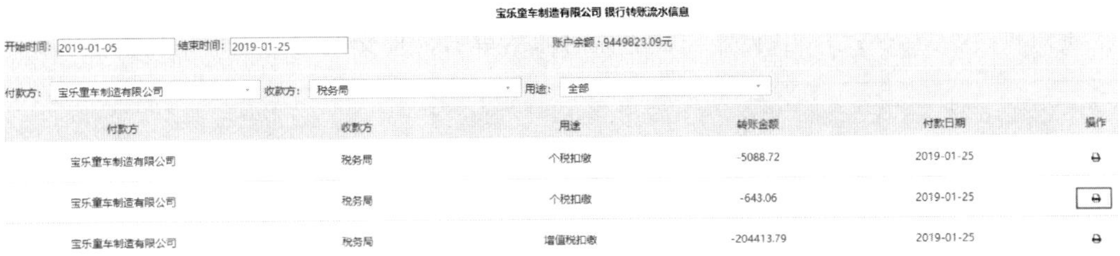

宝乐童车制造有限公司 银行转账流水信息

开始时间：2019-01-05　结束时间：2019-01-25　账户余额：9449823.09元

付款方：宝乐童车制造有限公司　收款方：税务局　用途：全部

| 付款方 | 收款方 | 用途 | 转账金额 | 付款日期 | 操作 |
|---|---|---|---|---|---|
| 宝乐童车制造有限公司 | 税务局 | 个税扣缴 | -5088.72 | 2019-01-25 | |
| 宝乐童车制造有限公司 | 税务局 | 个税扣缴 | -643.06 | 2019-01-25 | |
| 宝乐童车制造有限公司 | 税务局 | 增值税扣缴 | -204413.79 | 2019-01-25 | |

**图 5－67　出纳查询个人所得税扣款情况**

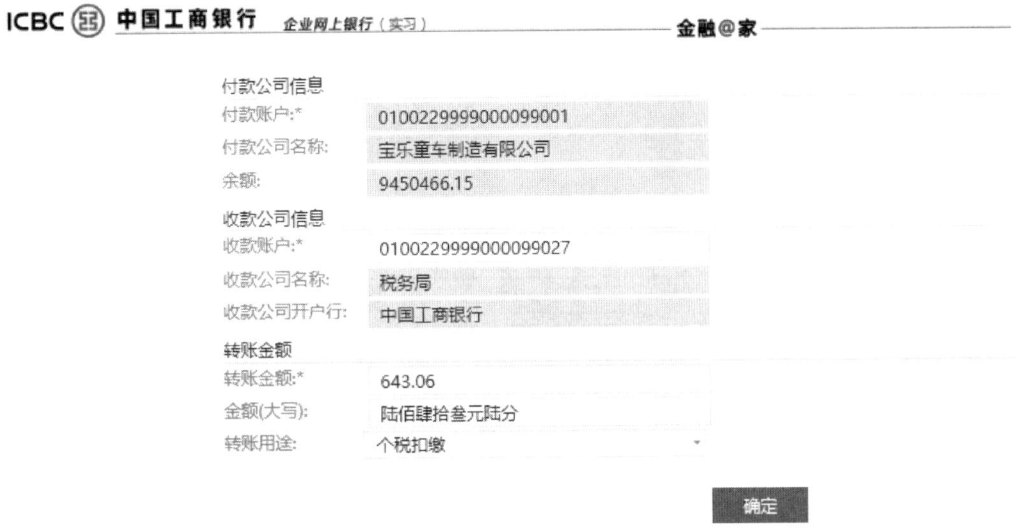

ICBC 中国工商银行　企业网上银行（实习）　金融@家

付款公司信息
付款账户:*　0100229999000099001
付款公司名称:　宝乐童车制造有限公司
余额:　9450466.15

收款公司信息
收款账户:*　0100229999000099027
收款公司名称:　税务局
收款公司开户行:　中国工商银行

转账金额
转账金额:*　643.06
金额(大写):　陆佰肆拾叁元陆分
转账用途:　个税扣缴

确定

**图 5－68　出纳通过银行转账扣缴个人所得税**

（2）银行柜员打印缴税凭证。银行柜员查询转账记录，确认后打印缴税证明，如图 5－69 所示。

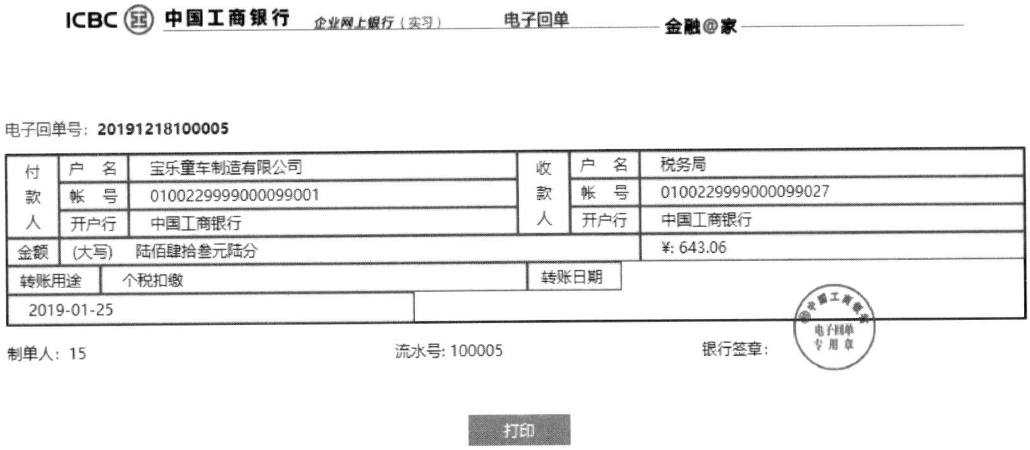

ICBC 中国工商银行　企业网上银行（实习）　电子回单　金融@家

电子回单号：**20191218100005**

| | | | | | |
|---|---|---|---|---|---|
| 付款人 | 户　名 | 宝乐童车制造有限公司 | 收款人 | 户　名 | 税务局 |
| | 帐　号 | 0100229999000099001 | | 帐　号 | 0100229999000099027 |
| | 开户行 | 中国工商银行 | | 开户行 | 中国工商银行 |
| 金额 | (大写) | 陆佰肆拾叁元陆分 | | | ¥: 643.06 |
| 转账用途 | 个税扣缴 | | 转账日期 | | |
| 2019-01-25 | | | | | |

制单人：15　流水号: 100005　银行签章：



打印

**图 5－69　打印缴纳个人所得税银行电子回单页面**

（3）出纳收到缴税证明。出纳到银行取回缴税证明，并交给财务会计。

（4）财务会计填制记账凭证。财务会计根据扣款通知和税收缴款书填制记账凭证，将扣款通知和税收缴款书粘贴在记账凭证后做为原始单据，提交给财务经理审核，如图 5－70 所示。

**记 账 凭 证**

字第　号

2019 年 01 月 05 日

| 摘要 | 总账科目 | 明细账科目 | 借方金额 | | | | | | | | | | | 贷方金额 | | | | | | | | | | | ✓ |
|---|---|---|---|---|---|---|---|---|---|---|---|---|---|---|---|---|---|---|---|---|---|---|---|---|---|
| | | | 亿 | 千 | 百 | 十 | 万 | 千 | 百 | 十 | 元 | 角 | 分 | 亿 | 千 | 百 | 十 | 万 | 千 | 百 | 十 | 元 | 角 | 分 | |
| 缴纳上月个人所得税 | 2221—应交税费 | 222102—应交个人所得税 | | | | | | | 6 | 4 | 3 | 0 | 6 | | | | | | | | | | | | |
| | 1002—银行存款 | 100201—工行存款 | | | | | | | | | | | | | | | | | | 6 | 4 | 3 | 0 | 6 | |
| | | | | | | | | | | | | | | | | | | | | | | | | | |
| | | | | | | | | | | | | | | | | | | | | | | | | | |
| | | | | | | | | | | | | | | | | | | | | | | | | | |
| | | | | | | | | | | | | | | | | | | | | | | | | | |
| 合　计 | | | | | | | | | 6 | 4 | 3 | 0 | 6 | | | | | | | 6 | 4 | 3 | 0 | 6 | |

附单据　张

会计主管：　记账：朱中华　出纳：　复核：　制单：朱中华

图 5－70　财务会计填缴纳个人所得税记账凭证

（5）财务经理审核记账凭证。财务经理收到记账凭证和相关原始单据，审核记账凭证是否正确，确认无误签字或盖章，将记账凭证交给出纳登记银行存款日记账。

（6）出纳登记银行存款日记账。出纳根据审核后的记账凭证登记银行存款日记账，记账后在记账凭证上签字或盖章，将记账凭证交给财务会计登记科目明细账，如图 5－71 所示。

记账凭证 ⊕　银行存款日记账

资产类　负债类　所有者权益类　成本类　损益类　其它

100201—工行存款　**银行存款日记账**

第＿＿页

| 2019年 月 | 2019年 日 | 记账凭证号数 | 摘要 | 借方 | ✓ | 贷方 | ✓ | 余额 |
|---|---|---|---|---|---|---|---|---|
| 1 | 5 | | 缴纳上月个人所得税 | | □ | | □ | 64306 |
| | | | | | □ | | □ | |

图 5－71　出纳登记个人所得税缴纳银行存款日记账

（7）财务会计登记科目明细账。财务会计根据审核后的记账凭证登记科目明细账，记账后在记账凭证上签字或盖章，如图 5－72 所示。

图 5－72　财务会计登记个人所得税缴纳科目明细账

(8) 财务经理登记总账。财务经理根据审核后的记账凭证登记总账，记账后在记账凭证上签字或盖章，如图 5－73 所示。

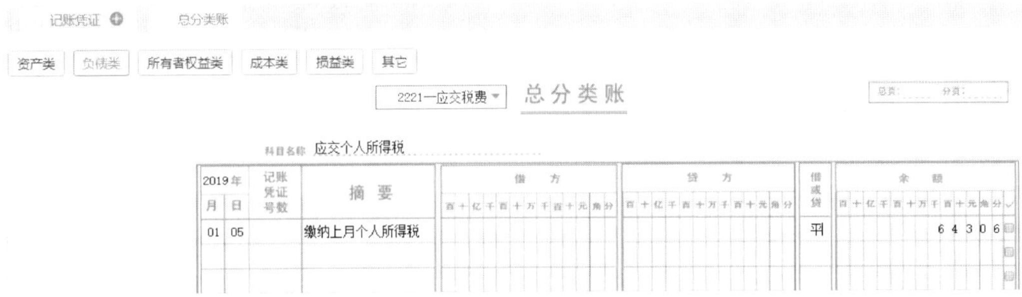


图 5－73　财务经理登记个人所得税缴纳总账

## 六、扣缴五险一金

五险一金是员工的劳动保障，由企业和个人共同缴纳。企业为员工缴纳五险一金是单位的义务，代扣代缴个人应该缴纳的也是企业的义务。签订三方协议后，五险一金由银行自动扣款完成。

1. 扣缴五险一金业务介绍。五险一金是指养老保险、失业保险、工伤保险、生育保险、医疗保险和住房公积金。在签署了扣款协议后，企业五险一金的缴纳，可从企业银行账户自动划拨到社保中心和住房公积金中心。

2. 扣缴五险一金业务流程。该业务中，银行柜员进行社会保险和住房公积金的代扣工作，出纳领取扣款回单后交给财务部门，完成账务处理，其业务流程如图 5－74 所示。

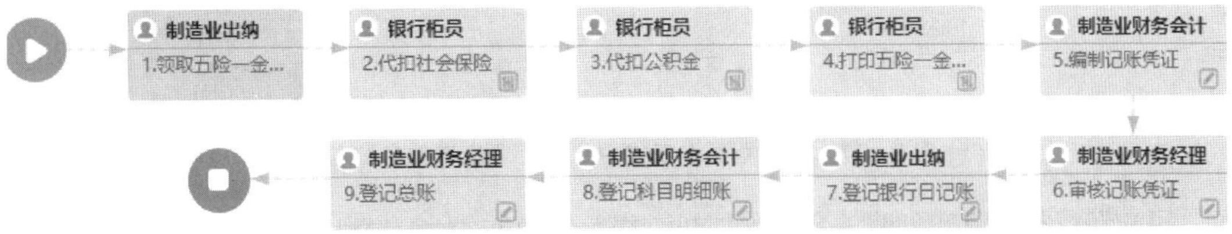


图 5－74　扣缴五险一金流程图

（1）领取五险一金扣款回单。出纳到银行取五险一金银行扣款回单。

（2）代扣社会保险。银行柜员为企业代理扣缴社会保险，点击“扣缴”按钮办理社保代扣，如图5－75所示。进入“社会保险扣缴（信息）”页面，点击“确定”按钮进行五险一金扣缴，如图5－76所示，缴费成功后会有消息提醒。

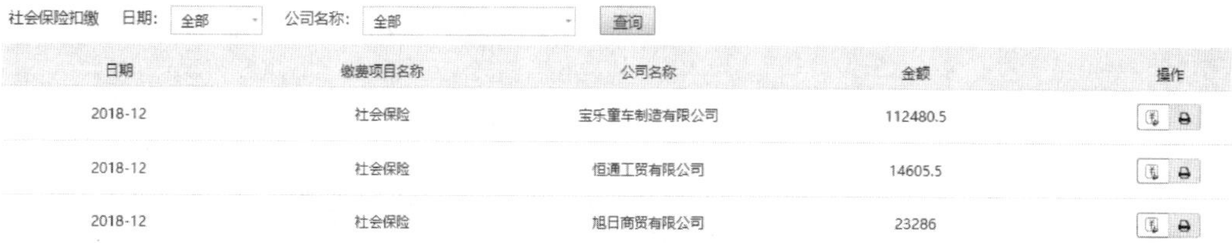
社会保险扣缴 日期: 全部 公司名称: 全部 查询

| 日期 | 缴费项目名称 | 公司名称 | 金额 | 操作 |
|---|---|---|---|---|
| 2018-12 | 社会保险 | 宝乐童车制造有限公司 | 112480.5 | |
| 2018-12 | 社会保险 | 恒通工贸有限公司 | 14605.5 | |
| 2018-12 | 社会保险 | 旭日商贸有限公司 | 23286 | |

图5－75 银行柜员扣缴社保页面

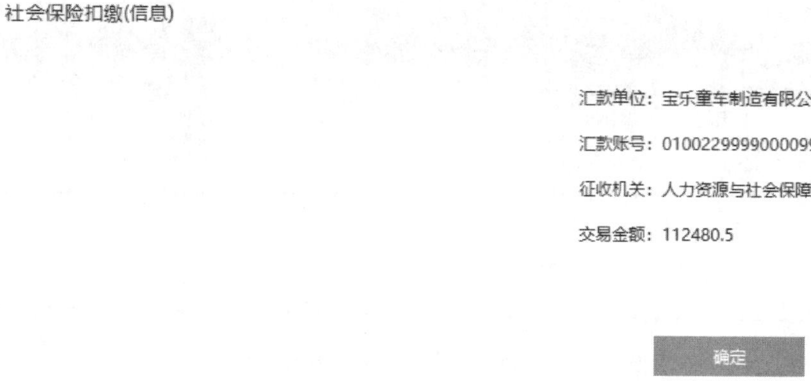


图5－76 银行柜员在系统中扣缴企业应缴社保

（3）银行柜员代扣公积金。银行柜员进入系统“住房公积金扣缴（信息）”页面，点击“确定”按钮进行住房公积金扣缴，如图5－77所示。

图5－77 银行柜员在系统中扣缴企业应缴住房公积金

（4）银行柜员打印五险一金扣款回单。银行柜员接到客户打印请求，查询相关交易记录，确认交易记录存在，即可为客户打印回单，打印后将回单交于客户，如图5－78所示。

ICBC 中国工商银行　企业网上银行（实习）　电子回单　金融@家

电子回单号：20191218100006

| | | | | | |
|---|---|---|---|---|---|
| 付款人 | 户　名 | 宝乐童车制造有限公司 | 收款人 | 户　名 | 人力资源与社会保障局 |
| | 帐　号 | 0100229999000099001 | | 帐　号 | 0100229999000099028 |
| | 开户行 | 中国工商银行 | | 开户行 | 中国工商银行 |
| 金额 | （大写） | 壹拾壹万贰仟肆佰捌拾元伍角 | | ¥: 112480.5 | |
| 转账用途 | 社会保险缴费 | | 转账日期 | | |
| 2019-01-25 | | | | | |

制单人：30　　流水号：100006　　银行签章：中国工商银行 电子回单专用章

打印

图 5－78　打印社会保险银行扣款合同

（5）财务会计编制记账凭证。财务会计依据银行回单填制记账凭证，将银行扣款凭证和五险一金扣款通知粘贴在记账凭证后作为附件，将记账凭证传递给财务经理审核。

（6）财务部经理审核记账凭证。财务部经理接收财务会计送来的记账凭证，审核记账凭证，审核无误，在记账凭证上签字或盖章，并将记账凭证交给出纳登记日记账。

（7）出纳登记银行日记账。出纳接收财务部经理交给的审核后的记账凭证，根据记账凭证登记银行存款日记账，记账后在记账凭证上签字或盖章，将记账凭证交财务会计登记科目明细账。

（8）财务会计登记科目明细账。财务会计接收出纳交给的记账凭证，根据记账凭证登记科目明细账，并在记账凭证上签字或盖章。

（9）财务经理登记总账。接收财务会计交给的记账凭证，根据记账凭证登记科目总账，并在记账凭证上签字或盖章。

## 第三节　制造业生产

对于制造企业来说，生产管理是企业价值创造的主要环节，生产业务涉及部门较多，协调好生产活动的各环节，企业才能从中获益。在日益激烈的市场竞争环境下，制造企业必须在降低成本的同时，缩短供货时间，提高产品质量，这就要求企业在生产计划引导下，合理安排生产并确保原料的供应。

### 一、申请和办理 ISO9000 认证

ISO 是国际标准化组织，能够为企业提供证实某一经鉴定的产品或服务符合特定标准或规范的文件。企业要取得 ISO 认证，不管是产品质量还是管理水平，都需要符合认证标准。取得 ISO 认证，需要花费时间和一定的费用。

ISO9000 认证标准是国际标准化组织（ISO）在 1987 年提出的概念。ISO9000 不是指一个标准，而是一组标准的统称。公司通过取得 ISO9000 认证可以强化品质管理，提高企业效益，提升企业形象，在产品品质竞争中获得优势地位；也有利于企业内部的管理，精简运营，减少浪费。

VBSE 实训中制造企业为生产童车的企业，在进行开工生产之前，必须先办理 ISO9000 认证才能进行童车生产，具体包括申请和办理 ISO9000 认证，收到 ISO9000 认证发票和支付 ISO9000 认证费三项业务。

申请和办理 ISO9000 认证的业务流程如图 5－79 所示。

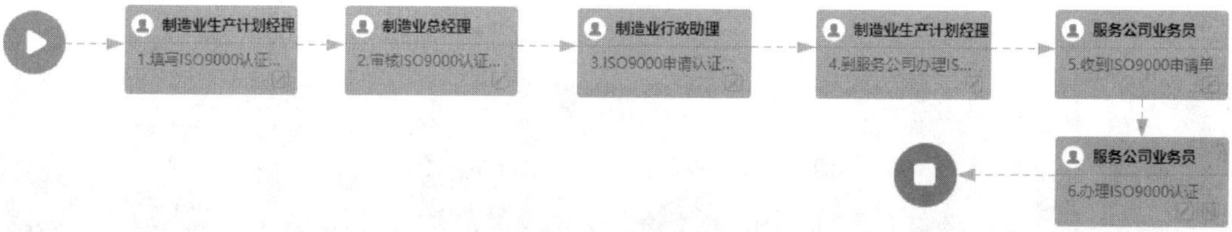


**图 5－79　申请和办理 ISO9000 认证业务流程**

（1）生产计划部经理填写 ISO9000 认证申请。生产计划部经理根据公司的经营策略，填写办理 ISO9000 认证申，将认证申请表提交给总经理，如图 5－80 所示。

ISO9000认证申请表

**ISO9000/ISO14000质量/环境管理体系认证申请表**

| | | | | | | |
|---|---|---|---|---|---|---|
| 表格编号: | 20191010001 | | | | | |
| 受审核方 | 组织名称 | 宝乐童车制造有限公司 | | | | |
| | 地址 | 永定路66号 | | | | |
| | 管理者代表 | 赵成 | | 电话 | 01062345668 | |
| | 组织性质 | 制造业 | | 行业类型/组织机构代码 | 870228008 | |
| | 联系人 | 梁天 | | 部门 | 企业管理部 | |
| | 电话 | 01062345668 | | 传真 | | |
| | 邮编 | | | E-mail | | |
| | 员工总数 | 58 | (人) | 厂区面积 | 1000 | (平方米) |
| | 总投资 | 1000 | (万元) | 环保投资 | 100 | (万元) |
| 受审核方基本信息 | 主要产品名称，用途，年产量 | | | | | |
| | 主要产品：经济型童车、舒适型童车、豪华型童车<br>用途：商业<br>年产量：70000辆 | | | | | |
| 申请认证范围: | 2019/1/1-2019/12/31 | | | | | |
| 希望何时开始审核: | 2019-1-5 | | | | | |
| 是否有多个认证地点: | ●是　○否 | | | | | |
| 声明：本人郑重声明：对于以上所填内容全部认可，并保证所提供的认证申请资料是真实可靠的。 | | | | | | |
| 受审核方代表 | 赵成 | 2019 | 年 | 01 | 月 | 05　日 |

**图 5－80　ISO9000 质量认证申请表**

（2）总经理审核 ISO9000 认证申请。总经理接收生产计划部经理提交的认证申请书，对照公司的经营策略、产品规格，审核办理 ISO9000 认证的合理性。在审核确认 ISO9000 认证申请的支出凭单无误后签字确认并将认证申请书发送给行政助理。

(3) 行政助理在 ISO9000 申请认证盖。行政助理收到总经理发送的认证申请表，查看总经理的审核批复及签字，确认盖章后将认证申请表发送给生产计划部经理。

(4) 生产计划部经理到服务公司办理 ISO9000 认证。生产计划部经理接收行政助理发送的认证申请表，到服务公司，通知服务公司办理生产许可证。

(5) 服务公司业务员收到 ISO9000 申请单。服务公司业务员接收制造企业生产计划部经理提交的 ISO9000 申请单。

(6) 服务公司业务员办理 ISO9000 认证。服务公司的业务员为申请的企业办理 ISO9000 认证。在学生端主页面"待办任务"中找到相应申请企业推送来的办理 ISO9000 认证的任务，点击进入，在"业务操作"中出现图 5-81 所示的业务操作。核对代为办理的公司名称是否正确，点击"办理"按钮，即可为相应企业办理 ISO9000 认证。为了确认办理是否成功，可在右上角"查看办理记录"中查看，出现如图 5-82 所示的办理记录提示，说明已成功办理。

图 5-81　服务公司业务员为申请企业办理 ISO9000 质量认证

ISO9000认证办理记录

| 序号 | 公司名称 | 办理日期日期 | 认证费(元) |
|---|---|---|---|
| 1 | 宝乐童车制造有限公司 | 2019-01-25 | 50000 |

图 5-82　ISO9000 认证办理记录

## 二、收到 ISO9000 认证发票

制造企业收到服务公司的 ISO9000 认证发票，进行付款审核并做相关账务处理。业务流程如图 5-83 所示。

图 5-83　制造企业收到服务公司的 ISO9000 认证发票并支付用流程图

（1）生产计划员去服务公司领取ISO9000认证的发票。生产计划员签订ISO9000委托认证合同并且经过认证后，领取服务公司开来的ISO9000认证的发票。

（2）服务公司业务员开具ISO9000认证发票。服务公司业务员根据ISO9000认证的金额和生产计划员提供的企业信息，开具增值税专用发票，将增值税专用发票发票联、抵扣联交给生产计划员，将增值税专用发票记账联备案留档（实务中销售方据此记账，实训中服务公司不做账务处理，所以留存备查），ISO认证增值税发票开具样例，如图5－84所示。

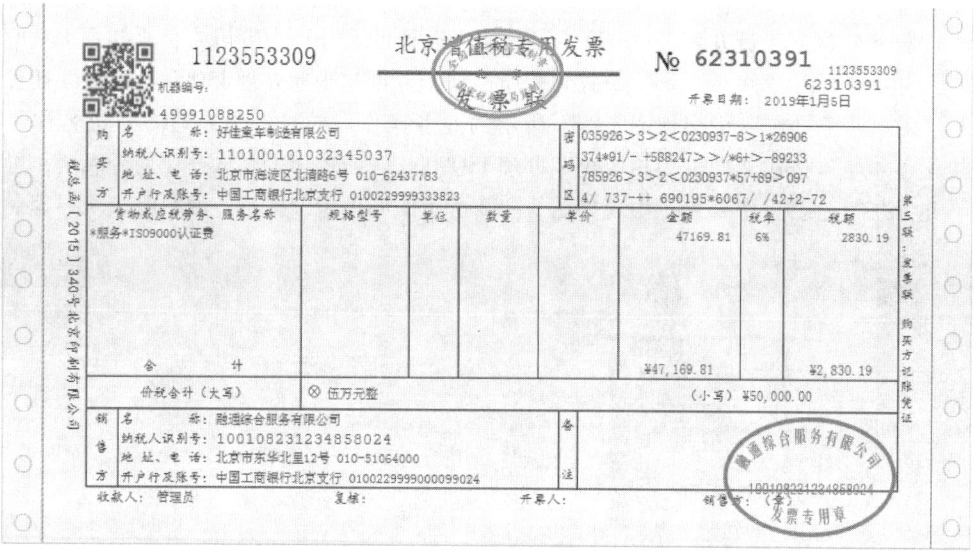
北京增值税专用发票

1123553309　　No 62310391

1123553309
62310391

机器编号：49991088250　　开票日期：2019年1月5日

| | | | |
|---|---|---|---|
| 购买方 | 名　　称：好佳童车制造有限公司<br>纳税人识别号：110100101032345037<br>地 址、电 话：北京市海淀区北清路6号 010-62437783<br>开户行及账号：中国工商银行北京支行 0100229999333823 | 密码区 | 035926>3>2<0230937-8>1*26906<br>374*91/- +588247>>/*6+>-89233<br>785926>3>2<0230937*57+89>097<br>4/ 737-++ 690195*6067/ /42+2-72 |

| 货物或应税劳务、服务名称 | 规格型号 | 单位 | 数量 | 单价 | 金额 | 税率 | 税额 |
|---|---|---|---|---|---|---|---|
| *服务*ISO9000认证费 | | | | | 47169.81 | 6% | 2830.19 |
| 合　　计 | | | | | ¥47,169.81 | | ¥2,830.19 |
| 价税合计（大写） | ⊗伍万元整 | | | | （小写）¥50,000.00 | | |

| | | | |
|---|---|---|---|
| 销售方 | 名　　称：融通综合服务有限公司<br>纳税人识别号：100108231234858024<br>地 址、电 话：北京市东华北里12号 010-51064000<br>开户行及账号：中国工商银行北京支行 0100229999000099024 | 备注 | 融通综合服务有限公司 100108231234858024 发票专用章 |

收款人：管理员　　复核：　　开票人：　　销售方：（章）

税总函〔2015〕340号北京印刷有限公司

第三联：发票联　购买方记账凭证

**图5－84　服务公司开具的ISO9000认证发票样例**

（3）生产计划员收取ISO9000认证发票。生产计划员从服务公司取回ISO9000认证费用专用发票，送至财务处并登记发票。

（4）财务会计收到发票并填制记账凭证。财务会计收到生产计划员提交的ISO9000认证费用专用发票，根据ISO9000认证费用专用发票填制记账凭证。记账凭证的填制日期一般写记账凭证当天的日期，根据需要也可填写经济业务发生时的日期或月末日期。账务处理为：

| | | |
|---|---|---|
| 借：管理费用 | 47 169.81 | |
| 　　应交税费——应交增值税（进项税额） | 2 830.19 | |
| 　　贷：应付账款——融通 | | 50 000.00 |

在VBSE实训中，线上系统中填写单据或账簿后，也可线下填写纸质的单据或账簿，比如这笔业务中，可线下填写记账凭证并将发票贴于纸质记账凭证之后作为原始凭证，以方便传阅和查看。

（5）财务经理审核记账凭证。财务经理审核财务会计编制的记账凭证，并对照相关附件检查是否正确；审核无误，在记账凭证上签字或盖章。

（6）财务会计登记科目明细账。财务会计根据记账凭证在线上和线下登记科目明细账，记账后在记账凭证上签字或盖章。此业务应登记“管理费用”“应交税费”“应付账款”三项明细科目。

（7）财务经理登记总账。财务经理根据记账凭证在系统中登记总账，点击该任务中的“单据填写”查找相应科目，登记总账。财务经理记账后在记账凭证上签字或盖章。

### 三、支付 ISO9000 认证费

制造业生产计划员依据收到服务公司的 ISO9000 认证发票，进行付款，交公司财务审核并做相关账务处理。

（1）生产计划员填写付款申请表。生产计员根据 ISO9000 认证的发票填写付款申请表，在系统中填写付款申请表，将发票粘在付款申请表后。付款申请表如图 5－85 所示。

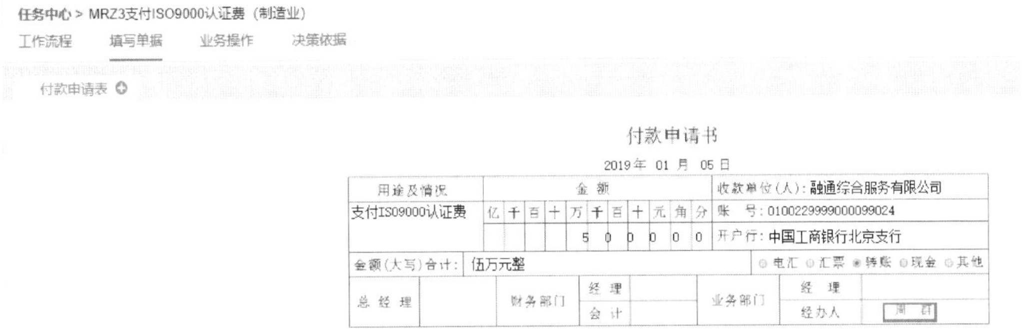


付款申请书

2019年 01 月 05 日

| 用途及情况 | 金额 | | | | | | | | | | | 收款单位（人）：融通综合服务有限公司 |
|---|---|---|---|---|---|---|---|---|---|---|---|---|
| 支付ISO9000认证费 | 亿 | 千 | 百 | 十 | 万 | 千 | 百 | 十 | 元 | 角 | 分 | 账　号：0100229999000099024 |
| | | | | | 5 | 0 | 0 | 0 | 0 | 0 | 0 | 开户行：中国工商银行北京支行 |

| 金额（大写）合计： | 伍万元整 | ○电汇 ○汇票 ◉转账 ○现金 ○其他 |
|---|---|---|

| 总经理 | | 财务部门 | 经理 | | 业务部门 | 经理 | |
|---|---|---|---|---|---|---|---|
| | | | 会计 | | | 经办人 | 周群 |

图 5－85　ISO9000 认证付款申请表

（2）生产计划部经理审核付款申请表。生产计划部经理收到生产计划员交来的付款申请表，查看 ISO9000 认证合同的执行情况，审核付款申请表的准确性和合理性，确认后在付款申请表签字，并将付款申请表交给计划员，送交财务部经理审核。

（3）财务部经理审核付款申请表。财务部经理收到计划部经理审核同意的付款申请表，审核付款申请表的准确性和合理性，确认后在付款申请表上签字。

（4）出纳填写支票。出纳依据审核通过的付款申请单填写转账支票，并加盖法人代表章，该任务为线下填写纸质转账发票。

转账支票分为票面部分和存根部分。支票票面部分，交于银行转账使用，支票存根部分，用于出票人记账使用。所以出纳填写完支票后，需将存根联裁下，先暂为保存，然后把它与对方开具的收据或进账单回单一起作为付款的原始凭证。另外支票填写错误后，不能涂改，需要重新填写一张新支票；填写错误的支票，需要在票面写上“作废”字样，且要保持支票的完整性，存根与票面最好保留在一起。

（5）财务部经理审核支票。财务部经理审核支付 ISO9000 认证费用的支票填写是否正确，确认无误后，加盖财务专用章。法人代表章和财务专用章，应分别由不同的财务人员保管，以达到相互牵制的目的。通常法人代表章由出纳代管，财务专用章由财务经理保管。盖章时，印章边缘要清晰。

（6）出纳填写支票登记簿。出纳根据支票信息登记支票登记簿后，将支票正联交给生产计划员，让生产计划员在支票登记簿上签收后，将支票正联交给服务公司，由服务公司到银行办理转账。

（7）财务会计填制记账凭证。财务会计接收出纳交来的 ISO9000 认证发票的付款申请

单，核对 ISO9000 认证发票和转账支票存根，根据付款申请表及支票金额编制记账凭证，如图 5－86 所示。

记账凭证

字第 002号

年 月 日

| 摘要 | 总账科目 | 明细账科目 | 借方金额 | 贷方金额 | √ |
|---|---|---|---|---|---|
| 支付ISO9000认证费 | 2202—应付账款 | 220212—融通服务 | 5000000 | | |
| | 1002—银行存款 | 100201—工行存款 | | 5000000 | |
| | | | | | |
| | | | | | |
| | | | | | |
| | | | | | |
| 合计 | | | 5000000 | 5000000 | |

附单据 1 张

会计主管：　记账：　出纳：　复核：　制单：

图 5－86　支付 ISO9000 认证记账凭证

（8）财务部经理审核记账凭证。财务部经理审核财务会计提交的记账凭证，审核无误后在记账凭证上签字或盖章，并将记账凭证给出纳，作为记账依据。

（9）出纳登记银行存款日记账。出纳根据记账凭证登记银行存款日记账，在系统中登记银行存款日记账后，在记账凭证上签字或盖章，并将记账凭证交财务会计登账。

（10）财务会计登记科目明细账。财务会计根据记账凭证在系统中登记明细账，在记账凭证上签字或盖章，将记账凭证交财务经理登记总账，如图 5－87 所示。

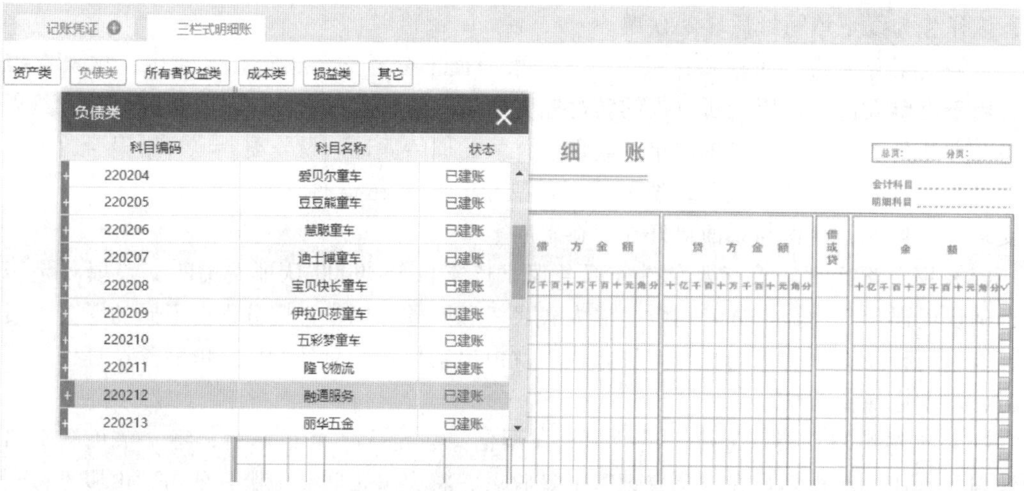


图 5－87　财务会计登记科目明细账

（11）财务经理登记总账。财务经理接收财务会计交来的记账凭证，根据记账凭证在系统中和线下登记科目总账，并在记账凭证上签字或盖章，如图 5－88 所示。

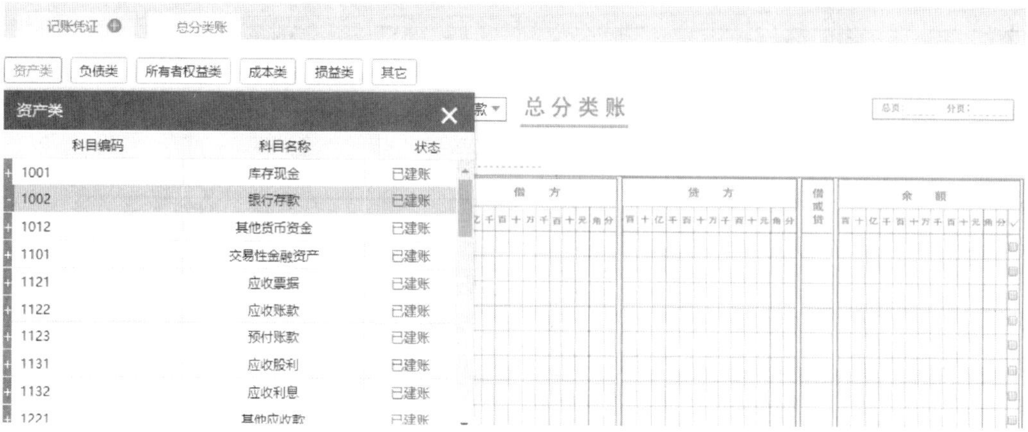


图 5－88　财务经理登记支付 ISO9000 认证费总账

（12）生产计划员将支票送到服务公司。生产计划员将已经核对并盖章的转账支票送交服务公司，由服务公司到银行办理进账手续。

（13）服务公司总经理收到转账支票并到银行办理转账。服务公司收到办理 ISO9000 认证的企业送来的转账支票后，到银行填写银行进账单，办理进账。

（14）银行柜员办理转账并打印银行回单。银行柜员收到企业提交的进账单与支票，根据进账单信息办理转账业务。银行柜员在“待办任务”中，找到服务公司推送来的转账任务，点击“业务操作”，根据支票信息在系统中为服务公司办理转账业务，如图 5－89 所示。银行柜员办理完转账业务后，打印银行业务回单，如图 5－90 所示，将银行业务回单交给服务公司的办事人员。

图 5－89　银行柜员在系统中办理转账业务

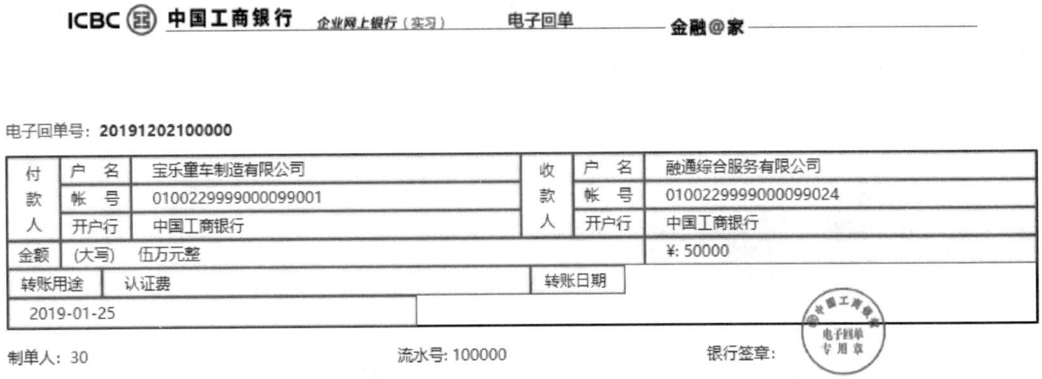

ICBC 中国工商银行 企业网上银行（实习） 电子回单 金融@家

电子回单号：20191202100000

| | | | | | |
|---|---|---|---|---|---|
| 付款人 | 户 名 | 宝乐童车制造有限公司 | 收款人 | 户 名 | 融通综合服务有限公司 |
| | 帐 号 | 0100229999000099001 | | 帐 号 | 0100229999000099024 |
| | 开户行 | 中国工商银行 | | 开户行 | 中国工商银行 |
| 金额 | (大写) | 伍万元整 | | ¥: 50000 | |
| 转账用途 | | 认证费 | 转账日期 | | |
| 2019-01-25 | | | | | |

制单人：30　　流水号：100000　　银行签章：

图 5－90　银行业务回单

## 四、整理销售需求

整理销售需求、编制主生产计划、编制物料需求计划、派工领料和完工入库等环节，共同构成一条完整的生产链。生产，从销售需求开始。

1. 整理销售需求业务介绍。销售需求是制造企业开工生产依据，销售部门在销售过程中，只有明晰了客户对产品的特性要求及数量要求，才能及时准确地生产所需产品，避免生产过程中的浪费或产品生产的过剩。制造企业销售部门要对已有的产品订单和市场需求曲线进行分析，确定企业合理的开工数量。

2. 整理销售需求业务流程。制造企业在进行生产前，需要销售专员提供销售订单汇总表，编制依据为已有的销售订单和市场销售预测。由营销经理审核后交至生产部。整理销售需求的业务流程，如图 5－91 所示。

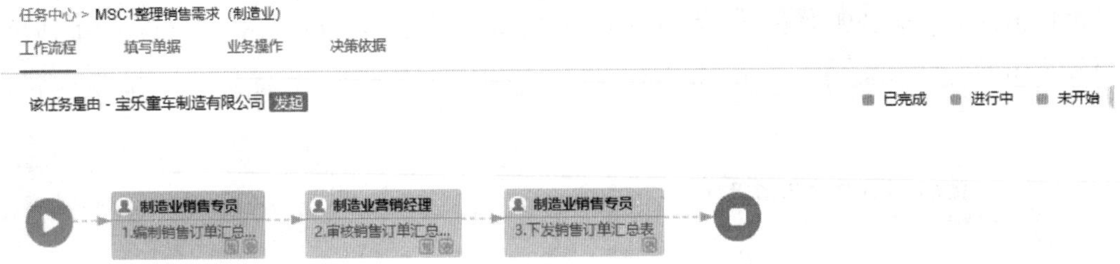


图 5－91　整理销售需求的业务流程图

3. 整理销售需求业务步骤。

（1）销售专员编制销售订单汇总表。销售专员根据销售订单和销售预测整理编制销售订单汇总表（一式两份），销售部和生产部各保存一联。

2019 年 1 月 5 日，根据制造企业与每家经销商签订的订单数量整理销售需求，具体数量如下（注：D 代表经销商开课组数，本次课程数据以 1 家经销商为例）：

每家制造企业供应量 4 800，D＝1

向每家经销商的销售数量＝每家制造企业供应量/D

销售专员得出的销售订单汇总，如图 5－92 所示。

| 订单编号 | 客户 | 产品名称 | 数量 | 含税折扣价 | 总金额 | 交货日期 | 付款日期 | 状态 | 操作 |
|---|---|---|---|---|---|---|---|---|---|
| XS714521... | 旭日商贸... | 经济型童车 | 4800 | 1010.32 | 4849536 | 2019-01-25 | 2019-01-25 | 已确定 | |

图 5－92　销售订单汇总表

（2）营销部经理审核销售订单汇总表。营销部经理接收销售专员编制的销售订单汇总表，依据市场状况审核无误后签字并返给销售专员。

（3）下发销售订单汇总表。销售专员将营销部经理审核过的销售订单汇总表分别送至生产计划员和采购员，作为制订主生产计划和采购计划的依据。

## 五、编制主生产计划

主生产计划是将企业战略、企业生产计划等宏观计划等宏观计划转化为生产作业和采购作业等微观作业计划的工具，是企业物料需求计划的直接来源，主生产计划为车间生产安排了合适的计划进度保证企业资源的合理配置，避免产品积压或物资浪费。

1. 编制主生产计划业务介绍。制造企业根据整理的销售需求，确定产成品在具体时间内的生产数量，开始派工生产。所以主生产计划是派工生产的依据。主生产计划表的编制步骤包括：填写销售预测、填写客户订单、计算预生产量、填写可用库存量、平衡可用能力、计算主生产计划量和填写主生产计划表。

2. 编制主生产计划业务流程，如图 5－93 所示。

图 5－93　编制主生产计划流程

（1）编制主生产计划。生产计划员依据接收的销售订单汇总表，结合各车间的生产能力，产品库存状况编制主生产计划计算表。固定数据阶段，机加车间和组装车间同时开工生产经济型童车，所以需要编制童车和车架两个产品的主生产计划表。

其中，主生产计划表是 Excel 电子表，需要从老师处拷贝。教师登录系统，在“教学导航—培训与经营—固定数据”下，下载系统提供的主生产计划表，如表 5－6 所示。

表 5－6　　经济型童车主生产计划计算表　　单位：件

| 生产批量 100<br>安全库存 5 400 | 12 月 | 1 月 | | 2 月 | | 3 月 | | 4 月 | |
|---|---|---|---|---|---|---|---|---|---|
| 日期 | 25 | 5 | 25 | 5 | 25 | 5 | 25 | 5 | 25 |
| 销售预测 | | 4 000 | 0 | 0 | 4 800 | 0 | 0 | 0 | 0 |
| 销售订单 | | 4 800 | 0 | 0 | 0 | 0 | 0 | 0 | 0 |
| 预计生产量 | 0 | 4 800 | 0 | 0 | 4 800 | 0 | 0 | 0 | 0 |
| 期初库存 | 5 400 | 5 400 | 5 400 | 5 400 | 5 400 | 5 400 | 5 400 | 5 400 | 5 400 |
| 可用库存 | 5 400 | 5 400 | 5 400 | 5 400 | 5 400 | 5 400 | 5 400 | 5 400 | 5 400 |
| 安全库存 | 5 400 | 5 400 | 5 400 | 5 400 | 5 400 | 5 400 | 5 400 | 5 400 | 5 400 |
| 生产能力 | 5 400 | 5 400 | 5 400 | 5 400 | 5 400 | 5 400 | 5 400 | 5 400 | 5 400 |
| 生产批量 | 100 | 100 | 100 | 100 | 100 | 100 | 100 | 100 | 100 |
| 预计主生产计划量 | 0 | 4 800 | 0 | 0 | 4 800 | 0 | 0 | 0 | 0 |
| 实际主生产计划量 | 0 | 4 800 | 0 | 0 | 4 800 | 0 | 0 | 0 | 0 |

（2）核验主生产计划。车间管理员根据车间产能检测主生产计划是否可行，如果不可行要返回第一步重新调整生产计划。核对确认后签字交还给生产计划员。

（3）审批主生产计划。生产部经理审批车间管理员核验过的主生产计划，签字后交还给生产计划员。

## 六、编制物料净需求计划

物料需求计划是依据产品结构各层次物料的从属和数量关系，以每层次物品为计划对象，以完工日期为时间基准倒排的计划。它按照提前期长短区分各物料下百叶窗计划时间的先后顺序，是采购和排产业务的依据。

1. 编制物料需求计划业务介绍。制造企业生产计划员编制物料需求计划时以主生产计划为依据，结合物料清单和物料库存状态，确定提前期，计算物料的需求量和需求时间，向采购部下达物料采购时间和数量，通知生产部门开工日期与开工数量。

2. 编制物料需求计划的业务流程，如图 5－94 所示。

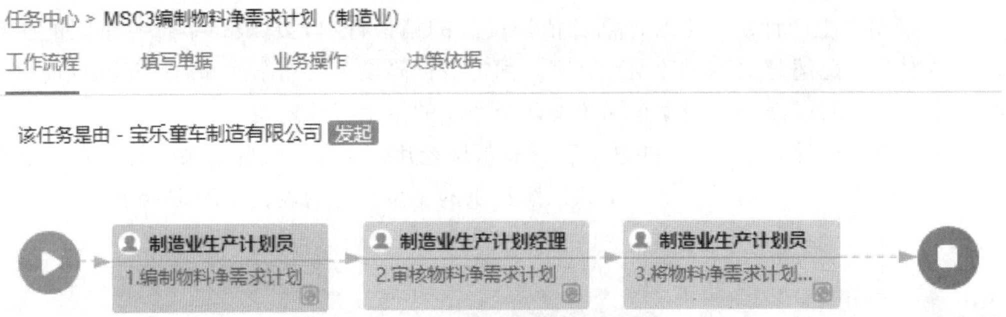


图 5－94　编制物料需求计划流程

(1) 编制物料净需求计划。生产计划员依据主生产计划、物料库存、物料清单，通过填制物料需求计算表进行物料净需求计算。本期物料需求表如表 5 - 7 所示。

表 5 - 7　　经济型童车生产物料需求计划表　　单位：件

| 物料编号 | 物料名称 | 1 | 2 | 3 | 4 | 5 | 6 | 7 | 8 |
|---|---|---|---|---|---|---|---|---|---|
| M0001 | 经济型童车车架 | 4 800 | 4 800 | 4 800 | 4 800 | 4 800 | 4 800 | 9 600 | 4 800 |
| B0005 | 车篷 | 4 800 | 4 800 | 4 800 | 4 800 | 4 800 | 4 800 | 9 600 | 4 800 |
| B0006 | 车轮 | 4 800 | 19 200 | 19 200 | 19 200 | 19 200 | 19 200 | 38 400 | 19 200 |
| B0007 | 经济型童车包装套件 | 4 800 | 4 800 | 4 800 | 4 800 | 4 800 | 4 800 | 9 600 | 4 800 |
| B0001 | 钢管 | 14 400 | 9 600 | 9 600 | 9 600 | 9 600 | 9 600 | 19 200 | 9 600 |
| B0003 | 坐垫 | 10 200 | 4 800 | 4 800 | 4 800 | 4 800 | 4 800 | 9 600 | 4 800 |

由于钢管和坐垫第 1 期需求，是由车架需求量 4 800 决定的，因一个车架需要 2 根钢管，所以需要 9 600 根钢管，加上安全库存 5 400，所以钢管的需求量为 4 800 × 2 + 5 400 = 14 400；坐垫 10 200 是由车架的需求量 4 800 + 安全库存 5 400 得来。钢管和坐垫的采购，应提前于车篷、车轮和包装套件（车架完工后作为原材料再被组装车间领用，与车篷、车轮和包装套件组装成童车），但实训中为减轻计算工作量，取消了两个车间的生产时间差，在材料采购上按同一时间进行。系统中 2019 年的生产计划为经济型童车 4 800 辆，物料需求计划可按产品 BOM 结构需求编制。

(2) 审核物料净需求计划。生产计划部经理收到物料净需求计划并核对计算是否正确，审核物料净需求计划中物料需求时间与数量是否同主生产计划一致，确认后批准交给生产计划员。

(3) 将物料净需求计划送交相关部门。生产计划员将物料需求计划的第一联留下安排生产，第二联送给采购部经理以便安排物料采购。

## 七、派工领料

派工领料是生产进度控制的第一个环节，车间根据生产作业计划及实际产能，分派具体生产任务，领取生产用材料。

1. 派工领料业务介绍。派工领料中，需要生产企业的生产部门和仓储部门配合工作，由生产计划部经理对各个工作岗位的生产任务进行具体安排，并检查各项生产准备工作，保证车间生产按主生产计划进行。组装车间派工领料业务，操作基本类似。

2. 派工领料业务流程，如图 5 - 95 所示。

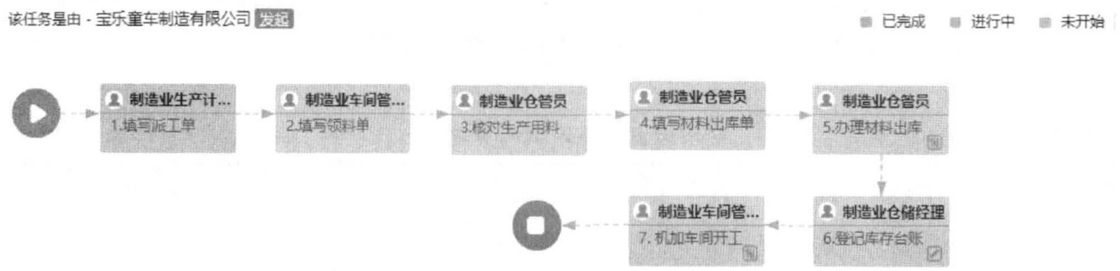


图 5-95　派工领料业务流程

（1）生产计划员填写派工单。生产计划员根据主生产计划编制车架派工单，一份下达车间管理员进行领料，另一份生产计划部留存。派工单填写如表 5-8 所示。

表 5-8　派工单

派工部门：生产计划部

派工单号：　SC-PG-201110001　　　　派工日期：2019 年 01 月 05 日

| 产品名称 | 工序 | 工序名称 | 工作中心 | 生产数量 | 计划进度 | |
|---|---|---|---|---|---|---|
| | | | | | 开始日期 | 完工日期 |
| 经济车架 | 10 | 车架加工 | 普通机床 | 5 000 | 2019.01.05 | 2019.01.25 |
| | | | | | | |
| | | | | | | |
| | | | | | | |

生产部经理：叶润中　　　　车间管理员：周群

派工单编号“SG—PG—年月流水号”。工序填写规则是：生产童车经过两道工序，第一道工序为车架，填写工序这 10；第二道工序为童车，填写工序为 20。工序名称分别为“车架生产”和“童车组装”。

（2）车间管理员填写领料单。车间管理员根据派工单和车架的物料清单填写领料单，送仓管员办理领料。领料单填写如表 5-9 所示。

表 5-9　领料单

领料部门：　生产计划部-机加工车间

领料单号：　SC-LL-201109001　　派工单号：　SC-PG-20111001　　编制日期：2019年 01 月 05 日

| 序号 | 材料编码 | 材料名称 | 单位 | 材料规格 | 加工产品 | 领用数量 | 领用时间 | 备注 |
|---|---|---|---|---|---|---|---|---|
| 1 | B0001 | 钢管 | 根 | Φ外 16/Φ内 11/L5000(mm) | 经济车架 | 10 000 | 2019.01.25 | |
| 2 | B0003 | 坐垫 | 个 | HJA500 | 经济车架 | 5 000 | 2019.01.25 | |
| | | | | | | | | |

仓储部：　　　　部门经理：　　　　车间管理员：周群

（3）仓管员核对生产用料。仓管员接到领料单，核对领料单上物料的库存情况，确认可以满足后在领料单上签字。

（4）仓管员填写材料出库单。仓管员根据领料单填写材料出库单，材料出库单如图5－96所示。“材料出库单”一式三联，仓库保留存根联，另外一联交财务部门期末核算成本，一联交生产车间保存。以上4个步骤为线下纸质单据操作。

**材料出库单**

单据编号：CC-CLCK-201110001　　出库类型：车架生产领料

出库日期：2019.01.05　　派工单号：SC-PG-20111001

| 序号 | 物料名称 | 物料编码 | 出库数量 | 单价 | 金额 | 备注 |
|---|---|---|---|---|---|---|
| 1 | 钢管 | B0001 | 10 000 | | | |
| 2 | 坐垫 | B0003 | 5 000 | | | |
| | | | | | | |
| | | | | | | |
| | | | | | | |
| 合计 | | | 15 000 | | | |

仓管员：王宝珠　　仓储部经理：何明海　　车间管理员：周群

图5－96　原材料出库

（5）仓管员办理材料出库。仓管员在系统中办理材料出库，具体操作如图5－97所示，仓管员执行系统中的“业务操作”，选中要出库的原材料，点击“领料”按钮。

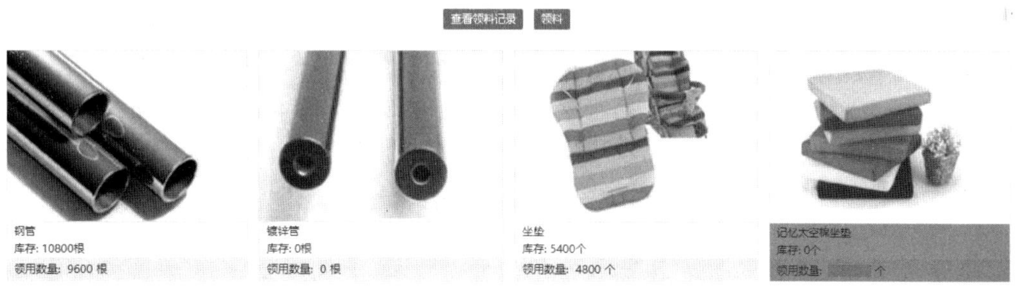


图5－97　仓管员材料出库

也可进入快捷入口“机加车间领料”，进行“领料”或“查看领料记录”。领料记录如图5－98所示。

机加车间领料记录

| 序号 | 编号 | 材料名称 | 领用日期 | 领用数量 | 领用人 |
|---|---|---|---|---|---|
| 1 | JL04130009 | 钢管 | 2019-01-25 | 10000 | 王宝珠 |
| 2 | JL04130009 | 坐垫 | 2019-01-25 | 5000 | 王宝珠 |

图 5－98　查看领料记录

（6）仓储经理登记库存台账。仓储部经理接收仓管员送来的材料出库单登记库存台账，此项任务中库存台账线上、线下都需要登记。库存台账填写，如图 5－99 所示。

库存台账

资产类　负债类　所有者权益类　成本类　损益类　其它

140301—钢管　库存台账

分页：＿＿＿＿　总页：＿＿＿＿

物料名称：钢管　规格：Φ外16/Φ内11/L5000(mm)　最高存量：50000

物料编号：B0001　存放仓库：1号仓库　最低存量：10　计量单位：根

| 2019 年 | | 凭证号数 | 摘要 | 入库 | | 出库 | | 结存 | |
|---|---|---|---|---|---|---|---|---|---|
| 月 | 日 | | | 数量 | 单价 | 数量 | 单价 | 数量 | 单价 |
| 1 | 5 | | 期初结转 | | | | | 10800 | 105.2 |
| 1 | 5 | | 车架派工领料 | | | 10000 | 105.2 | | |
| | | | | | | | | | |
| | | | | | | | | | |

图 5－99　仓储经理登记领料库存台账

库存账是用来核算、监督库存商品的，按照各种库存商品分别建账，以便能把该商品的进、销、存清晰地反映出来。纸质登记库存台账时，在登记库存台账时应该对账页依次编号，以时间顺序连续、完整地填写，不能跳行、跳页；书写时，应该使用蓝色或黑色签字笔，并注意书写内容的工整、清晰，数字最好只点空格的 2/3，以便于更正差错。当发现记账错误时，应该在错误处加盖更改的印章。但是，产品尚未入库的，不用建立库存台账。

（7）机加车间管理员派工。车间管理员在系统中办理派工，在物料、人员、设备齐全的状况下开始生产。具体操作如图 5－100 所示。

派工　查看派工记录

| 序号 | 设备图 | 设备名称 | 设备编号 | 购买日期 | 产品名称 | 额定/占用产能 | 派工数量 | 派工日期 | 人员状态 | 设备状态 |
|---|---|---|---|---|---|---|---|---|---|---|
| 1 | | 普通机床 | 0001 | 2016-12-25 | 经济型童车车架 | 500/0 | 500 | | 已配置 | 空闲 |
| 2 | | 普通机床 | 0002 | 2016-12-25 | 经济型童车车架 | 500/0 | 500 | | 已配置 | 空闲 |
| 3 | | 普通机床 | 0003 | 2016-12-25 | 经济型童车车架 | 500/0 | 500 | | 已配置 | 空闲 |
| 4 | | 普通机床 | 0004 | 2016-12-25 | 经济型童车车架 | 500/0 | 500 | | 已配置 | 空闲 |
| 5 | | 普通机床 | 0005 | 2016-12-25 | 经济型童车车架 | 500/0 | 500 | | 已配置 | 空闲 |

图 5－100　机加车间管理员派工

在派前先要完成 ISO9000 认证才能派工。这里的“派工”派的是产能不是工人。此时需要生产 5 000 个车架，一共有 10 台普通机床，每台机床派工 500 个车架的生产任务。点击“派工”按钮进行机加车间派工。这里的操作不能一次保存多页，要一页一页保存。

不能正常派工的原因有以下几种：

①原材料领用数量不足。如果派工数量超过已领材料，“派工”按钮会变成灰色，这时可从快捷入口进入，查看“车间生产领料”中的“查看领料记录”。确认车间开工所需的物料是否领足。如果未领足所用材料，可通过快捷入口补领原料。

②车间所需工人是否已按照要求招聘到位，包括工人的数量和级别。

③派工时生产设备是否拥有足够的剩余产能。

④新增设备是否已经过了安装提前期。

派工完成后点击“查看派工记录”，可以查看派工的数量是否正确。如图 5 - 101 所示。

机加车间派工记录

| 序号 | 设备名称 | 设备编号 | 产品名称 | 派工数量 | 派工日期 |
|---|---|---|---|---|---|
| 1 | 普通机床 | 0004 | 经济型童车车架 | 500 | 2019-01-25 |
| 2 | 普通机床 | 0005 | 经济型童车车架 | 500 | 2019-01-25 |
| 3 | 普通机床 | 0003 | 经济型童车车架 | 500 | 2019-01-25 |
| 4 | 普通机床 | 0002 | 经济型童车车架 | 500 | 2019-01-25 |
| 5 | 普通机床 | 0001 | 经济型童车车架 | 500 | 2019-01-25 |

**图 5 - 101　查看派工记录**

## 八、完工入库

1. 完工入库业务介绍。产品完工，从生产线下线，进行质量检验后办理入库。VBSE 系统中，经过 1 个虚拟工作日，产品可以加工完成。生产完工后应由车间管理员填写完工单，及时验收入库。VBSE 实训需要在系统中进行“业务操作”，办理入库。并更新库存台账。车架的完工入库和整车的完工入库操作类似。以下讲解以车架完工入库为例。

2. 完工入库业务流程。车架完工入库由车间管理员发起，其业务流程如图 5 - 102 所示。

**图 5 - 102　车架完工入库业务流程**

(1) 车间管理员生成完工单。机加车间车架生产完工，车间管理员根据派工单填写车架完工单，填写样例如图 5 - 103 所示。

**完工单**

单据编号 20190125001　单据日期 20190125　车间管理员 孙盛国

| 产品编码 | 产品名称 | 规格 | 单位 | 完工数量 | 完工日期 | 检验结果 | |
|---|---|---|---|---|---|---|---|
| | | | | | | 合格 | 不合格 |
| M0001 | 经济车架 | | | 4800 | 20190125 | 合格 | |
| | | | | | | | |
| | | | | | | | |
| | | | | | | | |

制单人 孙盛国　制单日期 20190125

图 5－103　完工单样例

（2）生产计划部经理审核完工单并签字。生产计划部经理接收车间管理员送来的派工单和完工单，依据派工单对照审核完工单所填写的产品是否已经完工，审核无误后签字确认，并将完工单第一联留存车间，由车间管理员将完工单第二联和车架实物交给仓管员。

（3）仓管员填写生产入库单。仓管员核对车架完工单和实物是否相符，根据完工单填写一式三联的生产入库单，车间管理员在生产入库单上签字确认，如图 5－104 所示。

**生产入库单**

制单日期 ：2019.1.25 仓库： 普通仓库

单据编号：SCRK-201901001　完工单编号：20190125001

| 序号 | 品名 | 规格型号 | 单位 | 入库时间 | 数量 | 备注 |
|---|---|---|---|---|---|---|
| 1 | 经济车架 | HJTB100 | 个 | 2019.1.25 | 4800 | |
| 2 | | | | | | |
| 3 | | | | | | |
| 合计 | | | | | | |

图 5－104　生产入库单样例

实训童车生产有两道工序：第一道工序是在机加车间加工车架，加工完成后办理完工入库；第二道工序是组装童车，组装完成后办理完工入库。这两道工序完成后，都需要填写“生产入库单”进行入库。生产入库时无法确定产品的总成本和单位成本，因此只填写数量，不填写单价和金额。

（4）仓管员办理入库。仓管员收到车间管理员确认的生产入库单，在系统中办理车架完工入库手续，点击“操作”下方的图标进行车架入库，如图 5－105 所示。完成后可通过“查看入库记录”，确认车架入库情况。

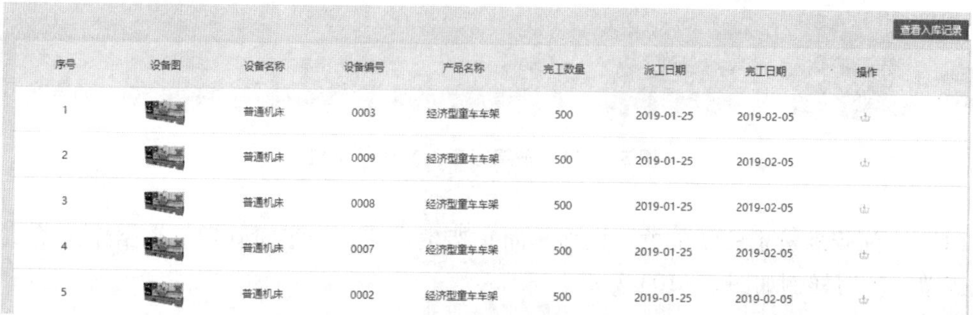
查看入库记录

| 序号 | 设备图 | 设备名称 | 设备编号 | 产品名称 | 完工数量 | 派工日期 | 完工日期 | 操作 |
|---|---|---|---|---|---|---|---|---|
| 1 | | 普通机床 | 0003 | 经济型童车车架 | 500 | 2019-01-25 | 2019-02-05 | |
| 2 | | 普通机床 | 0009 | 经济型童车车架 | 500 | 2019-01-25 | 2019-02-05 | |
| 3 | | 普通机床 | 0008 | 经济型童车车架 | 500 | 2019-01-25 | 2019-02-05 | |
| 4 | | 普通机床 | 0007 | 经济型童车车架 | 500 | 2019-01-25 | 2019-02-05 | |
| 5 | | 普通机床 | 0002 | 经济型童车车架 | 500 | 2019-01-25 | 2019-02-05 | |

图 5－105　机加车间完工入库系统操作

（5）仓管员登记库存台账。仓管员根据生产入库单登记库存台账，如图 5－106 所示。

库存台账

物料名称：经济车架　　规格　　最高库存

物料编号：M0001　　存放仓库：普通仓库　　最低库存　　计量单位 辆

| 年 | | 凭证号数 | 摘要 | 入库 | | 出库 | | 结存 | |
|---|---|---|---|---|---|---|---|---|---|
| 月 | 日 | | | 数量 | 单价 | 数量 | 单价 | 数量 | 单价 |
| 01 | 05 | | 上期结转 | | | | | 5400 | 346.24 |
| 01 | 05 | | 生产出库 | | | 4800 | | 600 | |
| 01 | 25 | | 完工入库 | 4800 | | | | 5400 | |
| | | | | | | | | | |

**图 5－106　仓管员填写库存台账样例**

## 九、报送和支付车间电费

水电费缴纳是企业日常业务之一，不但要注意缴纳的流程，还要注意水电费的账务处理，其中生产车间的耗费要计入成本，管理部门的耗费要计入期间损益。

1. 报送和支付车间电费业务介绍。制造企业依据电费收费标准以及企业本月所耗费的用电数量，计算应该缴纳的电费总金额，并开具相应的转账支票向服务公司付款。在实训中，电费收费标准为 1.5 元/千瓦时，普通机床耗电 1 487.4 千瓦时/月，组装流水线耗电 4 329.6千瓦时/月，数控机床耗电 2 640 千瓦时/月，照明用电较少，忽略不计。

2. 报送车间电费业务流程。车间管理员首先统计机加车间与组装车间电费并交到服务公司进行电费报送，服务公司开具电费发票，车间管理员收到发票并支付电费，财务部门的成本会计做账务处理。具体业务流程如图 5－107 所示。

**图 5－107　报送车间电费业务流程**

（1）车间管理员报送机加车间与组装车间电费给综合服务公司。车间管理员统计机加车间与组装车间电费，填写“电费缴费单”，报送给服务公司。如表 5－10 所示。

**表 5－10　　电费缴费单**

| | | | | | | |
|---|---|---|---|---|---|---|
| 缴费部门：机加车间 | | | | | | |
| 编号 | 20190120001 | 日期 | 2019－1－25 | 缴费时间 | 201901 | |
| 户名 | 宝乐童车制造有限公司 | 户号 | 11012011 | 缴费机构 | 融通综合服务有限公司 | |
| 收费项目 | | 使用量 | | 单位 | 单价（元） | 金额（元） |
| 电 | | 14 784 | | 度 | 1.50 元 | 22 176.00 |
| 合计人民币（大写） | | 贰万贰仟壹佰柒拾陆元整 | | | 总金额 | 22 176.00 |

（2）服务公司业务员查看电费单。服务公司业务员收到企业提交的“电费缴费单”，核准单据，并通知前来办理业务的企业人员找服务公司总经理领取发票。

（3）服务公司总经理开具发票。服务公司总经理与业务员确定服务金额，根据金额为客户开具发票。

（4）车间管理员收取电费发票并交经理审核。车间管理员从服务公司收取电费专用发票，审核发票是否与合同规定的金额一致，确认无误后，将发票提交给生产计划经理审核。

（5）生产计划经理审核电费专用发票。生产计划经理收到车间管理员提交的电费专用发票，审核发票是否与合同规定的金额一致，确认无误后，将电费专用发票送至成本会计处。

（6）成本会计收到电费专用发票并记账。成本会计收到生产计划经理传来的电费专用发票，根据电费专用发票填制记账凭证。如图 5－108 所示。

记 账 凭 证

字第 号

2019 年 01 月 05 日

| 摘要 | 总账科目 | 明细账科目 | 借方金额（亿千百十万千百十元角分） | 贷方金额（亿千百十万千百十元角分） | ✓ |
|---|---|---|---|---|---|
| 收到电费发票 | 5101—制造费用 | 510103—电费 | 25862 | | |
| | 5001—生产成本 | 50010603—制造费用 | 1911724 | | |
| | 5001—生产成本 | 50010603—制造费用 | 559862 | | |
| | 2221—应交税费 | 22210101—进项税额 | 399592 | | |
| | 2202—应付账款 | 220212—融通服务 | | 2897040 | |
| | | | | | |
| 合 计 | | | 2897040 | 2897040 | |

附单据 张

会计主管： 记账：刘自强 出纳： 复核： 制单：

图 5－108 成本会计登记报送电费记账凭证

（7）财务经理审核记账凭证。财务经理对记账凭证进行审核，审核无误后，在记账凭证上签字或盖章，交成本会计登记数量金额式明细账。

（8）成本会计登记制造费用明细账。成本会计根据记账凭证登记制造费用明细账，记账后在记账凭证上签字或盖章，交财务会计登记科目明细账。

（9）财务会计登记科目明细账。财务会计根据记账凭证登记应交税费和应付账款明细账，记账后在记账凭证上签字或盖章，登记完成后将记账凭证交财务经理登记总账。

（10）财务经理登记总账。财务经理根据记账凭证登记科目总账，记账后在记账凭证上签字或盖章。

3. 支付车间电费业务流程，如图 5－109 所示。

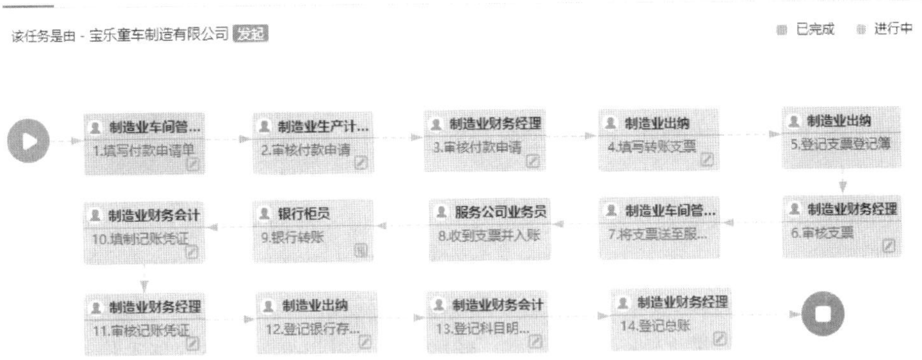


图 5－109　支付水电费流程

（1）车间管理员填写付款申请书。车间管理员查看发票记录表并登记未支付的发票信息，对照发票记录表上的未支付发票信息填写付款申请单，将付款申请提交给生产计划经理审核。如图 5－110 所示。

付款申请书

2019 年　1 月　5 日

| 用途及情况 | 金额 | | | | | | | | | | | 收款单位（人）：融通综合服务有限公司 |
|---|---|---|---|---|---|---|---|---|---|---|---|---|
| 支付电费 | 亿 | 千 | 百 | 十 | 万 | 千 | 百 | 十 | 元 | 角 | 分 | 账　号：0100229990000099024 |
| | | | | | 2 | 8 | 9 | 7 | 0 | 4 | 0 | 开户行：中国工商银行北京市支行 |
| 金额（大写）合计： | 贰万捌仟玖佰柒拾元肆角零分 | | | | | | | | | | | ○电汇 ○汇票 ◉转账 ○现金 ○其他 |

| 总经理 | | 财务部门 | 经理 | | 业务部门 | 经理 | |
|---|---|---|---|---|---|---|---|
| | | | 会计 | | | 经办人 | 扑盛国 |

图 5－110　电费付款申请单填写

（2）生产计划经理审核付款申请书。生产计划经理审核付款申请单和发票金额是否一致，确认无误后在付款申请上签字，将付款申请交车间管理员传递给财务经理审核。

（3）财务经理审核付款审请。财务经理审核付款申请单，确认无误后在申请单上签字，将付款申请交还给出纳人员安排付款。

（4）出纳填写转账支票。出纳收到财务经理转交的批复后的付款申请单，确认后对照付款申请单金额开具转账支票，加盖法人代表章。转账支票填写样例，如图 5－111 所示。

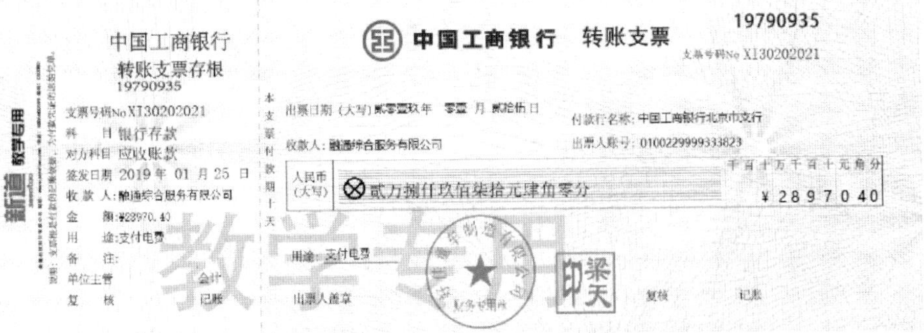


图 5－111　支付电费转账支票填写样例

（5）出纳登记支票登记簿。出纳登记支票登记簿，支票领用人签字，将支票正联交给财务经理审核，盖章。

（6）财务经理审核支票。财务经理审核支票填写的是否正确，确认无误，签字，加盖公司财务章和法人章，将支票正联交给车间管理员支付给服务公司。

（7）车间管理员将支票送至服务公司完成支付。

（8）服务公司业务员收到支票并入账。服务公司业务员收到制造企业支付电费的转账支票，根据转账支票填写进账单，携带转账支票与进账单到银行进行转账。

（9）服务公司到银行转账。银行柜员收到服务公司提交的进账单与支票，根据进账单信息办理转账业务。“业务操作”进入银行转账页面，输入付款公司和收款公司的基本信息及付款金额，点击“确认”按钮后出现支付页面，点击“是”按钮，完成转账业务，如图 5－112 所示。银行柜员根据办理的转账业务，打印银行业务回单，通知企业业务办理员到银行领取回单。

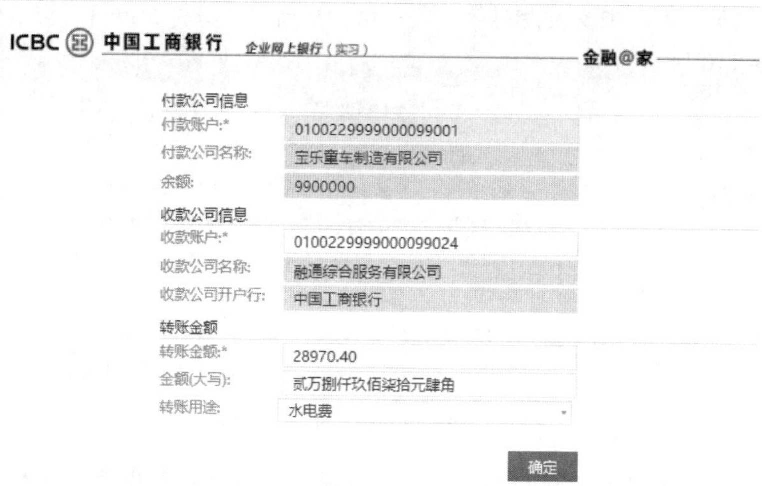


**图 5－112　支付水电费银行转账业务操作**

（10）财务会计填制记账凭证。财务会计到银行领取业务回单，根据审核的付款申请单和支票存根填制记账凭证，并将支票存根和付款申请单粘贴在记账凭证后作为附件，将记账凭证传递给财务经理审核。如图 5－113 所示。

记　账　凭　证

字第　　号

2019 年　01 月 05 日

| 摘要 | 总账科目 | 明细账科目 | 借方金额 | | | | | | | | | | | 贷方金额 | | | | | | | | | | | ✓ |
|---|---|---|---|---|---|---|---|---|---|---|---|---|---|---|---|---|---|---|---|---|---|---|---|---|---|
| | | | 亿 | 千 | 百 | 十 | 万 | 千 | 百 | 十 | 元 | 角 | 分 | 亿 | 千 | 百 | 十 | 万 | 千 | 百 | 十 | 元 | 角 | 分 | |
| 支付电费 | 2202—应付账款 | 220212—融通服务 | | | | | 2 | 8 | 9 | 7 | 0 | 4 | 0 | | | | | | | | | | | | |
| | 1002—银行存款 | 100201—工行存款 | | | | | | | | | | | | | | | | 2 | 8 | 9 | 7 | 0 | 4 | 0 | |
| | | | | | | | | | | | | | | | | | | | | | | | | | |
| | | | | | | | | | | | | | | | | | | | | | | | | | |
| | | | | | | | | | | | | | | | | | | | | | | | | | |
| | | | | | | | | | | | | | | | | | | | | | | | | | |
| | 合 | 计 | | | | | 2 | 8 | 9 | 7 | 0 | 4 | 0 | | | | | 2 | 8 | 9 | 7 | 0 | 4 | 0 | |

附单据　张

会计主管：朱中华　记账：　出纳：　复核：　制单：

**图 5－113　支付电费记账凭证**

（11）财务经理审核记账凭证。财务经理审核财务会计填制的记账凭证并对照相关附件检查是否正确，审核无误，在记账凭证上签字或盖章，将审核后的记账凭证传递给出纳登记日记账。

（12）出纳登记银行存款日记账。出纳根据记账凭证登记银行存款日记账，记账后在记账凭证上签字或盖章，将记账凭证传递给财务会计登记科目明细账，如图 5－114 所示。

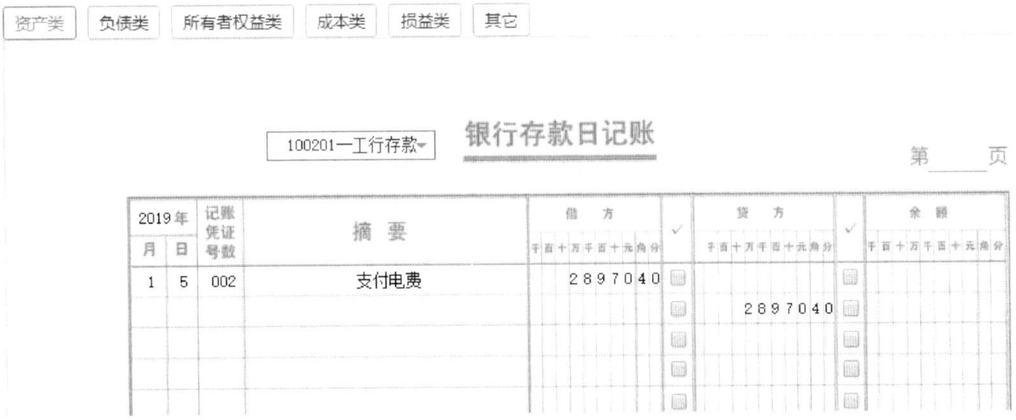


| 2019年 月 | 日 | 记账凭证号数 | 摘要 | 借方 | ✓ | 贷方 | ✓ | 余额 |
|---|---|---|---|---|---|---|---|---|
| 1 | 5 | 002 | 支付电费 | 2897040 | | | | |
| | | | | | | 2897040 | | |

图 5－114　出纳登记银行存款日记账

（13）财务会计登记科目明细账。财务会计接收出纳交还的记账凭证，根据记账凭证登记“应付账款”科目明细账，记账后在记账凭证上签字或盖章，将记账凭证传递给财务经理登记总账，如图 5－115 所示。

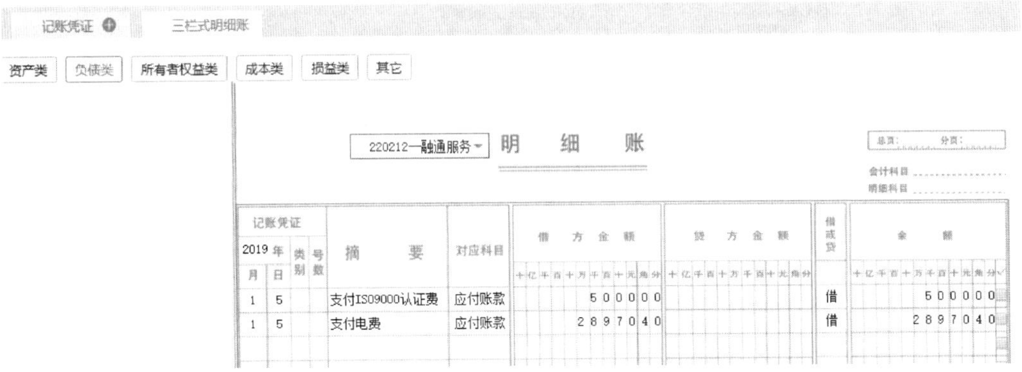


| 2019年 月 | 日 | 类别 | 号数 | 摘要 | 对应科目 | 借方金额 | 贷方金额 | 借或贷 | 余额 |
|---|---|---|---|---|---|---|---|---|---|
| 1 | 5 | | | 支付IS09000认证费 | 应付账款 | 500000 | | 借 | 500000 |
| 1 | 5 | | | 支付电费 | 应付账款 | 2897040 | | 借 | 2897040 |

图 5－115　支付电费财务会计登记科目明细账

（14）财务经理登记总账。财务经理接收财务会计交给的记账凭证，根据记账凭证登记科目总账，记账后在记账凭证上签字或盖章。

# 第六章

# 经销商业务实训

## 第一节　经销商销售业务实训

经销商销售业务任务主要由营销部经理操作完成。经销商任务地图，如图 6 - 1 所示。

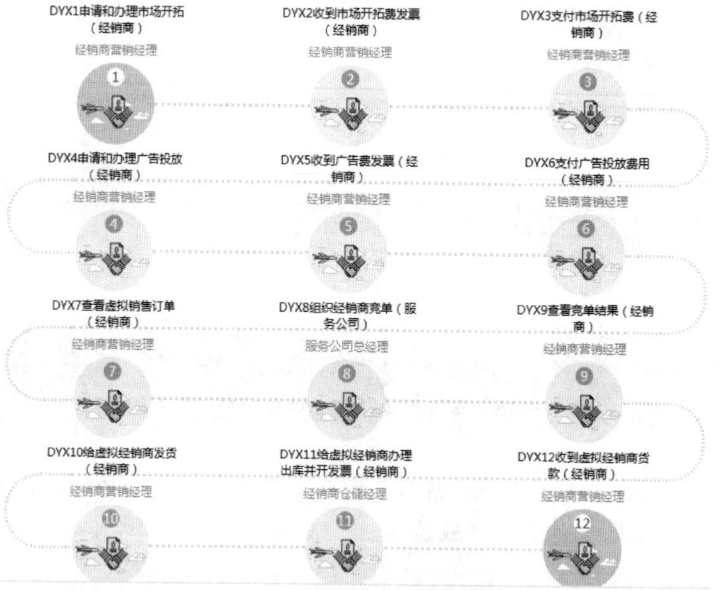


**图 6 - 1　经销商任务地图**

## 一、营销部借款

1. 任务描述：营销部营销经理到财务部借款。
2. 业务场景：2019 年 1 月 5 日，营销部营销经理向财务部借部门备用金 500 元。
3. 业务流程图和业务流程步骤，如图 6－2、表 6－1 所示。

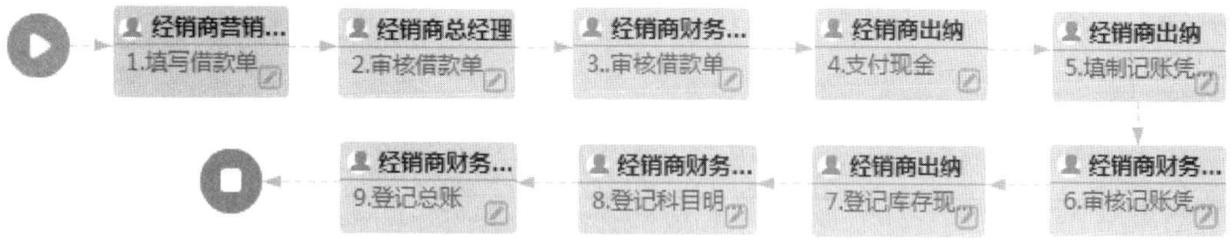


图 6－2　业务流程图

表 6－1　营销部借款

| 编号 | 活动名称 | 角色 | 活动描述－操作指导 |
|---|---|---|---|
| 1 | 填写借款单（图 6－3） | 营销经理 | 1. 在 VBSE 系统中填写借款单（实际工作中可能填写纸质借款单）<br>2. 填写借款单，借款作为部门备用金<br>3. 将填写好的借款单提交总经理审核 |
| 2 | 审核借款单 | 总经理 | 1. 在 VBSE 系统中对借款用途、金额、付款条款进行审核<br>2. 审核无误，在审核意见处签字确认 |
| 3 | 审核借款单 | 财务经理 | 1. 在 VBSE 系统中对借款用途、金额、付款条款进行审核<br>2. 审核无误，在审核意见处签字确认 |
| 4 | 支付现金 | 出纳 | 1. 接收经过财务经理审核签字的借款单<br>2. 确认无误后支付现金给借款人，借款人签字<br>3. 在借款单出纳签章处，加盖签章。 |
| 5 | 填制记账凭证 | 出纳 | 1. 根据已支付的借款单填制记账凭证，将借款单粘贴在后面作为附件<br>2. 将记账凭证交由财务经理审核 |
| 6 | 审核记账凭证 | 财务经理 | 1. 审核出纳填制的记账凭证并对照借款单检查是否正确<br>2. 审核无误，在记账凭证上签字或盖章<br>3. 将审核后的记账凭证交给出纳登记日记账 |
| 7 | 登记库存现金日记账 | 出纳 | 1. 根据审核后的记账凭证登记库存现金日记账<br>2. 记账后在记账凭证上签字或盖章<br>3. 将记账凭证交回财务经理登记科目明细账 |

续表

| 编号 | 活动名称 | 角色 | 活动描述－操作指导 |
| --- | --- | --- | --- |
| 8 | 登记科目明细账 | 财务经理 | 1. 接收出纳交还的记账凭证<br>2. 根据记账凭证登记科目明细账<br>3. 记账后在记账凭证上签字或盖章 |
| 9 | 登记总账 | 财务经理 | 1. 接收财务经理交还的记账凭证<br>2. 根据记账凭证登记总账<br>3. 记账后在记账凭证上签字或盖章 |

**借款单**

部门：营销部　2019 年 01 月 05 日

借款用途：部门备用金

借款金额：

人民币（大写）伍佰元整　　小写：500.00

☒ 现金　　☐ 支票　　☐ 电汇

财务部经理：武昕伊　总经理：吴雅寒　部门经理：　借款人：杨倚莹

图 6－3　借款单

## 二、申请和办理市场开拓

1. 业务概述：营销经理根据市场预测，提交市场开拓申请。

2. 业务场景：2019 年 1 月 5 日，营销部根据市场预测提交市场开拓申请，业务数据见表 6－2。

**表 6－2**　　业务数据

| 地区 | 日期 | 货物 | 需求量 | 平均单价 | 总需求（元） | 开拓费用 |
| --- | --- | --- | --- | --- | --- | --- |
| 北部 | 1月5日 | 经济型童车 | 54 000 | 1 200.00 | 64 800 000.00 | 348 000.00 |
| 东部 | 1月5日 | 经济型童车 | 55 000 | 1 160.00 | 63 800 000.00 | 368 000.00 |
| 南部 | 1月5日 | 经济型童车 | 52 000 | 1 250.00 | 65 000 000.00 | 348 000.00 |
| 西部 | 1月5日 | 经济型童车 | 49 000 | 1 300.00 | 63 700 000.00 | 334 000.00 |
| 合计 | | | 210 000 | | 257 300 000.00 | |

3. 业务流程图和业务流程步骤，如图 6－4、表 6－3 所示。

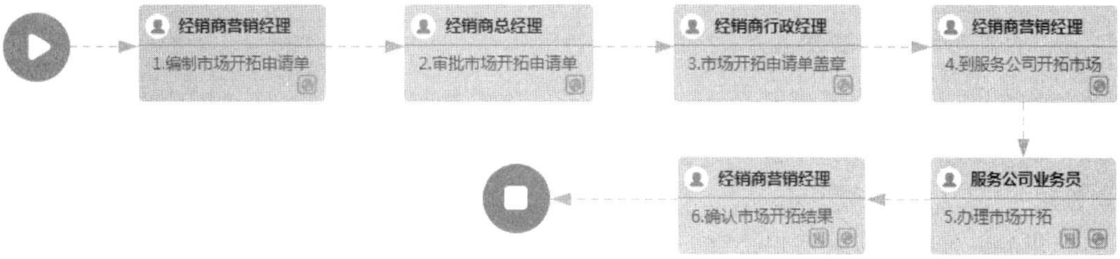


图 6－4　业务流程图

表 6－3　　申请和办理市场开拓

| 编号 | 活动名称 | 角色 | 活动描述－操作指导 |
|---|---|---|---|
| 1 | 编制市场开拓申请单（图 6－5） | 营销经理 | 根据公司策略和市场预测，选择要开拓的市场及投放金额，填写市场开拓申请单 |
| 2 | 审批市场开拓申请单 | 总经理 | 1. 接到营销经理的申请开拓申请单<br>2. 根据公司的经营策略及资金使用计划，审核其合理性<br>3. 确认同意后，签字批准 |
| 3 | 市场开拓申请单盖章 | 行政经理 | 1. 营销经理在公章印鉴使用登记表登记签字<br>2. 确认签字后，在审批通过的市场开拓申请单盖企业公章 |
| 4 | 到服务公司开拓市场 | 营销经理 | 1. 营销经理到服务公司办理市场开拓，经销商业务员要提交市场开拓申请单<br>2. 接收市场开拓申请单，确定市场开拓的地点 |
| 5 | 办理市场开拓 | 服务公司业务员 | 1. 查看经销商业务员要办理的市场开拓的地区<br>2. 依据开拓申请，为对应的经销商开拓市场<br>3. 告知经销商办理人员业务办理完成到总经理处领取发票 |
| 6 | 确认市场开拓结果 | 营销经理 | 到服务公司确认市场开拓结果 |

**市场开拓申请**

| | | | |
|---|---|---|---|
| 编号：2019010001 | | 日期：20190105 | |
| 申请单位：恒润商贸有限公司 | | 委托单位：融通综合服务有限公司 | |
| 投放区域： | 北部 | | |
| 投放金额： | 叁拾肆万捌仟元整 | | ¥348000.00 |
| 经办人 | 杨绮萱 | 日期 | 20190105 |
| 财务经理意见： | 武妍伊 | 日期 | 20190105 |
| 总经理意见： | 关雅寒 | 日期 | 20190105 |
| 备注： | | 盖章（公章） | |

图 6－5　市场开拓申请

## 三、收到市场开拓费发票

1. 业务概述：营销经理收取服务公司的市场开拓费用发票。

2. 业务场景：2019 年 1 月 5 日，营销部收到融通综合服务有限公司开具的市场开拓费专用发票。

3. 业务流程图和业务流程步骤，如图 6－6、表 6－4 所示。

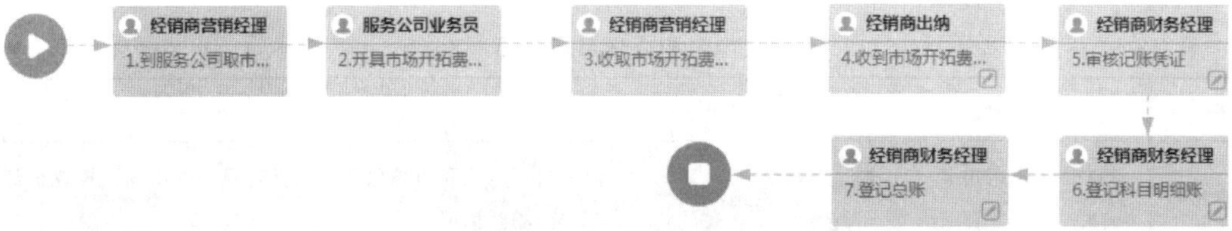


图 6－6 业务流程图

表 6－4 收到市场开拓费发票

| 编号 | 活动名称 | 角色 | 活动描述－操作指导 |
|---|---|---|---|
| 1 | 到服务公司取市场开拓费用发票（图 6－7） | 营销经理 | 1. 到服务公司业务员处取市场开拓费用发票<br>2. 携带本公司的开票信息（公司名称、税务登记号、注册地址记电话、开户银行账户等信息） |
| 2 | 开具市场开拓费用发票 | 服务公司业务员 | 1. 根据市场开拓申请单的金额和营销经理提供的企业信息开具增值税专用发票<br>2. 将增值税专用发票发票联、抵扣联交给营销经理<br>3. 将增值税专用发票记账联备案留档 |
| 3 | 收取市场开拓费用发票 | 营销经理 | 1. 从服务公司收取市场开拓费用专用发票并登记备案<br>2. 将市场开拓费用专用发票送至出纳处并登记发票 |
| 4 | 收到市场开拓费用专用发票并记账 | 出纳 | 1. 收到营销经理的市场开拓费用专用发票<br>2. 根据市场开拓费用专用发票填制记账凭证 |
| 5 | 审核记账凭证 | 财务经理 | 1. 审核出纳编制的记账凭证并对照相关附件检查是否正确<br>2. 审核无误，在记账凭证上签字或盖章 |
| 6 | 登记科目明细账 | 财务经理 | 1. 根据记账凭证登记科目明细账<br>2. 记账后在记账凭证上签字或盖章 |
| 7 | 登记总账 | 财务经理 | 1. 根据记账凭证登记总账<br>2. 记账后在记账凭证上签字或盖章 |

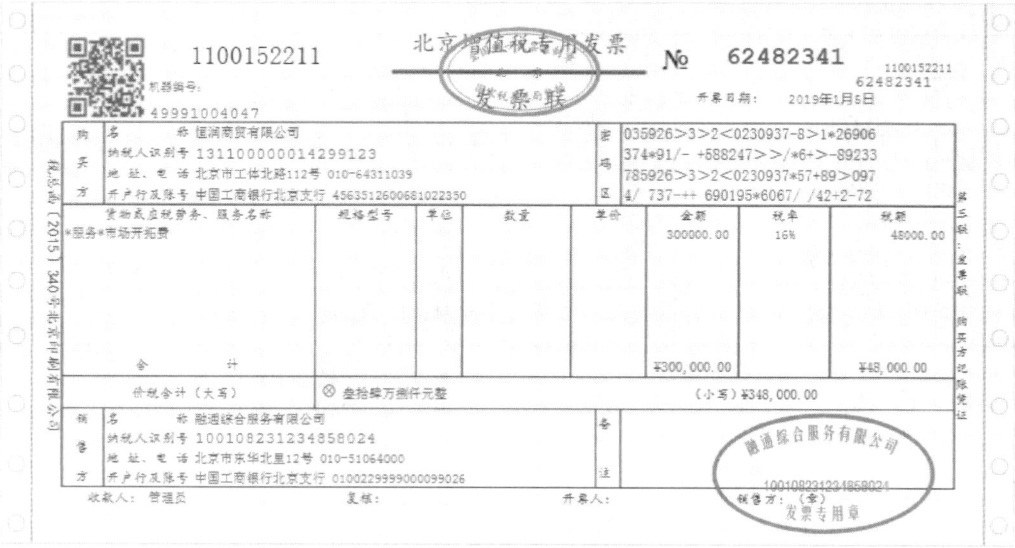

1100152211　北京增值税专用发票　№ 62482341　1100152211 62482341

机器编号：499910040047　开票日期：2019年1月5日

购买方　名称：恒润商贸有限公司
纳税人识别号：131100000014299123
地址、电话：北京市工体北路112号 010-64311039
开户行及账号：中国工商银行北京支行 4563512600681022350

密码区：035926>3>2<0230937-8>1*26906 374*91/- +588247>>/*6+>-89233 785926>3>2<0230937*57+89>097 4/ 737-++ 690195*6067/ /42+2-72

| 货物或应税劳务、服务名称 | 规格型号 | 单位 | 数量 | 单价 | 金额 | 税率 | 税额 |
|---|---|---|---|---|---|---|---|
| *服务*市场开拓费 | | | | | 300000.00 | 16% | 48000.00 |
| 合　计 | | | | | ¥300,000.00 | | ¥48,000.00 |

价税合计（大写）　⊗叁拾肆万捌仟元整　（小写）¥348,000.00

销售方　名称：融通综合服务有限公司
纳税人识别号：100108231234858024
地址、电话：北京市东华北里12号 010-51064000
开户行及账号：中国工商银行北京支行 0100229999000099026

备注

收款人：管理员　复核：　开票人：　销售方：（章）

图 6－7　增值税专用发票

## 四、支付市场开拓费

1. 业务概述：营销经理根据市场开拓费用发票，提交支付市场开拓费申请及付款处理。
2. 业务场景：2019 年 1 月 5 日，营销部根据收到的开拓费用发票提交付款申请付款。
3. 业务流程图和业务流程步骤，如图 6－8、表 6－5 所示。

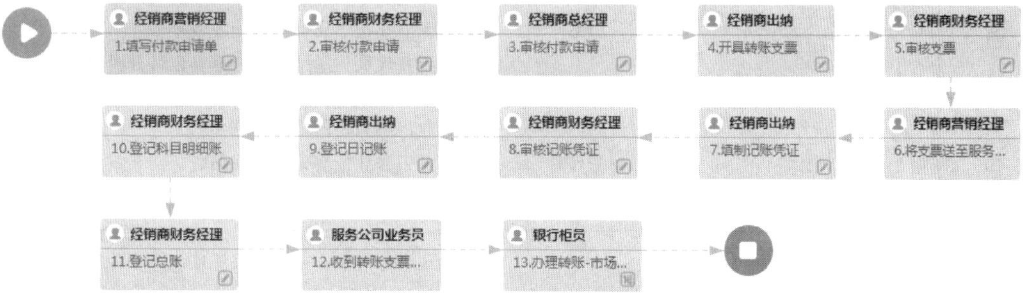


图 6－8　业务流程图

表 6－5　　支付市场开拓费

| 编号 | 活动名称 | 角色 | 活动描述－操作指导 |
|---|---|---|---|
| 1 | 填写付款申请单（图6－9） | 营销经理 | 1. 查看发票记录表，确认未支付的发票信息<br>2. 对照发票记录表上的未支付发票信息填写付款申请单<br>3. 将付款申请提交给财务经理审核 |
| 2 | 审核付款申请 | 财务经理 | 1. 审核付款申请单和发票金额是否一致，确认无误后在付款申请上签字<br>2. 将付款申请交营销经理传递给总经理审核 |

续表

| 编号 | 活动名称 | 角色 | 活动描述－操作指导 |
| --- | --- | --- | --- |
| 3 | 审核付款申请 | 总经理 | 1. 审核付款申请单，确认无误后在申请单上签字<br>2. 将付款申请交还给营销经理拿给出纳人员安排付款 |
| 4 | 开具转账支票 | 出纳 | 1. 收到营销经理转交的批复后的付款申请单<br>2. 确认后对照付款申请单金额开具转账支票<br>3. 出纳登记支票登记簿，支票领用人签字<br>4. 将支票正联交给财务经理审核后盖章 |
| 5 | 审核支票 | 财务经理 | 1. 审核支票填写是否正确<br>2. 确认无误后签字，加盖公司财务章和法人章<br>3. 将支票正联交给营销经理支付给服务公司 |
| 6 | 将支票送至服务公司 | 营销经理 | 1. 登记在支票登记簿上<br>2. 将支票交给服务公司完成支付 |
| 7 | 填制记账凭证 | 出纳 | 1. 出纳根据审核的付款申请单和支票存根填制记账凭证<br>2. 将支票存根和付款申请单粘贴在记账凭证后作为附件<br>3. 将记账凭证传递给财务经理审核 |
| 8 | 审核记账凭证 | 财务经理 | 1. 审核出纳填制的记账凭证并对照相关附件检查是否正确<br>2. 审核无误，在记账凭证上签字或盖章<br>3. 将确认后的记账凭证传递给出纳登记日记账 |
| 9 | 登记日记账 | 出纳 | 1. 根据记账凭证登记银行存款日记账<br>2. 记账后在记账凭证上签字或盖章<br>3. 将记账凭证传递给财务经理登记科目明细账 |
| 10 | 登记科目明细账 | 财务经理 | 1. 接收出纳交还的记账凭证<br>2. 根据记账凭证登记科目明细账<br>3. 记账后在记账凭证上签字或盖章 |
| 11 | 登记总账 | 财务经理 | 1. 接收财务经理交还的记账凭证<br>2. 根据记账凭证登记总账<br>3. 记账后在记账凭证上签字或盖章 |
| 12 | 收到转账支票并到银行办理转账 | 服务公司总经理 | 1. 向办理市场开拓的企业催收市场开拓费<br>2. 拿到办理市场开拓企业办理市场开拓开具的转账支票<br>3. 根据转账支票填写进账单<br>4. 携带转账支票与进账单到银行进行转账 |
| 13 | 办理转账－市场开拓（银行）并打印银行回单（银行） | 银行柜员 | 1. 收到企业提交的进账单与支票<br>2. 根据进账单信息办理转账业务<br>3. 根据办理的转账业务，打印银行业务回单<br>4. 将银行业务回单交给企业办事员 |

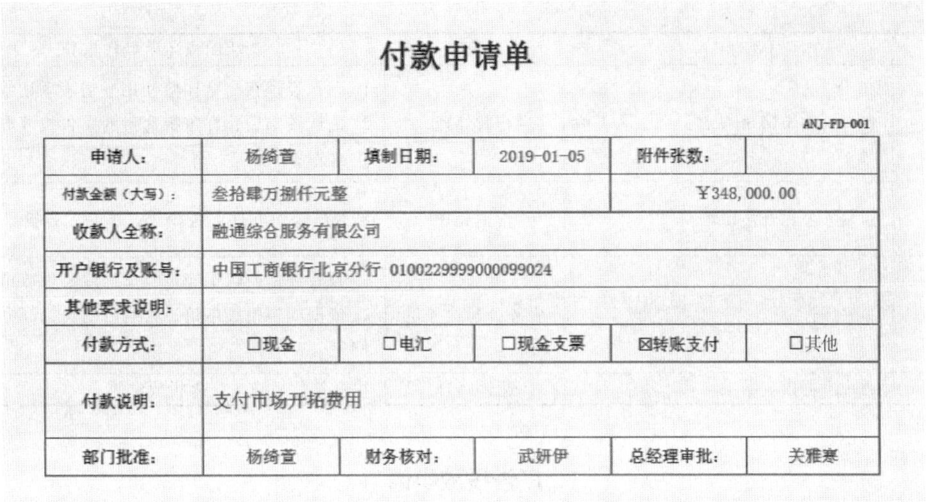

付款申请单

ANJ-FD-001

| | | | | | |
|---|---|---|---|---|---|
| 申请人： | 杨绮萱 | 填制日期： | 2019-01-05 | 附件张数： | |
| 付款金额（大写）： | 叁拾肆万捌仟元整 | | | ￥348,000.00 | |
| 收款人全称： | 融通综合服务有限公司 | | | | |
| 开户银行及账号： | 中国工商银行北京分行 0100229999000099024 | | | | |
| 其他要求说明： | | | | | |
| 付款方式： | □现金 | □电汇 | □现金支票 | ☒转账支付 | □其他 |
| 付款说明： | 支付市场开拓费用 | | | | |
| 部门批准： | 杨绮萱 | 财务核对： | 武妍伊 | 总经理审批： | 关雅寒 |

图 6－9 付款申请单

## 五、申请和办理广告投放

1. 业务概述：提交广告投放申请。

2. 业务场景：2019 年 1 月 5 日，营销部根据市场预测提交投放广告申请，业务数据如表 6－6 所示。

表 6－6 业务数据 单位：元

| 地区 | 日期 | 货物 | 需求量 | 平均单价 | 总需求（元） | 广告投入费用 |
|---|---|---|---|---|---|---|
| 北部 | 1月5日 | 经济型童车 | 54 000 | 1 200.00 | 64 800 000.00 | 159 000.00 |

3. 业务流程图和业务流程步骤，如图 6－10、表 6－7 所示。

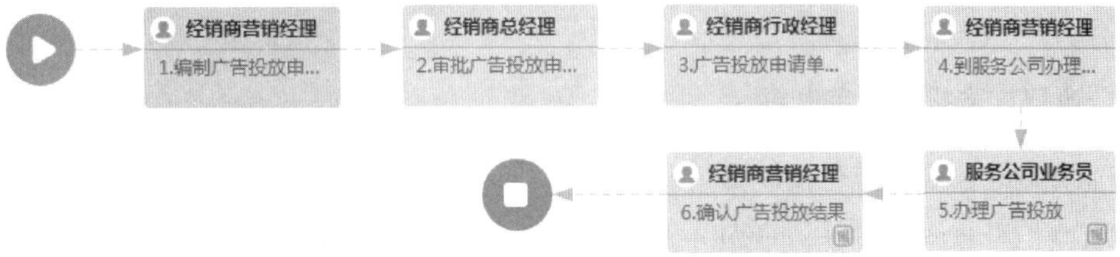


图 6－10 业务流程图

表 6－7 申请和办理广告投放

| 编号 | 活动名称 | 角色 | 活动描述－操作指导 |
|---|---|---|---|
| 1 | 编制广告投放申请单（图 6－11） | 营销经理 | 根据公司策略、市场预测和开拓的市场及投放金额，填写广告投放申请单 |
| 2 | 审批广告投放申请单 | 总经理 | 1. 接到营销经理的申请广告投放申请单<br>2. 根据公司的经营策略及资金使用计划，审核其合理性<br>3. 确认同意后，签字批准<br>4. 审核通过确认进行广告投放 |

续表

| 编号 | 活动名称 | 角色 | 活动描述－操作指导 |
|---|---|---|---|
| 3 | 广告投放申请单盖章 | 行政经理 | 1. 营销经理在公章印鉴使用登记表登记签字<br>2. 确认签字后，在审批通过的广告投放申请单盖企业公章 |
| 4 | 到服务公司开拓市场 | 营销经理 | 到服务公司办理广告投放，提交广告投放申请单 |
| 5 | 办理广告投放 | 服务公司业务员 | 1. 查看经销商营销经理提交的广告投放申请<br>2. 依据广告投放申请，为对应的经销商办理广告投放 |
| 6 | 确认广告投放结果 | 营销经理 | 在服务公司确认广告投放结果 |

**广告投放申请**

| | | | |
|---|---|---|---|
| 编号：2019010001 | | 日期：20190105 | |
| 申请单位：恒润商贸有限公司 | | 委托单位：融通综合服务有限公司 | |
| 投放区域： | 北部 | | |
| 投放金额： | 壹拾伍万玖仟元整 | | ¥159 000.00 |
| 经办人 | 杨绮萱 | 日期 | 20190105 |
| 财务经理意见： | 武妍伊 | 日期 | 20190105 |
| 总经理意见： | 关雅寒 | 日期 | 20190105 |
| 备注： | | 盖章（公章） | |

图 6－11　广告投放申请

## 六、收取广告投放费用发票

1. 业务概述：收取广告投放费用发票

2. 业务场景：2019 年 1 月 5 日，营销部收到融通综合服务有限公司开具的广告投放费专用发票。

3. 业务流程图和业务流程步骤，如图 6－12、表 6－8 所示。

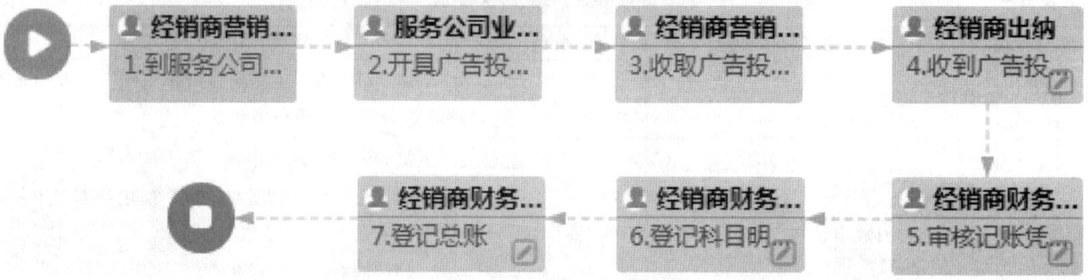


图 6－12　业务流程图

**表 6－8**　　收取广告投放费用发票

| 编号 | 活动名称 | 角色 | 活动描述－操作指导 |
|---|---|---|---|
| 1 | 到服务公司取广告投放费用发票（图 6－13） | 营销经理 | 1. 到服务公司业务员处取广告投放费用发票<br>2. 携带本公司的开票信息（公司名称、税务登记号、注册地址记电话、开户银行记账户等信息） |
| 2 | 开具广告投放费用发票 | 服务公司业务员 | 1. 根据广告投放申请单的金额和营销经理提供的企业信息开具增值税专用发票<br>2. 将增值税专用发票发票联、抵扣联交给营销经理<br>3. 将增值税专用发票记账联备案留档 |
| 3 | 收取广告投放费用发票 | 营销经理 | 1. 从服务公司收取广告投放费用专用发票并登记备案<br>2. 将广告投放费用专用发票送至出纳处并登记发票 |
| 4 | 收到广告投放费用专用发票并记账 | 出纳 | 1. 收到营销经理的广告投放费用专用发票<br>2. 根据广告投放费用专用发票填制记账凭证 |
| 5 | 审核记账凭证 | 财务经理 | 1. 审核出纳填制的记账凭证并对照相关附件检查是否正确<br>2. 审核无误，在记账凭证上签字或盖章 |
| 6 | 登记科目明细账 | 财务经理 | 1. 根据记账凭证登记科目明细账<br>2. 记账后在记账凭证上签字或盖章 |
| 7 | 登记总账 | 财务经理 | 1. 根据记账凭证登记总账<br>2. 记账后在记账凭证上签字或盖章 |

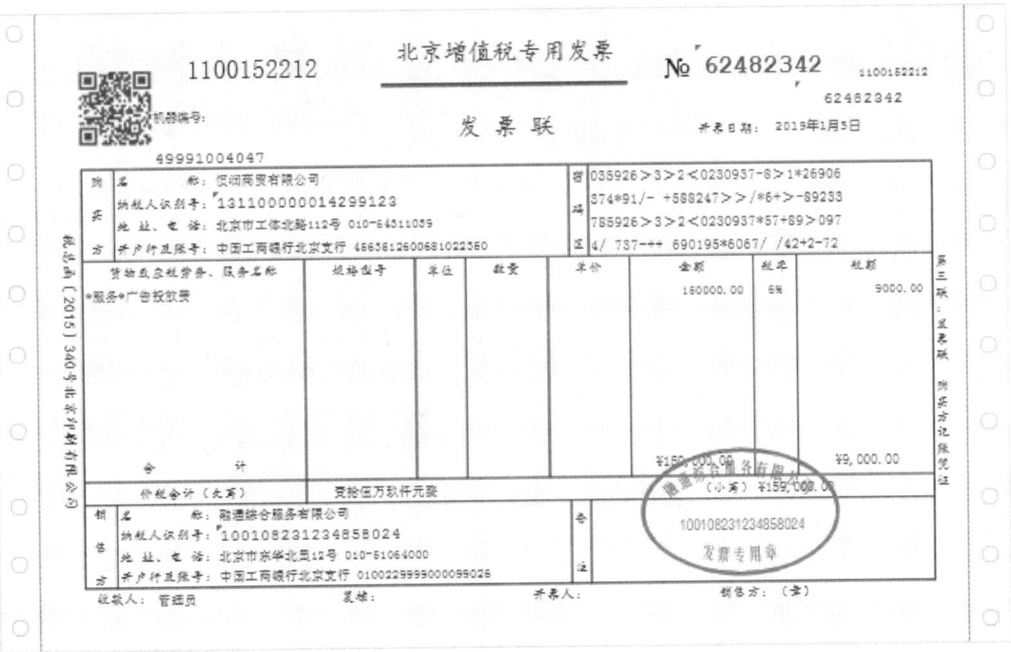
北京增值税专用发票
1100152212　№ 62482342　1100152212　62482342
机器编号：499910004047
发票联
开票日期：2019年1月5日

购买方　名称：恒润商贸有限公司
纳税人识别号：131100000014299123
地址、电话：北京市工体北路112号 010-64311059
开户行及账号：中国工商银行北京支行 4663612600681022360

密码区：
035926>3>2<0230937-8>1*26906
374*91/- +588247>>/*6+>-89233
785926>3>2<0230937*57+89>097
4/ 737-++ 690195*6067/ /42+2-72

| 货物或应税劳务、服务名称 | 规格型号 | 单位 | 数量 | 单价 | 金额 | 税率 | 税额 |
|---|---|---|---|---|---|---|---|
| *服务*广告投放费 | | | | | 160000.00 | 6% | 9000.00 |
| 合　　计 | | | | | ¥150,000.00 | | ¥9,000.00 |
| 价税合计（大写） | 壹拾伍万玖仟元整 | | | | （小写）¥159,000.00 | | |

销售方　名称：融通综合服务有限公司
纳税人识别号：100108231234858024
地址、电话：北京市东华北里12号 010-51064000
开户行及账号：中国工商银行北京支行 0100229999000095026
备注
（印章）100108231234858024　发票专用章
收款人：管理员　复核：　开票人：　销售方：（章）
税总函〔2015〕340号北京印钞有限公司
第三联：发票联　购买方记账凭证

图 6－13　增值税专用发票

## 七、支付广告投放费用

1. 业务概述：支付广告投放费用。

2. 业务场景：2019 年 1 月 5 日，营销部根据收到投放广告费用发票，提交付款申请付款。

3. 业务流程图和业务流程步骤，如图 6－14、表 6－9 所示。

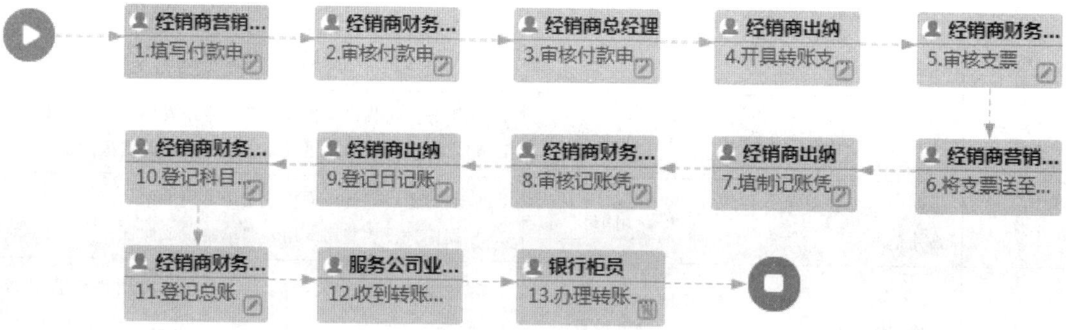


图 6－14　业务流程图

表 6－9　支付广告投放费用

| 编号 | 活动名称 | 角色 | 活动描述－操作指导 |
|---|---|---|---|
| 1 | 填写付款申请单（图 6－15） | 营销经理 | 1. 查看发票记录表，确认未支付的发票信息<br>2. 对照发票记录表上的未支付发票信息填写付款申请单<br>3. 将付款申请提交给财务经理审核 |
| 2 | 审核付款申请 | 财务经理 | 1. 审核付款申请单和发票金额是否一致，确认无误后在付款申请上签字<br>2. 将付款申请交营销经理传递给总经理审核 |
| 3 | 审核付款申请 | 总经理 | 1. 审核付款申请单，确认无误后在申请单上签字<br>2. 将付款申请交还给营销经理拿给出纳人员安排付款 |
| 4 | 开具转账支票 | 出纳 | 1. 收到营销经理转交的批复后的付款申请单<br>2. 确认后对照付款申请单金额开具转账支票<br>3. 出纳登记支票登记簿，支票领用人签字<br>4. 将支票正联交给财务经理审核后盖章 |
| 5 | 审核支票 | 财务经理 | 1. 审核支票填写的是否正确<br>2. 确认无误签字，加盖公司财务章和法人章<br>3. 将支票正联交给营销经理支付给服务公司 |
| 6 | 将支票送至服务公司 | 营销经理 | 1. 登记在支票登记簿上<br>2. 将支票交给服务公司完成支付 |

续表

| 编号 | 活动名称 | 角色 | 活动描述－操作指导 |
|---|---|---|---|
| 7 | 填制记账凭证（图 6－16） | 出纳 | 1. 出纳根据审核的付款申请单和支票存根填制记账凭证<br>2. 将支票存根和付款申请单粘贴在记账凭证后作为附件<br>3. 将记账凭证传递给财务经理审核 |
| 8 | 审核记账凭证 | 财务经理 | 1. 审核出纳填制的记账凭证并对照相关附件检查是否正确<br>2. 审核无误，在记账凭证上签字或盖章<br>3. 将确认后的记账凭证传递给出纳登记日记账 |
| 9 | 登记日记账 | 出纳 | 1. 根据记账凭证登记银行存款日记账<br>2. 记账后在记账凭证上签字或盖章<br>3. 将记账凭证传递给财务经理登记科目明细账 |
| 10 | 登记科目明细账 | 财务经理 | 1. 接收出纳提交的记账凭证<br>2. 根据记账凭证登记科目明细账<br>3. 记账后在记账凭证上签字或盖章 |
| 11 | 登记总账 | 财务经理 | 1. 接收财务经理提交的记账凭证<br>2. 根据记账凭证登记总账<br>3. 记账后在记账凭证上签字或盖章 |
| 12 | 收到转账支票并到银行办理转账 | 服务公司总经理 | 1. 向办理广告投放的企业催收广告投放费<br>2. 拿到办理广告投放企业办理广告投放开具的转账支票<br>3. 根据转账支票填写进账单<br>4. 携带转账支票与进账单到银行进行转账 |
| 13 | 办理转账－广告投放（银行）并打印银行回单（银行） | 银行柜员 | 1. 收到企业提交的进账单与支票<br>2. 根据进账单信息办理转账业务<br>3. 根据办理的转账业务，打印银行业务回单<br>4. 将银行业务回单交给企业办事员 |

**付款申请单**

ANJ-FD-001

| | | | | | |
|---|---|---|---|---|---|
| 申请人: | 杨绮萱 | 填制日期: | 2019-01-05 | 附件张数: | |
| 付款金额（大写）: | 壹拾伍万玖仟元整 ¥159 000.00 | | | | |
| 收款人全称: | 融通综合服务有限公司 | | | | |
| 开户银行及账号: | 中国工商银行北京分行 0100229999000099024 | | | | |
| 其他要求说明: | | | | | |
| 付款方式: | □现金 | □电汇 | □现金支票 | ☒转账支付 | □其他 |
| 付款说明: | 支付投放广告费用 | | | | |
| 部门批准: | 杨绮萱 | 财务核对: | 武妍伊 | 总经理审批: | 关雅寒 |

图 6－15　付款申请单

**记账凭证**

2019年1月5日　　　　记字　第 009 号

| 摘要 | 总账科目 | 明细账科目 | 借方金额 | 贷方金额 | √ |
|---|---|---|---|---|---|
| 支付广告费 | 应付账款 | 融通服务 | 159 000.00 | | |
| | 银行存款 | | | 159 000.00 | |
| | | | | | |
| | | | | | |
| | | | | | |
| 合计 | | | ¥159 000.00 | ¥159 000.00 | |

附件 2 张

财务主管　记账　出纳　审核　制单

图 6－16　记账凭证

## 八、查看虚拟销售订单

1. 业务概述：营销经理在系统中查看地区的虚拟订单信息。

2. 业务场景：2019 年 1 月 5 日，营销部经理查看虚拟销售订单。业务数据如表 6－10 所示。

表 6－10　　订单详情

| 订单编号 | 客户 | 商品 | 数量 | 单价 | 金额 | 交货日期 | 结算日期 |
|---|---|---|---|---|---|---|---|
| SO-0001 | 上海乐康妇婴用品有限公司 | 经济型童车 | 12 000 | 1 202.37 | 14 428 440.00 | 1月5日 | 1月25日 |
| SO-0002 | 广州好康妇婴用品有限公司 | 经济型童车 | 12 000 | 1 202.37 | 14 428 440.00 | 1月5日 | 1月25日 |
| SO-0003 | 北京爱喜商贸有限公司 | 经济型童车 | 12 000 | 1 202.37 | 14 428 440.00 | 1月5日 | 1月25日 |
| SO-0004 | 成都新兴商贸有限公司 | 经济型童车 | 12 000 | 1 202.37 | 14 428 440.00 | 1月5日 | 1月25日 |

3. 业务流程图和业务流程步骤，如图 6－17、表 6－11 所示。

图 6－17　业务流程图

表 6－11　　查看虚拟销售订单

| 编号 | 活动名称 | 角色 | 活动描述－操作指导 |
|---|---|---|---|
| 1 | 查看、预选订单 | 营销经理 | 1. 在系统中查看可选订单<br>2. 服务公司通知后，到服务公司进行选单 |

## 九、查看竞单竞单结果

1. 业务概述：营销经理在系统中查看选择的虚拟订单信息。

2. 业务流程图和业务流程步骤，如图 6－18、表 6－12 所示。

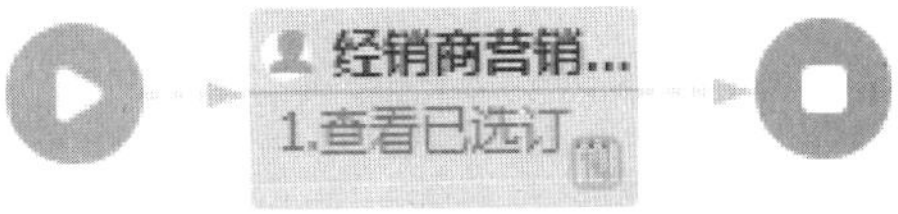


图 6－18 业务流程图

表 6－12 查看竞单竞单结果

| 编号 | 活动名称 | 角色 | 活动描述－操作指导 |
| --- | --- | --- | --- |
| 1 | 查看已选订单（表 6－13） | 营销经理 | 1. 查看已选中订单<br>2. 确定订单信息是否正确<br>3. 确认交货日期是否正确 |

表 6－13 订单数据 单位：元

| 订单编号 | 客户 | 商品 | 数量 | 单价 | 金额 | 交货日期 | 结算日期 |
| --- | --- | --- | --- | --- | --- | --- | --- |
| SO-0003 | 北京爱喜商贸有限公司 | 经济型童车 | 12 000 | 1 202.37 | 14 428 440.00 | 1 月 5 日 | 1 月 25 日 |

## 十、给虚拟经销商发货

1. 任务描述：营销经理下达发货通知，通知仓储部发货。

2. 业务场景：2019 年 1 月 5 日，按照销售订单进行发货。虚拟客户订单信息如表 6－14 所示。

表 6－14 客户名称：北京爱喜商贸有限公司 单位：元

| 存货编码 | 存货名称 | 数量 | 单位 | 含税单价 | 金额 | 收货日期 | 付款日期 |
| --- | --- | --- | --- | --- | --- | --- | --- |
| P0001 | 经济型童车 | 12 000 | 辆 | 1 202.37 | 14 428 440.00 | 1 月 5 日 | 1 月 25 日 |

3. 业务流程图和业务流程步骤，如图 6－19、表 6－15 所示。

图 6－19 业务流程图

表 6 – 15 业务流程步骤

| 编号 | 活动名称 | 角色 | 活动描述 – 操作指导 |
| --- | --- | --- | --- |
| 1 | 填制发货单（图 6 – 20） | 营销经理 | 1. 根据销售发货计划填制发货单（一式四联）<br>2. 将发货单财务部留存联交给财务经理<br>3. 将发货单仓储部留存联和客户联交给仓储经理 |
| 2 | 确认发货单 | 财务经理 | 1. 收到营销经理传过来的销售发货单<br>2. 检查本企业的应收账款额度是否过高，如过高则应通知营销经理限制发货<br>3. 将发货单留存联交给出纳填制记账凭证 |
| 3 | 确认发货单 | 仓储经理 | 1. 收到营销经理传过来的发货单<br>2. 根据仓库现状确认发货单<br>3. 进行发货准备工作 |

发 货 单

单据编号 ：XGFH201901001　　日　　期 ：20190105　　交货日期 ：20190105
销售订单号 ：S0190001　　客户名称 ：北京爱喜商贸有限公司　　仓　　库 ：普通仓库
业务员 ：杨绮萱　　运输方式 ：陆运　　联系人 ：

| 产品名称 | 产品型号 | 发货数量 | 备 注 |
| --- | --- | --- | --- |
| 经济型童车 | | 12 000 | |
| | | | |
| | | | |
| | | | |
| 合 计 | | 12 000 | |

第一联：营销部留存

营销部经理： 杨绮萱　　财务部经理：　　客户确认：

图 6 – 20 发货单

# 第二节 经销商人力业务实训

经销商人力业务主要由行政经理操作完成。人力任务地图，如图 6 – 21 所示。

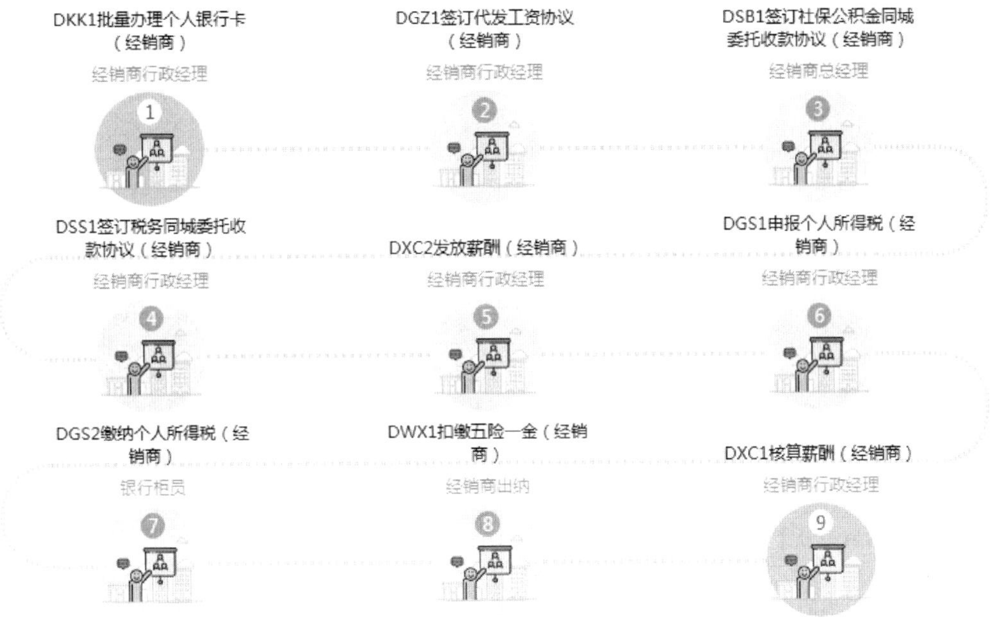


图 6－21　人力任务地图

## 一、批量办理个人银行卡

1. 任务描述：行政经理收集员工信息，审核后到银行办理个人银行卡。

2. 业务场景：2019 年 1 月 5 日，行政经理收集员工资料，填写银行借记卡集体申请登记表，如表 6－16 所示。

表 6－16　　业务数据

| 姓名 | 性别 | 证件名称 | 证件号码 |
|---|---|---|---|
| 关雅寒 | 女 | 身份证 | 511822197812279006 |
| 牧雪瑶 | 女 | 身份证 | 610802198405164668 |
| 杨绮萱 | 女 | 身份证 | 320311198009227364 |
| 范易龙 | 男 | 身份证 | 330282198208012376 |
| 陈寒丘 | 男 | 身份证 | 14012219760222915X |
| 武妍伊 | 女 | 身份证 | 431301198011154989 |

3. 业务流程图和业务流程步骤，如图 6－22、表 6－17 所示。

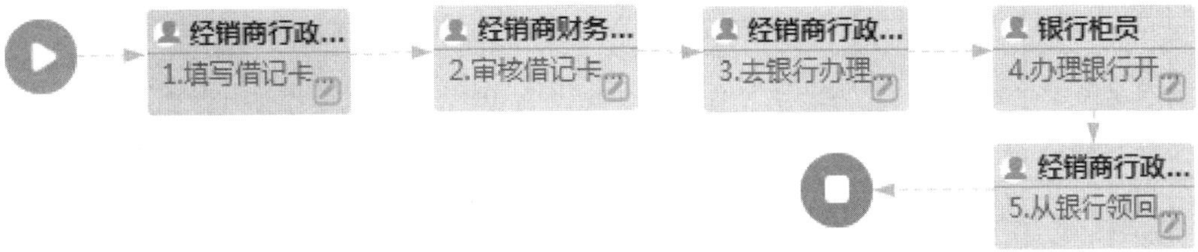


图 6－22　业务流程图

表 6－17　　批量办理个人银行卡

| 编号 | 活动名称 | 角色 | 活动描述－操作指导 |
|---|---|---|---|
| 1 | 填写借记卡集体申领登记表（表 6－18） | 行政经理 | 1. 收集员工信息并在借记卡集体申领登记表中填写相关内容<br>2. 将填写完整的登记表交给财务经理审核 |
| 2 | 审核借记卡集体申领登记表 | 财务经理 | 1. 审核行政经理交来的登记表，无误后签字并加盖“财务专用”章<br>2. 将审核后的登记表交给行政经理到银行办理开卡手续 |
| 3 | 去银行办理开卡业务 | 行政经理 | 带着借记卡集体申领登记表及身份证复印件（注：实际业务中必须带身份证原件），到银行柜台递交开卡申请 |
| 4 | 办理银行开卡 | 银行柜员 | 银行柜员办理开卡完毕后，把银行卡交给办卡申请人。 |
| 5 | 从银行领回银行卡并发放归档 | 行政经理 | 1. 从银行柜员处领取银行卡，核对银行卡卡号与登记表中记录是否一致（表 6－19）<br>2. 把银行卡卡号、姓名等信息进行归档备案<br>3. 提交一份银行卡信息给财务经理备案 |

表 6－18　　借记卡集体申领登记表

申请日期：2019年01月05日

<table>
<tr><td colspan="2">单位名称</td><td colspan="2">恒润商贸有限公司</td><td>单位地址</td><td colspan="3">北京市工体北路112号</td><td rowspan="2">银行备注栏</td></tr>
<tr><td colspan="2">负责人姓名</td><td colspan="2">关雅寒</td><td>联系电话</td><td colspan="3">010-64311039</td></tr>
<tr><td colspan="8">本单位愿意集体申领借记卡，保证提供的下述资料真实可靠：</td><td rowspan="2">银行盖章处</td></tr>
<tr><td colspan="8">单位盖章：</td></tr>
<tr><td>序号</td><td>姓名</td><td>性别</td><td>证件名称</td><td>证件号码</td><td>联系地址（实训省略）</td><td>邮编（实训省略）</td><td>联系电话（实训省略）</td><td>（银行柜员填写银行卡号）</td></tr>
<tr><td>1</td><td>关雅寒</td><td>女</td><td>身份证</td><td>511822197812279006</td><td>北京市海淀区</td><td>100080</td><td>010-64311039</td><td>4231688997836121</td></tr>
<tr><td>2</td><td>牧雪瑶</td><td>女</td><td>身份证</td><td>610802198405164668</td><td>北京市海淀区</td><td>100080</td><td>010-64311040</td><td>4231688997836122</td></tr>
<tr><td>3</td><td>杨绮萱</td><td>女</td><td>身份证</td><td>320311198009227364</td><td>北京市海淀区</td><td>100080</td><td>010-64311041</td><td>4231688997836123</td></tr>
<tr><td>4</td><td>范易龙</td><td>男</td><td>身份证</td><td>330282198208012376</td><td>北京市海淀区</td><td>100080</td><td>010-64311042</td><td>4231688997836124</td></tr>
<tr><td>5</td><td>陈寒丘</td><td>男</td><td>身份证</td><td>14012219760222915X</td><td>北京市海淀区</td><td>100080</td><td>010-64311043</td><td>4231688997836125</td></tr>
<tr><td>6</td><td>武妍伊</td><td>女</td><td>身份证</td><td>431301198011154989</td><td>北京市海淀区</td><td>100080</td><td>010-64311044</td><td>4231688997836126</td></tr>
</table>

表 6－19　　　　银行卡（工资卡）领取登记表

| 姓名 | 性别 | 证件名称 | 银行卡号 | 签字 | 日期 |
|---|---|---|---|---|---|
| 关雅寒 | 女 | 身份证 | 4231688997836121 | 关雅寒 | 2019/1/5 |
| 牧雪瑶 | 女 | 身份证 | 4231688997836122 | 牧雪瑶 | 2019/1/5 |
| 杨绮萱 | 女 | 身份证 | 4231688997836123 | 杨绮萱 | 2019/1/5 |
| 范易龙 | 男 | 身份证 | 4231688997836124 | 范易龙 | 2019/1/5 |
| 陈寒丘 | 男 | 身份证 | 4231688997836125 | 陈寒丘 | 2019/1/5 |
| 武妍伊 | 女 | 身份证 | 4231688997836126 | 武妍伊 | 2019/1/5 |
| 吴亦竹 | 男 | 身份证 | 423168899783617 | 吴亦竹 | 2019/1/5 |

## 二、企管部借款

1. 任务描述：企管部行政经理到财务部借款。
2. 业务场景：2019 年 1 月 5 日，企业部行政经理向财务部借部门备用金 500 元。
3. 业务流程图和业务流程步骤，如图 6－23、表 6－20 所示。

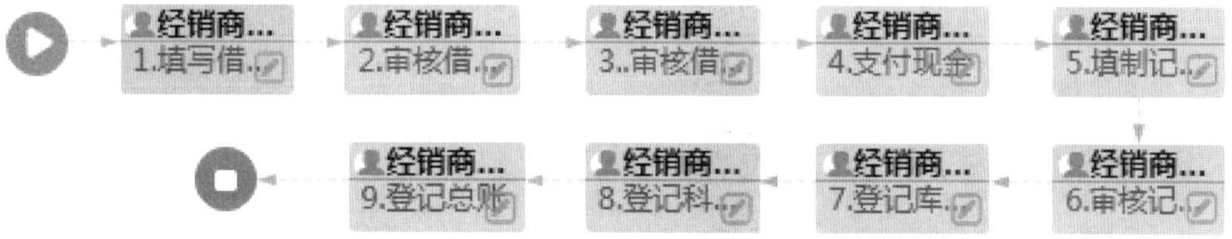


图 6－23　业务流程图

表 6－20　　　　企管部借款

| 编号 | 活动名称 | 角色 | 活动描述－操作指导 |
|---|---|---|---|
| 1 | 填写借款单（图 6－24） | 行政经理 | 1. 在 VBSE 系统中填写借款单（实际工作中可能填写纸质借款单）<br>2. 填写借款单，借款作为部门备用金<br>3. 将填写好的借款单提交总经理审核 |
| 2 | 审核借款单 | 总经理 | 1. 在 VBSE 系统中对借款用途、金额、付款条款进行审核<br>2. 审核无误后在审核意见处签字确认 |
| 3 | 审核借款单 | 财务经理 | 1. 在 VBSE 系统中对借款用途、金额、付款条款进行审核<br>2. 审核无误在审核意见处签字确认 |

续表

| 编号 | 活动名称 | 角色 | 活动描述－操作指导 |
|---|---|---|---|
| 4 | 支付现金 | 出纳 | 1. 接收经过财务经理审核签字的借款单<br>2. 确认无误后支付现金给借款人，借款人签字<br>3. 在借款单出纳签章处，加盖签章 |
| 5 | 填制记账凭证（图 6－25） | 出纳 | 1. 根据已支付的借款单填制记账凭证，将借款单粘贴在后面作为附件<br>2. 将记账凭证交由财务经理审核 |
| 6 | 审核记账凭证 | 财务经理 | 1. 审核出纳填制的记账凭证并对照借款单检查是否正确<br>2. 审核无误，在记账凭证上签字或盖章<br>3. 将审核后的记账凭证交给出纳登记日记账 |
| 7 | 登记库存现金日记账 | 出纳 | 1. 根据审核后的记账凭证登记库存现金日记账<br>2. 记账后在记账凭证上签字或盖章<br>3. 将记账凭证交回财务经理登记科目明细账 |
| 8 | 登记科目明细账 | 财务经理 | 1. 接收出纳交还的记账凭证<br>2. 根据记账凭证登记科目明细账<br>3. 记账后在记账凭证上签字或盖章 |
| 9 | 登记总账 | 财务经理 | 1. 接收财务经理交还的记账凭证<br>2. 在记账凭证上签字或盖章<br>3. 根据记账凭证登记总账 |

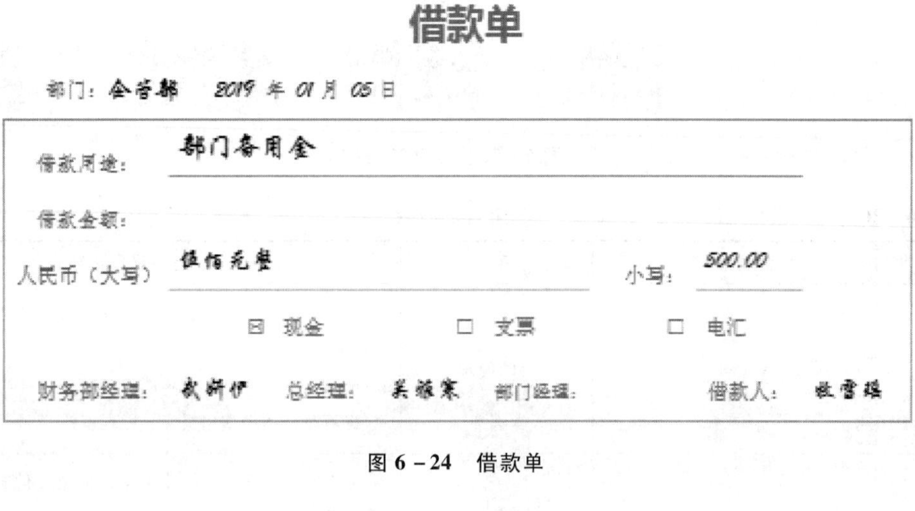
借款单

部门：企管部　2019 年 01 月 05 日

借款用途：部门备用金

借款金额：

人民币（大写）伍佰元整　小写：500.00

☒ 现金　☐ 支票　☐ 电汇

财务部经理：　总经理：　部门经理：　借款人：

图 6－24　借款单

**记账凭证**

2019年1月5日　　　　记字　第 001 号

| 摘要 | 总账科目 | 明细科目 | 借方金额 | 贷方金额 | √ |
|---|---|---|---|---|---|
| 企管部借备用金 | 其他应收款 | | 500.00 | | |
| | 库存现金 | | | 500.00 | |
| | | | | | |
| | | | | | |
| | | | | | |
| 合计 | | | ¥500.00 | ¥500.00 | |

附单据 1 张

财务主管 武妍伊　记账 武妍伊　出纳 吴亦竹　审核 武妍伊　制单 吴亦竹

图 6－25　借款单及记账凭证

## 三、发放薪酬

1. 任务描述：支付上月职工薪酬。

2. 业务场景：2019 年 1 月 5 日，发放上月工资，基本工资表、五险一金、个人所得税，详见表 6－21、表 6－22、表 6－23、表 6－24。

表 6－21　　　　基本工资表

| 序号 | 部门 | 姓名 | 岗位名称 | 职务类别 | 应发工资 | 缺勤天数 | 缺勤扣款 | 实发金额 |
|---|---|---|---|---|---|---|---|---|
| 1 | 企业管理部 | 关雅寒 | 总经理 | 总经理 | 12 000.00 | 0.00 | 0.00 | 9 115.70 |
| 2 | 企业管理部 | 牧雪瑶 | 行政助理 | 部门经理 | 7 500.00 | 0.00 | 0.00 | 5 952.54 |
| 3 | 营销部 | 杨绮蕾 | 营销经理 | 部门经理 | 7 500.00 | 0.00 | 0.00 | 5 952.54 |
| 4 | 采购部 | 范易龙 | 采购经理 | 部门经理 | 7 500.00 | 0.00 | 0.00 | 5 952.54 |
| 5 | 仓储部 | 陈寒丘 | 仓储经理 | 部门经理 | 7 500.00 | 0.00 | 0.00 | 5 952.54 |
| 6 | 财务部 | 武妍伊 | 财务经理 | 部门经理 | 7 500.00 | 0.00 | 0.00 | 5 952.54 |
| 7 | 财务部 | 吴亦竹 | 出纳 | 职能主管 | 5 500.00 | 0.00 | 0.00 | 4 386.00 |
| 合计 | | | | | 55 000.00 | | | |

表 6－22　　五险一金个人部分

| 养老保险(个人) | 医疗保险(个人) | 失业保险(个人) | 工伤保险(个人) | 生育保险(个人) | 五险小计(个人) | 住房公积金(个人) | 五险一金小计(个人) |
|---|---|---|---|---|---|---|---|
| 960.00 | 243.00 | 24.00 | 0.00 | 0.00 | 1 227.00 | 1 200.00 | 2 427.00 |
| 600.00 | 153.00 | 15.00 | 0.00 | 0.00 | 768.00 | 750.00 | 1 518.00 |
| 600.00 | 153.00 | 15.00 | 0.00 | 0.00 | 768.00 | 750.00 | 1 518.00 |
| 600.00 | 153.00 | 15.00 | 0.00 | 0.00 | 768.00 | 750.00 | 1 518.00 |
| 600.00 | 153.00 | 15.00 | 0.00 | 0.00 | 768.00 | 750.00 | 1 518.00 |
| 600.00 | 153.00 | 15.00 | 0.00 | 0.00 | 768.00 | 750.00 | 1 518.00 |
| 440.00 | 113.00 | 11.00 | 0.00 | 0.00 | 564.00 | 550.00 | 1 114.00 |
| 4 400.00 | 1 121.00 | 110.00 | 0.00 | 0.00 | 5 631.00 | 5 500.00 | 11 131.00 |

表 6－23　　五险一金单位部分

| 养老保险(单位) | 医疗保险(单位) | 失业保险(单位) | 工伤保险(单位) | 生育保险(单位) | 五险小计(单位) | 住房公积金（单位） | 五险一金小计(单位) |
|---|---|---|---|---|---|---|---|
| 2 400.00 | 1 200.00 | 120.00 | 36.00 | 96.00 | 3 852.00 | 1 200.00 | 5 052.00 |
| 1 500.00 | 750.00 | 75.00 | 22.50 | 60.00 | 2 407.50 | 750.00 | 3 157.50 |
| 1 500.00 | 750.00 | 75.00 | 22.50 | 60.00 | 2 407.50 | 750.00 | 3 157.50 |
| 1 500.00 | 750.00 | 75.00 | 22.50 | 60.00 | 2 407.50 | 750.00 | 3 157.50 |
| 1 500.00 | 750.00 | 75.00 | 22.50 | 60.00 | 2 407.50 | 750.00 | 3 157.50 |
| 1 500.00 | 750.00 | 75.00 | 22.50 | 60.00 | 2 407.50 | 750.00 | 3 157.50 |
| 1 100.00 | 550.00 | 55.00 | 16.50 | 44.00 | 1 765.50 | 550.00 | 2 315.50 |
| 11 000.00 | 5 500.00 | 550.00 | 165.00 | 440.00 | 17 655.00 | 5 500.00 | 23 155.00 |

表 6－24　　个人所得税部分

| 累积应税所得额 | 本月应税所得额 | 上月累计已缴税额 | 本月累计预扣税额 | 本月预扣预缴 |
|---|---|---|---|---|
| 50 303.00 | 4 573.00 | 2 510.30 | 2 967.60 | 457.30 |
| 10 802.00 | 982.00 | 324.06 | 353.52 | 29.46 |
| 10 802.00 | 982.00 | 324.06 | 353.52 | 29.46 |
| 10 802.00 | 982.00 | 324.06 | 353.52 | 29.46 |
| 10 802.00 | 982.00 | 324.06 | 353.52 | 29.46 |
| 10 802.00 | 982.00 | 324.06 | 353.52 | 29.46 |
| 0.00 | 0.00 | 0.00 | 0.00 | 0.00 |
| 0.00 | 9 483.00 | 4 130.60 | | 604.60 |

3. 业务流程图和业务流程步骤，如图 6－26、表 6－25 所示。

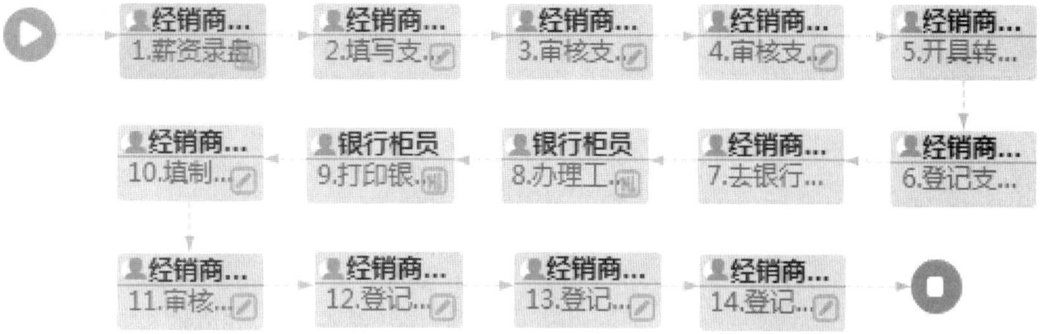


图 6－26 发放薪酬流程图

表 6－25 发放薪酬

| 编号 | 活动名称 | 角色 | 活动描述－操作指导 |
|---|---|---|---|
| 1 | 薪资录盘 | 行政经理 | 1. 在 VBSE 系统里打开“薪资录盘”界面<br>2. 依据工资表信息，录入人员薪资，完成后保存并导出<br>3. 将导出的“薪酬发放”的文件拷贝到 U 盘中 |
| 2 | 填写支出凭单 | 行政经理 | 1. 依据“工资表”数据填写支出凭单<br>2. 将填好的“支出凭单”“工资表”交总经理经理和财务经理进行审核 |
| 3 | 审核支出凭单和薪酬发放表 | 总经理 | 1. 审核支出凭单信息和“工资表”是否一致、正确<br>2. 审核支出凭单的日期、金额、支出方式、支出用途及金额大小写是否正确<br>3. 审核完成后在支出凭单上签字确认。 |
| 4 | 审核支出凭单和薪酬发放表 | 财务经理 | 1. 审核支出凭单信息和“工资表”是否一致、正确<br>2. 审核支出凭单的日期、金额、支出方式、支出用途及金额大小写是否正确<br>3. 审核完成后在支出凭单上签字确认 |
| 5 | 开具转账支票 | 出纳 | 1. 根据支出凭单的信息开具转账支票<br>2. 检查支票填写无误后找财务经理加盖公司财务章和法人章 |
| 6 | 登记支票登记簿 | 出纳 | 1. 根据签发的支票登记“支票登记簿”<br>2. 支票领用人在“支票登记簿”签字 |
| 7 | 去银行办理薪资发放 | 出纳 | 1. 填写进账单<br>2. 带齐薪资发放资料：转账支票、薪资录盘去银行办理工资发放 |
| 8 | 办理工资发放 | 银行柜员 | 1. 接到工资录盘文件和支票<br>2. 检查文件和支票<br>3. 在系统中导入工资录盘文件完成工资发放并打印回单给客户 |

续表

| 编号 | 活动名称 | 角色 | 活动描述 - 操作指导 |
| --- | --- | --- | --- |
| 9 | 取得银行业务回单 | 出纳 | 取得银行的业务回单（可以直接在柜台办理时由银行柜员打印取回；在柜台未打印，次日可以在回单柜中取得） |
| 10 | 填制记账凭证 | 出纳 | 1. 依据银行业务回单、转账支票存根、支出凭单填制记账凭证<br>2. 编制记账凭证，将原始单据作为附件粘贴在记账凭证后面<br>3. 将记账凭证和相关原始单据交给财务经理审核 |
| 11 | 审核记账凭证 | 财务经理 | 1. 审核出纳提交的记账凭证<br>2. 核对记账凭证与原始凭证一致性，审核无误后签字或盖章<br>3. 将审核后的记账凭证交给出纳登记日记账 |
| 12 | 登记银行存款日记账 | 出纳 | 1. 根据审核后的记账凭证登记银行存款日记账<br>2. 记账后在记账凭证上签字或盖章<br>3. 将记账凭证交回财务经理登记科目明细账 |
| 13 | 登记科目明细账 | 财务经理 | 1. 依据记账凭证登记科目明细账<br>2. 记账后在记账凭证上签字或盖章 |
| 14 | 登记总账 | 财务经理 | 1. 依据记账凭证登记总账<br>2. 记账后在记账凭证上签字或盖章 |

## 四、申报个人所得税

1. 任务描述：财务经理申报上月个人所得税。

2. 业务场景：2019 年 1 月 5 日，财务部申报上期个人所得税，如表 6 - 26 所示。

**表 6 - 26　　人员信息**　　单位：元

| 部门 | 姓名 | 岗位名称 | 职务类别 | 证件类别 | 证件号码 | 累积应税所得额 | 本月应税所得额 | 上月累计已缴税额 | 本月累计预扣税额 | 本月预扣预缴 |
| --- | --- | --- | --- | --- | --- | --- | --- | --- | --- | --- |
| 企业管理部 | 关雅寒 | 总经理 | 总经理 | 身份证 | 511822197812279006 | 50 303.00 | 4 573.00 | 2 510.30 | 2 967.60 | 457.30 |
| 企业管理部 | 牧雪瑶 | 行政助理 | 职能主管 | 身份证 | 610802198405164668 | 10 802.00 | 982.00 | 324.06 | 353.52 | 29.46 |
| 营销部 | 杨绮萱 | 营销经理 | 部门经理 | 身份证 | 320311198009227364 | 10 802.00 | 982.00 | 324.06 | 353.52 | 29.46 |
| 采购部 | 范易龙 | 采购经理 | 部门经理 | 身份证 | 330282198208012376 | 10 802.00 | 982.00 | 324.06 | 353.52 | 29.46 |
| 仓储部 | 陈寒丘 | 仓储经理 | 部门经理 | 身份证 | 14012219760222915X | 10 802.00 | 982.00 | 324.06 | 353.52 | 29.46 |
| 财务部 | 武妍伊 | 财务经理 | 部门经理 | 身份证 | 431301198011154989 | 10 802.00 | 982.00 | 324.06 | 353.52 | 29.46 |
| 财务部 | 吴亦竹 | 出纳 | 职能主管 | 身份证 | 410422198601026197 | 0.00 | 0.00 | 0.00 | 0.00 | 0.00 |
| 合计 | | | | | | 0.00 | 9 483.00 | 4 130.60 | | 604.60 |

3. 业务流程步骤，如表 6 - 27 所示。

表 6 – 27　　申报个人所得税

| 编号 | 活动名称 | 角色 | 活动描述 – 操作指导 |
|---|---|---|---|
| 1 | 整理、提交个人所得税纳税申报资料 | 行政经理 | 1. 收集整理员工信息<br>2. 根据员工信息在 VBSE 系统中下载导入模版，根据员工信息填写“个人所得税基础信息模板”<br>3. 将填好的“个人所得税基础信息模板”导入系统中并提交税务局<br>4. 将员工信息和工资表一同交给财务经理 |
| 2 | 审核企业提交的个人所得税纳税申报资料 | 税务专员 | 在 VBSE 系统中审核企业提交的个人所得税申报资料 |
| 3 | 网上个人所得税纳税申报 | 财务经理 | 1. 在 VBSE 系统中下载“扣缴个人所得税报告表模板”<br>2. 根据工资表和员工信息填写“扣缴个人所得税报告表模板”<br>3. 将填好的“扣缴个人所得税报告表模板”导入系统中并扣缴个人所得税 |

## 五、签订代发工资协议

1. 任务描述：行政经理签订工资代发协议。
2. 业务场景：2019 年 1 月 5 日，企业部与银行签订工资代发协议，如表 6 – 28 所示。

表 6 – 28　　工资代发协议条款

| 甲方 | 乙方 | 手续费 | 提交加密盘日期 | 协议期限 |
|---|---|---|---|---|
| 恒润商贸有限公司 | 中国工商银行北京分行 | 0.5 元/笔 | 每月 5 日 | 2019 – 01 – 01 至 2019 – 12 – 31 |

3. 业务流程图和业务流程步骤，如图 6 – 27、表 6 – 29 所示。

图 6 – 27　签订代发工资协议

表 6 – 29　　签订代发工资协议

| 编号 | 活动名称 | 角色 | 活动描述 – 操作指导 |
|---|---|---|---|
| 1 | 填写公章、印鉴、资质证照使用申请表 | 行政经理 | 1. 填写公章、印鉴、资质证照使用申请表，注明使用原由是去银行签订银企代发工资合作协议<br>2. 将申请表提交给总经理审核 |
| 2 | 审核公章、印鉴、资质证照使用申请表 | 总经理 | 1. 审核公章、印鉴、资质证照使用申请表<br>2. 审核无误后在申请表上签字确认 |

续表

| 编号 | 活动名称 | 角色 | 活动描述 - 操作指导 |
| --- | --- | --- | --- |
| 3 | 到银行签订银企代发工资合作协议（图6-28） | 行政经理 | 1. 根据审核后的申请表，整理相关资料，带好营业执照、法人身份证等，公章、预留印鉴准备签订银企代发工资合作协议（注意：实训中带上营业执照、公章、印鉴即可）<br>2. 到银行柜台签订协议 |
| 4 | 办理银企代发工资合作协议 | 银行柜员 | 1. 接收、审核客户提交的银企代发工资合作协议<br>2. 审核通过后盖章返还客户 |
| 5 | 协议书归档 | 行政经理 | 1. 收到银行签字盖章的银企代发工资合作协议<br>2. 审核无误后将协议书归档<br>3. 登记合同管理表，填写协议书信息 |

新道 教学专用 seentao

## 银企代发工资合作协议

甲方：恒润商贸有限公司

乙方：中国工商银行北京分行

甲乙双方本着相互支持，共同发展的原则，经过友好协商，就"代发工资"合作事宜，达成如下协议：

**第一条**：乙方接受甲方委托代理甲方按月以转账方式向甲方职工发放工资（以下简称工资代发）。

**第二条**：甲方在委托乙方工资代发的基础上与乙方开展全面业务合作，包括结算业务，公司业务，信用卡等业务。

**第三条**：甲方在乙方开立结算账户，作为工资款项划转的账户，账户利率为国家规定的一般企业活期存款利率。甲方的职工在乙方分别开立人民币个人结算账户，作为工资划入账户。甲方向乙方提交相应的证明文件，并承诺所提供的开户资料真实，有效，如有伪造，欺诈，承担法律责任。

**第四条**：甲方负责告知职工开立的工商银行个人结算账户，对账户的开立，使用和撤消须遵守《人民币银行结算账户管理办法》及相关法律，法规的规定。乙方负责提供银行个人结算账户的代发（代扣）等服务。该账户一经开立不得擅自销户和改变，如果职工存折遗失可由职工本人办理挂失换折；如果职工更换了代发工资账户，需由甲方相应修改职工代发工资账户，否则引起的一切后果由甲方承担。

**第五条**：甲方严格执行央行《人民币银行结算账户管理办法》第四十条规定，并向其开户银行提供相应的付款依据。同时，保证结算户有充足的资金支付工资代发的转账要求，并授权乙方根据委托代发工资金额自动扣划结算账户。往来账户为：4563512600681022350。甲方结算户不足以支付工资金额的转账要求时，乙方不垫资转账，由此产生的经济纠纷由甲方负责处理。

**第六条**：手续费支付方式。每月5日（节假日顺延），甲方根据工资代发的笔数，按照每笔0.5元/笔向乙方支付手续费，付款方式采用甲方主动转账到乙方指定账户（511040科目，具体账户请与会计部门落实），如甲方未能按时支付乙方手续费，按照每日（3‰）向乙方支付滞纳金。

**第七条**：工资代发程序。乙方向甲方提供对数据文件进行加密的"企业模块"程序，甲方根据双方明确定义的数据格式生成加密数据磁盘，于每月3日，将本月代发工资加密磁盘，票据，明细交接清单一式两联交给乙方，乙方负责审核磁盘文件的有效性，负责核对磁盘代理分户金额的合计数及笔数与票据金额或明细交接清单合计金额，笔数是否相符。甲乙双方在明细交接清单上签字，盖章，并各自留存一份。乙方以此作为转账的依据。

**第八条**：为保证甲方代理款项的数据安全，乙方不得修改甲方数据。甲方负责对磁盘数据的真实性，有效性进行负责，如因甲方提供的账户信息不准确或因甲方的其它原因而产生的差错，由甲方承担责任。

**第九条**：乙方根据甲方的申请，进行款项转账。如因乙方原因不能及时处理帐务信息，乙方对由此产生的后果负责。

**第十条**：代理业务帐务处理次日，乙方将不成功的明细流水传递给甲方，并协助甲方查询不成功原因。

**第十一条**：本协议期限为一年，自2019年01月01日到2019年12月31日止。如一方出现违约，另一方有权随时终止本协议，由此造成的损失由违约方承担。甲乙双方在协议执行过程中如有异议，需提前15天提出修改意见，经双方协商后生效。

**第十二条**：本协议一式二份，甲乙双方各执一份。经甲、乙方签字盖章后生效。

| | |
| --- | --- |
| 甲方（公章）恒润商贸有限公司 | 乙方（公章）中国工商银行北京分行 |
| 法定代表人（签字）关雅寒 | 法定代表人（签字）王峰 |
| （或授权代理人） | （或授权代理人） |
| 2019 年 01 月 05 日 | 2019 年 01 月 05 日 |

用友新道科技有限公司　网址：www.seentao.com　电话：4006600599　编码：DJ0112

图6-28　银企代发工资协议

## 六、签订社保公积金同城委托收款协议

1. 任务描述：财务经理签订社保公积金同城委托收款协议。

2. 业务场景：2019 年 1 月 5 日，企管部与银行签订社保公积金同城委托收款协议，如表 6－30 所示。

表 6－30　公积金委托收款协议

| 甲方 | 乙方 | 协议期限 |
| --- | --- | --- |
| 恒润商贸有限公司 | 市社保/公积金管理中心 | 2019-01-01 至 2019-12-31 |

3. 业务流程图和业务流程步骤，如图 6－29、表 6－31 所示。

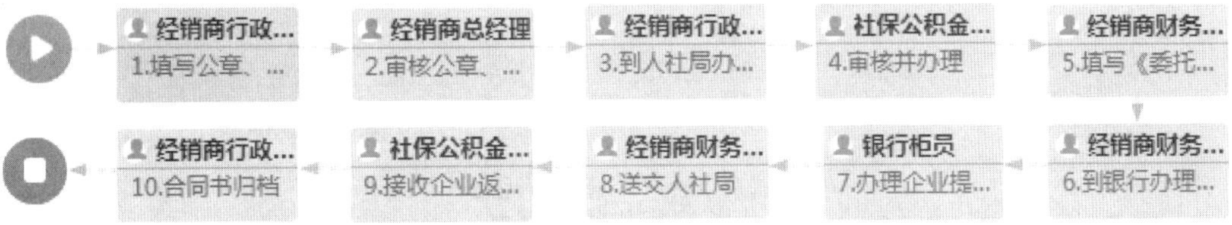


图 6－29　签订社保公积金同城委托收款协议

表 6－31　签订社保公积金同城委托收款协议

| 编号 | 活动名称 | 角色 | 活动描述－操作指导 |
| --- | --- | --- | --- |
| 1 | 填写公章、印鉴、资质证照使用申请表 | 行政经理 | 1. 填写公章、印鉴、资质证照使用申请表，注明使用原由是去银行签订委托银行代收合同书<br>2. 将申请表提交给总经理审核 |
| 2 | 审核公章、印鉴、资质证照使用申请表 | 总经理 | 1. 审核公章、印鉴、资质证照使用申请表<br>2. 审核无误后在申请表上签字确认 |
| 3 | 到人社局办理委托银行代收合同书 | 行政经理 | 携带相关资料到人社局办理三方协议 |
| 4 | 审核并办理 | 社保公积金专员 | 1. 接收企业提交的资料并审核<br>2. 审核通过后下发“委托银行代收合同书”（待企业填写完成后盖章即可） |
| 5 | 填写“委托银行代收合同书”（图 6－30） | 财务经理 | 1. 在社会保险/住房公积金中心填写《委托银行代收合同书》并盖企业公章，合同书一式三份<br>2. 填写完成后由社保公积金专员盖章 |
| 6 | 到银行办理委托银行代收合同 | 财务经理 | 1. 财务经理到银行办理委托收款业务<br>2. 提交相关资料给银行柜员 |
| 7 | 办理企业提交的《委托银行代收合同书》 | 银行柜员 | 1. 接收企业提交的一式三份的“委托银行代收合同书”并审核<br>2. 审核通过后盖银行公章留存一联其余两联返还客户 |

续表

| 编号 | 活动名称 | 角色 | 活动描述－操作指导 |
|---|---|---|---|
| 8 | 送交人社局 | 财务经理 | 1. 收到银行签字盖章的委托银行代收合同书<br>2. 将一份银行签字盖章的合同书交给行政经理归档<br>3. 将一份银行签字盖章的合同书交给人社局 |
| 9 | 接收企业返还的“委托银行代收合同书” | 社保公积金专员 | 1. 接收企业返还的“委托银行代收合同书”<br>2. 将“委托银行代收合同书”进行归档 |
| 10 | 合同书归档 | 行政经理 | 1. 收到人社局、银行签字盖章的委托银行代收合同书<br>2. 审核无误后进行归档<br>3. 登记合同管理表，填写合同书信息 |

新道 seentao 教学专用

北京市 海淀区 基金管理局

委托银行代收合同书

No: TS2019010001

甲方：（参保人）：恒润商贸有限公司

乙方：北京市海淀区基金管理局

为便于甲乙双方 社会保险 基金的收付结算，经双方认可，特制订如下合同：

一、甲、乙双方共同遵守中国人民银行北京市分行关于北京市特种委托收款结算办法以及社会保险的有关制度和规定，甲方同意每月由 中国工商银行北京市昌平区支行通过电脑将应缴的保险费自动划入乙方账户。

二、甲方应提供在建行、农行、工行、中行四家银行中的任一家开立的缴交保险金专用存折账号。

三、乙方在每月月底划款，甲方每月5日前应在自己的账户上留有足够的资金，如甲方账户在乙方划款期间的资金不足以支付当月的保险费，乙方将在下月划款时一并划转，并自15日起每日按应划款项的2‰。加收滞纳金如果连续三个月未能划款成功，乙方将停止甲方的所有保险业务，由此造成的损失由甲方负责。

四、甲方在开立账户后，不得随意更改为其他账号，如存折不慎遗失，应及时通知乙方和开户银行，更换新账号由于甲方未通知或延迟通知乙方和开户银行，使乙方不能按划款而造成的加收滞纳金和其他后果，均由甲方负责。

五、甲方如对划款有疑问，可到乙方查询，乙方应及时给予查对属于电脑错误等原因而造成错收的，双方协定在下月划款时多退少补，当月一般不作更改。

六、每月由乙方提供划款收据，并定期邮寄到甲方所填通讯地址。

七、为保证甲、乙双方能够正常联系，甲方在更改通讯地址、联系电话等之后，应立即通知乙方。

八、本协议一式三份，甲、乙双方及甲方开户行各执一份。

| 甲方（参保人）填写 | 乙方（市、区社保局/公积金管理中心） |
|---|---|
| 单位名称：恒润商贸有限公司 | 个人电脑号：0680 |
| 通信地址：北京市工体北路112号 | 参保起始时间：2019-01-01 |
| 邮政编码：100027 | 联系电话：010-67890001 |
| 联系电话：010-64311039 | |

甲方帐号（银行填写）：4563512600681022350

开户银行：中国工商银行北京支行

签订时间：2019年 01月 05 日

新道科技股份有限公司 网址：www.seentao.com 电话：4006600599 编码：DJ0115

图 6－30 委托银行代收合同书

## 七、签订税务同城委托收款协议

1. 任务描述：财务经理签订税务同城委托收款协议。

2. 业务场景：2019 年 1 月 5 日，财务部与银行签订税收同城委托收款协议，详见表 6－32。

**表 6－32**　　业务数据

| 甲方 | 乙方 | 协议期限 |
|---|---|---|
| 恒润商贸有限公司 | 税务局 | 2019-01-01 至 2019-12-31 |

3. 业务流程图和业务流程步骤，如图 6－31、表 6－33 所示。

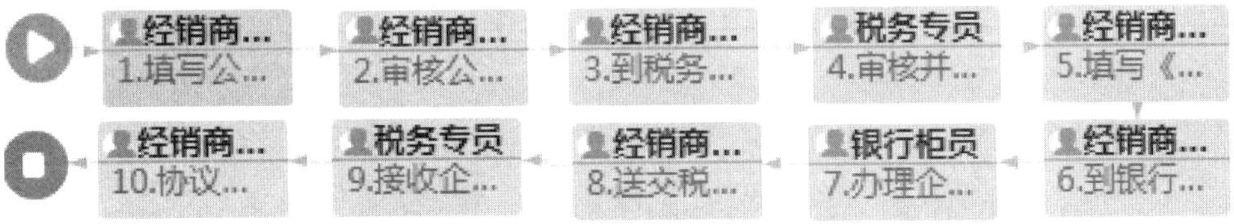


**图 6－31　签订税务同城委托收款协议**

**表 6－33**　　签订税务同城委托收款协议

| 编号 | 活动名称 | 角色 | 活动描述－操作指导 |
|---|---|---|---|
| 1 | 填写公章、印鉴、资质证照使用申请表 | 行政经理 | 1. 填写公章、印鉴、资质证照使用申请表，注明使用原由是去银行签订授权划缴税款协议书<br>2. 将申请表提交给总经理审核 |
| 2 | 审核公章、印鉴、资质证照使用申请表 | 总经理 | 1. 审核公章、印鉴、资质证照使用申请表<br>2. 审核无误后在申请表上签字确认 |
| 3 | 到税务局办理授权划缴税款协议书 | 行政经理 | 携带相关资料到税务局办理三方协议 |
| 4 | 审核并办理 | 税务专员 | 1. 接收企业提交的资料并审核<br>2. 审核通过后下发“授权划缴税款协议书”（待企业填写完成后盖章即可） |
| 5 | 填写“授权划缴税款协议书” | 财务经理 | 1. 在税务局填写“授权划缴税款协议书”并盖企业公章，协议书一式三份<br>2. 填写完成后由税务专员盖章 |
| 6 | 到银行办理授权划缴税款协议书 | 财务经理 | 1. 财务经理到银行办理委托收款业务<br>2. 提交相关资料给银行柜员 |
| 7 | 办理企业提交的“授权划缴税款协议书” | 银行柜员 | 1. 接收企业提交的一式三份的“授权划缴税款协议书”并审核<br>2. 审核通过后盖银行公章留存一联其余两联返还客户 |

续表

| 编号 | 活动名称 | 角色 | 活动描述 - 操作指导 |
| --- | --- | --- | --- |
| 8 | 送交税务局 | 财务经理 | 1. 收到银行签字盖章的授权划缴税款协议书<br>2. 将一份银行签字盖章的协议书交给行政经理归档<br>3. 将一份银行签字盖章的协议书交给税务局 |
| 9 | 接收企业返还的“授权划缴税款协议书” | 税务专员 | 1. 接收企业返还的“授权划缴税款协议书”<br>2. 将“授权划缴税款协议书”进行归档 |
| 10 | 协议书归档 | 行政经理 | 1. 收到税务局、银行签字盖章的授权划缴税款协议书<br>2. 审核无误后进行归档<br>3. 登记合同管理表，填写协议书信息 |

## 第三节　经销商财务业务实训

经销商财务业务主要由财务经理完成，财务经理任务地图，如图 6－32 所示。

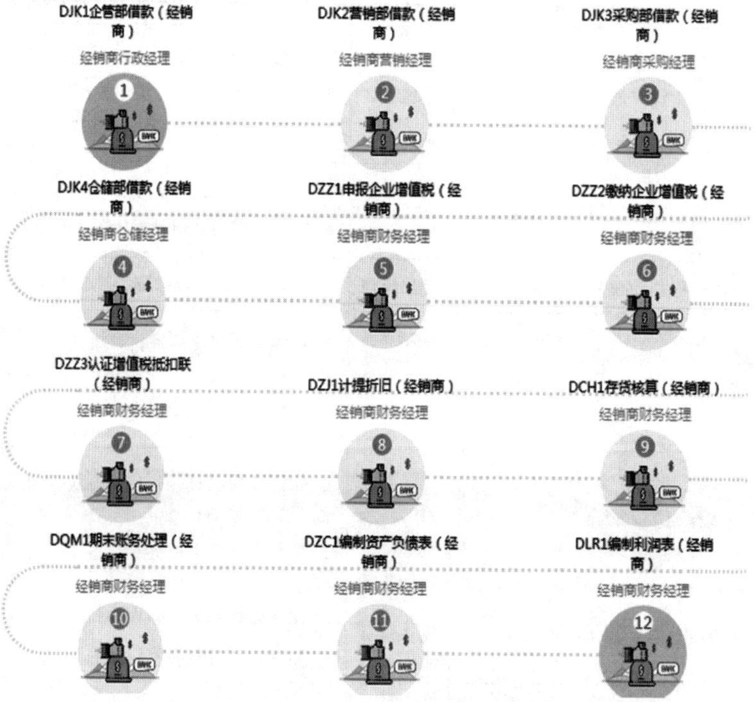


**图 6－32　财务经理任务地图**

## 一、申报企业增值税

1. 任务描述：月初财务经理申报上月增值税。
2. 业务场景：2019 年 1 月 5 日，财务部申报上期增值税款。
3. 业务流程图和业务流程步骤，如图 6－33、表 6－34 所示。

图 6－33 申报企业增值税

表 6－34 申报企业增值税

| 编号 | 活动名称 | 角色 | 活动描述－操作指导 |
|---|---|---|---|
| 1 | 整理增值税纳税申报资料 | 财务经理 | 1. 准备上期资产负债表<br>2. 准备上期利润表 |
| 2 | 网上增值税纳税申报（表 6－35） | 财务经理 | 1. 在 VBSE 系统中根据确认的金额进行增值税纳税申报<br>2. 填写完成后提交税务机关审核 |
| 3 | 审核企业增值税申报 | 税务专员 | 在 VBSE 系统中审核企业提交的增值税申报 |

表 6－35 增值税纳税申报表（一般纳税人适用）

| 项目 | | 栏次 | 一般项目 | | 即征即退项目 | |
|---|---|---|---|---|---|---|
| | | | 本月数 | 本年累计 | 本月数 | 本年累计 |
| 销售额 | （一）按适用税率计税销售额 | 1 | 2 456 896.55 | | 0.00 | |
| | 其中：应税货物销售额 | 2 | 2 456 896.55 | | | |
| | 应税劳务销售额 | 3 | | | | |
| | 纳税检查调整的销售额 | 4 | 0.00 | | | |
| | （二）按简易办法计税销售额 | 5 | 0.00 | | 0.00 | |
| | 其中：纳税检查调整的销售额 | 6 | | | | |
| | （三）免、抵、退办法出口销售额 | 7 | 0.00 | | —— | —— |
| | （四）免税销售额 | 8 | 0.00 | | —— | —— |
| | 其中：免税货物销售额 | 9 | | | —— | —— |
| | 免税劳务销售额 | 10 | | | —— | —— |

续表

| 项目 | | 栏次 | 一般项目 | | 即征即退项目 | |
|---|---|---|---|---|---|---|
| | | | 本月数 | 本年累计 | 本月数 | 本年累计 |
| 税款计算 | 销项税额 | 11 | 393 103.45 | | 0.00 | |
| | 进项税额 | 12 | 297 931.00 | | | |
| | 上期留抵税额 | 13 | | | | —— |
| | 进项税额转出 | 14 | 0.00 | | | |
| | 免、抵、退应退税额 | 15 | | | —— | —— |
| | 按适用税率计算的纳税检查应补缴税额 | 16 | | | —— | —— |
| | 应抵扣税额合计 | 17 = 12 + 13 - 14 - 15 + 16 | 297 931.00 | 0.00 | 0.00 | —— |
| | 实际抵扣税额 | 18（如 17 < 11，则为 17，否则为 11） | 297 931.00 | 0.00 | 0.00 | 0.00 |
| | 应纳税额 | 19 = 11 - 18 | 95 172.45 | 0.00 | 0.00 | 0.00 |
| | 期末留抵税额 | 20 = 17 - 18 | 0.00 | 0.00 | 0.00 | —— |
| | 简易计税办法计算的应纳税额 | 21 | | | | |
| | 按简易计税办法计算的纳税检查应补税额 | 22 | | | —— | —— |
| | 应纳税额减征额 | 23 | | | | |
| | 应纳税额合计 | 24 = 19 + 21 - 23 | 95 172.45 | 0.00 | 0.00 | 0.00 |
| 税款缴纳 | 期初未缴税额（多缴为负数） | 25 | | | | |
| | 实收出口开具专用缴款书退税额 | 26 | | | —— | —— |
| | 本期已缴税额 | 27 = 28 + 29 + 30 + 31 | 0.00 | 0.00 | 0.00 | 0.00 |
| | ①分次预缴税额 | 28 | 0.00 | | | —— |
| | ②出口开具专用缴款书预缴税额 | 29 | | | —— | —— |
| | ③本期缴纳上期应纳税额 | 30 | | | | |
| | ④本期缴纳欠缴税额 | 31 | | | | |
| | 期末未缴税额（多缴为负数） | 32 = 24 + 25 + 26 - 27 | 95 172.45 | 0.00 | 0.00 | 0.00 |
| | 其中：欠缴税额（≥0） | 33 = 25 + 26 - 27 | 0.00 | 0.00 | 0.00 | —— |
| | 本期应补（退）税额 | 34 = 24 - 28 - 29 | 95 172.45 | 0.00 | 0.00 | —— |
| | 即征即退实际退税额 | 35 | —— | | | |
| | 期初未缴查补税额 | 36 | | | —— | —— |
| | 本期入库查补税额 | 37 | | | —— | —— |
| | 期末未缴查补税额 | 38 = 16 + 22 + 36 - 37 | 0.00 | 0.00 | —— | —— |

## 二、缴纳企业增值税

1. 任务描述：确认申报状态，审核通过后提交扣款并进行账务处理。
2. 业务场景：2019 年 1 月 5 日，财务部缴纳上期增值税款。
3. 业务流程图和业务流程步骤，如图 6 - 34、表 6 - 36 所示。

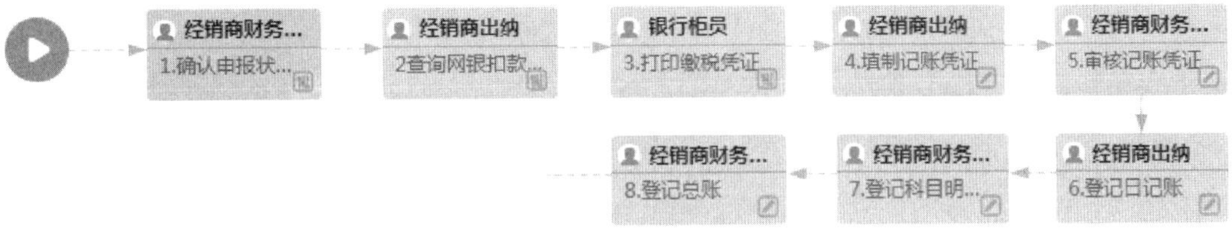


图 6 - 34　缴纳企业增值税

表 6 - 36　缴纳企业增值税

| 编号 | 活动名称 | 角色 | 活动描述 - 操作指导 |
|---|---|---|---|
| 1 | 确认申报状态并提交扣款 | 财务经理 | 1. 在 VBSE 系统中查看申报状态<br>2. 审核通过后点击“扣缴” |
| 2 | 查询网银扣款情况 | 出纳 | 1. 查询网银，确认增值税是否已扣款成功，扣款成功<br>2. 到银行打印税收缴税证明 |
| 3 | 打印缴税凭证（图 6 - 35） | 银行柜员 | 1. 查询转账记录<br>2. 确认后打印缴税证明 |
| 4 | 填制记账凭证（图 6 - 36） | 出纳 | 1. 根据缴税证明编制记账凭证<br>2. 将银行税收缴款单和税收缴税证明粘贴在记账凭证后面作为附件<br>3. 将记账凭证交给财务经理审核 |
| 5 | 审核记账凭证 | 财务经理 | 1. 收到记账凭证和缴款证明<br>2. 审核记账凭证无误后签字或盖章<br>3. 将记账凭证交给出纳登记银行存款日记账 |
| 6 | 登记日记账 | 出纳 | 1. 根据审核后的记账凭证登记银行存款日记账<br>2. 记账后在记账凭证上签字或盖章<br>3. 将记账凭证交给财务经理登记科目明细账 |
| 7 | 登记科目明细账 | 财务经理 | 1. 根据审核后的记账凭证登记科目明细账<br>2. 记账后在记账凭证上签字或盖章 |
| 8 | 登记总账 | 财务经理 | 1. 根据审核后的记账凭证登记总账<br>2. 记账后在记账凭证上签字或盖章 |

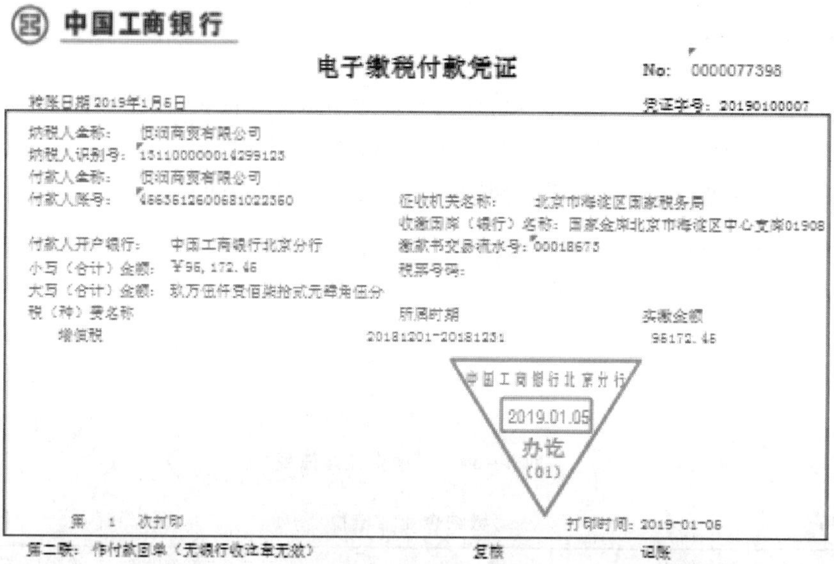
中国工商银行

电子缴税付款凭证

No: 0000077398

转账日期 2019年1月5日　　凭证字号：20190100007

纳税人全称：　恒润商贸有限公司
纳税人识别号：131100000014299123
付款人全称：　恒润商贸有限公司
付款人账号：　4563512600681022360　　征收机关名称：　北京市海淀区国家税务局
收缴国库（银行）名称：国家金库北京市海淀区中心支库01908
付款人开户银行：　中国工商银行北京分行　　缴款书交易流水号：00018673
小写（合计）金额：¥95,172.45　　税票号码：
大写（合计）金额：玖万伍仟壹佰柒拾贰元肆角伍分
税（种）费名称　　所属时期　　实缴金额
增值税　　20181201-20181231　　95172.45

中国工商银行北京分行
2019.01.05
办讫
（01）

第 1 次打印　　打印时间：2019-01-05

第二联：作付款回单（无银行收讫章无效）　　复核　　记账

图 6－35　缴税付款凭证

**记账凭证**

2019年1月5日　　记字 第 013 号

| 摘要 | 总账科目 | 明细账科目 | 借方金额 | 贷方金额 | √ |
|---|---|---|---|---|---|
| 缴纳上期增值税 | 应交税费 | 未交增值税 | 95 172.45 | | |
| | 银行存款 | | | 95 172.45 | |
| | | | | | |
| | | | | | |
| | | | | | |
| 合计 | | | ¥95 172.45 | ¥95 172.45 | |

附件 1 张

财务主管 武晰伊　记账 武晰伊　出纳 吴米竹　审核 武晰伊　制单 吴米竹

图 6－36　记账凭证

## 三、认证增值税抵扣联

1. 任务描述：财务经理将公司的增值税抵扣联收集后，到税务部门进行认证，获得盖章认证的结果通知书后，与抵扣联一并装订。

2. 业务场景：2019 年 1 月 25 日，财务部财务经理整理进项增值税专用发票并对进项增值税专用发票进行抵扣认证。

3. 业务流程图和业务流程步骤，如图 6－37、表 6－37 所示。

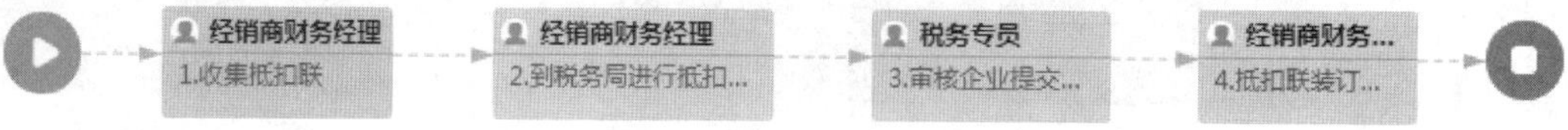


图 6－37　业务流程图

表 6－37　　认证增值税抵扣联

| 编号 | 活动名称 | 角色 | 活动描述－操作指导 |
| --- | --- | --- | --- |
| 1 | 收集抵扣联 | 财务经理 | 统一收集齐抵扣联 |
| 2 | 到税务局进行抵扣认证（图 6－38） | 财务经理 | 将增值税抵扣联送至税务局，进行抵扣认证 |
| 3 | 审核企业提交的进项税抵扣联 | 税务专员 | 对企业提交的进项税抵扣联进行审核，通过后打印认证结果通知书，交给企业办事人员 |
| 4 | 抵扣联装订归档 | 财务经理 | 将从税务局取得的认证结果通知书与抵扣联装订，归档备查 |

## 认证结果通知书

恒润商贸有限公司（单位）：

（纳税人识别号：13110000001429123）

你单位于 2019 年 01 月报送的防伪税控系统开具的专用发票抵扣联共 22 份（不含重复认证和未通过认证的发票份数），认证情况如下（所附清单略）：

| 认证结果 | 发票份数 | 金额 | 税额 |
| --- | --- | --- | --- |
| 通过 | 22 | 13,237,032.00 | 1,784,362.16 |

认证相符

过期认证

请将认证相符的发票抵扣联与通知书装订成册，作为纳税检查的备查资料，认证详细情况请见本通知所附清单。

北京国税第五 税务所

2019 年 01 月 25 日

新道科技股份有限公司　网址：www.seentao.com　电话：4006600599　编码：DJ0152

图 6－38　认证结果通知书

## 四、计提折旧

1. 任务描述：财务经理对固定资产进行折旧计提。
2. 业务场景：2019 年 1 月 25 日，财务部做固定资产业务，如表 6－38 所示。

表 6－38　　　　业务数据

| 固定资产编号 | 固定资产名称 | 使用部门 | 使用年限（月） | 开始使用日期 | 已计提月份 | 原值 | 残值 | 月折旧额 | 累计折旧 | 对应科目 |
|---|---|---|---|---|---|---|---|---|---|---|
| 0100001 | 办公楼 | 企业管理部 | 240 | 2017.9.15 | 15 | 9 000 000.00 | 450 000.00 | 35 625.00 | 534 375.00 | 管理费用 |
| 0100002 | 普通仓库 | 仓储部 | 240 | 2017.9.15 | 15 | 5 400 000.00 | 270 000.00 | 21 375.00 | 320 625.00 | 管理费用 |
| 0300001 | 笔记本电脑 | 企业管理部 | 48 | 2017.9.15 | 15 | 6 000.00 | - | 125.00 | 1 875.00 | 管理费用 |
| 0300002 | 笔记本电脑 | 企业管理部 | 48 | 2017.9.15 | 15 | 6 000.00 | - | 125.00 | 1 875.00 | 管理费用 |
| 0300003 | 笔记本电脑 | 财务部 | 48 | 2017.9.15 | 15 | 6 000.00 | - | 125.00 | 1 875.00 | 管理费用 |
| 0300004 | 笔记本电脑 | 采购部 | 48 | 2017.9.15 | 15 | 6 000.00 | - | 125.00 | 1 875.00 | 管理费用 |
| 0300005 | 笔记本电脑 | 营销部 | 48 | 2017.9.15 | 15 | 6 000.00 | - | 125.00 | 1 875.00 | 销售费用 |
| 0300006 | 笔记本电脑 | 仓储部 | 48 | 2017.9.15 | 15 | 6 000.00 | - | 125.00 | 1 875.00 | 管理费用 |
| 0300019 | 打印复印一体机 | 企业管理部 | 48 | 2017.9.15 | 15 | 24 000.00 | - | 500.00 | 7 500.00 | 管理费用 |
| 合计 | | | | | | 14 460 000.00 | | 58 250.00 | 873 750.00 | |

3. 业务流程图和业务流程步骤，如图 6－39、表 6－39 所示。

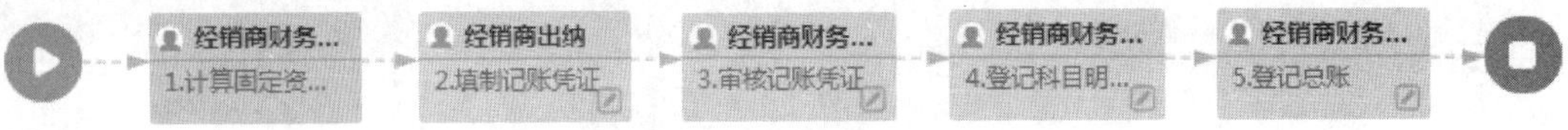


图 6－39　业务流程图

表 6－39　　　　计提折旧

| 编号 | 活动名称 | 角色 | 活动描述－操作指导 |
|---|---|---|---|
| 1 | 计算固定资产折旧（表 6－40） | 财务经理 | 1. 根据固定资产政策及固定资产明细账计提折旧<br>2. 填写固定资产折旧计算表 |
| 2 | 填制记账凭证（图 6－40） | 出纳 | 1. 接收财务经理提供的固定资产折旧计算表<br>2. 根据固定资产折旧计算表填写记账凭证，将折旧计算表粘贴在记账凭证后作为附件<br>3. 将记账凭证交给财务部经理审核 |
| 3 | 审核记账凭证 | 财务经理 | 1. 接收出纳交给的记账凭证，进行审核<br>2. 审核无误，在记账凭证上签字或盖章 |
| 4 | 登记科目明细账 | 财务经理 | 1. 根据记账凭证登记科目明细账<br>2. 记账后在记账凭证上签字或盖章 |
| 5 | 登记总账 | 财务经理 | 1. 根据记账凭证登记总账<br>2. 记账后在记账凭证上签字或盖章 |

表 6－40　　固定资产折旧表

| 固定资产编号 | 固定资产名称 | 使用部门 | 使用年限(月) | 开始使用日期 | 已计提月份 | 原值 | 残值 | 月折旧额 | 累计折旧 | 对应科目 |
|---|---|---|---|---|---|---|---|---|---|---|
| 0100001 | 办公楼 | 企业管理部 | 240 | 2017.9.15 | 15 | 9 000 000.00 | 450 000.00 | 35 625.00 | 534 375.00 | 管理费用 |
| 0100002 | 普通仓库 | 仓储部 | 240 | 2017.9.15 | 15 | 5 400 000.00 | 270 000.00 | 21 375.00 | 320 625.00 | 管理费用 |
| 0300001 | 笔记本电脑 | 企业管理部 | 48 | 2017.9.15 | 15 | 6 000.00 | - | 125.00 | 1 875.00 | 管理费用 |
| 0300002 | 笔记本电脑 | 企业管理部 | 48 | 2017.9.15 | 15 | 6 000.00 | - | 125.00 | 1 875.00 | 管理费用 |
| 0300003 | 笔记本电脑 | 财务部 | 48 | 2017.9.15 | 15 | 6 000.00 | - | 125.00 | 1 875.00 | 管理费用 |
| 0300004 | 笔记本电脑 | 采购部 | 48 | 2017.9.15 | 15 | 6 000.00 | - | 125.00 | 1 875.00 | 管理费用 |
| 0300005 | 笔记本电脑 | 营销部 | 48 | 2017.9.15 | 15 | 6 000.00 | - | 125.00 | 1 875.00 | 销售费用 |
| 0300006 | 笔记本电脑 | 仓储部 | 48 | 2017.9.15 | 15 | 6 000.00 | - | 125.00 | 1 875.00 | 管理费用 |
| 0300019 | 打印复印一体机 | 企业管理部 | 48 | 2017.9.15 | 15 | 24 000.00 | - | 500.00 | 7 500.00 | 管理费用 |
| 合计 | | | | | | 14 460 000.00 | | 58 250.00 | 873 750.00 | |

**记账凭证**

2019年1月25日　　　　记字　第 040 号

| 摘要 | 总账科目 | 明细科目 | 借方金额 | 贷方金额 | √ |
|---|---|---|---|---|---|
| 计提固定资产折旧 | 管理费用 | | 58 125.00 | | |
| | 销售费用 | | 125.00 | | |
| | 累计折旧 | | | 58 250.00 | |
| | | | | | |
| | | | | | |
| 合计 | | | ¥58 250.00 | ¥58 250.00 | |

附件 1 张

财务主管 武炳伊　记账 武炳伊　出纳 吴森竹　审核 武炳伊　制单 吴森竹

图 6－40　记账凭证

## 五、存货核算

1. 任务描述：财务经理对销售出的货物，进行成本核算。

2. 业务场景：2019 年 1 月 25 日，财务部对存货进行月末核算（使用全月平均法），如图 6－41 所示。

新道 教学专用

库存台账

本账页数
本户页数

物料名称：经济型童车　　规格：　　最高存量：
物料编号：P0001　　仓位：　　最低存量：

| 2019 年 | | 凭证号数 | 摘　要 | 入库 | | 出库 | | 结存 | |
|---|---|---|---|---|---|---|---|---|---|
| 月 | 日 | | | 数量 | 单价 | 数量 | 单价 | 数量 | 单价 |
| 1 | 5 | | 期初库存 | | | | | 14 000 | |
| 1 | 5 | | 销售出库 | | | 12 000 | | 2 000 | |
| 1 | 25 | | 采购入库 | 1 200 | | | | 3 200 | |
| 1 | 25 | | 采购入库 | 1 200 | | | | 4 400 | |
| 1 | 25 | | 采购入库 | 1 200 | | | | 5 600 | |
| 1 | 25 | | 采购入库 | 1 200 | | | | 6 800 | |
| 1 | 25 | | 采购入库 | 1 200 | | | | 8 000 | |
| 1 | 25 | | 采购入库 | 1 200 | | | | 9 200 | |
| 1 | 25 | | 采购入库 | 1 200 | | | | 10 400 | |
| | | | | | | | | | |

图 6－41　库存台账

3. 业务流程图和业务流程步骤，如图 6－42、表 6－41 所示。

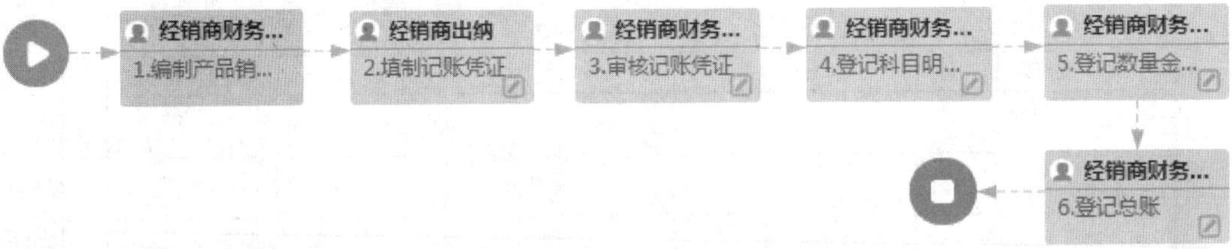


图 6－42　业务流程图

表 6－41　　存货核算

| 编号 | 活动名称 | 角色 | 活动描述－操作指导 |
|---|---|---|---|
| 1 | 编制产品销售成本结转明细表（表 6－42） | 财务经理 | 1. 根据销售出库单汇总销售出库的产品明细数量<br>2. 根据销售数量和库存商品平均单价，编制销售成本结转明细表<br>3. 将单据传递给出纳填制记账凭证 |
| 2 | 填制记账凭证（图 6－43） | 出纳 | 1. 根据产品出库单及销售成本结转明细表反映的业务内容，编制记账凭证，将相关单据粘贴在后面作为附件<br>2. 将记账凭证传递给财务经理审核 |

续表

| 编号 | 活动名称 | 角色 | 活动描述－操作指导 |
|---|---|---|---|
| 3 | 审核记账凭证 | 财务经理 | 1. 审核记账凭证的附件、记账科目、金额、手续是否正确与齐全<br>2. 审核无误在记账凭证上签字或盖章 |
| 4 | 登记科目明细账 | 财务经理 | 1. 根据记账凭证登记科目明细账<br>2. 记账后在记账凭证上签字或盖章 |
| 5 | 登记总账 | 财务经理 | 1. 根据记账凭证登记总账<br>2. 记账后在记账凭证上签字或盖章 |

**表 6－42** 结转明细表

存货名称：经济型童车 单位：辆

| 日期 | 摘要 | 入库 | | | 出库 | | | 结存 | | |
|---|---|---|---|---|---|---|---|---|---|---|
| | | 数量 | 单价 | 金额 | 数量 | 单价 | 金额 | 数量 | 单价 | 金额 |
| 2019/1/5 | 期初 | | | | | | | 14 000 | 992.0000 | 13 888 000.00 |
| 2019/1/5 | 销售出库 | | | | 12 000 | 936.1400 | 11 233 680.00 | 2 000 | | |
| 2019/1/25 | 采购入库 | 1 200 | 870.9655 | 1 045 158.62 | | | | 3 200 | | |
| 2019/1/25 | 采购入库 | 1 200 | 870.9655 | 1 045 158.62 | | | | 4 400 | | |
| 2019/1/25 | 采购入库 | 1 200 | 870.9655 | 1 045 158.62 | | | | 5 600 | | |
| 2019/1/25 | 采购入库 | 1 200 | 870.9655 | 1 045 158.62 | | | | 6 800 | | |
| 2019/1/25 | 采购入库 | 1 200 | 870.9655 | 1 045 158.62 | | | | 8 000 | | |
| 2019/1/25 | 采购入库 | 1 200 | 870.9655 | 1 045 158.62 | | | | 9 200 | | |
| 2019/1/25 | 采购入库 | 1 200 | 870.9655 | 1 045 158.62 | | | | 10 400 | | |
| 2019/1/25 | 采购入库 | 1 200 | 870.9655 | 1 045 158.62 | | | | 11 600 | | |
| 2019/1/25 | 采购入库 | 1 200 | 870.9655 | 1 045 158.62 | | | | 12 800 | | |
| 2019/1/25 | 采购入库 | 1 200 | 870.9655 | 1 045 158.62 | | | | 14 000 | | 13 105 906.20 |
| | | | | | | | | | | |
| | | | | | | | | | | |
| 合计 | | 12 000 | | 10 451 586.20 | | | | | | |

注：全月一次加权平均单价＝936.1379 取两位小数。

记账凭证

2019年1月25日 记字 第 039 号

| 摘要 | 总账科目 | 明细科目 | 借方金额 | 贷方金额 | √ |
|---|---|---|---|---|---|
| 结转销售成本 | 主营业务成本 | | 11 233 680.00 | | |
| | 库存商品 | 经济童车 | | 11 233 680.00 | |
| | | | | | |
| | | | | | |
| | | | | | |
| 合计 | | | ¥11 233 680.00 | ¥11 233 680.00 | |

附件 1 张

财务主管 记账 出纳 审核 制单

图 6－43 记账凭证

## 六、期末账务处理

1. 任务描述：财务经理在月末进行财务核算。

2. 业务场景：2019 年 1 月 25 日，财务部财务经理整理记账凭证，根据科目明细账进行期末账务处理（计提企业所得税、提取法定盈余公积、结转本年利润）。

3. 业务流程图和业务流程步骤，如图 6－44、表 6－43 所示。

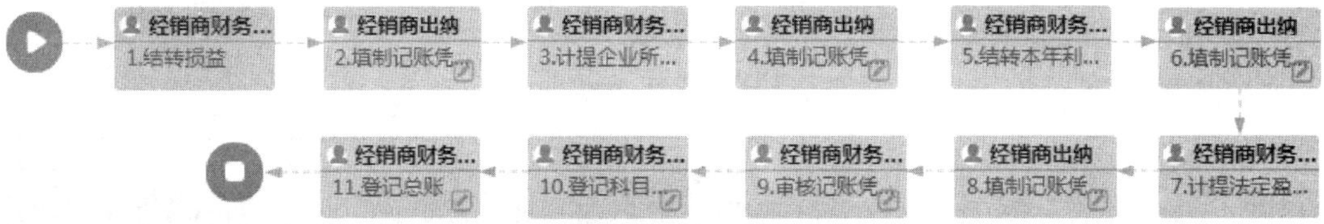


图 6－44　业务流程图

表 6－43　期末账务处理

| 编号 | 活动名称 | 角色 | 活动描述－操作指导 |
|---|---|---|---|
| 1 | 结转损益 | 财务经理 | 1. 汇总损益类发生额，并与总账核对<br>2. 将总账里的损益类科目本期发生额结转致本年利润科目 |
| 2 | 填制记账凭证（图 6－45 至图 6－47） | 出纳 | 收到财务经理的数据填制记账凭证 |
| 3 | 计提企业所得税费用并结转（图 6－48） | 财务经理 | 1. 根据本年利润余额计算企业所得税<br>2. 将计算数额通知出纳填制记账凭证 |
| 4 | 填制记账凭证 | 出纳 | 收到财务经理的数据填制记账凭证 |
| 5 | 结转本年利润 | 财务经理 | 根据本年利润余额，结转至利润分配中 |
| 6 | 填制记账凭证 | 出纳 | 收到财务经理的数据填制记账凭证 |
| 7 | 计提法定盈余公积并结转 | 财务经理 | 1. 按本年净利润（减弥补以前亏损后）的 10% 提取法定盈余公积，法定盈余公积累计额达到注册资本的 50% 时可以不再提取；<br>2. 将提取的法定盈余公积结转至利润分配中 |
| 8 | 填制记账凭证 | 出纳 | 1. 编制计提法定盈余公积凭证和结转凭证<br>2. 提交财务部经理审核 |
| 9 | 审核记账凭证 | 财务经理 | 1. 审核出纳提交的记账凭证是否有误<br>2. 审核无误，在记账凭证上签字或盖章 |
| 10 | 登记科目明细账 | 财务经理 | 1. 根据记账凭证登记科目明细账<br>2. 记账后在记账凭证上签字或盖章 |
| 11 | 登记总账 | 财务经理 | 1. 根据记账凭证登记总账<br>2. 记账后在记账凭证上签字或盖章 |

**记账凭证**

2019年1月25日　　记字　第 041号

| 摘要 | 总账科目 | 明细科目 | 借方金额 | 贷方金额 | √ |
|---|---|---|---|---|---|
| 期末结转收入类 | 主营业务收入 | | 12 438 310.34 | | |
| | 本年利润 | | | 12 438 310.34 | |
| | | | | | |
| | | | | | |
| | | | | | |
| 合计 | | | ¥12 438 310.34 | ¥12 438 310.34 | |

附件　张

财务主管 [illegible]　记账 [illegible]　出纳 [illegible]　审核 [illegible]　制单 [illegible]

图 6 – 45　期末结转损益—收入

**记账凭证**

2019年1月25日　　记字　第 042号

| 摘要 | 总账科目 | 明细科目 | 借方金额 | 贷方金额 | √ |
|---|---|---|---|---|---|
| 期末结转费用类 | 本年利润 | | 12 371 168.60 | | |
| | 主营业务成本 | | | 11 233 680.00 | |
| | 管理费用 | | | 687 363.60 | |
| | 销售费用 | | | 450 125.00 | |
| | | | | | |
| 合计 | | | ¥12 371 168.60 | ¥12 371 168.60 | |

附件　张

财务主管 [illegible]　记账 [illegible]　出纳 [illegible]　审核 [illegible]　制单 [illegible]

图 6 – 46　期末结转损益—费用

**记账凭证**

2019年1月25日　　记字　第 043号

| 摘要 | 总账科目 | 明细科目 | 借方金额 | 贷方金额 | √ |
|---|---|---|---|---|---|
| 计提所得税费用 | 所得税费用 | | 16 785.44 | | |
| | 应交税费 | 应交企业所得税 | | 16 785.44 | |
| | | | | | |
| | | | | | |
| | | | | | |
| 合计 | | | ¥16 785.44 | ¥16 785.44 | |

附件　张

财务主管 [illegible]　记账 [illegible]　出纳 [illegible]　审核 [illegible]　制单 [illegible]

图 6 – 47　计提企业所得税

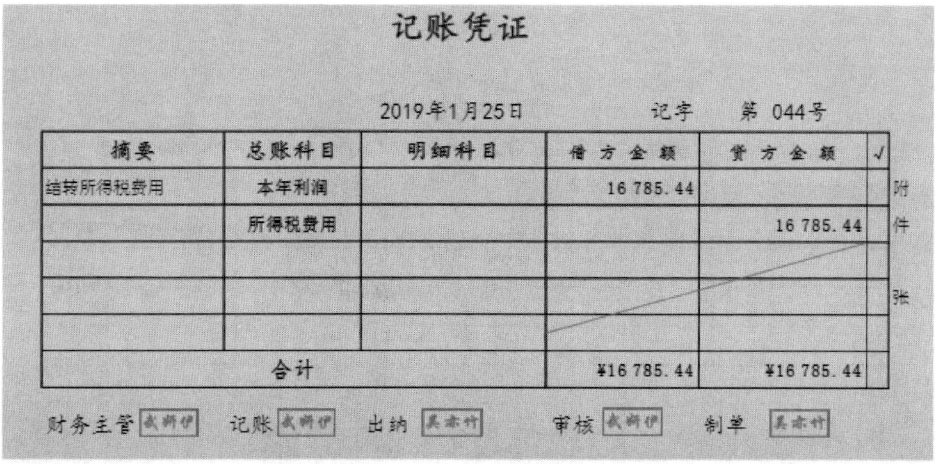

记账凭证

2019年1月25日　　记字　第 044号

| 摘要 | 总账科目 | 明细科目 | 借方金额 | 贷方金额 | √ |
|---|---|---|---|---|---|
| 结转所得税费用 | 本年利润 | | 16 785.44 | | |
| | 所得税费用 | | | 16 785.44 | |
| | | | | | |
| | | | | | |
| | | | | | |
| 合计 | | | ¥16 785.44 | ¥16 785.44 | |

附件　张

财务主管　记账　出纳　审核　制单

图 6－48　结转企业所得税

## 七、编制资产负债表

1. 任务描述：财务经理根据财务数据编制资产负债表。

2. 业务场景：2019 年 1 月 25 日，财务部财务经理根据科目汇总表（表 6－44）编制资产负债表。

表 6－44　科目汇总表

2019 年 1 月 1 日至 2019 年 1 月 31 日

| 会计科目 | 借方金额 | 贷方金额 |
|---|---|---|
| 现金 | | 2 000.00 |
| 银行存款 | 14 428 440.00 | 13 410 359.45 |
| 应收账款 | 14 428 440.00 | 14 428 440.00 |
| 预付账款 | | |
| 其他应收款 | 2 000.00 | |
| 低值易耗品 | | |
| 库存商品 | 10 451 586.20 | 11 233 680.00 |
| 固定资产 | | |
| 累计折旧 | – | 58 250.00 |
| 短期借款 | | |
| 应付账款 | 13 237 032.00 | 13 237 032.00 |
| 预收账款 | | |
| 其他应付款 | 11 131.00 | 11 131.00 |
| 应付工资 | 78 155.00 | 78 155.00 |
| 应付福利费 | | |
| 应交税金 | 1 880 139.25 | 2 007 519.70 |
| 本年利润 | 12 438 310.34 | 12 438 310.34 |
| 利润分配 | 10 071.26 | 55 391.93 |
| 盈余公积金 | | 5 035.63 |
| 主营业务收入 | 12 438 310.34 | 12 438 310.34 |
| 主营业务成本 | 11 233 680.00 | 11 233 680.00 |
| 主营业务税金及附加 | | |
| 管理费用 | 687 363.60 | 687 363.60 |
| 销售费用 | 450 125.00 | 450 125.00 |
| 所得税费用 | 16 785.44 | 16 785.44 |
| 合计 | 91 791 569.43 | 91 791 569.43 |

3. 业务流程图和业务流程步骤，如图 6－49、表 6－45 所示。

**图 6－49 业务流程图**

**表 6－45** **编制资产负债表**

| 编号 | 活动名称 | 角色 | 活动描述－操作指导 |
|---|---|---|---|
| 1 | 编制财务报告 | 财务经理 | 1. 财务经理编制资产负债表，财务报表说明等财务报告相关内容<br>2. 确认无误后在财务报告上签字并盖章<br>3. 将财务报告交给总经理审查并签字盖章 |
| 2 | 审查财务报告 | 总经理 | 1. 总经理审查财务经理编制的财务报告<br>2. 总经理确认无误后在财务报告上签字并盖章 |

**表 6－46** **资产负债表** 会企 01 表

编制单位：恒润商贸有限公司 2019 年 01 月 25 日 单位：元

| 资产 | 行次 | 月末余额 | 年初余额 | 负债及所有者权益 | 行次 | 月末余额 | 年初余额 |
|---|---|---|---|---|---|---|---|
| 流动资产： | | | | 流动负债： | | | |
| 货币资金 | 1 | 5 736 080.55 | 4 720 000.00 | 短期借款 | 31 | | |
| 库存现金 | | 18 000.00 | 20 000.00 | | | | |
| 银行存款 | | 5 718 080.55 | 4 700 000.00 | | | | |
| 短期投资 | 2 | | | 应付票据 | 32 | | |
| 应收票据 | 3 | | | 应付账款 | 33 | | |
| 应收账款 | 4 | | | 预收账款 | 34 | | |
| 预付账款 | 5 | | | 应付职工薪酬 | 35 | 78 155.00 | 78 155.00 |
| 应收股利 | 6 | | | 应交税费 | 36 | 222 552.90 | 95 172.45 |
| 应收利息 | 7 | | | 应付利息 | 37 | | |
| 其他应收款 | 8 | 2 000.00 | | 应付利润 | 38 | | |
| 存货 | 9 | 13 105 906.20 | 13 888 000.00 | 其他应付款 | 39 | | |
| 其中：原材料 | 10 | | | 其他流动负债 | 40 | | |
| 在产品 | 11 | | | 流动负债合计 | 41 | 300 707.90 | 173 327.45 |
| 库存商品 | 12 | 13 105 906.20 | 13 888 000.00 | 非流动负债： | | | |
| 周转材料 | 13 | | | 长期借款 | 42 | | |
| 其他流动资产 | 14 | | | 长期应付款 | 43 | | |
| 流动资产合计 | 15 | 18 843 986.75 | 18 608 000.00 | 递延收益 | 44 | | |
| 非流动资产： | | | | 其他非流动负债 | 45 | | |
| 长期债券投资 | 16 | | | 非流动负债合计 | 46 | 0.00 | 0.00 |
| 长期股权投资 | 17 | | | 负债合计 | 47 | 300 707.90 | 173 327.45 |
| 固定资产原价 | 18 | 14 460 000.00 | 14 460 000.00 | | | | |
| 减：累计折旧 | 19 | 932 000.00 | 873 750.00 | | | | |
| 固定资产账面价值 | 20 | 13 528 000.00 | 13 586 250.00 | | | | |
| 在建工程 | 21 | | | | | | |
| 工程物资 | 22 | | | | | | |
| 固定资产清理 | 23 | | | | | | |
| 生产性生物资产 | 24 | | | 所有者权益（或股东权益）： | | | |
| 无形资产 | 25 | | | 实收资本（或股本） | 48 | 28 000 000.00 | 28 000 000.00 |
| 开发支出 | 26 | | | 资本公积 | 49 | | |
| 长期待摊费用 | 27 | | | 盈余公积 | 50 | 5 035.63 | |
| 其他非流动资产 | 28 | | | 利润分配 | 51 | 4 066 243.22 | 4 020 922.55 |
| 非流动资产合计 | 29 | 13 528 000.00 | 13 586 250.00 | 所有者权益（或股东权益）合计 | 52 | 32 071 278.85 | 32 020 922.55 |
| 资产总计 | 30 | 32 371 986.75 | 32 194 250.00 | 负债和所有者权益（或股东权益）总计 | 53 | 32 371 986.75 | 32 194 250.00 |

## 八、编制利润表

1. 任务描述：财务经理根据财务数据编制利润表。
2. 业务场景：2019 年 1 月 25 日，财务部财务经理编制利润表。
3. 业务流程图和业务流程步骤，如图 6－50、表 6－47 所示。

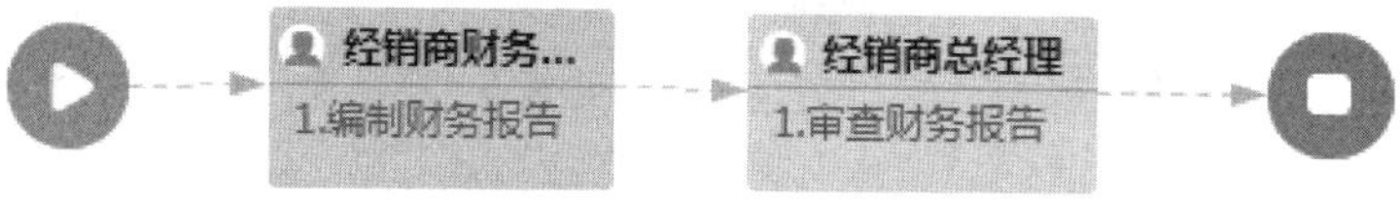


图 6－50　编制利润表

表 6－47　编制利润表

| 编号 | 活动名称 | 角色 | 活动描述－操作指导 |
|---|---|---|---|
| 1 | 编制财务报告 | 财务经理 | 1. 财务经理编制利润表，财务报表说明等财务报告相关内容<br>2. 确认无误后在财务报告上签字并盖章<br>3. 将财务报告交给总经理审查并签字盖章 |
| 2 | 审查财务报告 | 总经理 | 1. 总经理审查财务经理编制的财务报告<br>2. 总经理确认无误后在财务报告上签字并盖章 |

# 第四节　经销商采购业务实训

经销商采购相关业务主要由采购经理和仓储经理完成。采购任务地图，如图 6－51 所示。

## 一、与制造商签订购销合同

1. 任务描述：采购经理与制造业签订购销合同。
2. 业务场景：2019 年 1 月 5 日，根据营销部的销售计划与制造企业签订采购合同。
3. 业务流程图和业务流程步骤，如图 6－52、表 6－48 所示。

**图 6－51　采购任务地图**

**图 6－52　与制造商签订购销合同**

**表 6－48　　与制造商签订购销合同**

| 编号 | 活动名称 | 角色 | 活动描述－操作指导 |
|---|---|---|---|
| 1 | 填写购销合同，填制合同会签单（图 6－53） | 采购经理 | 1. 采购经理填写的购销合同，填写合同会签单<br>2. 采购经理将购销合同和合同会签单送交财务经理审核 |
| 2 | 审核购销合同和合同会签单 | 财务经理 | 1. 收到采购经理交给的购销合同及合同会签单<br>2. 审核购销合同的准确性和合理性<br>3. 财务部经理在合同会签单上签字<br>4. 将购销合同和会签单送至总经理审核 |

续表

| 编号 | 活动名称 | 角色 | 活动描述－操作指导 |
|---|---|---|---|
| 3 | 审核购销合同和合同会签单 | 总经理 | 1. 审核核购销合同的条款、期限、付款信息等是否符合公司要求<br>2. 符合要求在合同会签单上签字<br>3. 审核通过后的核购销合同和合同会签单一同送至行政经理盖章 |
| 4 | 合同盖章（图6－54） | 行政经理 | 1. 接到审核通过的合同会签单，在购销合同上盖章<br>2. 行政经理在公章印鉴使用登记表上登记并签字<br>3. 更新合同管理表－购销合同<br>4. 将购销合同交给采购经理 |
| 5 | 购销合同登记 | 采购经理 | 1. 采购经理将盖章的购销合同登记，并将购销合同交给供应商<br>2. 采购经理更新采购合同执行情况表 |

## 合同会签单

单据编号：GXHT20190100002　　　　会签日期：2019年01月05日

<table>
<tr><td rowspan="2">送签部门</td><td rowspan="2">仓储部</td><td rowspan="2">签约人：陈寒丘</td><td rowspan="2">承办人：陈寒丘</td><td>电话：13800000000</td></tr>
<tr><td>E-mail:</td></tr>
<tr><td>合同名称</td><td colspan="2">经济型童车运输合同</td><td>对方单位</td><td>隆飞物流有限公司</td></tr>
<tr><td>合同主要　内容</td><td colspan="2">运输经济型童车</td><td>合同金额（大写）</td><td>依据采购订单金额确定</td></tr>
<tr><td>业务部门审批意见</td><td colspan="2">部门经理：陈寒丘</td><td colspan="2">日期：2019-01-05</td></tr>
<tr><td>财务部审批意见</td><td colspan="2">部门经理：武妍伊</td><td colspan="2">日期：2019-01-05</td></tr>
<tr><td>总经理　审批意见</td><td colspan="2">总经理：关雅寒<br>（付款金额1万以上的由总经理审批）</td><td colspan="2">日期：2019-01-05</td></tr>
<tr><td>争议解决</td><td colspan="4">依据合同约定处理，存在争议的可以通过法律途径解决。</td></tr>
<tr><td>归档情况</td><td colspan="4">已归档</td></tr>
</table>

**图6－53　合同会签单**

# 购销合同

合同编号：GXHT2019010001

购货单位（甲方）：恒润商贸有限公司

销货单位（乙方）：好佳童车制造有限公司

为了保护买卖双方的合法权益，买卖双方根据《中华人民共和国合同法》的有关规定，经友好协商，一致同意签订本合同，共同遵守。

**第一条** 购销明细：双方就以下产品达成购销合同。

| 序号 | 产品名称 | 规格型号 | 含税单价 | 数量 | 金额（元） | 交货日期 | 付款日期 |
|---|---|---|---|---|---|---|---|
| 1 | 经济型童车 | | 1 010.32 | 1 200 | 1 212 384.00 | 2019-01-25 | 2019-01-25 |
| 2 | | | | | | | |
| 3 | | | | | | | |
| 4 | | | | | | | |
| 5 | | | | | | | |
| 6 | | | | | | | |
| 7 | | | | | | | |
| 8 | | | | | | | |
| 9 | | | | | | | |
| 10 | | | | | | | |
| 11 | | | | | | | |
| 12 | | | | | | | |
| 13 | | | | | | | |
| 14 | | | | | | | |
| 15 | | | | | | | |
| 合计 | | | | | 1 212 384.00 | | |

合同总金额大写人民币：壹佰贰拾壹万贰仟叁佰捌拾肆元整

**第二条** 交货时间与付款时间：交货时间：2019-01-25； 付款时间：2019-01-25

**第三条** 交货地点：甲方指定仓库

**第四条** 付款方式：转账

**第五条** 开票要求：验收后即可



图 6－54 购销合同（1）

**第六条** 付款条件（客户）：收到发票即可付款

**第七条** 收货条件（供应商）：按时交货

**第八条** 运输方式与运输费用：甲方委托物流公司运输，运费由甲方承担

**第九条** 甲方要求乙方通过以下资质认证(选择对应选项)。

□ 不作要求 ◆ IS09000 □ IS014000 ◆ 3C

**第十条** 经济责任：

1、产品品种、质量不符合本合同规定时，甲方拒绝接受，乙方承担相应费用。

2、乙方未按本合同规定的产品数量交货时，发生延期交货的当期，扣除该张订单总额的10%作为违约罚款。对于未能按期交货的部分，可以在三个月之内补齐。如果在三个月之内未能全部交货，未能交货部分甲方不再收货。

**第十一条** 甲、乙任何一方如要求全部或部分注销合同，必须提出充分理由，经双方协商提出注销合同一方须向对方偿付注销合同部分总额10%的补偿金。

**第十二条** 本合同所订一切条款，甲、乙任何一方不得擅自变更或修改。如一方单独变更、改本合同，对方有权拒绝生产或收货，并要求单独变更、修改合同一方赔偿一切损失。

**第十三条** 乙任何一方如确因不可抗力的原因，不能履行本合同时，应及时向对方通知不能履行或须延期履行，部分履行合同的理由。在取得有关机构证明后，本合同可以不履行或延期履行或部分履行，并全部或者部分免予承担违约责任。

**第十四条** 本合同在执行中如发生争议或纠纷，甲、乙双方应协商解决，解决不了时，双方可向仲裁机构申请仲裁或向人民法院提起诉讼（两者选一）。

**第十五条** 本合同自双方签章之日起生效，到乙方将全部订货送齐经甲方验收无误，并按

。

新道科技股份有限公司 网址：www.seentao.com 电话：4006600599 编码：DJ0006 **2/3**

图 6－54 购销合同（2）

**第十六条**　本合同在执行期间，如有未尽事宜，由甲乙双方协商，另订附则附于本合同之内，所有附则在法律上均于本合同同等效力。

**第十七条**　本合同一式两份，由甲、乙双方各执正本一份。

| | |
|---|---|
| 甲方：恒润商贸有限公司　（盖章） | 乙方：好佳童车制造有限公司　（盖章） |
| 法定代表人：关雅寒　（盖章） | 法定代表人：梁天　（盖章） |
| 委托代理人：　（盖章） | 委托代理人：　（盖章） |
| 地址：北京市工体北路112号 | 地址：北京市海淀区北清路6号 |
| 电话：010-64311039 | 电话：010-62437783 |
| 订日期：2019-01-05 | 签订日期：2019-01-05 |

新道科技股份有限公司　网址：www.seentao.com　电话：4006600599　编码：DJ0006　3/3

图 6－54　购销合同（3）

## 二、录入采购订单

1. 任务描述：采购经理依据采购合同填写采购订单。
2. 业务场景：2019 年 1 月 5 日依据采购合同向制造业采购经济型童车并录入采购订单。
3. 业务流程图和业务流程步骤，如图 6－55、表 6－49 所示。

图 6－55　录入采购订单

表 6－49　　录入采购订单

| 编号 | 活动名称 | 角色 | 活动描述－操作指导 |
|---|---|---|---|
| 1 | 在 VBSE 系统中填写采购订单（图 6－56） | 采购经理 | 根据与供应商（制造业）签订好的采购合同，在 VBSE 系统中填写采购订单 |

采　购　订　单

供应商名称：好佳童车制造有限公司　采购类别：普通采购　合同编号：CGHT201901001

付款方式：转账　订单编号：CGDD201901001　制单日期：2019/1/5

| 序号 | 品名 | 规格 | 单位 | 到货时间 | 数量 | 单价 | 折扣率 | 金额小计 |
|---|---|---|---|---|---|---|---|---|
| 1 | 经济型童车 | | 辆 | 2019-01-05 | 1 200 | 1 010.32 | | 1 212 384.00 |
| 2 | | | | | | | | |
| 3 | | | | | | | | |
| 4 | | | | | | | | |
| 5 | | | | | | | | |
| | 金额合计 | （大写）壹佰贰拾壹万贰仟叁佰捌拾肆元整 | | | （小写）：1 212 384.00 | | | |
| | 备注 | | | | | | | |

第一联：仓储部留存

采购部经理：范易龙　采购员：范易龙

图 6－56　采购订单

## 三、接到发货单

1. 任务描述：采购经理接到供应商的发货通知并通知仓储经理准备收货。
2. 业务场景：2019 年 1 月 5 日，经销商接到制造业发货通知。
3. 业务流程图和业务流程步骤，如图 6－57、表 6－50 所示。

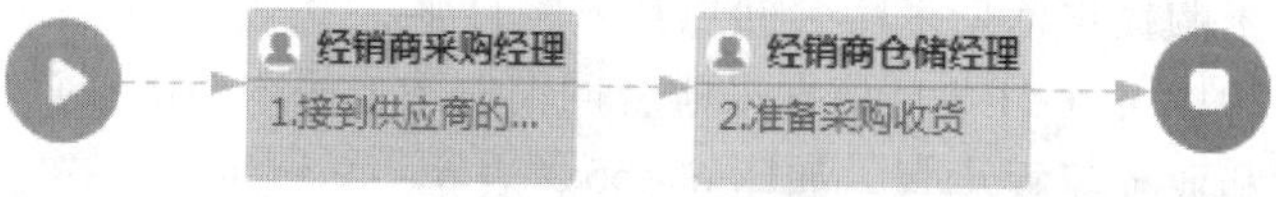


图 6－57　接到发货单

表 6－50 接到发货单

| 编号 | 活动名称 | 角色 | 活动描述－操作指导 |
| --- | --- | --- | --- |
| 1 | 接到供应商的发货通知（图 6－58） | 采购经理 | 1. 收到供应商的发货单<br>2. 将发货单发送给仓储部经理 |
| 2 | 准备采购收货 | 仓储经理 | 依据发货单准备采购收货 |

**发货通知单**

| | | | | | |
| --- | --- | --- | --- | --- | --- |
| 单据编号 | FT2019010011 | | | | |
| 销售订单编号 | SO190001 | 客户名称 | 恒润商贸有限公司 | 计划交货日 | 20190105 |
| 计划发货日 | 2019/1/5 | 发货仓库 | 普通仓库 | 发货地址 | 北京市温泉北路 623 号 |
| 发货联系人 | | 联系人部门 | 营销部 | | |
| | | | | | |
| 存货名称 | 规格 | 数量 | 单位 | 备注 | |
| 经济型童车 | | 1 200 | 辆 | | |
| | | | | | |
| | | | | | |
| 合计 | | 1 200 | | | |
| 制单人 | 刘思羽 | | 制单日期 | 2019/1/5 | |

图 6－58 发货通知单

## 四、向物流下达运输订单

1. 任务描述：仓储经理依据发货单填写运输订单，传至物流公司。

2. 业务场景：2019 年 1 月 5 日，经销商向物流企业下达运输订单，订单如表 6－51 所示。

表 6－51 订单信息 单位：元

| 存货编码 | 存货名称 | 数量 | 单位 | 含税单价 | 金额 | 到货日期 |
| --- | --- | --- | --- | --- | --- | --- |
| P0001 | 经济型童车 | 1 200 | 辆 | 1 010.32 | 1 212 384.00 | 1 月 25 日 |

3. 业务流程图和业务流程步骤，如图 6－59、表 6－52 所示。

图 6－59 向物流下达运输订单

表 6－52　　向物流下达运输订单

| 编号 | 活动名称 | 角色 | 活动描述－操作指导 |
|---|---|---|---|
| 1 | 填写业务运输订单并审核（图 6－60） | 仓储经理 | 1. 接收采购经理发来的供应商发货单<br>2. 根据供应商的发货通知单填写业务运输订单并审核<br>3. 将运输订单传至物流公司 |

**运输订单**

运输订单号：ysdd2019010011

| | | | | | | | | | |
|---|---|---|---|---|---|---|---|---|---|
| 托运人 | 恒润商贸有限公司 | 地址 | 北京市工体北路 112 号 | 电话 | 010-64311039 | 邮编 | 100027 | 装货地址 | 北京市工体北路 112 号 |
| 收货人 | 恒润商贸有限公司 | 地址 | 北京市工体北路 112 号 | 电话 | 010-64311039 | 邮编 | 100094 | 卸货地点 | 北京市海淀区北清路 6 号 |
| 取货时间 | 20190105 | 到货时间 | 20190105 | 是否取送 | 取货 送货（可选取货 送货） | 签单返回 | 运单 客户单据（可选运单，客户单据） | 需要车种 | 半挂式货车 |
| 序号 | 货品名称 | 单位 | 体积（立方米） | 重量（公斤） | 数量 | 备注 | 费用 | | |
| 1 | 经济型童车 | 辆 | | | 1 200 | | 运费 | 60 619.20 | |
| 2 | | | | | | | 杂费 | | |
| 3 | | | | | | | 保险费 | | |
| 4 | | | | | | | | | |
| 5 | | | | | | | | | |
| 合计 | | | | | 1 200 | | 运杂费合计 | ¥60 619.20 | |
| *结算方式 | 托运人现结　托运人月结　收货人现结　收货人月结　第三方付费（可选） | | | | | 预收款 | | 付费账号 | 4563512600681022350 |

*制单人　　　　*受理日期　20190105　　　　*受理单位：　隆飞物流有限责任公司

图 6－60　运输订单

## 五、到货并办理入库

1. 任务描述：仓储经理接到物流的运单，核对无误后，完成入库和记账。
2. 业务场景：2019 年 1 月 25 日，根据采购部的到货通知收货。
3. 业务流程图和业务流程步骤，如图 6－61、表 6－53 所示。

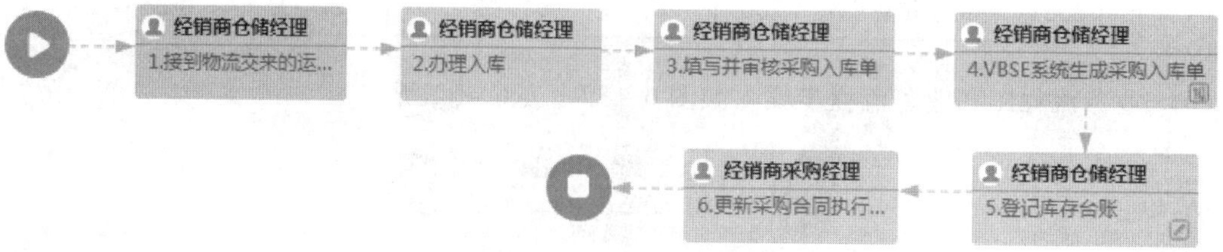


图 6－61　到货并办理入库

**表 6 - 53**　　　　到货并办理入库

| 编号 | 活动名称 | 角色 | 活动描述 - 操作指导 |
|---|---|---|---|
| 1 | 接到物流交来的运单 | 仓储经理 | 1. 接收物流交来的运单（一式三联）<br>2. 对照货物检查无误签字确认后<br>3. 留下运单的存根联和记账联 |
| 2 | 办理入库 | 仓储经理 | 依据采购订单、供应商发货单和物流运单办理入库业务 |
| 3 | 填写并审核采购入库单（图 6 - 62） | 仓储经理 | 1. 填写并审核采购入库单<br>2. 将入库信息传递给营销部经理 |
| 4 | VBSE 系统生成采购入库单 | 仓储经理 | 在 VBSE 系统中生成采购入库单 |

## 入库单

制单日期　：2019. 1. 25　　　　仓库　：普通仓库

供应商名称　：好佳童车制造有限公司　　　　货主单位　：恒润商贸有限公司

单据编号　：CGRK201901001　　　　采购订单号　：CGDD201901001

| 序号 | 品名 | 规格型号 | 单位 | 入库时间 | 数量 | 备注 |
|---|---|---|---|---|---|---|
| 1 | 经济型童车 | | 辆 | 2019. 1. 25 | 1 200 | |
| 2 | | | | | | |
| 3 | | | | | | |
| 4 | | | | | | |
| 5 | | | | | | |
| 合计 | | | | | 1 200 | |

第一联：仓储联

仓储部经理：陈寒丘　　　　仓管员：

## 库存台账

本账页
数本户
页数

物料名称：经济型童车　　规格：　　最高存量：

物料编号：P0001　　仓位：　　最低存量：

| 2019 年 | | 凭证号数 | 摘要 | 入库 | | 出库 | | 结存 | |
|---|---|---|---|---|---|---|---|---|---|
| 月 | 日 | | | 数量 | 单价 | 数量 | 单价 | 数量 | 单价 |
| 1 | 5 | | 期初库存 | | | | | 14 000 | |
| 1 | 5 | | 销售出库 | | | 12 000 | | 2 000 | |
| 1 | 25 | | 采购入库 | 1 200 | | | | 3 200 | |
| 1 | 25 | | 采购入库 | 1 200 | | | | 4 400 | |
| 1 | 25 | | 采购入库 | 1 200 | | | | 5 600 | |
| 1 | 25 | | 采购入库 | 1 200 | | | | 6 800 | |
| 1 | 25 | | 采购入库 | 1 200 | | | | 8 000 | |
| 1 | 25 | | 采购入库 | 1 200 | | | | 9 200 | |
| 1 | 25 | | 采购入库 | 1 200 | | | | 10 400 | |
| 1 | 25 | | 采购入库 | 1 200 | | | | 11 600 | |
| 1 | 25 | | 采购入库 | 1 200 | | | | 12 800 | |
| 1 | 25 | | 采购入库 | 1 200 | | | | 14 000 | |
| | | | | | | | | | |
| | | | | | | | | | |
| | | | | | | | | | |

图 6 - 62　入库单和库存台账

## 六、收到运费发票并支付

1. 任务描述：仓储经理接到物流的运费增值税专用发票，依据增值税发票信息提交付款申请，财务部付款并记账。

2. 业务场景：2019 年 1 月 25 日，收到物流公司运输费用发票。根据收到的运输发票填写付款申请单，审核通过后提交财务，财务根据审核的付款申请单进行付款。

3. 业务流程图和业务流程步骤，如图 6－63、表 6－54 所示。

图 6－63　收到运费发票并支付

表 6－54　　收到运费发票并支付

| 编号 | 活动名称 | 角色 | 活动描述－操作指导 |
|---|---|---|---|
| 1 | 收到当次的运费专用发票（图 6－64） | 仓储经理 | 1. 收到物流公司开具的运输费用发票<br>2. 将发票信息登记到发票记录表上（发票号、开票单位、金额、日期、到期日等）<br>3. 确认发票信息无误后交给财务经理审核 |
| 2 | 审核运输费发票 | 财务经理 | 1. 审核收到的运输费用发票<br>2. 将发票抵扣联留档<br>3. 将发票记账联传递给出纳填制记账凭证 |
| 3 | 填制记账凭证 | 出纳 | 1. 接收运输费用发票记账联<br>2. 根据发票金额填制记账凭证，将发票记账联粘在记账凭证后作为附件<br>3. 将记账凭证传递给财务经理审核 |
| 4 | 审核记账凭证 | 财务经理 | 1. 审核出纳填制的记账凭证并对照相关附件检查是否正确<br>2. 审核无误，在记账凭证上签字或盖章 |
| 5 | 登记科目明细账 | 财务经理 | 1. 根据记账凭证登记科目明细账<br>2. 记账后在记账凭证上签字或盖章 |
| 6 | 登记总账 | 财务经理 | 1. 根据记账凭证登记总账<br>2. 记账后在记账凭证上签字或盖章 |
| 7 | 填写付款申请单（图 6－65） | 仓储经理 | 1. 查看发票记录表，确认未支付的运输费增值税专用发票信息<br>2. 对照记录表上的未支付发票信息填写付款申请单<br>3. 将付款申请提交给财务经理审核 |

续表

| 编号 | 活动名称 | 角色 | 活动描述 - 操作指导 |
| --- | --- | --- | --- |
| 8 | 审核付款申请 | 财务经理 | 1. 审核付款申请单和发票金额是否一致，确认无误后在付款申请上签字<br>2. 将付款申请交仓储经理传递给总经理审核 |
| 9 | 审核付款申请 | 总经理 | 1. 审核付款申请单，确认无误后在申请单上签字<br>2. 将付款申请交还给仓储经理传递给出纳安排付款 |
| 10 | 办理网银付款 | 出纳 | 1. 收到仓储经理转交的批复后的付款申请单<br>2. 确认后对照付款申请办理网银付款 |
| 11 | 编制记账凭证 | 出纳 | 1. 编制记账凭证<br>2. 将电汇回单粘贴到记账凭证后面<br>3. 将记账凭证交财务经理审核 |
| 12 | 审核记账凭证 | 财务经理 | 1. 审核出纳填制的记账凭证并对照相关附件检查是否正确<br>2. 审核无误，在记账凭证上签字或盖章<br>3. 将确认后的记账凭证传递给出纳登记日记账 |
| 13 | 登记日记账 | 出纳 | 1. 根据记账凭证登记银行存款日记账<br>2. 记账后在记账凭证上签字或盖章<br>3. 将记账凭证传递给财务经理登记科目明细账 |
| 14 | 登记科目明细账 | 财务经理 | 1. 根据记账凭证登记科目明细账<br>2. 记账后在记账凭证上签字或盖章 |
| 15 | 登记总账 | 财务经理 | 1. 根据记账凭证登记总账<br>2. 记账后在记账凭证上签字或盖章 |

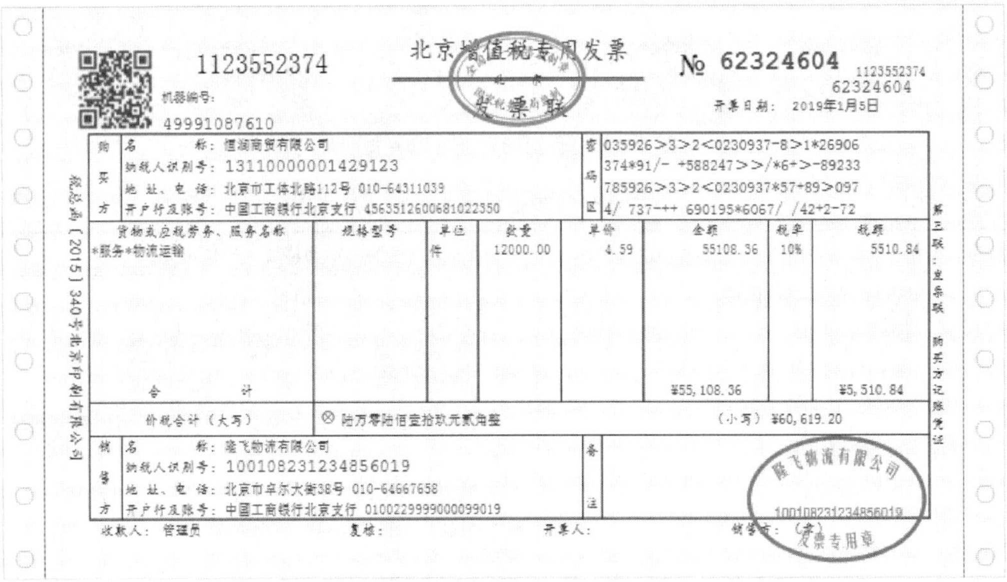
北京增值税专用发票

1123552374　　No 62324604　　1123552374　62324604

机器编号：499910876100　　开票日期：2019年1月5日

购买方　名　　称：恒润商贸有限公司
纳税人识别号：131100000001429123
地 址、电 话：北京市工体北路112号 010-64311039
开户行及账号：中国工商银行北京支行 4563512600681022350

密码区　035926>3>2<0230937-8>1*26906
374*91/- +588247>>/*6+>-89233
785926>3>2<0230937*57+89>097
4/ 737-++ 690195*6067/ /42+2-72

| 货物或应税劳务、服务名称 | 规格型号 | 单位 | 数量 | 单价 | 金额 | 税率 | 税额 |
| --- | --- | --- | --- | --- | --- | --- | --- |
| *服务*物流运输 | | 件 | 12000.00 | 4.59 | 55108.36 | 10% | 5510.84 |
| 合　计 | | | | | ¥55,108.36 | | ¥5,510.84 |

价税合计（大写）⊗陆万零陆佰壹拾玖元贰角整　　（小写）¥60,619.20

销售方　名　　称：隆飞物流有限公司
纳税人识别号：100108231234856019
地 址、电 话：北京市卓尔大街38号 010-64667658
开户行及账号：中国工商银行北京支行 0100229999000099019

备注

收款人：管理员　　复核：　　开票人：　　销售方：（章）

税总函〔2015〕340号北京印制有限公司

第三联：发票联 购买方记账凭证

图 6 – 64　运费发票

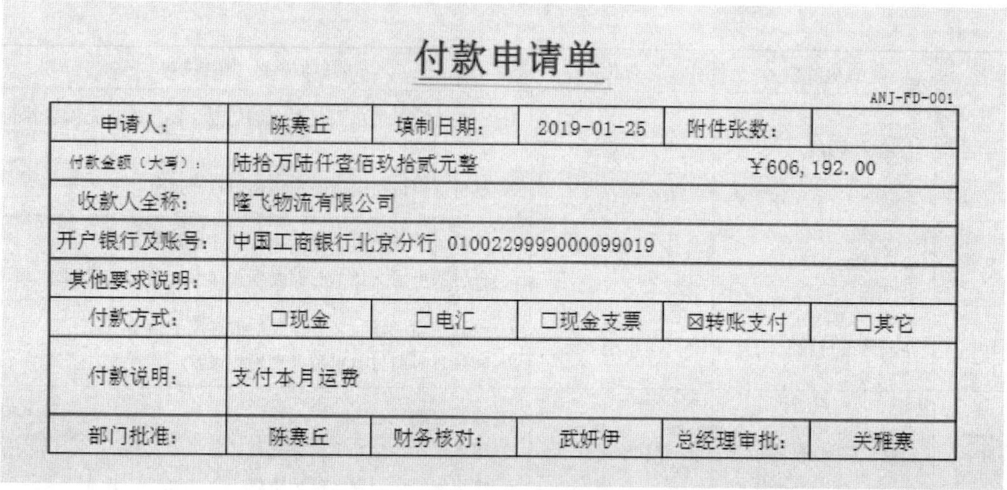

付款申请单

ANJ-FD-001

| | | | | | |
|---|---|---|---|---|---|
| 申请人： | 陈寒丘 | 填制日期： | 2019-01-25 | 附件张数： | |
| 付款金额（大写）： | 陆拾万陆仟壹佰玖拾贰元整 | | | ￥606, 192.00 | |
| 收款人全称： | 隆飞物流有限公司 | | | | |
| 开户银行及账号： | 中国工商银行北京分行 0100229999000099019 | | | | |
| 其他要求说明： | | | | | |
| 付款方式： | □现金 | □电汇 | □现金支票 | ☒转账支付 | □其它 |
| 付款说明： | 支付本月运费 | | | | |
| 部门批准： | 陈寒丘 | 财务核对： | 武妍伊 | 总经理审批： | 关雅寒 |

图 6－65　付款申请书

## 七、收到制造业发票并支付

1. 任务描述：采购经理接到供应商的销售增值税专用发票，依据增值税发票信息提交付款申请，财务部付款并记账。

2. 任务场景：2019 年 1 月 25 日，收到制造业的销售发票。根据收到的采购增值税专业发票填写付款申请单，审核通过后提交财务，财务根据审核的付款申请单进行付款。

3. 业务流程图和业务流程步骤，如图 6－66、表 6－55 所示。

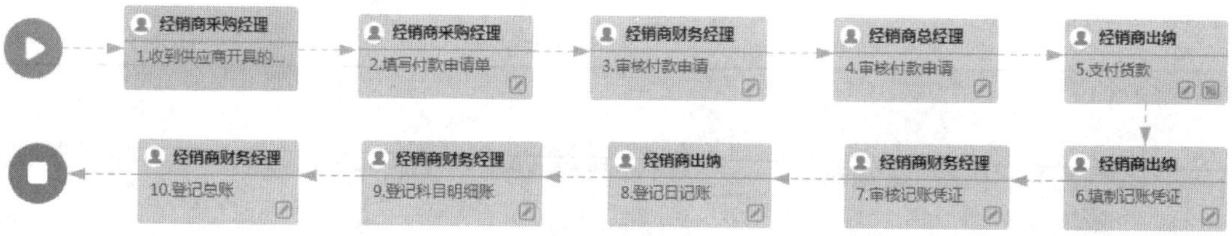


图 6－66　收到制造业发票并支付

表 6－55　　　　　　　　　　收到制造业发票并支付

| 编号 | 活动名称 | 角色 | 活动描述－操作指导 |
|---|---|---|---|
| 1 | 收到供应商开具的增值税专用发票（图 6－67） | 采购经理 | 1. 收到供应商开具的增值税专用发票<br>2. 将发票信息登记到发票记录表上（发票号、开票单位、金额、日期、到期日等） |
| 2 | 填写付款申请单（图 6－68） | 采购经理 | 1. 查看发票记录表，确认未支付的供应商增值税专用发票信息<br>2. 对照记录表上的未支付发票信息填写付款申请单<br>3. 将付款申请提交给财务经理审核 |

续表

| 编号 | 活动名称 | 角色 | 活动描述－操作指导 |
|---|---|---|---|
| 3 | 审核付款申请 | 财务经理 | 1. 审核收到的增值税专用发票，与相关采购入库单进行对比，确定发票上的数量金额与入库单相符。<br>2. 将发票抵扣联留档<br>3. 将付款申请交采购经理传递给总经理审核 |
| 4 | 审核付款申请 | 总经理 | 1. 审核付款申请单，确认无误后在申请单上签字<br>2. 将付款申请交还给采购经理传递给出纳安排付款 |
| 5 | 支付货款 | 出纳 | 1. 收到采购经理转交的批复后的付款申请单<br>2. 确认后在 VBSE 系统中办理网银支付<br>3. 转账后到银行打印回单做为转账支付凭证 |
| 6 | 填制记账凭证 | 出纳 | 1. 出纳根据审核的付款申请单和银行回单填制记账凭证<br>2. 将银行回单和付款申请单粘贴在记账凭证后作为附件<br>3. 将记账凭证传递给财务经理审核 |
| 7 | 审核记账凭证 | 财务经理 | 1. 审核出纳编制的记账凭证并对照相关附件检查是否正确<br>2. 审核无误，在记账凭证上签字或盖章<br>3. 将确认后的记账凭证传递给出纳登记日记账 |
| 8 | 登记日记账 | 出纳 | 1. 根据记账凭证登记银行存款日记账<br>2. 记账后在记账凭证上签字或盖章<br>3. 将记账凭证传递给财务经理登记科目明细账 |
| 9 | 登记科目明细账 | 财务经理 | 1. 根据记账凭证登记科目明细账<br>2. 记账后在记账凭证上签字或盖章 |
| 10 | 登记总账 | 财务经理 | 1. 根据记账凭证登记总账<br>2. 记账后在记账凭证上签字或盖章 |

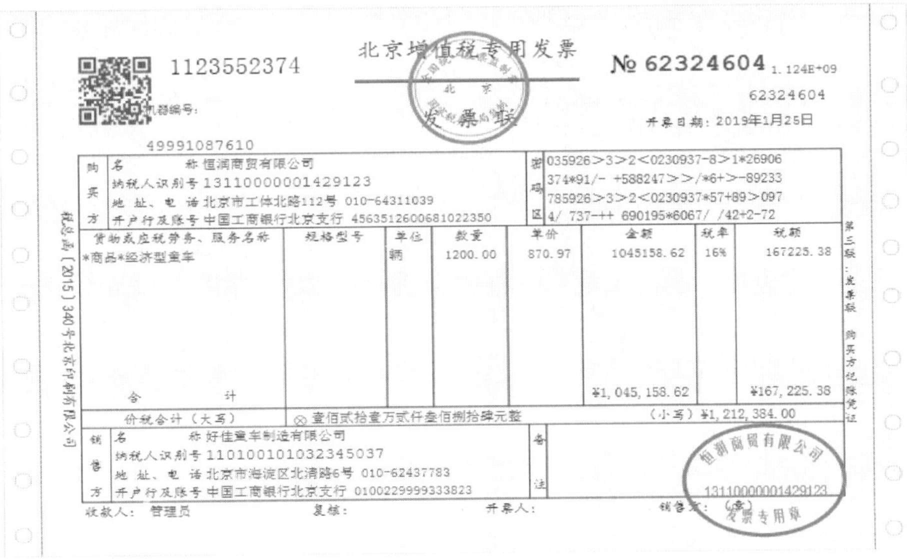

1123552374　　北京增值税专用发票　　№ 62324604　1.124E+09

发票联　　62324604

机器编号：　　开票日期：2019年1月25日

499910876l0

| 购买方 | 名　　称 恒润商贸有限公司<br>纳税人识别号 131100000001429123<br>地 址、电 话 北京市工体北路112号 010-64311039<br>开户行及账号 中国工商银行北京支行 456351260068l022350 | 密码区 | 035926>3>2<0230937-8>1*26906<br>374*91/- +588247>>/*6+>-89233<br>785926>3>2<0230937*57+89>097<br>4/ 737-++ 690195*6067/ /42+2-72 |
|---|---|---|---|

| 货物或应税劳务、服务名称 | 规格型号 | 单位 | 数量 | 单价 | 金额 | 税率 | 税额 |
|---|---|---|---|---|---|---|---|
| *商品*经济型童车 | | 辆 | 1200.00 | 870.97 | 1045158.62 | 16% | 167225.38 |
| 合　　计 | | | | | ¥1,045,158.62 | | ¥167,225.38 |
| 价税合计（大写） | ⊗壹佰贰拾壹万贰仟叁佰捌拾肆元整 | | | | （小写）¥1,212,384.00 | | |

| 销售方 | 名　　称 好佳童车制造有限公司<br>纳税人识别号 110100101032345037<br>地 址、电 话 北京市海淀区北清路6号 010-62437783<br>开户行及账号 中国工商银行北京支行 0100229999333823 | 备注 | |
|---|---|---|---|

收款人：管理员　　复核：　　开票人：　　销售方：（章）

税总函〔2015〕340号北京印制有限公司

第三联：发票联　购买方记账凭证

恒润商贸有限公司 131100000001429123 发票专用章

图 6－67　制造业增值税发票

付款申请单

ANJ-FD-001

| | | | | | |
|---|---|---|---|---|---|
| 申请人： | 范易龙 | 填制日期： | 2019-01-25 | 附件张数： | 1 |
| 付款金额（大写）： | 壹佰贰拾壹万贰仟叁佰捌拾肆元整 | | | ￥1 212 384.00 | |
| 收款人全称： | 好佳童车制造有限公司 | | | | |
| 开户银行及账号： | 中国工商银行北京分行 955885678901234 | | | | |
| 其他要求说明： | 发票已收 | | | | |
| 付款方式： | □现金 | □电汇 | □现金支票 | ☒转账支付 | □其它 |
| 付款说明： | | | | | |
| 部门批准： | | 财务核对： | 武妍伊 | 总经理审批： | 关雅寨 |

图 6-68　付款申请书

# 第七章

# 工贸企业业务实训

**期初数据具体如下：**

1. 组织机构，如表 7－1 所示。

**表 7－1　　组织机构**

| 企业法定中文名称 | 办公电话 | 简称 | 注册资金 | 企业注册登记日期 | 企业法定代表人 | 企业注册地址 | 企业法人营业执照注册号 | 邮政编码 | 开户银行 | 银行账号 |
|---|---|---|---|---|---|---|---|---|---|---|
| 恒通工贸有限公司 | 010－51062888 | 恒通 | 4 500 000 | 2015/1/4 | 张艳 | 小红门路 45 号 | 110000001012587 | 100076 | 中国工商银行 | 0100229999000099015 |
| 邦尼工贸有限公司 | 021－60423018 | 邦尼 | 4 500 000 | 2015/1/4 | 张伟 | 曙光西街 722 号 | 110106311235740 | 100070 | 中国工商银行 | 0100229999000099016 |
| 思远工贸有限公司 | 020－51012837 | 思远 | 4 500 000 | 2015/1/4 | 何聪 | 顾家庄中路 147 号 | 110020001012524 | 100076 | 中国工商银行 | 0100229999000099017 |
| 新耀工贸有限公司 | 028－62500499 | 新耀 | 4 500 000 | 2015/1/4 | 王敏 | 静远东街 151 号 | 110113050173019 | 101300 | 中国工商银行 | 0100229999000099018 |

2. 部门信息，如表 7－2 所示。

**表 7－2　　部门信息**

| 部门编号 | 部门名称 |
|---|---|
| bm0301 | 企业管理部 |
| bm0302 | 业务部 |
| bm0303 | 财务部 |

3. 岗位信息，如表 7 - 3 所示。

表 7 - 3　　岗位信息

| 部门名称 | 岗位名称 | 角色名称 |
|---|---|---|
| 企业管理部 | 总经理 | 商贸总经理 |
| 企业管理部 | 行政经理 | 商贸行政经理 |
| 业务部 | 业务经理 | 商贸业务经理 |
| 财务部 | 财务经理 | 商贸财务经理 |

4. 存货信息，如表 7 - 4 所示。

表 7 - 4　　存货信息

| 存货编码 | 存货类型 | 存货名称 | 规格 | 计量单位 | 存货占用存储单位 | 库存量 |
|---|---|---|---|---|---|---|
| B0001 | 原材料 | 钢管 | Φ 外 16/Φ 内 11/L5000（mm） | 根 | 2 | |
| B0002 | 原材料 | 镀锌管 | Φ 外 16/Φ 内 11/L5000（mm） | 根 | 2 | |
| B0003 | 原材料 | 坐垫 | HJM500 | 个 | 4 | |
| B0004 | 原材料 | 记忆太空棉坐垫 | HJM0031 | 个 | 4 | |
| B0005 | 原材料 | 车篷 | HJ72 × 32 × 40 | 个 | 2 | |
| B0006 | 原材料 | 车轮 | HJΦ 外 125/Φ 内 60 mm | 个 | 1 | |
| B0007 | 原材料 | 经济型童车包装套件 | HJTB100 | 套 | 2 | |
| B0008 | 原材料 | 数控芯片 | MCX3154A | 片 | 1 | |
| B0009 | 原材料 | 舒适型童车包装套件 | HJTB200 | 套 | 2 | |
| B0010 | 原材料 | 豪华型童车包装套件 | HJTB300 | 套 | 2 | |

5. 库存现金、银行信息，如表 7 - 5 所示。

表 7 - 5　　库存现金、银行信息

| 编码 | 企业法定中文名称 | 库存现金 | 银行存款 | 开户银行 | 银行账号 |
|---|---|---|---|---|---|
| 0301 | 恒通工贸有限公司 | 20 000 | 4 500 000 | 中国工商银行 | 0100229999000099015 |
| 0302 | 邦尼工贸有限公司 | 20 000 | 4 500 000 | 中国工商银行 | 0100229999000099016 |
| 0303 | 思远工贸有限公司 | 20 000 | 4 500 000 | 中国工商银行 | 0100229999000099017 |
| 0304 | 新耀工贸有限公司 | 20 000 | 4 500 000 | 中国工商银行 | 0100229999000099018 |

6. 仓库信息，如表 7 - 6 所示。

表 7 - 6　　仓库信息

| 仓库类型 | 使用年限（年） | 仓库面积（平方米） | 仓库容积（立方米） | 仓库总存储单位 | 售价（万元） | 存放产品 |
|---|---|---|---|---|---|---|
| 普通仓库 | 30 | 500 | 3 000 | 300 000 | 600 | 原材料：钢管、坐垫、车篷、车轮、包装套件、镀锌管、记忆太空棉坐垫、数控芯片、舒适型童车包装套件、豪华型童车包装套件<br>半成品：经济型童车车架、舒适型童车车架、豪华型童车车架、<br>成品：经济型童车、舒适型童车、豪华型童车 |

7. 供应商信息，如表 7 –7 所示。

**表 7 –7　　供应商信息**

| 企业法定中文名称 | 办公电话 | 简称 | 注册资金 | 企业注册登记日期 | 企业法定代表人 | 企业注册地址 | 企业法人营业执照注册号 | 邮政编码 | 开户银行 | 银行账号 |
|---|---|---|---|---|---|---|---|---|---|---|
| 湖北丽华五金制品有限公司 | 027 –83445068 | 丽华五金 | 1 000 000 | 2015/1/4 | | 湖北武汉市武昌新河街幸福里小区 7 | 420100210129462 | 430060 | 中国工商银行 | 4563512600681022355 |

8. 客户信息，如表 7 –8 所示。

**表 7 –8　　客户信息**

| 企业法定中文名称 | 办公电话 | 简称 | 注册资金 | 企业注册登记日期 | 企业法定代表人 | 企业注册地址 | 企业法人营业执照注册号 | 邮政编码 | 开户银行 | 银行账号 |
|---|---|---|---|---|---|---|---|---|---|---|
| 宝乐童车制造有限公司 | 010 –6234 –5678 | 宝乐 | 15 000 000 | 2015/1/4 | 赵成 | 永定路 66 号 | 110108809018632 | 102202 | 中国工商银行 | 0100229999000099001 |
| 小精灵童车制造有限公司 | 010 –6234 –5679 | 小精灵 | 15 000 000 | 2015/1/4 | 钱乾 | 越秀东路 45 号 | 110108809018633 | 102202 | 中国工商银行 | 0100229999000099002 |
| 童飞童车制造有限公司 | 010 –6234 –5680 | 童飞 | 15 000 000 | 2015/1/4 | 孙鸿铭 | 康安北街 5 号 | 110108809018634 | 102202 | 中国工商银行 | 0100229999000099003 |
| 爱贝尔童车制造有限公司 | 021 –6234 –5681 | 爱贝尔 | 15 000 000 | 2015/1/4 | 李刚 | 新园西路 666 号 | 110108809018635 | 102202 | 中国工商银行 | 0100229999000099004 |
| 豆豆熊童车制造有限公司 | 021 –6234 –5682 | 豆豆熊 | 15 000 000 | 2015/1/4 | 周星星 | 武强北路 722 号 | 110108809018636 | 102202 | 中国工商银行 | 0100229999000099005 |
| 五彩梦童车制造有限公司 | 020 –6234 –5683 | 五彩梦 | 15 000 000 | 2015/1/4 | 吴梦 | 天河北路 11 号 | 110108809018637 | 102202 | 中国工商银行 | 0100229999000099006 |
| 慧聪童车制造有限公司 | 020 –62345684 | 慧聪 | 15 000 000 | 2015/1/4 | 武岳 | 沿江中街 144 号 | 110108809018638 | 102202 | 中国工商银行 | 0100229999000099007 |
| 迪士博童车制造有限公司 | 020 –62345685 | 迪士博 | 15 000 000 | 2015/1/4 | 郑文 | 漕溪中路 211 号 | 110108809018639 | 102202 | 中国工商银行 | 0100229999000099008 |
| 宝贝快长童车制造有限公司 | 028 –62345686 | 宝贝快长 | 15 000 000 | 2015/1/4 | 王伟 | 天仙桥北路 55 号 | 110108809018640 | 102202 | 中国工商银行 | 0100229999000099009 |
| 伊拉贝莎童车制造有限公司 | 028 –62345687 | 伊拉贝莎 | 15 000 000 | 2015/1/4 | 朱玖 | 共和中路 158 号 | 110108809018641 | 102202 | 中国工商银行 | 0100229999000099010 |

# 第一节 工贸企业采购业务实训

工贸企业采购业务，任务地图如图 7－1 所示。

图 7－1 任务地图

## 一、下达采购订单

1. 业务概述：向虚拟供应商下达采购订单。

2. 业务场景：2019 年 1 月 5 日，工贸企业根据制造业的采购订单，向虚拟供应商下达采购订单。

3. 业务数据：工贸企业与虚拟材料供应商所签订合同的材料数量如表 7－9 所示（注：T 代表工贸企业开课组数，M 代表制造企业开课组数，参考答案以 4 组工贸企业、10 组制造企业为例）。

表 7－9 业务数据

| 序号 | 存货名称 | 采购数量 | 单位 | 货款 | 税率 | 单价（含税） |
|---|---|---|---|---|---|---|
| 1 | 钢管 | (9600/T) M | 根 | 85.00 | 0.16 | 98.60 |
| 2 | 坐垫 | (4800/T) M | 个 | 65.00 | 0.16 | 75.40 |
| 3 | 车篷 | (4800/T) M | 个 | 116.00 | 0.16 | 134.56 |
| 4 | 车轮 | (19200/T) M | 个 | 22.00 | 0.16 | 25.52 |
| 5 | 经济型童车包装套件 | (4800/T) M | 个 | 73.00 | 0.16 | 84.68 |
| 合计 | | | | | | |

4. 业务流程图和业务流程步骤，如图 7－2、表 7－10 所示。

图 7－2 流程图

表 7－10 业务流程步骤

| 编号 | 活动名称 | 角色 | 活动描述－操作指导 |
|---|---|---|---|
| 1 | 下达采购（图 7－3） | 业务经理 | 1. 在系统中选择要采购的货物<br>2. 选择完成后，确认采购 |

采 购 订 单

供应商名称　湖北丽华五金制品有限公司　采购类别　普通采购　合同编号　CG-HT-2019010001

付款方式　电子转账　订单编号　cgdd2019010001　制单日期　20190105

| 序号 | 品名 | 规格 | 单位 | 到货时间 | 数量 | 单价（含税） | 折扣率 | 金额小计 |
|---|---|---|---|---|---|---|---|---|
| 1 | 钢管 | Φ外16/Φ内 | 根 | 2019. 1. 5 | 24 000 | 98. 60 | | 2 366 400. 00 |
| 2 | 坐垫 | HJM500 | 个 | 2019. 1. 5 | 12 000 | 75. 40 | | 904 800. 00 |
| 3 | 车篷 | HJ72*32*40 | 个 | 2019. 1. 5 | 12 000 | 134. 56 | | 1 614 720. 00 |
| 4 | 车轮 | HJΦ外125*Φ内60 mm | 个 | 2019. 1. 5 | 48 000 | 25. 52 | | 1 224 960. 00 |
| 5 | 包装套件 | HJTB100 | 个 | 2019. 1. 5 | 12 000 | 84. 68 | | 1 016 160. 00 |
| 金额合计 | | （大写）柒佰壹拾贰万柒仟零肆拾元整 | | | | 金额小写 | ¥7 127 040. 00 | |
| 备注 | | | | | | | | |

采购部经理：　李斌　　　　采购员：　付海生

图 7－3　采购订单

## 二、到货并办理入库

1. 业务概述：接到虚拟供应商的货物，办理采购入库。

2. 业务场景：2019 年 1 月 5 日，工贸企业向虚拟工贸企业采购到货并办理采购入库。

3. 业务数据：每家工贸企业采购入库数量如表 7－11 所示（注：T 代表工贸企业开课组数，M 代表制造企业开课组数，参考答案以 4 组工贸企业和 10 组制造企业为例）。

表 7－11　　　　采购订单信息

| 序号 | 存货名称 | 数量 | 单位 | 单价(含税) | 单价 |
|---|---|---|---|---|---|
| 1 | 钢管 | (9600/T)M | 根 | 98.60 | 85.00 |
| 2 | 坐垫 | (4800/T)M | 个 | 75.40 | 65.00 |
| 3 | 车篷 | (4800/T)M | 个 | 134.56 | 116.00 |
| 4 | 车轮 | (19200/T)M | 个 | 25.52 | 22.00 |
| 5 | 经济型童车包装套件 | (4800/T)M | 个 | 84.68 | 73.00 |
| 合计 | | | | | |

4. 业务流程图和业务流程步骤，如图 7－4、表 7－12 所示。

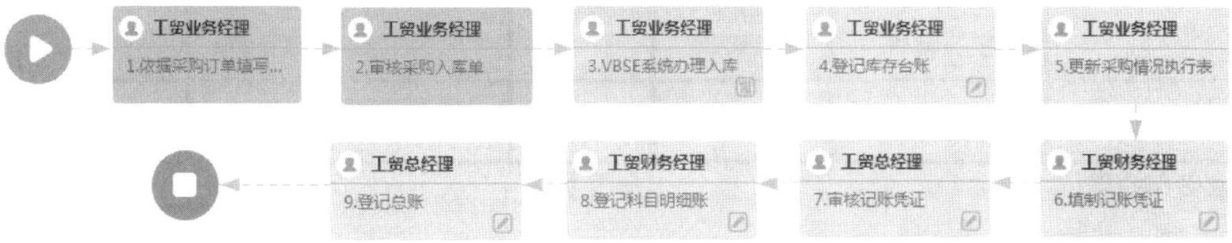


图 7－4　业务流程图

表 7－12　　业务流程步骤

| 编号 | 活动名称 | 角色 | 活动描述－操作指导 |
|---|---|---|---|
| 1 | 依据采购订单填写采购入库单（图 7－5） | 业务经理 | 业务经理依照确认的采购订单填写采购入库单 |
| 2 | 审核采购入库单 | 业务经理 | 审核采购入库单 |
| 3 | VBSE 系统办理入库 | 业务经理 | 依据采购订单、采购入库单在 VBSE 系统中办理货物入库 |
| 4 | 登记库存台账 | 业务经理 | 1. 依据采购入库单（存根联）信息登记到库存台账中<br>2. 将采购入库单传递给财务经理 |
| 5 | 更新采购情况执行表 | 业务经理 | 根据入库信息更新采购合同执行情况表 |
| 6 | 填制记账凭证（图 7－6） | 财务经理 | 1. 收到业务经理交来的采购入库单<br>2. 依据采购入库单填制记账凭证 |
| 7 | 审核记账凭证 | 总经理 | 1. 收到财务经理交来的工资表和记账凭证<br>2. 审核记账凭证的正确性<br>3. 审核无误，在记账凭证上签字或盖章<br>4. 交还给财务经理工资表和记账凭证 |
| 8 | 登记科目明细账 | 财务经理 | 1. 根据记账凭证登记科目明细账<br>2. 记账后在记账凭证上签字或盖章 |
| 9 | 登记总账 | 财务经理 | 1. 根据记账凭证登记总账<br>2. 记账后在记账凭证上签字或盖章 |

# 入库单

**制单日期**：2019.1.05　　**仓库**：普通仓库

**供应商名称**：湖北丽华五金制品有限公司　　**类型**：普通采购

**单据编号**：CGRK-2019010001　　**采购订单号**：cgdd2019010001

| 序号 | 品名 | 规格型号 | 单位 | 入库时间 | 数量 | 备注 |
|---|---|---|---|---|---|---|
| 1 | 钢管 | Φ外16/Φ内11/L5000MM | 根 | 2019.1.5 | 24 000 | |
| 2 | 坐垫 | HJM500 | 个 | 2019.1.5 | 12 000 | |
| 3 | 车篷 | HJ72*32*40 | 个 | 2019.1.5 | 12 000 | |
| 4 | 车轮 | HJΦ外125*Φ内60 mm | 个 | 2019.1.5 | 48 000 | |
| 5 | 包装套件 | HJTB100 | 个 | 2019.1.5 | 12 000 | |
| 合计 | | | | | 108 000 | |

第一联：仓储联

**仓储部经理**：　　**仓管员**：

图 7－5　入库单

注：参考答案以丰达工贸有限公司为例，实际填写应为本次开课各组织名称。

采购入库-记账凭证

**记账凭证**

2019年1月5日　　　记字　第005号

| 摘要 | 总账科目 | 明细账科目 | 借方金额 | 贷方金额 | √ |
|---|---|---|---|---|---|
| 采购到货 | 库存商品 | 钢管 | 2 040 000.00 | | |
| | 库存商品 | 坐垫 | 780 000.00 | | |
| | 库存商品 | 车篷 | 1 392 000.00 | | |
| | 库存商品 | 车轮 | 1 056 000.00 | | |
| | 库存商品 | 经济型包装套件 | 876 000.00 | | |
| | 应交税费 | 应交增值税（进项税额） | 983 040.00 | | |
| | 应付账款 | | | 7 127 040.00 | |
| | | | | | |
| | | | | | |
| 合计 | | | ¥7 127 040.00 | ¥7 127 040.00 | |

附件1张

财务主管 吴迪　记账 吴迪　出纳　审核　制单 吴迪

图7-6　记账凭证

## 三、支付虚拟工贸企业货款

1. 业务概述：支付虚拟供应商的货款。

2. 业务场景：2019年1月5日，工贸企业支付虚拟市场（湖北丽华五金制品有限公司）采购款。

3. 业务数据：每家工贸企业采购入库数量如表7-13、表7-14所示。

（注：T代表工贸企业开课组数，M代表制造企业开课组数，参考答案以四组工贸企业和十组制造企业为例），每家工贸企业支付虚拟市场采购款 = Σ［每种存货的采购数量（标准数量/T * M） * 每种存货的单价］）。

表7-13　　采购数据

| 序号 | 存货名称 | 数量 |
|---|---|---|
| 1 | 钢管 | （9600/T）M |
| 2 | 坐垫 | （4800/T）M |
| 3 | 车篷 | （4800/T）M |
| 4 | 车轮 | （19200/T）M |
| 5 | 经济型童车包装套件 | （4800/T）M |
| 合计 | | |

表7-14　　采购数量

采购订单信息　　标准数量/T*M=采购数量　　采购数量*单价=采购金额

| 序号 | 存货名称 | 标准数量 | T | M | 采购数量 | 单位 | 税率 | 单价 | 单价（含税） | 货款 | 采购金额(元) |
|---|---|---|---|---|---|---|---|---|---|---|---|
| 1 | 钢管 | 9 600 | 4 | 10 | 24 000 | 根 | 0.16 | 85.00 | 98.60 | 2 040 000.00 | 2 366 400.00 |
| 2 | 坐垫 | 4 800 | 4 | 10 | 12 000 | 个 | 0.16 | 65.00 | 75.40 | 780 000.00 | 904 800.00 |
| 3 | 车篷 | 4 800 | 4 | 10 | 12 000 | 个 | 0.16 | 116.00 | 134.56 | 1 392 000.00 | 1 614 720.00 |
| 4 | 车轮 | 19 200 | 4 | 10 | 48 000 | 个 | 0.16 | 22.00 | 25.52 | 1 056 000.00 | 1 224 960.00 |
| 5 | 经济型童车包装套件 | 4 800 | 4 | 10 | 12 000 | 个 | 0.16 | 73.00 | 84.68 | 876 000.00 | 1 016 160.00 |
| 合计 | | | | | | | | | | 6 144 000.00 | 7 127 040.00 |

4. 业务流程图和业务流程步骤，如图 7－7、表 7－15 所示。

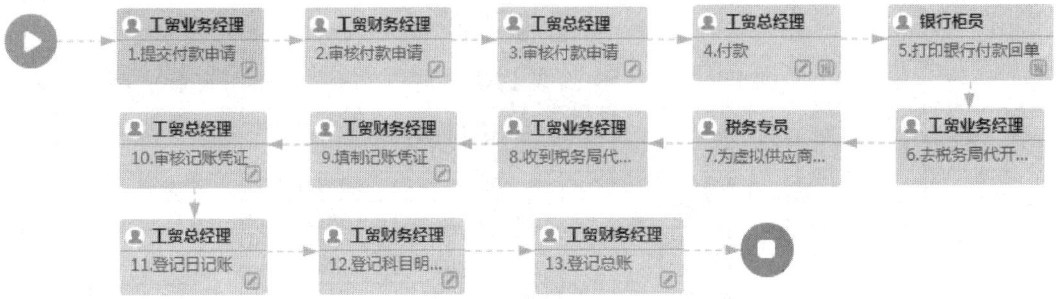


图 7－7　业务流程图

表 7－15　业务流程步骤

| 编号 | 活动名称 | 角色 | 活动描述－操作指导 |
|---|---|---|---|
| 1 | 提交付款申请（图 7－8） | 业务经理 | 依据采购入库单提交付款申请单 |
| 2 | 审核付款申请 | 财务经理 | 1. 接收业务经理提交的付款申请单<br>2. 依据采购入库单审核付款申请单 |
| 3 | 审核付款申请 | 总经理 | 审核财务经理提交的付款申请单 |
| 4 | 付款 | 总经理 | 1. 接收总经理提交审核通过的付款申请单<br>2. 依据审核通过的付款申请单在 VBSE 系统中进行付款<br>3. 通知财务经理到银行取得付款业务回单 |
| 5 | 打印银行付款回单（图 7－9） | 银行柜员 | 1. 查询并打印付款业务回单<br>2. 将付款业务回单交给财务经理<br>3. 财务经理取得业务回单，回公司填制记账凭证 |
| 6 | 去税务局代开增值税专用发票 | 业务经理 | 1. 业务经理整理采购订单信息<br>2. 根据信息到税务局找税务专员开具增值税专用发票 |
| 7 | 为虚拟供应商代开增值税专用发票 | 税务专员 | 1. 根据业务经理整理的信息开具增值税专用发票<br>2. 将开具好的增值税专用发票交给业务经理 |
| 8 | 收到税务局代开的增值税专用发票 | 业务经理 | 1. 收到税务局代开的增值税专用发票<br>2. 将收到的增值税专用发票带回并送至财务经理处 |
| 9 | 填制记账凭证（图 7－10） | 财务经理 | 1. 将银行业务回单、增值税专用发票与付款申请单核对<br>2. 填制记账凭证，将银行业务回单粘贴在记账凭证背面作为原始凭证<br>3. 提交总经理审核 |
| 10 | 审核记账凭证 | 总经理 | 1. 审核财务经理填制的记账凭证并对照相关附件检查是否正确<br>2. 审核无误，在记账凭证上签字或盖章<br>3. 将审核后的记账凭证传递给总经理登记日记账 |
| 11 | 登记日记账 | 总经理 | 1. 根据记账凭证登记银行存款日记账<br>2. 记账后在记账凭证上签字或盖章 |
| 12 | 登记科目明细账 | 财务经理 | 1. 根据记账凭证登记科目明细账<br>2. 记账后在记账凭证上签字或盖章 |
| 13 | 登记总账 | 财务经理 | 1. 根据记账凭证登记总账<br>2. 记账后在记账凭证上签字或盖章 |

## 付款申请单

ANJ-FD-001

| | | | | | |
|---|---|---|---|---|---|
| 申请人: | 李鑫 | 填制日期: | 2019/1/5 | 附件张数: | |
| 付款金额（大写）: | 柒佰壹拾贰万柒仟零肆拾元整 | | | ¥7 127 040.00 | |
| 收款人全称: | 湖北丽华五金制品有限公司 | | | | |
| 开户银行及账号: | 中国工商银行4563512600681022355 | | | | |
| 其他要求说明: | | | | | |
| 付款方式: | □现金 | □电汇 | □现金支票 | ☒转账支付 | □其它 |
| 付款说明: | 支付采购款 | | | | |
| 部门批准: | 李鑫 | 财务核对: | 吴迪 | 总经理审批: | 赵金金 |

图 7－8　付款申请单

ICBC 中国工商银行　　业务回单（付款）

入账日期:　2019-01-05　　回单编号: 102841201
付款人户名:　丰达工贸有限公司
付款人账号:　0100229999000099117
付款人开户行/发报行: 中国工商银行北京分行
收款人户名:　湖北丽华五金制品有限公司
收款人账号:　4563512600681022355
收款人开户行　中国工商银行武汉分行
币种:　人民币　　金额（小写） ¥7 127 040.00
金额（大写）: 柒佰壹拾贰万柒仟零肆拾元整
凭证种类:　　凭证号码:
业务（产品）种类:　支付采购款　　摘要:　支付采购款
附言:
支付交易序号: 10244210　　报文种类: 00100 汇兑报文
委托日期:　2019/1/5　　业务种类: 转账
收款人地址:
付款人地址:

中国工商银行股份有限公司北京分行 2019.01.05 核算用章（04）

打印次数:　1　次　机打回单注意重复　　打印日期: 2019-01-05　　打印柜员: 22347

图 7－9　银行业务付款回单

**记账凭证**

2019年1月5日　　　记字　第 004 号

| 摘要 | 总账科目 | 明细科目 | 借方金额 | 贷方金额 | √ |
|---|---|---|---|---|---|
| 支付材料采购款 | 应付账款 | | 7 127 040.00 | | |
| | 银行存款 | | | 7 127 040.00 | |
| | | | | | |
| | | | | | |
| | | | | | |
| 合计 | | | ¥7 127 040.00 | ¥7 127 040.00 | |

附单据 2 张

财务主管 吴迪　记账 吴迪　出纳　　审核 吴迪　制单 吴迪

图 7 – 10　记账凭证

## 第二节　制造业采购工贸企业销售业务实训

制造业采购工贸企业销售业务任务地图，如图 7 – 11 所示。

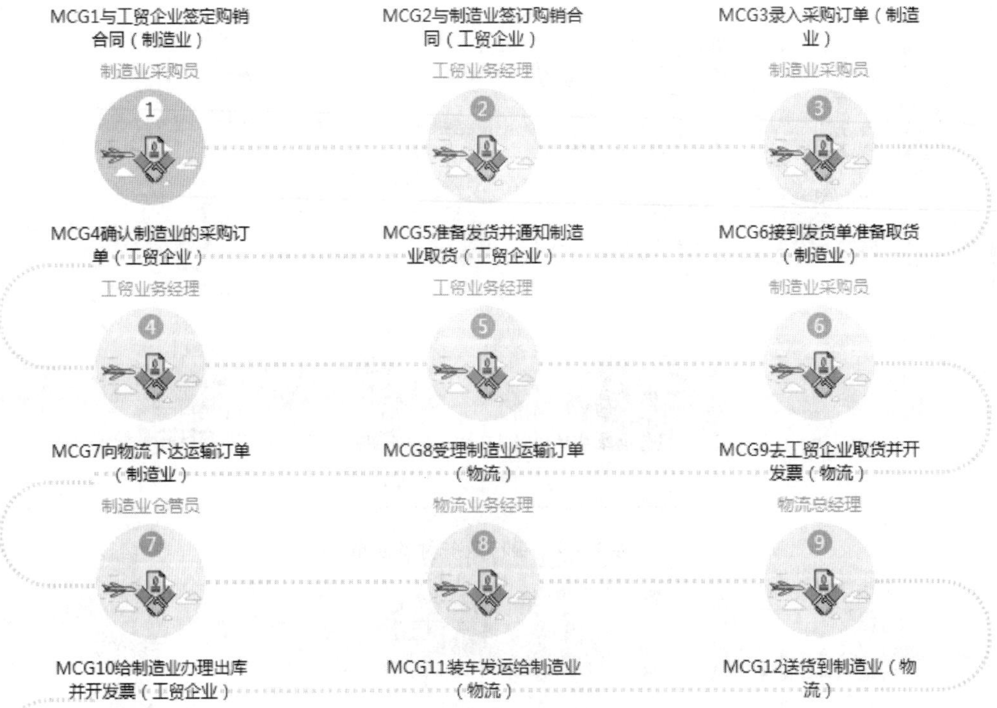

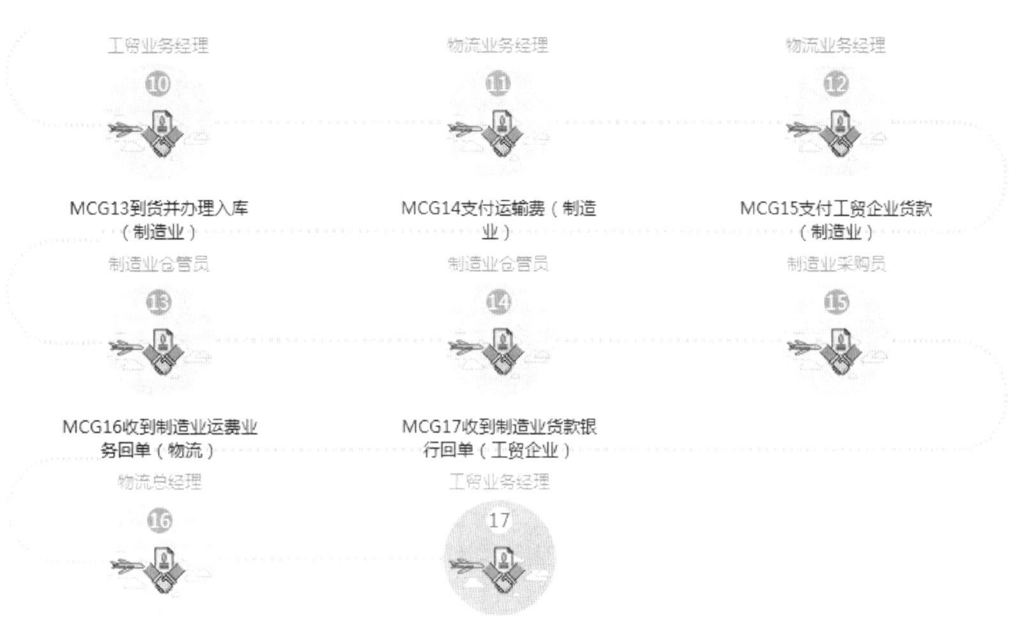


图 7－11　任务地图

## 一、与制造业签订购销合同

1. 业务概述：收到制造业的采购合同并签署。

2. 业务场景：2019 年 1 月 5 日，工贸企业根据购销合同确认制造业的采购订单。工贸企业与每一家制造业所签订合同的材料数量如表 7－16 所示（注：T 代表工贸企业开课组数，参考答案以 4 组工贸企业为例）。

表 7－16　　采购数据

| 序号 | 存货名称 | 采购数量 | 单位 | 单价（含税） | 货款 | 税率 |
|---|---|---|---|---|---|---|
| 1 | 钢管 | （9600/T） | 根 | 121.80 | 105.00 | 0.16 |
| 2 | 坐垫 | （4800/T） | 个 | 92.80 | 80.00 | 0.16 |
| 3 | 车篷 | （4800/T） | 个 | 164.72 | 142.00 | 0.16 |
| 4 | 车轮 | （19200/T） | 个 | 31.32 | 27.00 | 0.16 |
| 5 | 经济型童车包装套件 | （4800/T） | 个 | 103.24 | 89.00 | 0.16 |
| | 合计 | | | | | |

注：实际填写应为本次开课各组织名称。若本次开课开设 10 家制造业，则答案应为本公司分别与 10 家制造业的采购订单，分别为采购订单 1，采购订单 2，采购订单 3，采购订单 4，采购订单 5，采购订单 6，采购订单 7，采购订单 8，采购订单 9，采购订单 10。

3. 业务流程图和业务流程步骤，如图 7－12、表 7－17 所示。

图 7－12　业务流程图

表 7－17　　　　业务流程步骤

| 编号 | 活动名称 | 角色 | 活动描述－操作指导 |
|---|---|---|---|
| 1 | 收到购销合同，填制合同会签单 | 业务经理 | 1. 业务经理依据收到的购销合同，填写合同会签单<br>2. 业务经理将购销合同和合同会签单送交财务经理审核 |
| 2 | 2 审核购销合同和合同会签单 | 财务经理 | 1. 收到业务经理交给的购销合同及合同会签单<br>2. 审核购销合同的准确性和合理性<br>3. 财务部经理在合同会签单上签字<br>4. 将购销合同和会签单送至总经理审核 |
| 3 | 审核购销合同和合同会签单 | 总经理 | 1. 审核购销合同的条款、期限、付款信息等是否符合公司要求<br>2. 符合要求在合同会签单上签字<br>3. 审核通过后的购销合同和合同会签单一同送至行政经理盖章 |
| 4 | 合同盖章 | 行政经理 | 1. 接到审核通过的合同会签单，在购销合同上盖章<br>2. 业务经理在公章印鉴使用登记表上登记并签字 |
| 5 | 合同存档 | 行政经理 | 1. 行政经理更新合同管理表－购销合同<br>2. 行政经理将合同会签单与一份盖章购销合同一起进行归档<br>3. 将 1 份盖章的合同交给业务经理送交合同当事人 |
| 6 | 购销合同登记 | 业务经理 | 1. 业务经理将盖章的购销合同登记，交给合同当事人<br>2. 业务经理更新采购合同执行情况表 |

## 二、下达采购订单

1. 业务概述：向虚拟供应商下达采购订单。

2. 业务场景：2019 年 1 月 5 日，工贸企业根据制造业的采购订单，向虚拟供应商下达采购订单。工贸企业与虚拟材料供应商所签订合同的材料数量如表 7－18 所示（注：T 代表工贸企业开课组数，M 代表制造企业开课组数，参考答案以 4 组工贸企业、10 组制造企业为例）。

表 7－18　　　　采购数据

| 序号 | 存货名称 | 采购数量 | 单位 | 货款 | 税率 | 单价（含税） |
|---|---|---|---|---|---|---|
| 1 | 钢管 | （9600/T）M | 根 | 85.00 | 0.16 | 98.60 |
| 2 | 坐垫 | （4800/T）M | 个 | 65.00 | 0.16 | 75.40 |
| 3 | 车篷 | （4800/T）M | 个 | 116.00 | 0.16 | 134.56 |
| 4 | 车轮 | （19200/T）M | 个 | 22.00 | 0.16 | 25.52 |
| 5 | 经济型童车包装套件 | （4800/T）M | 个 | 73.00 | 0.16 | 84.68 |
| 合计 | | | | | | |

3. 业务流程图和业务流程步骤，如图 7－13、表 7－19 所示。

图 7－13　业务流程图

表 7 – 19　　业务流程步骤

| 编号 | 活动名称 | 角色 | 活动描述 – 操作指导 |
|---|---|---|---|
| 1 | 下达采购（图 7 – 14） | 业务经理 | 1. 在系统中选择要采购的货物<br>2. 选择完成后，确认采购 |

采 购 订 单

| | | | | | |
|---|---|---|---|---|---|
| 供应商名称 | 湖北丽华五金制品有限公司 | 采购类别 | 普通采购 | 合同编号 | CG-HT-2019010001 |
| 付款方式 | 电子转账 | 订单编号 | cgdd2019010001 | 制单日期 | 20190105 |

| 序号 | 品名 | 规格 | 单位 | 到货时间 | 数量 | 单价（含税） | 折扣率 | 金额小计 |
|---|---|---|---|---|---|---|---|---|
| 1 | 钢管 | Φ外16/Φ内 | 根 | 2019. 1. 5 | 24 000 | 98. 60 | | 2 366 400. 00 |
| 2 | 坐垫 | HJM500 | 个 | 2019. 1. 5 | 12 000 | 75. 40 | | 904 800. 00 |
| 3 | 车篷 | HJ72*32*40 | 个 | 2019. 1. 5 | 12 000 | 134. 56 | | 1 614 720. 00 |
| 4 | 车轮 | HJΦ外125*Φ内60 mm | 个 | 2019. 1. 5 | 48 000 | 25. 52 | | 1 224 960. 00 |
| 5 | 包装套件 | HJTB100 | 个 | 2019. 1. 5 | 12 000 | 84. 68 | | 1 016 160. 00 |
| 金额合计 | | （大写）柒佰壹拾贰万柒仟零肆拾元整 | | | | 金额小写 | ¥7 127 040. 00 | |
| 备注 | | | | | | | | |

采购部经理：　李斌　　　　采购员：　付海生

图 7 – 14　采购订单

## 三、确认制造业的采购订单

1. 业务概述：确认制造业的采购订单。

2. 业务场景：2019 年 1 月 5 日，工贸企业根据购销合同确讣制造业的采购单。

工贸企业与每一家制造业所签订合同的材料数量如表 7 – 20 所示（注：T 代表工贸企业开课组数，参考答案以 4 组工贸企业为例）。

表 7 – 20　　采购订单信息

| 序号 | 存货名称 | 采购数量 | 单位 | 单价（含税） | 货款 | 税率 |
|---|---|---|---|---|---|---|
| 1 | 钢管 | （9600/T） | 根 | 121.80 | 105.00 | 0.16 |
| 2 | 坐垫 | （4800/T） | 个 | 92.80 | 80.00 | 0.16 |
| 3 | 车篷 | （4800/T） | 个 | 164.72 | 142.00 | 0.16 |
| 4 | 车轮 | （19200/T） | 个 | 31.32 | 27.00 | 0.16 |
| 5 | 经济型童车包装套件 | （4800/T） | 个 | 103.24 | 89.00 | 0.16 |
| | 合计 | | | | | |

注：实际填写应为本次开课各组织名称。若本次开课开设 10 家制造业，则答案应为本公司分别与 10 家制造业的采购订单，分别为采购订单 1，采购订单 2，采购订单 3，采购订单 4，采购订单 5，采购订单 6，采购订单 7，采购订单 8，采购订单 9，采购订单 10。

3. 业务流程图和业务流程步骤，如图 7－15、表 7－21 所示。

图 7－15　业务流程图

表 7－21　业务流程步骤

| 编号 | 活动名称 | 角色 | 活动描述－操作指导 |
|---|---|---|---|
| 1 | 确认采购订单（图 7－16） | 业务经理 | 1. 在系统中确认制造业的采购订单<br>2. 根据系统的采购订单信息填写销售订单 |

**销 售 订 单**

客户名称：好佳童车厂　　销售类型：普通销售　　合同编号：FDCX2019010001

收款方式：电汇　　订单编号：xsdd2019010001　　制单日期：20190105

| 序号 | 品名 | 规格 | 单位 | 发货时间 | 数量 | 单价（含税） | 折扣率 | 金额 |
|---|---|---|---|---|---|---|---|---|
| 1 | 钢管 | Φ外16/Φ内11/L5000MM | 根 | 2019.1.5 | 2 400 | 121.80 | | 292 320.00 |
| 2 | 坐垫 | HJM500 | 个 | 2019.1.5 | 1 200 | 92.80 | | 111 360.00 |
| 3 | 车篷 | HJ72*32*40 | 个 | 2019.1.5 | 1 200 | 164.72 | | 197 664.00 |
| 4 | 车轮 | HJΦ外125*Φ内60 mm | 个 | 2019.1.5 | 4 800 | 31.32 | | 150 336.00 |
| 5 | 包装套件 | HJTB100 | 个 | 2019.1.5 | 1 200 | 103.24 | | 123 888.00 |
| 金额合计 | | （大写）：捌拾柒万伍仟伍佰陆拾捌元整 | | | | （小写）：875568.00 | | |
| 备注 | | | | | | | | |

销售部经理：　　李鑫　　销售员：

图 7－16　销售订单

## 四、准备发货并通知制造业取货

1. 业务概述：业务经理下达发货通知给客户。

2. 业务场景：2019 年 1 月 5 日，工贸企业给制造业发送发货通知单。工贸企业给每家制造业发送发货通知单，每张发货通知单数据如表 7－22 所示（注：T 代表工贸企业开课组数，参考答案以四组工贸企业为例），依据制造企业开课组数，填写发货通知单。

表 7－22　销售订单信息

| 序号 | 存货名称 | 数量 | 单位 | 单价(含税) | 单价 | 税率 |
|---|---|---|---|---|---|---|
| 1 | 钢管 | (9600/T) | 根 | 121.80 | 105.00 | 0.16 |
| 2 | 坐垫 | (4800/T) | 个 | 92.80 | 80.00 | 0.16 |
| 3 | 车篷 | (4800/T) | 个 | 164.72 | 142.00 | 0.16 |
| 4 | 车轮 | (19200/T) | 个 | 31.32 | 27.00 | 0.16 |
| 5 | 经济型童车包装套件 | (4800/T) | 个 | 103.24 | 89.00 | 0.16 |
| 合计 | | | | | | |

3. 业务流程图和业务流程步骤，如图 7－17、表 7－23 所示。

图 7－17　业务流程图

表 7－23　业务流程步骤

| 编号 | 活动名称 | 角色 | 活动描述－操作指导 |
| --- | --- | --- | --- |
| 1 | 填制发货单（图 7－18） | 业务经理 | 1. 根据销售发货计划和仓库现状填制发货单（一式四联）<br>2. 将发货单财务部留存联交给财务经理 |
| 2 | 确认发货单 | 财务经理 | 1. 收到业务经理传过来的销售发货单<br>2. 检查本企业的应收账款额度是否过高，如过高则通知业务经理限制发货 |
| 3 | 发送至客户 | 业务经理 | 将财务经理确认的发货单送至客户处 |

发货单

单据编号：FT2019010001　日　期：20190105　交货日期：20190105
销售订单号：Xsdd2019010001　客户名称：好佳童车　仓　库：普通仓库
业务员：　运输方式：物流-陆运　联系人：

| 产品名称 | 产品型号 | 发货数量 | 备注 |
| --- | --- | --- | --- |
| 钢管 | | 2 400 | |
| 坐垫 | | 1 200 | |
| 车篷 | | 1 200 | |
| 车轮 | | 4 800 | |
| 经济型包装套件 | | 1 200 | |
| 合计 | | | |

第一联：营销部留存

营销部经理：　财务部经理：吴迪　客户确认：

图 7－18　发货单

## 五、受理制造业运输订单

1. 业务概述：受理制造业下达的运输订单。

2. 业务场景：2019 年 1 月 5 日，物流企业受理经销商下达的运输订单。经销商与每家制造企业签订采购合同数量如表 7－24 所示（注：D 代表经销商开课组数，参考答案以 4 家经销商为例，即 D＝4）。每家制造企业供应量＝4800D＝4 向每家制造企业采购数量＝每家制造企业供应量/D 经销商向物流企业下达的运输订单。

表 7－24　　订单信息

| 存货编码 | 存货名称 | 数量 | 单位 | 含税单价 | 金额 | 到货日期 |
|---|---|---|---|---|---|---|
| P0001 | 经济型童车 | 1 200 | 辆 | 1 010.32 | 1 212 384.00 | 1月25日 |

3. 业务流程图和业务流程步骤，如图 7－19、表 7－25 所示。

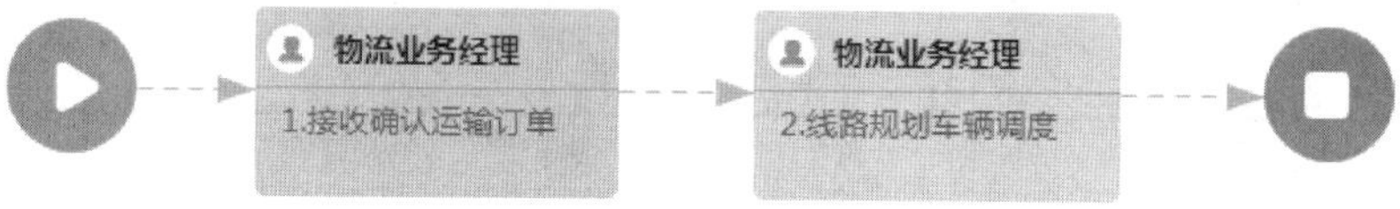


图 7－19　业务流程图

表 7－25　　业务流程步骤

| 编号 | 活动名称 | 角色 | 活动描述－操作指导 |
|---|---|---|---|
| 1 | 接收确认运输订单<br>（图 7－20） | 物流业务经理 | 1. 接收制造业提交的运输订单<br>2. 确认运输订单并签字 |
| 2 | 线路规划车辆调度 | 物流业务经理 | 根据运输订单安排线路，调配车辆 |

运输订单信息如下

| 运输订单 | | | | | | | | | |
|---|---|---|---|---|---|---|---|---|---|
| 运输订单号：ysdd2019010001 | | | | | | | | | |
| 托运人 | 恒润商贸有限公司 | 地址 | 北京市工体北路112号 | 电话 | 010-64311039 | 邮编 | 100094 | 装货地址 | 北京市海淀区北清路6号 |
| 收货人 | 恒润商贸有限公司 | 地址 | 北京市工体北路112号 | 电话 | 010-64311039 | 邮编 | 100094 | 卸货地点 | 北京市工体北路112号 |
| 取货时间 | 2019-01-05 | 到货时间 | 2019-01-05 | 是否取送 | 取货 送货（可选取货，送货） | 签单返回 | 运单 客户单据（可选运单，客户单据） | 需要车种 | 半挂式货车 |
| 序号 | 货品名称 | 单位 | 体积（立方米） | 重量（公斤） | 数量 | 备注 | 费用 | | |
| 1 | 经济型童车 | 辆 | | | 1 200 | | 运费 | ¥60 619.20 | |
| 2 | | | | | | | 杂费 | 0.00 | |
| 3 | | | | | | | 保险费 | 0.00 | |
| 4 | | | | | | | | | |
| 5 | | | | | | | | | |
| 合计 | | | | | 1 200 | 费用合计（大写）：陆万零陆佰壹拾玖元贰角零分 | | ¥60 619.20 | |
| *结算方式 | 托运人现结　托运人月结　收货人现结　收货人月结　第三方付费（可选） | | | | | 预收款 | | 付费账号 | 4563512600681022350 |

*制单人　　*受理日期　20190105　　*受理单位　隆飞物流有限责任公司

图 7－20　运输订单

## 六、物流公司去工贸企业取货并开发票

1. 业务概述：去工贸企业取货并开具增值税专用发票。

2. 业务场景：2019 年 1 月 5 日，物流公司填写运单后，持运单去工贸企业取货和增值税专用发票并开具运输发票（运费发票总金额为运输货物总价的 5%）。物流公司去工贸企业取货和增值税专用发票，取货数量如表 7－26 所示，并给制造业开具运输专用发票。

表 7－26　　　　　　　　发货信息

| 序号 | 货物名称 | 运送数量 | 单位 | 单价 | 金额 |
|---|---|---|---|---|---|
| 1 | 钢管 | 9 600/4=2 400 | 根 | 121.33 | 291 192.00 |
| 2 | 坐垫 | 4 800/4=1 200 | 个 | 91.50 | 109 800.00 |
| 3 | 车篷 | 4 800/4=1 200 | 个 | 164.70 | 197 640.00 |
| 4 | 车轮 | 19 200/4=4 800 | 个 | 30.50 | 146 400.00 |
| 5 | 经济型童车包装套件 | 4 800/4=1 200 | 个 | 103.70 | 124 440.00 |
| 合计 | | 10 800 | | | 869 472.00 |

3. 业务流程图和业务流程步骤，如图 7－21、表 7－27 所示。

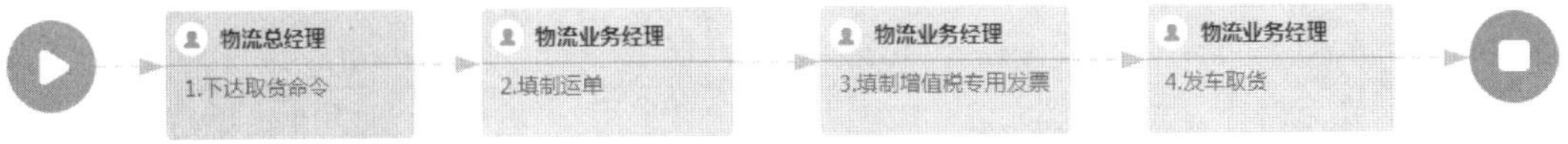


图 7－21　业务流程图

表 7－27　　　　　　　　业务流程步骤

| 编号 | 活动名称 | 角色 | 活动描述－操作指导 |
|---|---|---|---|
| 1 | 下达取货命令 | 物流总经理 | 1. 根据运输订单下达取货命令<br>2. 将取货命令下达给物流业务经理 |
| 2 | 填制运单（表 7－28） | 物流业务经理 | 1. 接收物流总经理取货命令<br>2. 根据运输订单填写运单 |
| 3 | 填制运输发票<br>（图 7－22、图 7－23） | 物流业务经理 | 根据运单填制增值税专用发票 |
| 4 | 发车取货 | 物流业务经理 | 带齐单据，发车取货 |

表 7－28　　　　　　　　运单

| 公路货物运单 | | | | | | | | | | | |
|---|---|---|---|---|---|---|---|---|---|---|---|
| | *日期： | 2019-01-05 | | | | | | *运单编号： | yd20190105002 | | |
| *发货人： | 丰达工贸有限公司 | 地址 | 北京市南四环中路 55 号 | 电话： | 010-89458001 | *装货地点： | 广州市越秀区沿江中路 147 号 | | | | |
| *收货人： | 好佳童车厂 | 地址 | 北京市海淀区北清路 6 号 | 电话： | 010-62437783 | *卸货地点： | 北京市海淀区北清路 6 号 | | | | |
| *付款人： | 好佳童车厂 | 地址 | 北京市海淀区北清路 6 号 | 电话： | 010-62437783 | *约定起运时间 | 20190105 | *约定到达时间 | 20190105 | *需要车种 | 半挂型货车 |
| *货物名称及规格 | 包装形式 | *件数 | *体积长*宽*高（cm） | *件重（kg） | *重量（t） | 货物价值（元） | 货物等级 | 计费项目 | | | |
| | | | | | | | | 项目 | 里程（km） | 单价（元） | 金额（元） |
| 钢管 | | 2 400 | | | | | | *运费 | | | 43 473.60 |
| 坐垫 | | 1 200 | | | | | | | | | |
| 车篷 | | 1 200 | | | | | | 装卸费 | | | |
| 车轮 | | 4 800 | | | | | | 单程空驶损失费 | | | |
| 包装套件 | | 1 200 | | | | | | 保价费 | | | |
| 合计 | | 10 800 | | | | | | 合计 | | | 43 473.60 |
| 托运人记载事项 | | | （付款人银行账号） | 0100229999333823 | | 承运人记载事项 | | | （承运人银行账号） | 0100229999000099019 | |
| 注意事项 | 1、托运人请物填写栏内项目。<br>2、货物名称应填写具体品名，如货物品名过多，不能再托运单内逐一填写，必须另附货物清单。<br>3、保险或保价货物，在相应价格栏中填写货物声明价格 | | | | | | | 托运人签章 :2019 年 01 月 05 日 | | 承运人签章：2019 年 01 月 05 日 | |

1123559117　　北京增值税专用发票　　№ 62351276

机器编号：49992137610　　抵扣联　　1123559117 62351276

开票日期：2019年1月5日

| 购买方 | |
|---|---|
| 名　　称： | 好佳童车制造有限公司 |
| 纳税人识别号： | 110100101032345 |
| 地 址、电 话： | 北京市海淀区北清路6号 010-62437783 |
| 开户行及账号： | 中国工商银行北京分行 0100229999333823 |

密码区：
035926>3>2<0230937-8>1*26906
374*91/- +588247>>/*6+>-89233
785926>3>2<0230937*57+89>097
4/ 737-++ 690195*6067/ /42+2-72

| 货物或应税劳务、服务名称 | 规格型号 | 单位 | 数量 | 单价 | 金额 | 税率 | 税额 |
|---|---|---|---|---|---|---|---|
| *商品*钢管 | | 根 | 2400.00 | 104.59 | 251027.59 | 16% | 40164.41 |
| *商品*坐垫 | | 个 | 1200.00 | 78.88 | 94655.17 | 16% | 15144.83 |
| *商品*车篷 | | 个 | 1200.00 | 141.98 | 170379.31 | 16% | 27260.69 |
| *商品*车轮 | | 个 | 4800.00 | 26.29 | 126206.90 | 16% | 20193.10 |
| *商品*经济型童车包装套件 | | 个 | 1200.00 | 89.40 | 107275.86 | 16% | 17164.14 |
| 合　　计 | | | | | ¥749,544.83 | | ¥119,927.17 |

价税合计（大写）　⊗捌拾陆万玖仟肆佰柒拾贰元整　　（小写）¥869,472.00

| 销售方 | |
|---|---|
| 名　　称： | 丰达工贸有限公司 |
| 纳税人识别号： | 110100101029089327 |
| 地 址、电 话： | 北京市南四环中路55号 010-89458001 |
| 开户行及账号： | 中国工商银行北京支行 0100229999000099117 |

备注：丰达工贸有限公司 110100101029089327 发票专用章

收款人：管理员　　复核：　　开票人：　　销售方：（章）

税总函〔2015〕340号北京印刷有限公司

第二联：抵扣联　购买方扣税凭证

1123559117　　北京增值税专用发票　　№ 62351276

机器编号：49992137610　　发票联　　1123559117 62351276

开票日期：2019年1月5日

| 购买方 | |
|---|---|
| 名　　称： | 好佳童车制造有限公司 |
| 纳税人识别号： | 110100101032345 |
| 地 址、电 话： | 北京市海淀区北清路6号 010-62437783 |
| 开户行及账号： | 中国工商银行北京分行 0100229999333823 |

密码区：
035926>3>2<0230937-8>1*26906
374*91/- +588247>>/*6+>-89233
785926>3>2<0230937*57+89>097
4/ 737-++ 690195*6067/ /42+2-72

| 货物或应税劳务、服务名称 | 规格型号 | 单位 | 数量 | 单价 | 金额 | 税率 | 税额 |
|---|---|---|---|---|---|---|---|
| *商品*钢管 | | 根 | 2400.00 | 104.59 | 251027.59 | 16% | 40164.41 |
| *商品*坐垫 | | 个 | 1200.00 | 78.88 | 94655.17 | 16% | 15144.83 |
| *商品*车篷 | | 个 | 1200.00 | 141.98 | 170379.31 | 16% | 27260.69 |
| *商品*车轮 | | 个 | 4800.00 | 26.29 | 126206.90 | 16% | 20193.10 |
| *商品*经济型童车包装套件 | | 个 | 1200.00 | 89.40 | 107275.86 | 16% | 17164.14 |
| 合　　计 | | | | | ¥749,544.83 | | ¥119,927.17 |

价税合计（大写）　⊗捌拾陆万玖仟肆佰柒拾贰元整　　（小写）¥869,472.00

| 销售方 | |
|---|---|
| 名　　称： | 丰达工贸有限公司 |
| 纳税人识别号： | 110100101029089327 |
| 地 址、电 话： | 北京市南四环中路55号 010-89458001 |
| 开户行及账号： | 中国工商银行北京支行 0100229999000099117 |

备注：丰达工贸有限公司 110100101029089327 发票专用章

收款人：管理员　　复核：　　开票人：　　销售方：（章）

税总函〔2015〕340号北京印刷有限公司

第三联：发票联　购买方记账凭证

**图 7-22　货物发票**

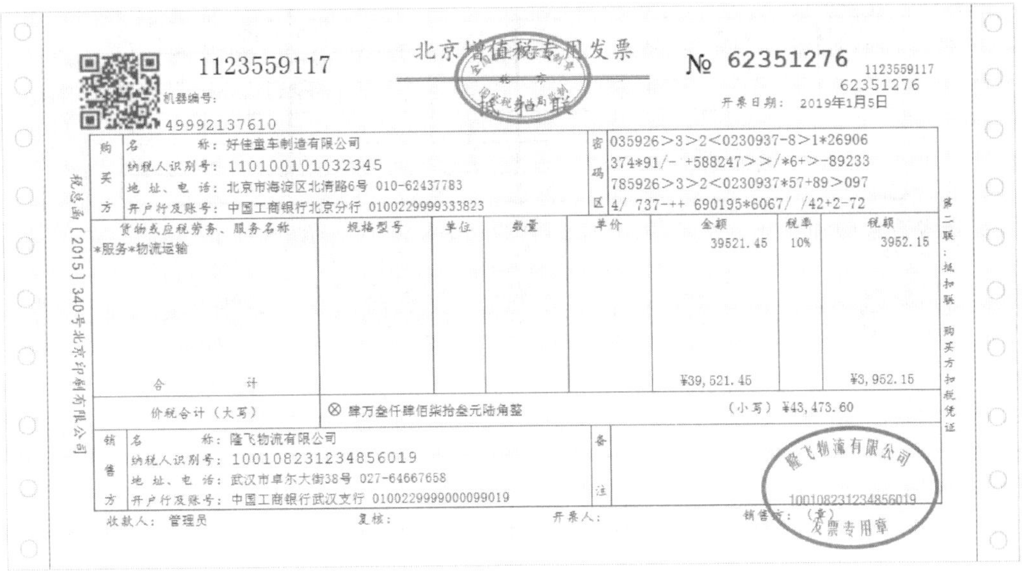

北京增值税专用发票

1123559117 № 62351276 1123559117 62351276

机器编号：49992137610

抵扣联

开票日期：2019年1月5日

| | | | | | | | | |
|---|---|---|---|---|---|---|---|---|
| 购买方 | 名　　称：好佳童车制造有限公司<br>纳税人识别号：110100101032345<br>地 址、电 话：北京市海淀区北清路6号 010-62437783<br>开户行及账号：中国工商银行北京分行 0100229999333823 | | | | 密码区 | 035926>3>2<0230937-8>1*26906<br>374*91/- +588247>>/*6+>-89233<br>785926>3>2<0230937*57+89>097<br>4/ 737-++ 690195*6067/ /42+2-72 | | |
| 货物或应税劳务、服务名称 | 规格型号 | 单位 | 数量 | 单价 | 金额 | 税率 | 税额 | |
| *服务*物流运输 | | | | | 39521.45 | 10% | 3952.15 | |
| 合　　计 | | | | | ¥39,521.45 | | ¥3,952.15 | |
| 价税合计（大写） | ⊗肆万叁仟肆佰柒拾叁元陆角整 | | | | （小写）¥43,473.60 | | | |
| 销售方 | 名　　称：隆飞物流有限公司<br>纳税人识别号：10010823123485 6019<br>地 址、电 话：武汉市卓尔大街38号 027-64667658<br>开户行及账号：中国工商银行武汉支行 0100229999000099019 | | | | 备注 | | | |

收款人：管理员　　复核：　　开票人：　　销售方：（章）

隆飞物流有限公司 10010823123485 6019 发票专用章

第二联：抵扣联 购买方扣税凭证

税总函〔2015〕340号北京印刷有限公司

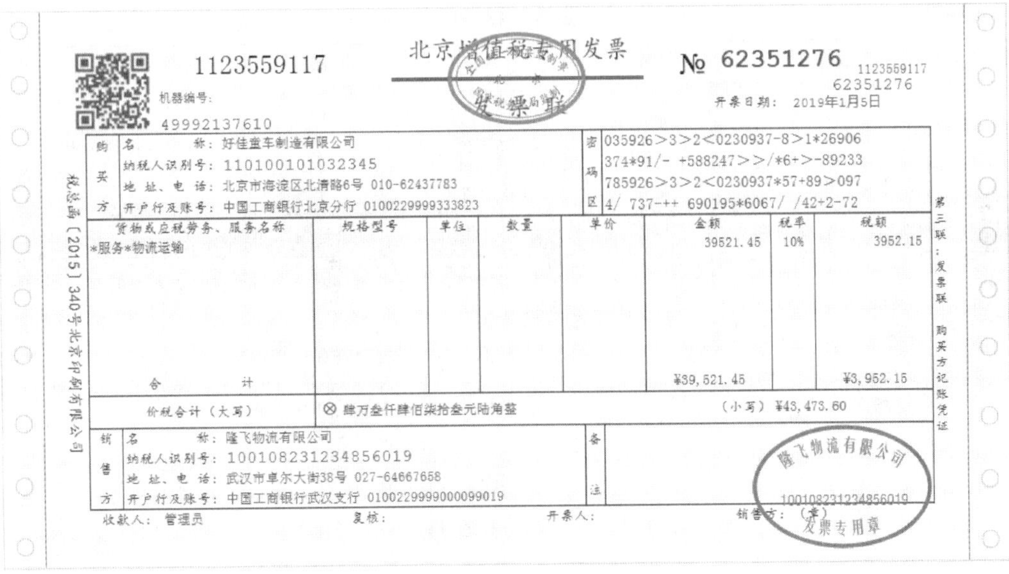

北京增值税专用发票

1123559117 № 62351276 1123559117 62351276

机器编号：49992137610

发票联

开票日期：2019年1月5日

| | | | | | | | | |
|---|---|---|---|---|---|---|---|---|
| 购买方 | 名　　称：好佳童车制造有限公司<br>纳税人识别号：110100101032345<br>地 址、电 话：北京市海淀区北清路6号 010-62437783<br>开户行及账号：中国工商银行北京分行 0100229999333823 | | | | 密码区 | 035926>3>2<0230937-8>1*26906<br>374*91/- +588247>>/*6+>-89233<br>785926>3>2<0230937*57+89>097<br>4/ 737-++ 690195*6067/ /42+2-72 | | |
| 货物或应税劳务、服务名称 | 规格型号 | 单位 | 数量 | 单价 | 金额 | 税率 | 税额 | |
| *服务*物流运输 | | | | | 39521.45 | 10% | 3952.15 | |
| 合　　计 | | | | | ¥39,521.45 | | ¥3,952.15 | |
| 价税合计（大写） | ⊗肆万叁仟肆佰柒拾叁元陆角整 | | | | （小写）¥43,473.60 | | | |
| 销售方 | 名　　称：隆飞物流有限公司<br>纳税人识别号：10010823123485 6019<br>地 址、电 话：武汉市卓尔大街38号 027-64667658<br>开户行及账号：中国工商银行武汉支行 0100229999000099019 | | | | 备注 | | | |

收款人：管理员　　复核：　　开票人：　　销售方：（章）

隆飞物流有限公司 10010823123485 6019 发票专用章

第三联：发票联 购买方记账凭证

税总函〔2015〕340号北京印刷有限公司

**图 7－23　物流企业开具的运费发票**

## 七、给制造业办理出库并开发票

1. 业务概述：业务经理办理销售出库并开具增值税专业发票。

2. 业务场景：2019 年 1 月 5 日，工贸企业销售出库。工贸企业给每家制造业发送发货通知单，每张发货通知单数据如表 7－29 所示（注：T 代表工贸企业开课组数，参考答案以四组工贸企业为例），依据制造企业开课组数十家为例，销售出库单以此填制。

表 7－29　　　　　　　　　　销售订单信息

| 序号 | 存货名称 | 数量 | 单位 | 单价（含税） | 单价 | 税率 |
|---|---|---|---|---|---|---|
| 1 | 钢管 | （9600/T） | 根 | 121.80 | 105.00 | 0.16 |
| 2 | 坐垫 | （4800/T） | 个 | 92.80 | 80.00 | 0.16 |
| 3 | 车篷 | （4800/T） | 个 | 164.72 | 142.00 | 0.16 |
| 4 | 车轮 | （19200/T） | 个 | 31.32 | 27.00 | 0.16 |
| 5 | 经济型童车包装套件 | （4800/T） | 个 | 103.24 | 89.00 | 0.16 |
| 合计 | | | | | | |

3. 业务流程图和业务流程步骤，如图 7－24、表 7－30 所示。

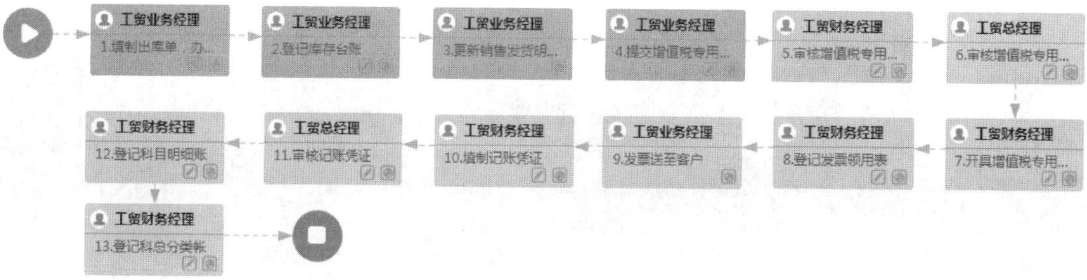


图 7－24　业务流程图

表 7－30　　　　　　　　　　业务流程步骤

| 编号 | 活动名称 | 角色 | 活动描述－操作指导 |
|---|---|---|---|
| 1 | 填制出库单，办理出库业务 | 业务经理 | 1. 根据发货单填制销售出库单（一式三联）<br>2. 办理出库业务，根据销售出库单的数量发货给客户 |
| 2 | 登记库存台账 | 业务经理 | 根据销售出库单登记库存台账 |
| 3 | 更新销售发货明细表 | 业务经理 | 依据销售出库单更新销售发货明细表 |
| 4 | 提交增值税专用发票申请 | 业务经理 | 1. 根据销售发货明细表和销售订单的信息提交开具增值税专用发票申请<br>2. 开票申请单提交至财务经理审核 |
| 5 | 审核增值税专用发票申请 | 财务经理 | 1. 审核业务经理提交的开具增值税专用发票申请<br>2. 审核后提交总经理审核 |
| 6 | 审核增值税专用发票申请 | 总经理 | 1. 审核财务经理提交的开具增值税专用发票申请<br>2. 审核通过后交业务经理送至财务经理处开具增值税发票 |
| 7 | 开具增值税专用发票（图 7－25） | 财务经理 | 根据业务经理送来审核的开具增值税专用发票申请，开具增值税专用发票 |
| 8 | 登记发票领用表 | 财务经理 | 1. 业务经理在发票领用表登记并签字<br>2. 财务经理将增值税专用发票记账联保留，将发票联和抵扣联交给业务经理送给客户 |
| 9 | 发票送至客户 | 业务经理 | 业务经理将增值税专用发票送至客户 |
| 10 | 填制记账凭证（图 7－26） | 财务经理 | 1. 根据发票记账联填制记账凭证，将发票记账联和销售出库单粘贴到记账凭证后面作为附件<br>2. 将记账凭证交总经理审核 |

续表

| 编号 | 活动名称 | 角色 | 活动描述－操作指导 |
|---|---|---|---|
| 11 | 审核记账凭证 | 总经理 | 1. 接收财务经理交给的记账凭证，进行审核<br>2. 审核无误，在记账凭证上签字或盖章 |
| 12 | 登记数量金额明细账 | 财务经理 | 根据记账凭证后所附销售出库单填写数量金额明细账 |
| 13 | 登记科目明细账 | 财务经理 | 1. 根据记账凭证登记科目明细账<br>2. 记账后在记账凭证上签字或盖章 |
| 14 | 登记科目明细账 | 财务经理 | 1. 根据记账凭证登记总账<br>2. 记账后在记账凭证上签字或盖章 |

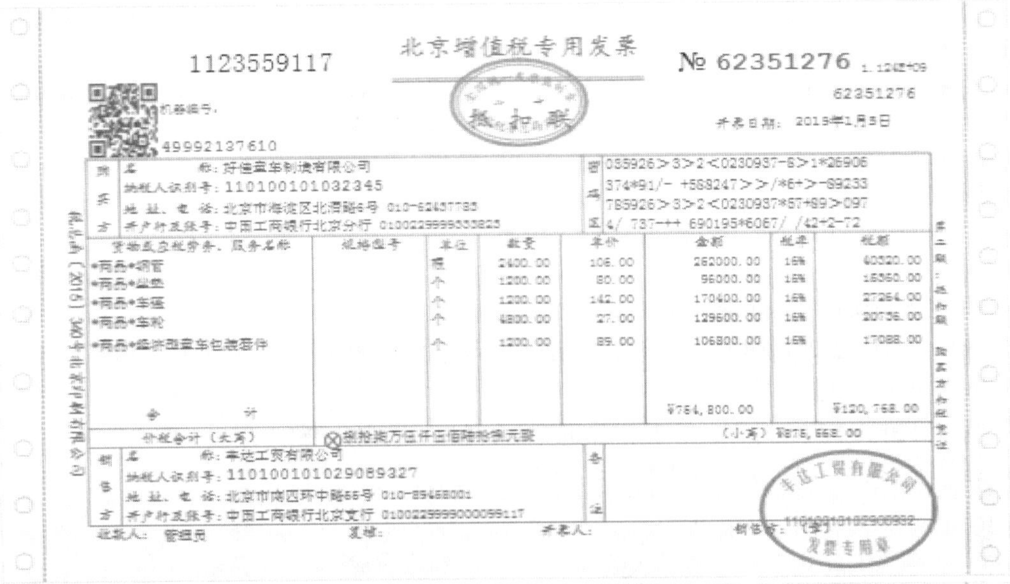

1123559117 北京增值税专用发票 抵扣联 № 62351276 1.12E+09

62351276

机器编号：499992137610 开票日期：2019年1月5日

购买方 名称：好佳童车制造有限公司
纳税人识别号：110100101032345
地址、电话：北京市海淀区北清路6号 010-62437785
开户行及账号：中国工商银行北京分行 0100229999533825

密码区 035926>3>2<0230937-6>1*26906
374*91/- +588247>>/*6+>-89233
785926>3>2<0230937*67+89>097
4/ 737-++ 690195*6067/ /42+2-72

| 货物或应税劳务、服务名称 | 规格型号 | 单位 | 数量 | 单价 | 金额 | 税率 | 税额 |
|---|---|---|---|---|---|---|---|
| *商品*钢管 | | 根 | 2400.00 | 106.00 | 262000.00 | 16% | 40320.00 |
| *商品*坐垫 | | 个 | 1200.00 | 80.00 | 96000.00 | 16% | 15360.00 |
| *商品*车篷 | | 个 | 1200.00 | 142.00 | 170400.00 | 16% | 27264.00 |
| *商品*车轮 | | 个 | 4800.00 | 27.00 | 129600.00 | 16% | 20736.00 |
| *商品*经济型童车包装套件 | | 个 | 1200.00 | 89.00 | 106800.00 | 16% | 17088.00 |
| 合计 | | | | | ¥764,800.00 | | ¥120,768.00 |

价税合计（大写） ⊗捌拾柒万伍仟伍佰陆拾捌元整 （小写）¥875,568.00

销售方 名称：丰达工贸有限公司
纳税人识别号：110100101029089327
地址、电话：北京市南四环中路55号 010-89458001
开户行及账号：中国工商银行北京支行 0100229999000099117

备注

收款人：管理员 复核： 开票人： 销售方：（章）

税总函〔2015〕360号北京印刷有限公司

第二联：抵扣联 购买方扣税凭证

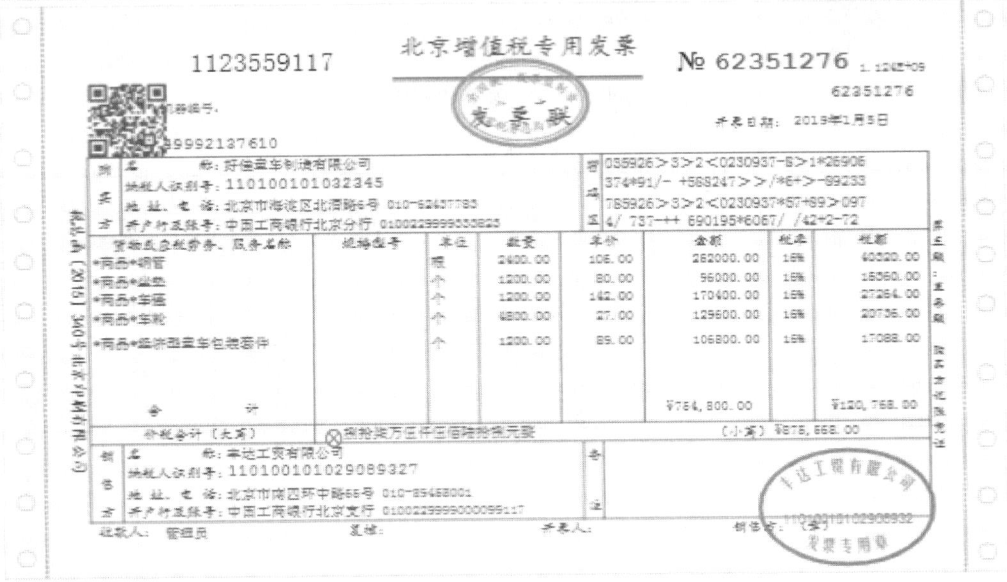

1123559117 北京增值税专用发票 发票联 № 62351276 1.12E+09

62351276

机器编号：499992137610 开票日期：2019年1月5日

购买方 名称：好佳童车制造有限公司
纳税人识别号：110100101032345
地址、电话：北京市海淀区北清路6号 010-62437785
开户行及账号：中国工商银行北京分行 0100229999533825

密码区 035926>3>2<0230937-6>1*26906
374*91/- +588247>>/*6+>-89233
785926>3>2<0230937*67+89>097
4/ 737-++ 690195*6067/ /42+2-72

| 货物或应税劳务、服务名称 | 规格型号 | 单位 | 数量 | 单价 | 金额 | 税率 | 税额 |
|---|---|---|---|---|---|---|---|
| *商品*钢管 | | 根 | 2400.00 | 106.00 | 262000.00 | 16% | 40320.00 |
| *商品*坐垫 | | 个 | 1200.00 | 80.00 | 96000.00 | 16% | 15360.00 |
| *商品*车篷 | | 个 | 1200.00 | 142.00 | 170400.00 | 16% | 27264.00 |
| *商品*车轮 | | 个 | 4800.00 | 27.00 | 129600.00 | 16% | 20736.00 |
| *商品*经济型童车包装套件 | | 个 | 1200.00 | 89.00 | 106800.00 | 16% | 17088.00 |
| 合计 | | | | | ¥764,800.00 | | ¥120,768.00 |

价税合计（大写） ⊗捌拾柒万伍仟伍佰陆拾捌元整 （小写）¥875,568.00

销售方 名称：丰达工贸有限公司
纳税人识别号：110100101029089327
地址、电话：北京市南四环中路55号 010-89458001
开户行及账号：中国工商银行北京支行 0100229999000099117

备注

收款人：管理员 复核： 开票人： 销售方：（章）

税总函〔2015〕360号北京印刷有限公司

第三联：发票联 购买方记账凭证

图7－25 货物发票

发生销售-记账凭证

记账凭证

2019年1月5日　　记字 第 007 号

| 摘要 | 总账科目 | 明细账科目 | 借方金额 | 贷方金额 | √ |
|---|---|---|---|---|---|
| 发生销售 | 应收账款 | 好佳童车 | 875 568.00 | | |
| | 主营业务收入 | | | 754 800.00 | |
| | 应交税费 | 应交增值税（销项税） | | 120 768.00 | |
| | | | | | |
| | | | | | |
| 合计 | | | ¥875 568.00 | ¥875 568.00 | |

附件1张

财务主管 吴迪　记账 吴迪　出纳　审核　制单 吴迪

图 7 – 26　记账凭证

## 八、物流公司装车发运给制造业企业

1. 业务概述：货物装车并送货。

2. 业务场景：2019 年 1 月 5 日，物流公司到达工贸企业，根据运输订单信息验收装车，送至制造企业指定的仓库。

物流公司去工贸企业取货，数量如下，并给制造业开具运输专用发票。

3. 业务流程图和业务流程步骤，如图 7 – 27、表 7 – 31 所示。

图 7 – 27　业务流程图

表 7 – 31　业务流程步骤

| 编号 | 活动名称 | 角色 | 活动描述 – 操作指导 |
|---|---|---|---|
| 1 | 点验托运货物 | 物流业务经理 | 与工贸企业进行货物交接，点验托运货物 |
| 2 | 确认运单信息并签字（表 7 – 32） | 物流业务经理 | 请工贸企业确定运单信息并签字 |
| 3 | 装车作业 | 物流业务经理 | 安排装卸工货物装车 |
| 4 | 送货作业 | 物流业务经理 | 运单签字后根据规划好的线路运输送货 |

表 7－32　　运单

| 公路货物运单 | | | | | | | | | | | |
|---|---|---|---|---|---|---|---|---|---|---|---|
| *日期： | 20190105 | | | | | | | *运单编号： | yd20190105002 | | |
| *发货人： | 丰达工贸有限公司 | 地址 | 北京市南四环中路 55 号 | 电话： | 010-89458001 | *装货地点： | 北京市南四环中路 55 号 | | | | |
| *收货人： | 好佳童车厂 | 地址 | 北京市海淀区北清路 6 号 | 电话： | 010-62437783 | *卸货地点： | 北京市海淀区北清路 6 号 | | | | |
| *付款人： | 好佳童车厂 | 地址 | 北京市海淀区北清路 6 号 | 电话： | 010-62437783 | *约定起运时间 | 20190105 | *约定到达时间 | 20190105 | *需要车种 | 半挂型货车 |
| *货物名称及规格 | 包装形式 | *件数 | *体积长*宽*高（cm） | *件重（kg） | *重量（t） | 货物价值（元） | 货物等级 | 计费项目 | | | |
| | | | | | | | | 项目 | 里程（km） | 单价（元） | 金额（元） |
| 钢管 | | 2 400 | | | | | | *运费 | | | ¥43 473.60 |
| 坐垫 | | 1 200 | | | | | | | | | |
| 车篷 | | 1 200 | | | | | | 装卸费 | | | |
| 车轮 | | 4 800 | | | | | | 单程空驶损失费 | | | |
| 包装套件 | | 1 200 | | | | | | 保价费 | | | |
| | | | | | | | | | | | |
| 合计 | | 10 800 | | | | | | ¥43 473.60 | | | |
| 托运人记载事项 | | | （付款人银行账号） | 0100229999333823 | | 承运人记载事项 | | （承运人银行账号） | 0100229999000099019 | | |
| 注意事项 | 1、托运人请勿填写栏内项目。如货物品名过多，不能再托运单内逐一填写，必须另附货物清单。或保价货物，在相应价格栏中填写货物声明价格 2、货物名称应填写具体品名，3、保险 | | | | | | | 托运人签章：2019 年 01 月 05 日 | | 承运人签章：2019 年 01 月 05 日 | |

## 九、到货并办理入库

1. 业务概述：接到虚拟供应商的货物，办理采购入库。

2. 业务场景：2019 年 1 月 5 日，工贸企业向虚拟工贸企业采购到货并办理采购入库。每家工贸企业采购入库数量如表 7－33 所示。

表 7－33　　采购订单信息

| 序号 | 存货名称 | 数量 | 单位 | 单价(含税) | 单价 |
|---|---|---|---|---|---|
| 1 | 钢管 | (9600/T) M | 根 | 98.60 | 85.00 |
| 2 | 坐垫 | (4800/T) M | 个 | 75.40 | 65.00 |
| 3 | 车篷 | (4800/T) M | 个 | 134.56 | 116.00 |
| 4 | 车轮 | (19200/T) M | 个 | 25.52 | 22.00 |
| 5 | 经济型童车包装套件 | (4800/T) M | 个 | 84.68 | 73.00 |
| 合计 | | | | | |

3. 业务流程和业务流程步骤，如表 7－34 所示。

表 7－34　　业务流程步骤

| 编号 | 活动名称 | 角色 | 活动描述－操作指导 |
|---|---|---|---|
| 1 | 依据采购订单填写采购入库单（图 7－28） | 业务经理 | 业务经理依照确认的采购订单填写采购入库单 |
| 2 | 审核采购入库单 | 业务经理 | 审核采购入库单 |
| 3 | VBSE 系统办理入库 | 业务经理 | 依据采购订单、采购入库单在 VBSE 系统中办理货物入库 |
| 4 | 登记库存台账 | 业务经理 | 1. 依据采购入库单（存根联）信息登记到库存台账中<br>2. 将采购入库单传递给财务经理 |
| 5 | 更新采购情况执行表 | 业务经理 | 根据入库信息更新采购合同执行情况表 |

续表

| 编号 | 活动名称 | 角色 | 活动描述 – 操作指导 |
|---|---|---|---|
| 6 | 填制记账凭证（图 7 – 29） | 财务经理 | 1. 收到业务经理交来的采购入库单<br>2. 依据采购入库单填制记账凭证 |
| 7 | 审核记账凭证 | 总经理 | 1. 收到财务经理交来的工资表和记账凭证<br>2. 审核记账凭证的正确性<br>3. 审核无误，在记账凭证上签字或盖章<br>4. 交还给财务经理工资表和记账凭证 |
| 8 | 登记科目明细账 | 财务经理 | 1. 根据记账凭证登记科目明细账<br>2. 记账后在记账凭证上签字或盖章 |
| 9 | 登记总账 | 财务经理 | 1. 根据记账凭证登记总账<br>2. 记账后在记账凭证上签字或盖章 |

## 入库单

制 单 日 期：2019.1.05　　　　仓　　　库：普通仓库
供 应 商 名 称：湖北丽华五金制品有限公司　　　　类　　　型：普通采购
单 据 编 号：CGRK-2019010001　　　　采购订单号：cgdd2019010001

| 序号 | 品名 | 规格型号 | 单位 | 入库时间 | 数量 | 备注 |
|---|---|---|---|---|---|---|
| 1 | 钢管 | Φ外16/Φ内11/L5000MM | 根 | 2019.1.5 | 24 000 | |
| 2 | 坐垫 | HJM500 | 个 | 2019.1.5 | 12 000 | |
| 3 | 车篷 | HJ72*32*40 | 个 | 2019.1.5 | 12 000 | |
| 4 | 车轮 | HJΦ外125*Φ内60 mm | 个 | 2019.1.5 | 48 000 | |
| 5 | 包装套件 | HJTB100 | 个 | 2019.1.5 | 12 000 | |
| 合计 | | | | | 108 000 | |

第一联：仓储联

仓储部经理：　　　　仓管员：

图 7 – 28　入库单

采购入库-记账凭证

## 记账凭证

2019年1月5日　　　　记字　第 005 号

| 摘要 | 总账科目 | 明细账科目 | 借方金额 | 贷方金额 | √ |
|---|---|---|---|---|---|
| 采购到货 | 库存商品 | 钢管 | 2 040 000.00 | | |
| | 库存商品 | 坐垫 | 780 000.00 | | |
| | 库存商品 | 车篷 | 1 392 000.00 | | |
| | 库存商品 | 车轮 | 1 056 000.00 | | |
| | 库存商品 | 经济型包装套件 | 876 000.00 | | |
| | 应交税费 | 应交增值税（进项税额） | 983 040.00 | | |
| | 应付账款 | | | 7 127 040.00 | |
| | | | | | |
| | | | | | |
| 合计 | | | ¥7 127 040.00 | ¥7 127 040.00 | |

附件 1 张

财务主管 吴迪　　记账 吴迪　　出纳　　审核　　制单 吴迪

图 7 – 29　记账凭证

## 十、支付工贸企业货款

1. 业务概述：支付虚拟供应商的货款。

2. 业务场景：2019 年 1 月 5 日，工贸企业支付采购款。每家工贸企业采购入库数量如表 7－35 所示。每家工贸企业支付采购款＝∑［每种存货的采购数量（标准数量/T×M）×每种存货的单价］。

**表 7－35**　　采购订单信息

| 序号 | 存货名称 | 标准数量 | T | M | 采购数量 | 单位 | 税率 | 单价 | 单价（含税） | 货款 | 采购金额(元) |
|---|---|---|---|---|---|---|---|---|---|---|---|
| 1 | 钢管 | 9 600 | 4 | 10 | 24 000 | 根 | 0.16 | 85.00 | 98.60 | 2 040 000.00 | 2 366 400.00 |
| 2 | 坐垫 | 4 800 | 4 | 10 | 12 000 | 个 | 0.16 | 65.00 | 75.40 | 780 000.00 | 904 800.00 |
| 3 | 车篷 | 4 800 | 4 | 10 | 12 000 | 个 | 0.16 | 116.00 | 134.56 | 1 392 000.00 | 1 614 720.00 |
| 4 | 车轮 | 19 200 | 4 | 10 | 48 000 | 个 | 0.16 | 22.00 | 25.52 | 1 056 000.00 | 1 224 960.00 |
| 5 | 经济型童车包装套件 | 4 800 | 4 | 10 | 12 000 | 个 | 0.16 | 73.00 | 84.68 | 876 000.00 | 1 016 160.00 |
| 合计 | | | | | | | | | | 6 144 000.00 | 7 127 040.00 |

3. 业务流程图和业务流程步骤，如图 7－30、表 7－36 所示。

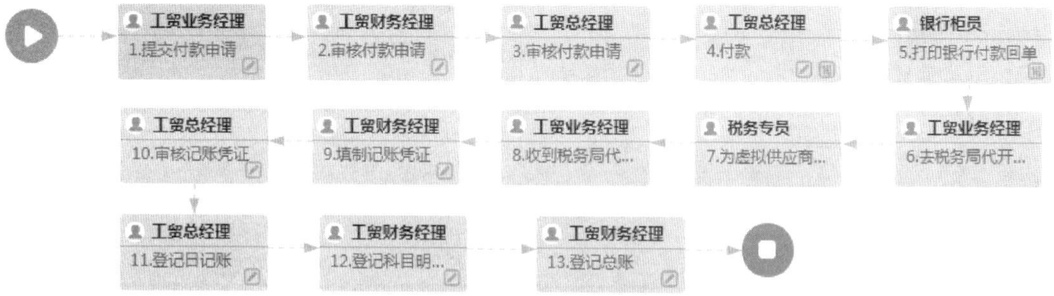


**图 7－30　业务流程图**

**表 7－36**　　业务流程步骤

| 编号 | 活动名称 | 角色 | 活动描述－操作指导 |
|---|---|---|---|
| 1 | 提交付款申请（图 7－31） | 业务经理 | 依据采购入库单提交付款申请单 |
| 2 | 审核付款申请 | 财务经理 | 1. 接收业务经理提交的付款申请单<br>2. 依据采购入库单审核付款申请单 |
| 3 | 审核付款申请 | 总经理 | 审核财务经理提交的付款申请单 |
| 4 | 付款 | 总经理 | 1. 接收总经理提交审核通过的付款申请单<br>2. 依据审核通过的付款申请单在 VBSE 系统中进行付款<br>3. 通知财务经理到银行取得付款业务回单 |
| 5 | 打印银行付款回单（图 7－32） | 银行柜员 | 1. 查询并打印付款业务回单<br>2. 将付款业务回单交给财务经理<br>3. 财务经理取得业务回单，回公司填制记账凭证 |
| 6 | 去税务局代开增值税专用发票 | 业务经理 | 1. 业务经理整理采购订单信息<br>2. 根据信息到税务局找税务专员开具增值税专用发票 |
| 7 | 为虚拟供应商代开增值税专用发票 | 税务专员 | 1. 根据业务经理整理的信息开具增值税专用发票<br>2. 将开具好的增值税专用发票交给业务经理 |

续表

| 编号 | 活动名称 | 角色 | 活动描述－操作指导 |
|---|---|---|---|
| 8 | 收到税务局代开的增值税专用发票 | 业务经理 | 1. 收到税务局代开的增值税专用发票<br>2. 将收到的增值税专用发票带回并送至财务经理处 |
| 9 | 填制记账凭证（图7－33） | 财务经理 | 1. 将银行业务回单、增值税专用发票与付款申请单核对<br>2. 填制记账凭证，将银行业务回单粘贴在记账凭证背面作为原始凭证<br>3. 提交总经理审核 |
| 10 | 审核记账凭证 | 总经理 | 1. 审核财务经理填制的记账凭证并对照相关附件检查是否正确<br>2. 审核无误，在记账凭证上签字或盖章<br>3. 将审核后的记账凭证传递给总经理登记日记账 |
| 11 | 登记日记账 | 总经理 | 1. 根据记账凭证登记银行存款日记账<br>2. 记账后在记账凭证上签字或盖章 |
| 12 | 登记科目明细账 | 财务经理 | 1. 根据记账凭证登记科目明细账<br>2. 记账后在记账凭证上签字或盖章 |
| 13 | 登记总账 | 财务经理 | 1. 根据记账凭证登记总账<br>2. 记账后在记账凭证上签字或盖章 |

**付款申请单**

ANJ-FD-001

| | | | | | |
|---|---|---|---|---|---|
| 申请人： | 李鑫 | 填制日期： | 2019/1/5 | 附件张数： | |
| 付款金额（大写）： | 柒佰壹拾贰万柒仟零肆拾元整 | | | ￥7 127 040.00 | |
| 收款人全称： | 湖北丽华五金制品有限公司 | | | | |
| 开户银行及账号： | 中国工商银行4563512600681022355 | | | | |
| 其他要求说明： | | | | | |
| 付款方式： | □现金 | □电汇 | □现金支票 | ☒转账支付 | □其它 |
| 付款说明： | 支付采购款 | | | | |
| 部门批准： | 李鑫 | 财务核对： | 吴迪 | 总经理审批： | 赵金全 |

图7－31　付款申请单

ICBC 中国工商银行　　业务回单（付款）

入账日期：2019-01-05　　回单编号：102841201
付款人户名：丰达工贸有限公司
付款人账号：0100229999000099117
付款人开户行/发报行：中国工商银行北京分行
收款人户名：湖北丽华五金制品有限公司
收款人账号：4563512600681022355
收款人开户行　中国工商银行武汉分行
币种：人民币　　金额（小写）　¥7 127 040.00
金额（大写）：柒佰壹拾贰万柒仟零肆拾元整
凭证种类：　　凭证号码：
业务（产品）种类：　支付采购款　　摘要：　支付采购款
附言：
支付交易序号：10244210　　报文种类：00100 汇兑报文
委托日期：2019/1/5　　业务种类：转账
收款人地址：
付款人地址：

中国工商银行股份有限公司北京分行 2019.01.05 转账用章（04）

打印次数：1　次　机打回单注意重复　打印日期：2019-01-05　打印柜员：22347

图 7－32　银行业务回单

**记账凭证**

2019年1月5日　　记字　第 004 号

| 摘要 | 总账科目 | 明细科目 | 借方金额 | 贷方金额 | √ |
|---|---|---|---|---|---|
| 支付材料采购款 | 应付账款 | | 7 127 040.00 | | |
| | 银行存款 | | | 7 127 040.00 | |
| | | | | | |
| | | | | | |
| | | | | | |
| 合计 | | | ¥7 127 040.00 | ¥7 127 040.00 | |

附单据 2 张

财务主管 吴迪　记账 吴迪　出纳　　审核 吴迪　制单 吴迪

图 7－33　记账凭证

## 十一、收到制造业货款银行回单

1. 业务概述：收到制造业支付的销售款，取得银行回单。
2. 业务场景：2019 年 1 月 25 日，工贸企业收到制造业货款银行业务回单。

3. 业务流程图和业务流程步骤，如图 7－34、表 7－37 所示。

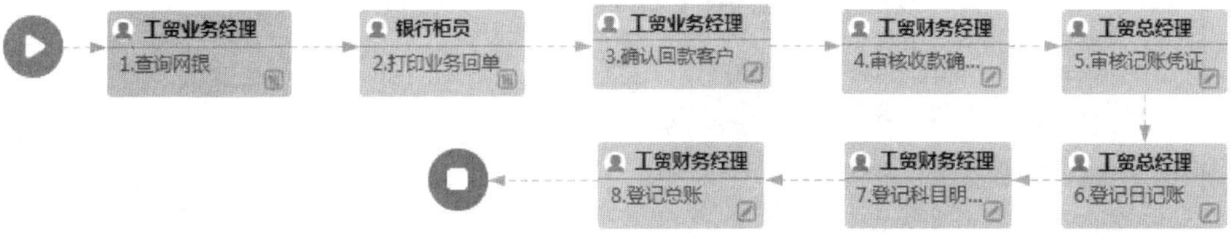


图 7－34　业务流程图

表 7－37　业务流程步骤

| 编号 | 活动名称 | 角色 | 活动描述－操作指导 |
|---|---|---|---|
| 1 | 查询网银 | 业务经理 | 1. 接收采购商的付款通知<br>2. 通知总经理查询网银，确认已收到货款<br>2. 通知财务经理到银行打印此款项回单 |
| 2 | 打印业务回单 | 银行柜员 | 1. 根据财务经理提供的信息查询到转账记录并打印<br>2. 将打印好的业务回单交给财务经理 |
| 3 | 确认回款客户 | 业务经理 | 1. 到财务部财务经理处确认收到货款，<br>2. 在系统中填写收款确认单，对银行回款进行确认，确认回款客户<br>3. 将收款确认单传至财务经理审核 |
| 4 | 审核收款确认单并填制记账凭证 | 财务经理 | 1. 审核收款确认单<br>2. 依据收款确认单填制记账凭证，将银行业务回单粘贴在记账凭证背面作为原始凭证<br>3. 提交总经理审核 |
| 5 | 审核记账凭证 | 总经理 | 1. 审核财务经理填制的记账凭证并对照相关附件检查是否正确<br>2. 审核无误，在记账凭证上签字或盖章<br>3. 将审核后的记账凭证传递给总经理登记日记账 |
| 6 | 登记日记账 | 总经理 | 1. 根据记账凭证登记银行存款日记账<br>2. 记账后在记账凭证上签字或盖章 |
| 7 | 登记科目明细账 | 财务经理 | 1. 根据记账凭证登记科目明细账<br>2. 记账后在记账凭证上签字或盖章 |
| 8 | 登记总账 | 财务经理 | 1. 根据记账凭证登记总账<br>2. 记账后在记账凭证上签字或盖章 |

# 第三节 工贸企业财务业务实训

工贸企业财务业务任务地图，如图7-35所示。

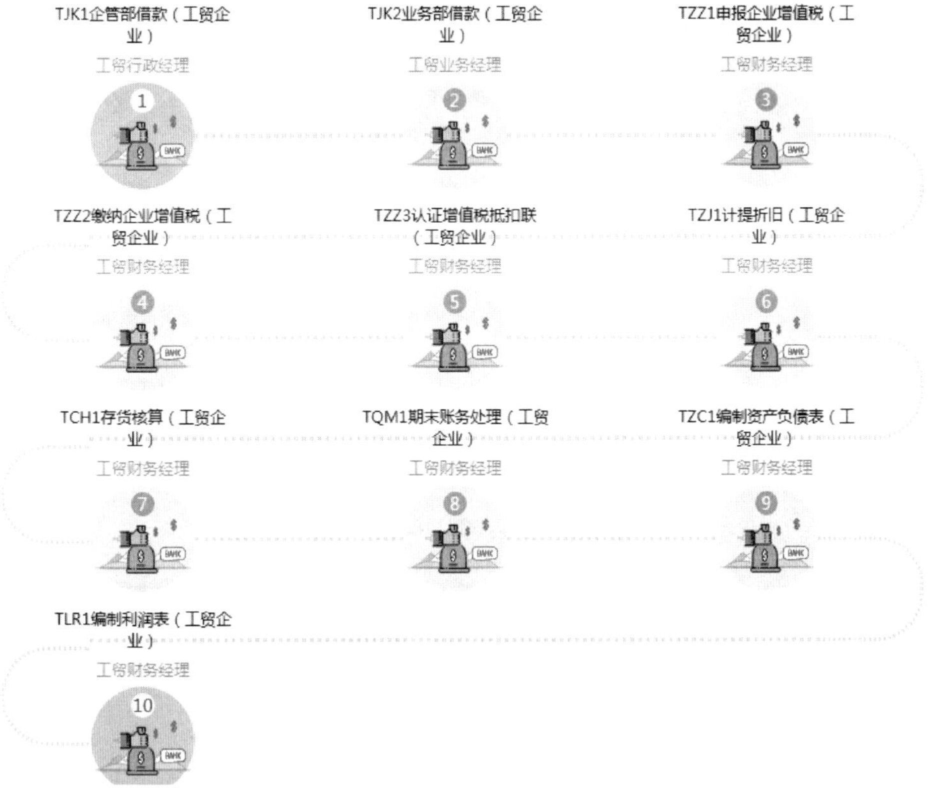


图7-35 任务地图

## 一、企管部借款

1. 业务概述：行政经理借备用金。
2. 业务场景：2019年1月5日企管部行政经理向财务部借部门备用金500元。
3. 业务流程图和业务流程步骤，如图7-36、表7-38所示。

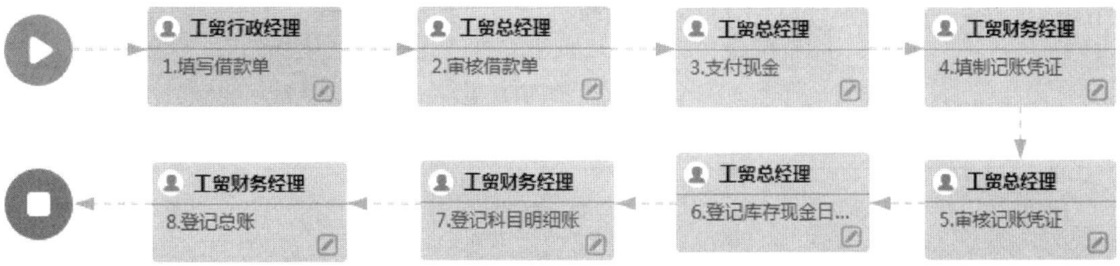


图7-36 业务流程图

表 7－38　　业务流程步骤

| 编号 | 活动名称 | 角色 | 活动描述－操作指导 |
|---|---|---|---|
| 1 | 填写借款单<br>（图 7－37） | 行政经理 | 1. 在 VBSE 系统中填写借款单（实际工作中可能填写纸质借款单）<br>2. 填写借款单，借款作为部门备用金<br>3. 将填写好的借款单提交总经理审核 |
| 2 | 审核借款单 | 总经理 | 1. 在 VBSE 系统中对借款用途，金额，付款条款进行审核<br>2. 审核无误，在审核意见处签字确认 |
| 3 | 支付现金 | 总经理 | 1. 接收经过总经理审核签字的借款单<br>2. 确认无误后支付现金给借款人，借款人签字<br>3. 在借款单出纳签章处，加盖签章。 |
| 4 | 填制记账凭证<br>（图 7－38） | 财务经理 | 1. 根据已支付的借款单填制记账凭证，将借款单粘贴在后面作为附件<br>2. 将记账凭证交由总经理审核 |
| 5 | 审核记账凭证 | 总经理 | 1. 审核财务经理填制的记账凭证并对照借款单检查是否正确<br>2. 审核无误，在记账凭证上签字或盖章<br>3. 将审核后的记账凭证交给总经理登记日记账 |
| 6 | 登记库存现金日记账 | 总经理 | 1. 根据审核后的记账凭证登记库存现金日记账<br>2. 记账后在记账凭证上签字或盖章 |
| 7 | 登记科目明细账 | 财务经理 | 1. 根据记账凭证登记科目明细账<br>2. 记账后在记账凭证上签字或盖章 |
| 8 | 登记总账 | 财务经理 | 1. 根据记账凭证登记总账<br>2. 记账后在记账凭证上签字或盖章 |

**借款单**

部门：企管部　　　　2019 年 01 月 05 日

借款用途：部门备用金

借款金额：

人民币（大写）伍佰元整　　　　小写：500.00

☒ 现金　　☐ 支票　　☐ 电汇

财务部经理：吴迪　总经理：赵金金　部门经理：　借款人：孙灿

图 7－37　借款单

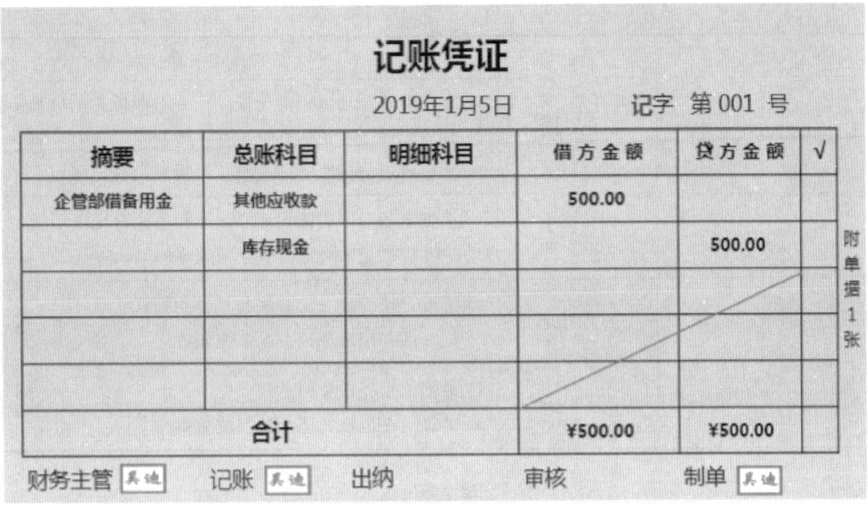

记账凭证

2019年1月5日　　　记字 第001 号

| 摘要 | 总账科目 | 明细科目 | 借方金额 | 贷方金额 | √ |
|---|---|---|---|---|---|
| 企管部借备用金 | 其他应收款 | | 500.00 | | |
| | 库存现金 | | | 500.00 | |
| | | | | | |
| | | | | | |
| | | | | | |
| 合计 | | | ¥500.00 | ¥500.00 | |

附单据 1 张

财务主管　　记账　　出纳　　审核　　制单

图 7－38　记账凭证

## 二、业务部借款

1. 业务概述：业务经理借备用金。
2. 业务场景：2019 年 1 月 5 日，业务部业务经理向财务部借部门备用金 500 元。
3. 业务流程图和业务流程步骤，如图 7－39、表 7－39 所示。

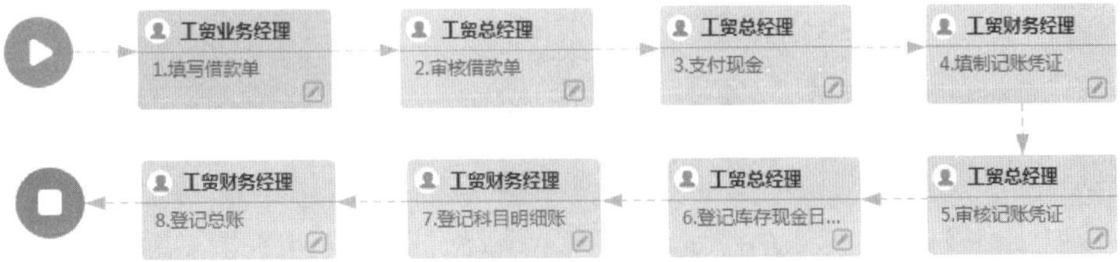


图 7－39　业务流程图

表 7－39　　业务流程步骤

| 编号 | 活动名称 | 角色 | 活动描述－操作指导 |
|---|---|---|---|
| 1 | 填写借款单（图 7－40） | 业务经理 | 1. 在 VBSE 系统中填写借款单（实际工作中可能填写纸质借款单）<br>2. 填写借款单，借款作为部门备用金<br>3. 将填写好的借款单提交总经理审核 |
| 2 | 审核借款单 | 总经理 | 1. 在 VBSE 系统中对借款用途，金额，付款条款进行审核<br>2. 审核无误，在审核意见处签字确认 |
| 3 | 支付现金 | 总经理 | 1. 接收经过总经理审核签字的借款单<br>2. 确认无误后支付现金给借款人，借款人签字<br>3. 在借款单出纳签章处，加盖签章 |
| 4 | 填制记账凭证（图 7－41） | 财务经理 | 1. 根据已支付的借款单填制记账凭证，将借款单粘贴在后面作为附件<br>2. 将记账凭证交由总经理审核 |

续表

| 编号 | 活动名称 | 角色 | 活动描述－操作指导 |
|---|---|---|---|
| 5 | 审核记账凭证 | 总经理 | 1. 审核财务经理填制的记账凭证并对照借款单检查是否正确<br>2. 审核无误，在记账凭证上签字或盖章<br>3. 将审核后的记账凭证交给总经理登记日记账 |
| 6 | 登记库存现金日记账 | 总经理 | 1. 根据审核后的记账凭证登记库存现金日记账<br>2. 记账后在记账凭证上签字或盖章 |
| 7 | 登记科目明细账 | 财务经理 | 1. 根据记账凭证登记总账和科目明细账<br>2. 记账后在记账凭证上签字或盖章 |
| 8 | 登记总账 | 财务经理 | 1. 根据记账凭证登记总账<br>2. 记账后在记账凭证上签字或盖章 |

**借款单**

部门：业务部　　　　2019年 01月 05日

借款用途：部门备用金

借款金额：

人民币（大写）伍佰元整　　　　小写：500.00

☒ 现金　　☐ 支票　　☐ 电汇

财务部经理：吴迪　　总经理：赵金鑫　　部门经理：　　借款人：李鑫

图 7－40　借款单

**记账凭证**

2019年1月5日　　　　记字　第 002 号

| 摘要 | 总账科目 | 明细科目 | 借方金额 | 贷方金额 | √ |
|---|---|---|---|---|---|
| 业务部借备用金 | 其他应收款 | | 500.00 | | |
| | 库存现金 | | | 500.00 | |
| | | | | | |
| | | | | | |
| | | | | | |
| 合计 | | | ¥500.00 | ¥500.00 | |

附单据 1 张

财务主管 吴迪　　记账 吴迪　　出纳　　审核　　制单 吴迪

图 7－41　记账凭证

## 三、申报企业增值税

1. 业务概述：月初财务经理申报上月企业增值税。
2. 业务场景：2019 年 1 月 5 日，财务部申报上期增值税款，具体数据见表 7－40。

表 7－40　　业务数据

| 上期销售 | | | | | |
|---|---|---|---|---|---|
| 单价(含税) | 数量 | 税率 | 税额 | 价款 | 价税合计 |
| 103.80 | 2 000 | 0.16 | 2 8634.48 | 178 965.52 | 207 600.00 |
| 103.80 | 2 000 | 0.16 | 2 8634.48 | 178 965.52 | 207 600.00 |
| 103.80 | 2 000 | 0.16 | 2 8634.48 | 178 965.52 | 207 600.00 |
| 103.80 | 2 000 | 0.16 | 2 8634.48 | 178 965.52 | 207 600.00 |
| 103.80 | 2 000 | 0.16 | 2 8634.48 | 178 965.52 | 207 600.00 |
| 103.80 | 2 000 | 0.16 | 2 8634.48 | 178 965.52 | 207 600.00 |
| 103.80 | 2 000 | 0.16 | 2 8634.48 | 178 965.52 | 207 600.00 |
| 103.80 | 2 000 | 0.16 | 2 8634.48 | 178 965.52 | 207 600.00 |
| 103.80 | 2 000 | 0.16 | 2 8634.48 | 178 965.52 | 207 600.00 |
| 103.80 | 2 000 | 0.16 | 2 8634.48 | 178 965.52 | 207 600.00 |
| | | | ￥ 286 344.80 | ￥ 1 789 655.20 | ￥ 2 076 000.00 |
| 上期采购 | | | | | |
| 单价(含税) | 数量 | 税率 | 税额 | 价款 | 价税合计 |
| 100.00 | 16 500 | 0.16 | 227 586.21 | 1 422 413.79 | 1 650 000.00 |
| | | | ￥ 227 586.21 | ￥ 1 422 413.79 | ￥ 1 650 000.00 |

3. 业务流程图和业务流程步骤，如图 7－42、表 7－41 所示。

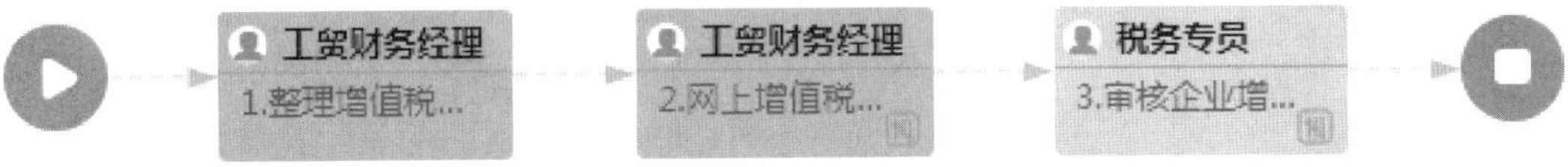


图 7－42　业务流程图

表 7－41　　业务流程步骤

| 编号 | 活动名称 | 角色 | 活动描述－操作指导 |
|---|---|---|---|
| 1 | 整理增值税纳税申报资料 | 财务经理 | 1. 准备上期的进项税，汇总并整理<br>2. 准备上期的销项税，汇总并整理 |
| 2 | 网上增值税纳税申报 | 财务经理 | 1. 在 VBSE 系统中根据确认的金额进行增值税纳税申报<br>2. 填写完成后提交税务机关审核 |
| 3 | 审核企业增值税申报 | 税务专员 | 在 VBSE 系统中审核企业提交的增值税申报 |

## 四、缴纳企业增值税

1. 业务概述：确认申报状态，审核通过后提交扣款并进行账务处理。
2. 业务场景：2019 年 1 月 5 日，财务部申报上期增值税。
3. 业务流程图和业务流程步骤，如图 7－43、表 7－42 所示。

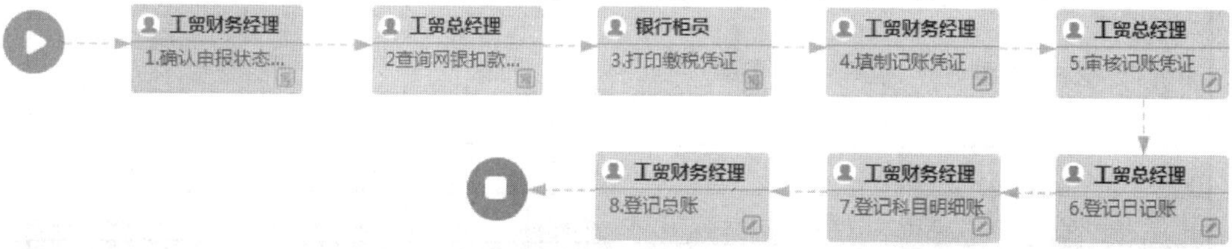


**图 7－43　业务流程图**

**表 7－42**　　**业务流程步骤**

| 编号 | 活动名称 | 角色 | 活动描述－操作指导 |
|---|---|---|---|
| 1 | 确认申报状态并提交扣款 | 财务经理 | 1. 在 VBSE 系统中查看申报状态<br>2. 审核通过后点击“扣缴” |
| 2 | 查询网银扣款情况（图 7－44） | 总经理 | 1. 查询网银，确认增值税是否已扣款成功<br>2. 通知财务经理到银行打印税收缴税证明 |
| 3 | 打印缴税凭证 | 银行柜员 | 1. 查询转账记录<br>2. 确认后打印缴税证明 |
| 4 | 填制记账凭证（图 7－45） | 财务经理 | 1. 根据缴税证明编制记账凭证<br>2. 将银行税收缴款单和税收完税证明粘贴在记账凭证后面作为附件<br>3. 将记账凭证交给总经理审核 |
| 5 | 审核记账凭证 | 总经理 | 1. 收到记账凭证和缴款证明<br>2. 审核记账凭证无误后签字或盖章<br>3. 将记账凭证交给总经理登记银行存款日记账 |
| 6 | 登记日记账 | 总经理 | 1. 根据审核后的记账凭证登记银行存款日记账<br>2. 记账后在记账凭证上签字或盖章 |
| 7 | 登记科目明细账 | 财务经理 | 1. 根据审核后的记账凭证登记科目明细账<br>2. 记账后在记账凭证上签字或盖章 |
| 8 | 登记总账 | 财务经理 | 1. 根据审核后的记账凭证登记总账<br>2. 记账后在记账凭证上签字或盖章 |

中国工商银行

**电子缴税付款凭证**

No: SS01928911

转账日期 2019年1月5日

凭证字号：20190100008

纳税人全称：　丰达工贸有限公司
纳税人识别号：　110100101029089
付款人全称：　丰达工贸有限公司
付款人账号：　0100229999000099017
征收机关名称：　北京市海淀区国家税务局
收缴国库（银行）名称：　中国工商银行北京分行
付款人开户银行：　中国工商银行北京分行
缴款书交易流水号：　JK1000015
小写（合计）金额：　¥58,758.59
税票号码：
大写（合计）金额：　伍万捌仟柒佰伍拾捌元伍角玖分
税（种）费名称　　所属时期　　实缴金额
增值税　　201812　　58758.59

中国工商银行北京分 2019.01.0 办讫 (01)

第　1 次打印　　打印时间：2019-01-05

第二联：作付款回单（无银行收讫章无效）　　复核　　记账

图 7-44　银行电子缴税付款凭证

**记账凭证**

2019年1月5日　　记字　第006 号

| 摘要 | 总账科目 | 明细账科目 | 借方金额 | 贷方金额 | √ |
|---|---|---|---|---|---|
| 缴纳上期增值税 | 应交税费 | 已交增值税 | 58 758.59 | | |
| | 银行存款 | | | 58 758.59 | |
| | | | | | |
| | | | | | |
| | | | | | |
| 合计 | | | ¥58 758.59 | ¥58 758.59 | |

附件 1 张

财务主管 吴迪　记账 吴迪　出纳　审核　制单 吴迪

图 7-45　记账凭证

## 五、认证增值税抵扣联

1. 业务概述：财务经理认证增值税抵扣联。

2. 财务经理将公司的增值税抵扣联收集后，到税务部门进行认证，获得盖章认证的结果通知书后，与抵扣联一并装订。

3. 业务流程图和业务流程步骤，如图 7－46、表 7－43 所示。

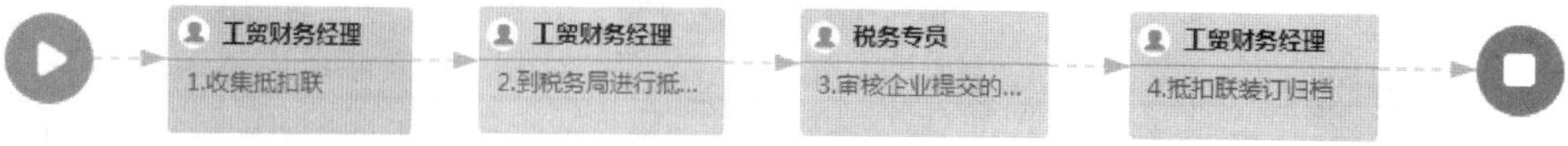


图 7－46　业务流程图

表 7－43　业务流程步骤

| 编号 | 活动名称 | 角色 | 活动描述－操作指导 |
|---|---|---|---|
| 1 | 收集抵扣联 | 财务经理 | 统一收集齐抵扣联 |
| 2 | 到税务局进行抵扣认证（图 7－47） | 财务经理 | 将增值税抵扣联送至税务局，进行抵扣认证 |
| 3 | 审核企业提交的进项税抵扣联 | 税务专员 | 对企业提交的进项税抵扣联进行审核，通过后打印认证结果通知书，交给企业办事人员 |
| 4 | 抵扣联装订归档 | 财务经理 | 将从税务局取得的认证结果通知书与抵扣联装订，归档备查 |

**认证结果通知书**

丰达工贸有限公司（单位）：

(纳税人识别号：110100101029089327)

你单位于 2019 年 01 月报送的防伪税控系统开具的专用发票抵扣联共 1 份（不含重复认证和未通过认证的发票份数），认证情况如下（所附清单略）：

| 认证结果 | 发票份数 | 金额 | 税额 |
|---|---|---|---|
| 通过 | 1 | 7 126 800.00 | 983 006.90 |

认证相符

过期认证

请将认证相符的发票抵扣联与通知书装订成册，作为纳税检查的备查资料，认证详细情况请见本通知所附清单。

北京国税第五 税务所

2019 年 01 月 25 日

图 7－47　认证结果通知书

## 六、计提折旧

1. 业务概述：财务经理计提固定资产折旧。
2. 业务场景：2019 年 1 月 25 日，财务部进行固定资产计提折旧。
3. 业务流程图和业务流程步骤，如图 7－48、表 7－44 所示。

图 7－48 业务流程图

表 7－44 业务流程步骤

| 编号 | 活动名称 | 角色 | 活动描述－操作指导 |
|---|---|---|---|
| 1 | 计算固定资产折旧 | 财务经理 | 1. 根据固定资产政策及固定资产明细账计提折旧<br>2. 填写固定资产折旧计算表 |
| 2 | 填制记账凭证 | 财务经理 | 1. 根据固定资产折旧计算表填写记账凭证，将折旧计算表粘贴在记账凭证后作为附件<br>2. 将记账凭证交给总经理审核 |
| 3 | 审核记账凭证 | 总经理 | 1. 接收财务经理交给的记账凭证，进行审核<br>2. 审核无误，在记账凭证上签字或盖章<br>3. 将记账凭证传递给财务经理登记科目明细账 |
| 4 | 登记科目明细账 | 财务经理 | 1. 根据记账凭证登记科目明细账<br>2. 记账后在记账凭证上签字或盖章 |
| 5 | 登记总账 | 财务经理 | 1. 根据记账凭证登记总账<br>2. 记账后在记账凭证上签字或盖章 |

## 七、存货核算

1. 业务概述：财务经理根据出入库明细表计算存货成本，并结转销售成本。
2. 业务数据：库存台账信息，如表 7－45 至表 7－49 所示。

表 7－45 库存台账

物料名称：钢管　　规格　　最高库存
物料编号：B0001　　存放仓库：普通仓库　　最低库存　　计量单位 根

| 2019年 | | 凭证号数 | 摘要 | 入库 | | 出库 | | 结存 | |
|---|---|---|---|---|---|---|---|---|---|
| 月 | 日 | | | 数量 | 单价 | 数量 | 单价 | 数量 | 单价 |
| 1 | 5 | | 上期结转 | | | | | 26 000 | 86.28 |
| 1 | 5 | | 销售出库 | | | 2 400 | | 23 600 | |
| 1 | 5 | | 销售出库 | | | 2 400 | | 21 200 | |
| 1 | 5 | | 销售出库 | | | 2 400 | | 18 800 | |
| 1 | 5 | | 销售出库 | | | 2 400 | | 16 400 | |
| 1 | 5 | | 销售出库 | | | 2 400 | | 14 000 | |
| 1 | 5 | | 销售出库 | | | 2 400 | | 11 600 | |
| 1 | 5 | | 销售出库 | | | 2 400 | | 9 200 | |
| 1 | 5 | | 销售出库 | | | 2 400 | | 6 800 | |
| 1 | 5 | | 销售出库 | | | 2 400 | | 4 400 | |
| 1 | 5 | | 销售出库 | | | 2 400 | | 2 000 | |
| 1 | 5 | | 采购到货 | 24 000 | | | | 26 000 | |
| | | | | | | | | | |
| | | | | | | | | | |
| | | | | | | | | | |

表 7－46

库存台账

物料名称：坐垫　　规格　　最高库存
物料编号：B0003　　存放仓库：普通仓库　　最低库存　　计量单位 个

| 2019年 | | 凭证号数 | 摘要 | 入库 | | 出库 | | 结存 | |
|---|---|---|---|---|---|---|---|---|---|
| 月 | 日 | | | 数量 | 单价 | 数量 | 单价 | 数量 | 单价 |
| 1 | 5 | | 上期结转 | | | | | 14 000 | 65.16 |
| 1 | 5 | | 销售出库 | | | 1 200 | | 12 800 | |
| 1 | 5 | | 销售出库 | | | 1 200 | | 11 600 | |
| 1 | 5 | | 销售出库 | | | 1 200 | | 10 400 | |
| 1 | 5 | | 销售出库 | | | 1 200 | | 9 200 | |
| 1 | 5 | | 销售出库 | | | 1 200 | | 8 000 | |
| 1 | 5 | | 销售出库 | | | 1 200 | | 6 800 | |
| 1 | 5 | | 销售出库 | | | 1 200 | | 5 600 | |
| 1 | 5 | | 销售出库 | | | 1 200 | | 4 400 | |
| 1 | 5 | | 销售出库 | | | 1 200 | | 3 200 | |
| 1 | 5 | | 销售出库 | | | 1 200 | | 2 000 | |
| 1 | 5 | | 采购到货 | 12 000 | | | | 14 000 | |
| | | | | | | | | | |
| | | | | | | | | | |

表 7－47

库存台账

物料名称：车篮　　规格　　最高库存
物料编号：B0005　　存放仓库：普通仓库　　最低库存　　计量单位 个

| 2019年 | | 凭证号数 | 摘要 | 入库 | | 出库 | | 结存 | |
|---|---|---|---|---|---|---|---|---|---|
| 月 | 日 | | | 数量 | 单价 | 数量 | 单价 | 数量 | 单价 |
| 1 | 5 | | 上期结转 | | | | | 14 000 | 117.62 |
| 1 | 5 | | 销售出库 | | | 1 200 | | 12 800 | |
| 1 | 5 | | 销售出库 | | | 1 200 | | 11 600 | |
| 1 | 5 | | 销售出库 | | | 1 200 | | 10 400 | |
| 1 | 5 | | 销售出库 | | | 1 200 | | 9 200 | |
| 1 | 5 | | 销售出库 | | | 1 200 | | 8 000 | |
| 1 | 5 | | 销售出库 | | | 1 200 | | 6 800 | |
| 1 | 5 | | 销售出库 | | | 1 200 | | 5 600 | |
| 1 | 5 | | 销售出库 | | | 1 200 | | 4 400 | |
| 1 | 5 | | 销售出库 | | | 1 200 | | 3 200 | |
| 1 | 5 | | 销售出库 | | | 1 200 | | 2 000 | |
| 1 | 5 | | 采购到货 | 12 000 | | | | 14 000 | |
| | | | | | | | | | |

表 7－48

库存台账

物料名称：车轮　　规格　　最高库存
物料编号：B0006　　存放仓库：普通仓库　　最低库存　　计量单位 个

| 2019年 | | 凭证号数 | 摘要 | 入库 | | 出库 | | 结存 | |
|---|---|---|---|---|---|---|---|---|---|
| 月 | 日 | | | 数量 | 单价 | 数量 | 单价 | 数量 | 单价 |
| 1 | 5 | | 上期结转 | | | | | 52 000 | 21.94 |
| 1 | 5 | | 销售出库 | | | 4 800 | | 47 200 | |
| 1 | 5 | | 销售出库 | | | 4 800 | | 42 400 | |
| 1 | 5 | | 销售出库 | | | 4 800 | | 37 600 | |
| 1 | 5 | | 销售出库 | | | 4 800 | | 32 800 | |
| 1 | 5 | | 销售出库 | | | 4 800 | | 28 000 | |
| 1 | 5 | | 销售出库 | | | 4 800 | | 23 200 | |
| 1 | 5 | | 销售出库 | | | 4 800 | | 18 400 | |
| 1 | 5 | | 销售出库 | | | 4 800 | | 13 600 | |
| 1 | 5 | | 销售出库 | | | 4 800 | | 8 800 | |
| 1 | 5 | | 销售出库 | | | 4 800 | | 4 000 | |
| 1 | 5 | | 采购到货 | 48 000 | | | | 52 000 | |
| | | | | | | | | | |

表 7－49　　库存台账

物料名称：经济型包装套件　规格　　　　最高库存
物料编号：B0007　　存放仓库：普通仓库　　　　最低库存　　　　计量单位　个

| 2019年 | | 凭证号数 | 摘要 | 入库 | | 出库 | | 结存 | |
|---|---|---|---|---|---|---|---|---|---|
| 月 | 日 | | | 数量 | 单价 | 数量 | 单价 | 数量 | 单价 |
| 1 | 5 | | 上期结转 | | | | | 14 000 | 73.48 |
| 1 | 5 | | 销售出库 | | | 1 200 | | 12 800 | |
| 1 | 5 | | 销售出库 | | | 1 200 | | 11 600 | |
| 1 | 5 | | 销售出库 | | | 1 200 | | 10 400 | |
| 1 | 5 | | 销售出库 | | | 1 200 | | 9 200 | |
| 1 | 5 | | 销售出库 | | | 1 200 | | 8 000 | |
| 1 | 5 | | 销售出库 | | | 1 200 | | 6 800 | |
| 1 | 5 | | 销售出库 | | | 1 200 | | 5 600 | |
| 1 | 5 | | 销售出库 | | | 1 200 | | 4 400 | |
| 1 | 5 | | 销售出库 | | | 1 200 | | 3 200 | |
| 1 | 5 | | 销售出库 | | | 1 200 | | 2 000 | |
| 1 | 5 | | 采购到货 | 12 000 | | | | 14 000 | |
| | | | | | | | | | |

3. 业务流程图和业务流程步骤，如图 7－49、表 7－50 所示。

图 7－49　业务流程图

表 7－50　　业务流程步骤

| 编号 | 活动名称 | 角色 | 活动描述－操作指导 |
|---|---|---|---|
| 1 | 编制产品销售成本结转明细表 | 财务经理 | 1. 根据销售出库单汇总销售出库的产品明细数量<br>2. 根据销售数量和库存商品平均单价，编制销售成本结转明细表<br>3. 将单据传递给财务经理填制记账凭证 |
| 2 | 填制记账凭证 | 财务经理 | 1. 根据产品出库单及销售成本结转明细表反映的业务内容，编制记账凭证，将相关单据粘贴在后面作为附件<br>2. 将记账凭证传递给总经理审核 |
| 3 | 审核记账凭证 | 总经理 | 1. 审核记账凭证的附件、记账科目、金额、手续是否正确与齐全<br>2. 审核无误在记账凭证上签字或盖章 |
| 4 | 登记科目明细账 | 财务经理 | 1. 根据记账凭证登记科目明细账<br>2. 记账后在记账凭证上签字或盖章 |
| 5 | 登记总账 | 财务经理 | 1. 根据记账凭证登记总账<br>2. 记账后在记账凭证上签字或盖章 |

# 第四节　工贸企业人力业务实训

工贸企业人力业务任务地图，如图 7－50 所示。

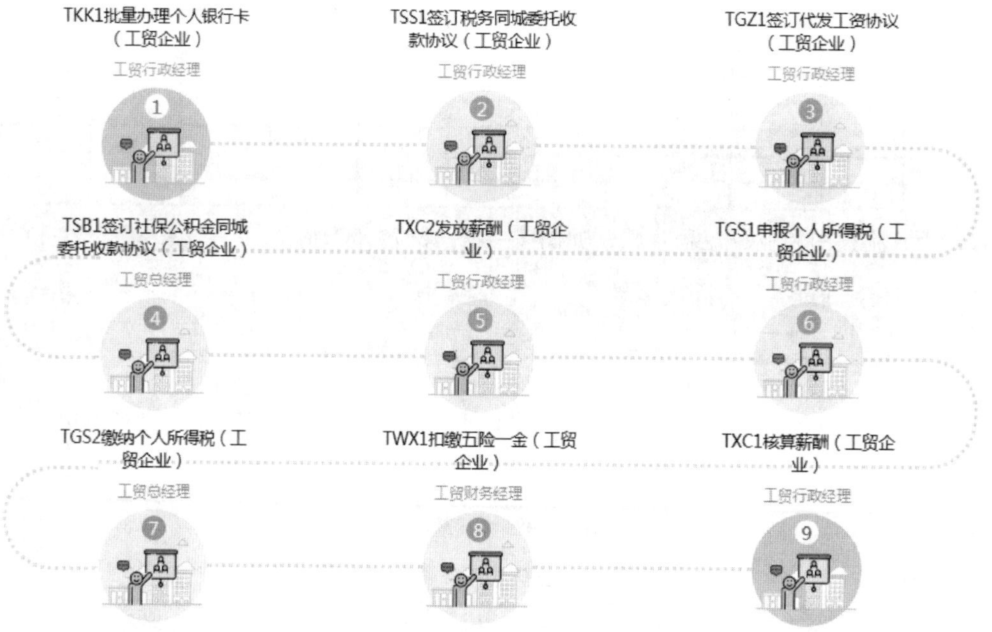


图 7－50　任务地图

## 一、TKK1 批量办理个人银行卡

1. 业务概述：行政经理收集员工信息，审核后到银行办理个人银行卡。
2. 业务场景：2019 年 1 月 5 日，到银行批量办理个人银行卡。业务数据见表 7－51。

表 7－51　　员工信息表

| 工号 | 姓名 | 部门 | 岗位 | 职务类别 | 证件名称 | 证件号码 |
|---|---|---|---|---|---|---|
| 1 | 赵金金 | 企业管理部 | 总经理 | 总经理 | 身份证 | 210108198312123456 |
| 2 | 孙灿 | 企业管理部 | 行政经理 | 部门经理 | 身份证 | 210108198312123457 |
| 3 | 李鑫 | 业务部 | 业务经理 | 部门经理 | 身份证 | 210108198312123458 |
| 4 | 吴迪 | 财务部 | 财务经理 | 部门经理 | 身份证 | 210108198312123459 |

3. 业务流程图和业务流程步骤，如图 7－51、表 7－52 所示。

图 7－51　业务流程图

表 7－52　　业务流程步骤

| 编号 | 活动名称 | 角色 | 活动描述－操作指导 |
|---|---|---|---|
| 1 | 填写借记卡集体申领登记表（表 7－53） | 行政经理 | 1. 收集员工信息并在借记卡集体申领登记表中填写相关内容<br>2. 将填写完整的登记表交给财务经理审核 |
| 2 | 审核借记卡集体申领登记表 | 财务经理 | 1. 审核登记表无误后签字并加盖“财务专用”章<br>2. 将审核后的登记表交给行政经理到银行办理开卡手续 |
| 3 | 去银行办理开卡业务 | 行政经理 | 带着借记卡集体申领登记表及身份证复印件（注，实际业务中必须带身份证原件），到银行柜台递交开卡申请 |
| 4 | 办理银行开卡 | 银行柜员 | 银行柜员办理开卡完毕后，把银行卡交给办卡申请人 |
| 5 | 从银行领回银行卡并发放（表 7－54） | 行政经理 | 1. 从银行柜员处领取银行卡，核对银行卡卡号与登记表中记录是否一致<br>2. 把银行卡卡号、姓名等信息进行归档备案<br>3. 提交一份银行卡信息给财务经理备案 |

表 7－53　　借记卡集体申领登记表

申请日期：　2019年01月05日

| 单位名称 | | 丰达工贸有限公司 | | 单位地址 | 北京市南四环中路55号 | | | 银行备注栏 |
|---|---|---|---|---|---|---|---|---|
| 负责人姓名 | | 赵金金 | | 联系电话 | 010-89458001 | | | |
| 本单位愿意集体申领借记卡，保证提供的下述资料真实可靠。 | | | | | | | | 银行盖章处 |
| | | | | | | | | |
| 序号 | 姓名 | 性别 | 证件名称 | 证件号码 | 联系地址（实训省 | 邮编（实训省 | 联系电话（实训省略） | （银行柜员填写银行卡号） |
| 1 | 赵金金 | 男 | 身份证 | 210108198312123456 | 北京市海淀 | 100080 | 010-89458010 | 4231588997836120 |
| 2 | 孙灿 | 男 | 身份证 | 210108198312123457 | 北京市海淀 | 100080 | 010-89458011 | 4231588997836121 |
| 3 | 李鑫 | 男 | 身份证 | 210108198312123458 | 北京市海淀 | 100080 | 010-89458012 | 4231588997836122 |
| 4 | 吴迪 | 男 | 身份证 | 210108198312123459 | 北京市海淀 | 100080 | 010-89458013 | 4231588997836123 |
| 5 | | | | | | | | |
| 6 | | | | | | | | |
| 7 | | | | | | | | |
| 8 | | | | | | | | |
| 9 | | | | | | | | |
| 10 | | | | | | | | |
| 11 | | | | | | | | |

表 7－54　　银行卡（工资卡）领取登记表

| 姓名 | 性别 | 证件名称 | 银行卡号 | 签字 | 日期 |
|---|---|---|---|---|---|
| 赵金金 | 男 | 身份证 | 4231588997836120 | 赵金金 | 2019/1/5 |
| 孙灿 | 男 | 身份证 | 4231588997836121 | 孙灿 | 2019/1/5 |
| 李鑫 | 男 | 身份证 | 4231588997836122 | 李鑫 | 2019/1/5 |
| 吴迪 | 男 | 身份证 | 4231588997836123 | 吴迪 | 2019/1/5 |

## 二、签订税务同城委托收款协议

1. 业务概述：签订授权划缴税款协议书。
2. 业务场景：2019 年 1 月 5 日，工贸企业与银行签订税务同城委托收款协议。
3. 业务流程图和业务流程步骤，如图 7－52、表 7－55 所示。

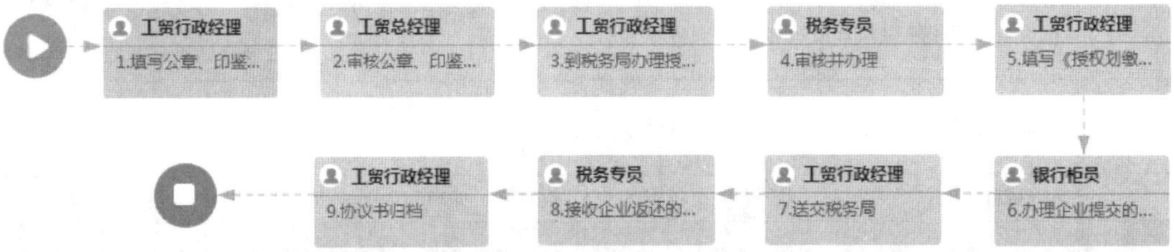


图 7－52　业务流程图

表 7－55　业务流程步骤

| 编号 | 活动名称 | 角色 | 活动描述－操作指导 |
|---|---|---|---|
| 1 | 填写公章、印鉴、资质证照使用申请表 | 行政经理 | 1. 填写公章、印鉴、资质证照使用申请表，注明使用原由是去银行签订授权划缴税款协议书<br>2. 将申请表提交给总经理审核 |
| 2 | 审核公章、印鉴、资质证照使用申请表 | 总经理 | 1. 审核公章、印鉴、资质证照使用申请表<br>2. 审核无误后在申请表上签字确认 |
| 3 | 到税务局办理授权划缴税款协议书 | 行政经理 | 携带相关公章、印鉴、资质到税务局办理三方协议 |
| 4 | 审核并办理 | 税务专员 | 1. 接收企业提交的资料并审核<br>2. 审核通过后下发“授权划缴税款协议书”（待企业填写完成后盖章即可） |
| 5 | 填写“授权划缴税款协议书”并到银行办理 | 行政经理 | 1. 填写“授权划缴税款协议书”并盖企业公章，协议书一式三份<br>2. 填写完成后到银行办理委托收款手续<br>3. 将填写完成的“授权划缴税款协议书”提交给银行柜员 |
| 6 | 办理企业提交的“授权划缴税款协议书” | 银行柜员 | 1. 接收企业提交的一式三份的“授权划缴税款协议书”并审核盖章<br>2. 审核通过后盖银行公章留存一联另两联返还客户 |
| 7 | 送交税务局 | 行政经理 | 1. 收到银行签字盖章的授权划缴税款协议书<br>2. 将一份银行签字盖章的协议书归档<br>3. 将一份银行签字盖章的协议书交给税务局 |
| 8 | 接收企业返还的“授权划缴税款协议书” | 税务专员 | 1. 接收企业返还的“授权划缴税款协议书”<br>2. 将“授权划缴税款协议书”进行归档 |

续表

| 编号 | 活动名称 | 角色 | 活动描述－操作指导 |
|---|---|---|---|
| 9 | 协议书归档 | 行政经理 | 1. 收到税务局、银行签字盖章的授权划缴税款协议书<br>2. 审核无误后进行归档<br>3. 登记合同管理表，填写协议书信息 |

## 三、签订代发工资协议

1. 业务概述：签订银企代发工资合作协议。
2. 业务场景：2019 年 1 月 5 日，商贸企业与工商银行签订代发工资协议。
3. 业务流程图和业务流程步骤，如图 7－53、表 7－56 所示。

图 7－53 业务流程图

表 7－56 业务流程步骤

| 编号 | 活动名称 | 角色 | 活动描述－操作指导 |
|---|---|---|---|
| 1 | 填写公章、印鉴、资质证照使用申请表 | 行政经理 | 1. 填写公章、印鉴、资质证照使用申请表，注明使用原由是去银行签订银企代发工资合作协议<br>2. 将申请表提交给总经理审核 |
| 2 | 审核公章、印鉴、资质证照使用申请表 | 总经理 | 1. 审核公章、印鉴、资质证照使用申请表<br>2. 审核无误后在申请表上签字确认 |
| 3 | 到银行签订银企代发工资合作协议 | 行政经理 | 1. 根据审核后的申请表，整理相关资料，带好营业执照、法人身份证等，公章、预留印鉴准备签订银企代发工资合作协议（注意：实训中带上营业执照、公章、印鉴即可）<br>2. 到银行柜台签订协议 |
| 4 | 办理银企代发工资合作协议 | 银行柜员 | 1. 接收、审核客户提交的银企代发工资合作协议<br>2. 审核通过后盖章返还客户 |
| 5 | 协议书归档 | 行政经理 | 1. 收到银行签字盖章的银企代发工资合作协议<br>2. 审核无误后将协议书归档<br>3. 登记合同管理表，填写协议书信息 |

## 四、签订社保公积金同城委托收款协议

1. 业务概述：签订委托银行代收合同书。
2. 业务场景：2019 年 1 月 5 日，工贸企业与银行签订社保和住房公积金委托收款协议。
3. 业务流程图和业务流程步骤，如图 7－54、表 7－57 所示。

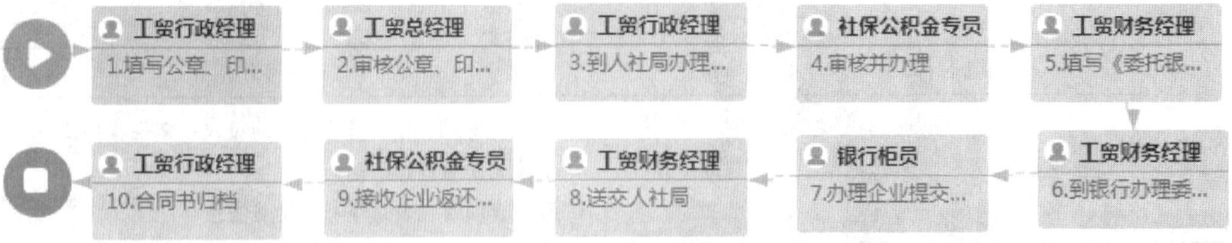


图 7－54　业务流程图

表 7－57　业务流程步骤

| 编号 | 活动名称 | 角色 | 活动描述－操作指导 |
|---|---|---|---|
| 1 | 填写公章、印鉴、资质证照使用申请表 | 行政经理 | 1. 填写公章、印鉴、资质证照使用申请表，注明使用原由是去银行签订委托银行代收合同书<br>2. 将申请表提交给总经理审核 |
| 2 | 审核公章、印鉴、资质证照使用申请表 | 总经理 | 1. 审核公章、印鉴、资质证照使用申请表<br>2. 审核无误后在申请表上签字确认 |
| 3 | 到人社局办理委托银行代收合同书 | 行政经理 | 携带相关资料到人社局办理三方协议 |
| 4 | 审核并办理 | 社保专员 | 1. 接收企业提交的资料并审核<br>2. 审核通过后下发“委托银行代收合同书”（待企业填写完成后盖章即可） |
| 5 | 填写“委托银行代收合同书” | 财务经理 | 1. 在社会保险/住房公积金中心填写“委托银行代收合同书”并盖企业公章，协议书一式三份<br>2. 填写完成后由社保公积金专员盖章 |
| 6 | 到银行办理委托银行代收合同 | 财务经理 | 1. 财务经理到银行办理委托收款业务<br>2. 提交相关资料给银行柜员 |
| 7 | 办理企业提交的“委托银行代收合同书” | 银行柜员 | 1. 接收企业提交的一式三份的“委托银行代收合同书”并审核<br>2. 审核通过后盖银行公章留存一联其余两联返还客户 |
| 8 | 送交人社局 | 财务经理 | 1. 收到银行签字盖章的委托银行代收合同书<br>2. 将一份银行签字盖章的合同书交给行政经理归档。<br>3. 将一份银行签字盖章的合同书交给人社局 |
| 9 | 接收企业返还的“委托银行代收合同书” | 社保公积金专员 | 1. 接收企业返还的“委托银行代收合同书”<br>2. 将“委托银行代收合同书”进行归档 |
| 10 | 合同书归档 | 行政经理 | 1. 收到人社局、银行签字盖章的委托银行代收合同书<br>2. 审核无误后进行归档<br>3. 登记合同管理表，填写合同书信息 |

## 五、发放薪酬

1. 业务概述：发放上月薪酬。

2. 业务场景：2019 年 1 月 5 日工贸企业发放上月薪。员工工资表如表 7 – 58 所示。

**表 7 – 58　　员工工资表**

| 序号 | 部门 | 姓名 | 岗位名称 | 职务类别 | 应发工资 | 缺勤天数 | 缺勤扣款 | 代扣款项目 | | | | | | | | | | | | | | | | [illegible] | 累积应纳税所得额 | 本月应税所得额 | 上月累计已缴税额 | 本月累计预扣税额 | 本月预扣税额 | 实发金额 |
|---|---|---|---|---|---|---|---|---|---|---|---|---|---|---|---|---|---|---|---|---|---|---|---|---|---|---|---|---|---|---|
| | | | | | | | | 养老保险(个人) | 养老保险(单位) | 医疗保险(个人) | 医疗保险(单位) | 失业保险(个人) | 失业保险(单位) | 工伤保险(个人) | 工伤保险(单位) | 生育保险(个人) | 生育保险(单位) | 五险小计(个人) | 五险小计(单位) | 住房公积金(个人) | 住房公积金(单位) | 五险一金小计(个人) | 五险一金小计(单位) | | | | | | | |
| 1 | 企业管理部 | 赵会会 | 总经理 | 总经理 | 12000.00 | 0.00 | 0.00 | 960.00 | 2400.00 | 243.00 | 1200.00 | 24.00 | 120.00 | 0.00 | 36.00 | 0.00 | 96.00 | 1227.00 | 3852.00 | 1200.00 | 1200.00 | 2427.00 | 5052.00 | 0.00 | 50508.00 | 4575.00 | 2810.30 | 2967.60 | 457.50 | 9115.70 |
| 2 | 企业管理部 | 孙刚 | 行政经理 | 部门经理 | 7500.00 | 0.00 | 0.00 | 600.00 | 1500.00 | 153.00 | 750.00 | 15.00 | 75.00 | 0.00 | 22.50 | 0.00 | 60.00 | 768.00 | 2407.50 | 750.00 | 750.00 | 1518.00 | 3157.50 | 0.00 | 10802.00 | 982.00 | 324.06 | 363.52 | 29.46 | 5952.54 |
| 3 | 业务部 | 李鑫 | 业务经理 | 部门经理 | 7500.00 | 0.00 | 0.00 | 600.00 | 1500.00 | 153.00 | 750.00 | 15.00 | 75.00 | 0.00 | 22.50 | 0.00 | 60.00 | 768.00 | 2407.50 | 750.00 | 750.00 | 1518.00 | 3157.50 | 0.00 | 10802.00 | 982.00 | 324.06 | 363.52 | 29.46 | 5952.54 |
| 6 | 财务部 | 吴迪 | 财务经理 | 部门经理 | 7500.00 | 0.00 | 0.00 | 600.00 | 1500.00 | 153.00 | 750.00 | 15.00 | 75.00 | 0.00 | 22.50 | 0.00 | 60.00 | 768.00 | 2407.50 | 750.00 | 750.00 | 1518.00 | 3157.50 | 0.00 | 10802.00 | 982.00 | 324.06 | 363.52 | 29.46 | 5952.54 |
| 合计 | | | | | 34500.00 | | | 2760.00 | 6900.00 | 702.00 | 3450.00 | 69.00 | 345.00 | 0.00 | 103.50 | 0.00 | 276.00 | 3531.00 | 11074.50 | 3450.00 | 3450.00 | 6981.00 | 14604.50 | 0.00 | 82708.00 | 7519.00 | 3402.48 | 4098.16 | 545.68 | 26978.32 |

3. 业务流程图和业务流程步骤，如图 7 – 55、表 7 – 59 所示。

**图 7 – 55　业务流程图**

**表 7 – 59　　业务流程步骤**

| 编号 | 活动名称 | 角色 | 活动描述 – 操作指导 |
|---|---|---|---|
| 1 | 薪资录盘 | 行政经理 | 1. 在 VBSE 系统里打开“薪资录盘”界面<br>2. 依据工资表信息，录入人员薪资，完成后保存并导出<br>3. 将导出的”薪酬发放“的文件拷贝到 U 盘中 |
| 2 | 填写支出凭单 | 行政经理 | 1. 依据“工资表”数据填写支出凭单<br>2. 将填好的“支出凭单”“工资表”交总经理经理和财务经理进行审核 |
| 3 | 审核支出凭单和薪酬发放表 | 总经理 | 1. 审核支出凭单信息和“工资表”是否一致、正确<br>2. 审核支出凭单的日期、金额、支出方式、支出用途及金额大小写是否正确<br>3. 审核完成后在支出凭单上签字确认。 |
| 4 | 审核支出凭单和薪酬发放表 | 财务经理 | 1. 审核支出凭单信息和“工资表”是否一致、正确<br>2. 审核支出凭单的日期、金额、支出方式、支出用途及金额大小写是否正确<br>3. 审核完成后在支出凭单上签字确认 |
| 5 | 开具转账支票 | 总经理 | 1. 根据支出凭单的信息开具转账支票<br>2. 检查支票填写无误后加盖公司财务章和法人章 |
| 6 | 登记支票登记簿 | 总经理 | 1. 根据签发的支票登记“支票登记簿”<br>2. 支票领用人在“支票登记簿”签字 |

续表

| 编号 | 活动名称 | 角色 | 活动描述－操作指导 |
|---|---|---|---|
| 7 | 去银行办理薪资发放 | 财务经理 | 1. 填写进账单<br>2. 带齐薪资发放资料：转账支票、薪资录盘去银行办理工资发放 |
| 8 | 办理工资发放 | 银行柜员 | 1. 接到工资录盘文件和支票<br>2. 检查文件和支票<br>3. 在系统中导入工资录盘文件完成工资发放 |
| 9 | 取得银行业务回单（图 7－56） | 财务经理 | 取得银行的业务回单（可以直接在柜台办理时由银行柜员打印取回；在柜台未打印，次日可以在回单柜中取得） |
| 10 | 填制记账凭证（图 7－57） | 财务经理 | 1. 依据银行业务回单、转账支票存根、支出凭单填制记账凭证<br>2. 编制记账凭证，将原始单据作为附件粘贴在记账凭证后面<br>3. 将记账凭证和相关原始单据交给总经理审核 |
| 11 | 审核记账凭证 | 总经理 | 1. 审核财务经理提交的记账凭证<br>2. 核对记账凭证与原始凭证一致性，审核无误后签字或盖章<br>3. 将审核后的记账凭证交给总经理登记日记账 |
| 12 | 登记银行存款日记账 | 总经理 | 1. 根据审核后的记账凭证登记银行存款日记账<br>2. 记账后在记账凭证上签字或盖章<br>3. 将记账凭证交回财务经理登记科目明细账 |
| 13 | 登记科目明细账 | 财务经理 | 1. 依据记账凭证登记科目明细账<br>2. 记账后在记账凭证上签字或盖章 |
| 14 | 登记总账 | 财务经理 | 1. 依据记账凭证登记总账<br>2. 记账后在记账凭证上签字或盖章 |

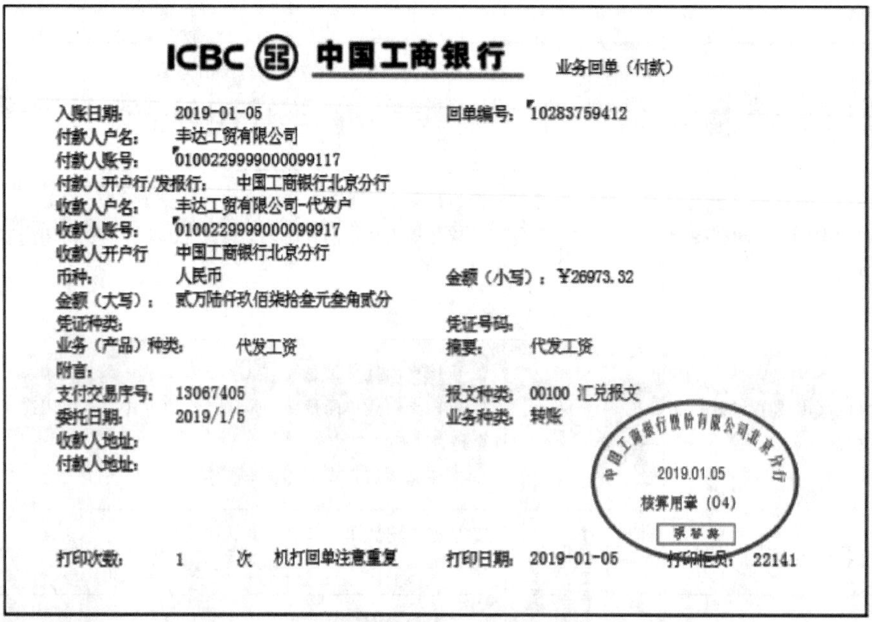


图 7－56　银行业务回单

**记账凭证**

2019年1月5日　　　记字　第 003 号

| 摘要 | 总账科目 | 明细账科目 | 借方金额 | 贷方金额 | √ |
|---|---|---|---|---|---|
| 发放上期职工工资 | 应付职工薪酬 | 工资 | 34 500.00 | | |
| | 其他应付款 | 五险一金（个人） | | 6 981.00 | |
| | 应交税费 | 应交个人所得税 | | 545.68 | |
| | 银行存款 | | | 26 973.32 | |
| | | | | | |
| | | | | | |
| 合计 | | | ¥34 500.00 | ¥34 500.00 | |

附件 2 张

财务主管 吴德　记账 吴德　出纳　审核　制单 吴德

图 7－57　记账凭证

## 六、申报个人所得税

1. 业务概述：财务经理申报上月个人所得税。
2. 业务数据见表 7－60。

表 7－60

| 工号 | 姓名 | 证照类型 | 证照号码 | 税款所属期起 | 税款所属期止 | 所得项目 | 本期收入 | 本期费用 | 本期免税收入 | 本期基本养老保险费 | 本期基本医疗保险费 | 本期失业保险费 | 本期住房公积金 | 本期企业(职业)年金 | 本期商业健康保险费 | 本期税延养老保险费 | 本期其他扣除(其他) |
|---|---|---|---|---|---|---|---|---|---|---|---|---|---|---|---|---|---|
| 3001 | 赵金金 | 居民身份证 | 61132219781227900 | 2018/12/1 | ######### | 正常工资薪金 | ###### | 0 | 0 | 960.00 | 240.00 | 24.00 | 1200.00 | 0 | 0 | 0 | 0 |
| 3002 | 孙灿 | 居民身份证 | 61080219840615466 | 2018/12/1 | ######### | 正常工资薪金 | 7500.00 | 0 | 0 | 600.00 | 153.00 | 15.00 | 750.00 | 0 | 0 | 0 | 0 |
| 3003 | 李鑫 | 居民身份证 | 32051119800922736 | 2018/12/1 | ######### | 正常工资薪金 | 7500.00 | 0 | 0 | 600.00 | 153.00 | 15.00 | 750.00 | 0 | 0 | 0 | 0 |
| 3004 | 吴德 | 居民身份证 | 33028219820801237 | 2018/12/1 | ######### | 正常工资薪金 | 7500.00 | 0 | 0 | 600.00 | 153.00 | 15.00 | 750.00 | 0 | 0 | 0 | 0 |

| 工号 | 累计收入额 | 累计减除费用 | 累计专项扣除 | 累计子女教育支出扣除 | 累计赡养老人支出扣除 | 累计继续教育支出扣除 | 累计住房贷款利息支出扣除 | 累计住房租金支出扣除 | 累计其他扣除 | 累计准予扣除的捐赠 | 累计应纳税所得额 | 税率% | 速算扣除数 | 累计应纳税额 | 累计减免税额 | 累计应扣缴税额 | 累计已预缴税额 | 累计应补(退)税额 | 备注 |
|---|---|---|---|---|---|---|---|---|---|---|---|---|---|---|---|---|---|---|---|
| 3001 | 0 | 0 | 0 | 0 | 0 | 0 | 0 | 0 | 0 | 0 | 60000 | 10 | 2520 | | 0 | ##### | ##### | #### | |
| 3002 | 0 | 0 | 0 | 0 | 0 | 0 | 0 | 0 | 0 | 0 | 10802 | 3 | 0 | | 0 | 353.52 | 324.06 | 29.46 | |
| 3003 | 0 | 0 | 0 | 0 | 0 | 0 | 0 | 0 | 0 | 0 | 10802 | 3 | 0 | | 0 | 353.52 | 324.06 | 29.46 | |
| 3004 | 0 | 0 | 0 | 0 | 0 | 0 | 0 | 0 | 0 | 0 | 10802 | 3 | 0 | | 0 | 353.52 | 324.06 | 29.46 | |

3. 业务流程图和业务流程步骤，如图 7－58、表 7－61 所示。

图 7－58　业务流程图

表 7－61　业务流程步骤

| 编号 | 活动名称 | 角色 | 活动描述－操作指导 |
|---|---|---|---|
| 1 | 整理、提交个人所得税纳税申报资料 | 行政经理 | 1. 收集整理员工信息<br>2. 根据员工信息在 VBSE 系统中下载导入模版，根据员工信息填写“个人所得税基础信息模板”<br>3. 将填好的“个人所得税基础信息模板”导入系统中并提交税务局<br>4. 将员工信息和工资表一同交给财务经理 |
| 2 | 审核企业提交的个人所得税纳税申报资料 | 税务专员 | 在 VBSE 系统中审核企业提交的个人所得税申报资料 |

续表

| 编号 | 活动名称 | 角色 | 活动描述－操作指导 |
| --- | --- | --- | --- |
| 3 | 网上个人所得税纳税申报 | 财务经理 | 1. 在 VBSE 系统中下载“扣缴个人所得税报告表模板”<br>2. 根据工资表和员工信息填写“扣缴个人所得税报告表模板”<br>3. 将填好的“扣缴个人所得税报告表模板”导入系统中并扣缴个人所得税 |

## 七、缴纳个人所得税

1. 业务概述：确认申报状态审核后，提交缴税扣款及账务处理。
2. 业务场景：2019 年 1 月 5 日，财务经理收到银行代扣的个人所得税税收缴款通知书。
3. 业务流程图和业务流程步骤，如图 7－59、表 7－62 所示。

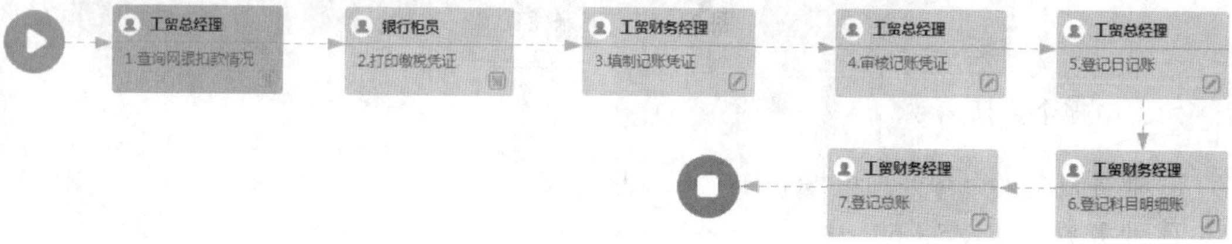


**图 7－59　业务流程图**

**表 7－62　业务流程步骤**

| 编号 | 活动名称 | 角色 | 活动描述－操作指导 |
| --- | --- | --- | --- |
| 1 | 查询网银扣款情况 | 总经理 | 1. 查询网银，确认个人所得税是否已扣款成功<br>2. 通知财务经理到银行打印税收缴税证明 |
| 2 | 打印缴税凭证 | 银行柜员 | 1. 查询转账记录<br>2. 确认后打印缴税证明 |
| 3 | 填制记账凭证 | 财务经理 | 1. 根据扣款通知和税收缴款书填制记账凭证<br>2. 将扣款通知和税收缴款书粘贴在记账凭证后做为原始单据<br>3. 提交给总经理审核 |
| 4 | 审核记账凭证 | 总经理 | 1. 收到记账凭证和相关原始单据<br>2. 审核记账凭证是否正确<br>3. 确认无误签字或盖章，将记账凭证交给总经理登记银行存款日记账 |
| 5 | 登记日记账 | 总经理 | 1. 根据审核后的记账凭证登记银行存款日记账<br>2. 记账后在记账凭证上签字或盖章 |
| 6 | 登记科目明细账 | 财务经理 | 1. 根据审核后的记账凭证登记科目明细账<br>2. 记账后在记账凭证上签字或盖章 |
| 7 | 登记总账 | 财务经理 | 1. 根据审核后的记账凭证登记总账<br>2. 记账后在记账凭证上签字或盖章 |

## 八、扣缴五险一金

1. 业务概述：收到银行代扣五险一金的业务回单。

2. 业务流程图和业务流程步骤，如图 7 – 60、表 7 – 63 所示。

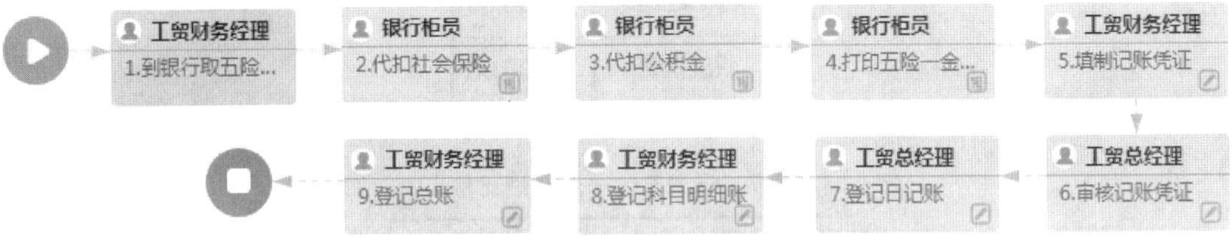


**图 7 – 60 业务流程图**

**表 7 – 63** 业务流程步骤

| 编号 | 活动名称 | 角色 | 活动描述 – 操作指导 |
| --- | --- | --- | --- |
| 1 | 到银行取五险一金银行扣款回单 | 财务经理 | 到银行取五险一金银行扣款回单 |
| 2 | 代扣社会保险 | 银行柜员 | 为企业代理扣缴社会保险 |
| 3 | 代扣公积金 | 银行柜员 | 为企业代理扣缴公积金 |
| 4 | 打印五险一金扣款回单 | 银行柜员 | 1. 接到客户打印请求，查询相关交易记录<br>2. 确认交易记录存在，即可为客户打印回单<br>3. 打印后将回单交于客户 |
| 5 | 填制记账凭证 | 财务经理 | 1. 财务经理依据银行回单填制记账凭证，将银行扣款凭证和五险一金扣款通知粘贴在记账凭证后作为附件<br>2. 将记账凭证传递给总经理审核 |
| 6 | 审核记账凭证 | 总经理 | 1. 审核财务经理填制的记账凭证并对照相关附件检查是否正确<br>2. 审核无误，在记账凭证上签字或盖章<br>3. 将审核后的记账凭证传递给总经理登记日记账 |
| 7 | 登记日记账 | 总经理 | 1. 根据记账凭证登记银行存款日记账<br>2. 记账后在记账凭证上签字或盖章 |
| 8 | 登记科目明细账 | 财务经理 | 1. 根据记账凭证登记科目明细账<br>2. 记账后在记账凭证上签字或盖章 |
| 9 | 登记总账 | 财务经理 | 1. 根据记账凭证登记总账<br>2. 记账后在记账凭证上签字或盖章 |

## 九、核算薪酬

1. 业务概述：行政经理核算职工薪酬，制作工资表。

2. 业务场景：2019 年 1 月 25 日，行政经理核算薪酬，并传财务进行账务处理（见表 7 – 64至表 7 – 66）。

表 7-64　薪酬标准

| 岗位信息 | 薪酬标准 |
| --- | --- |
| 总经理 | 12 000.00 |
| 部门经理 | 7 500.00 |
| 职能主管 | 5 500.00 |

表 7-65　五险一金缴纳比例

| 缴纳比例 / 险种 | 单位承担 | 个人承担 | 合计 |
| --- | --- | --- | --- |
| 养老保险 | 20% | 8% | 28% |
| 医疗保险 | 10% | 2%+3 | 12%+3 |
| 失业保险 | 1% | 0.50% | 1.50% |
| 工伤保险 | 0.80% | 0.00% | 0.80% |
| 生育保险 | 0.80% | 0.00% | 0.80% |
| 住房公积 | 10% | 10% | 20.00% |

表 7-66　个人所得税缴纳比例

| 级数 | 全年应纳税所得额 | 税率 | 速算扣除数 |
| --- | --- | --- | --- |
| 1 | 不超过36 000元的部分 | 3% | |
| 2 | 超过36 000元至144 000元的部分 | 10% | 2 520 |
| 3 | 超过144 000元至300 000元的部分 | 20% | 16 920 |
| 4 | 超过300 000元至420 000元的部分 | 25% | 31 920 |
| 5 | 超过420 000元至660 000元的部分 | 30% | 52 920 |
| 6 | 超过660 000元至960 000元的部分 | 35% | 85 920 |
| 7 | 超过960 000元的部分 | 45% | 181 920 |

3. 业务流程图和业务流程步骤，如图 7-61、表 7-67 所示。

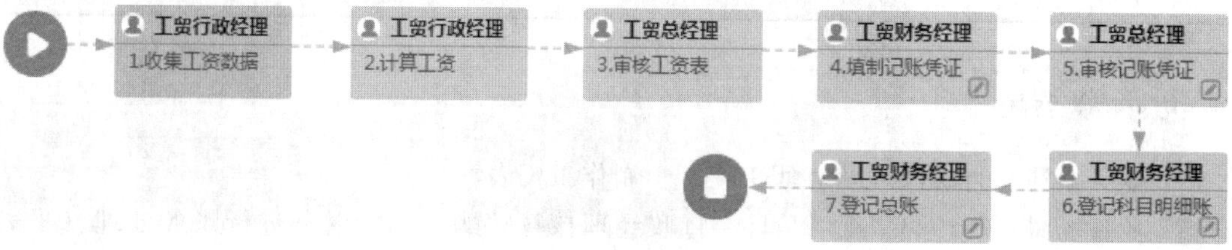


图 7-61　业务流程图

表 7 – 67　　业务流程步骤

| 编号 | 活动名称 | 角色 | 活动描述 – 操作指导 |
|---|---|---|---|
| 1 | 收集工资数据 | 行政经理 | 1. 依据期初数据查找当月入职人员记录，收集整理新增数据<br>2. 依据期初数据查找当月离职人员记录，收集整理减少数据<br>3. 依据期初数据查找当月晋升、调动及工资调整记录，收集整理变更数据<br>4. 依据期初数据查找当月考勤信息，整理汇总当月考勤数据<br>5. 依据期初数据查找当期绩效考核评价评分资料，整理汇总绩效考核结果<br>6. 依据期初数据查找当月奖励、处罚记录，并作汇总整理<br>7. 依据期初数据查找当月五险一金增减、缴费数据，计算五险一金 |
| 2 | 计算工资 | 行政经理 | 1. 下载企业员工花名册信息<br>2. 依照薪酬规则，参照发放的期初各类有关职工薪酬的各种表格，制作职工薪酬计算的各种表格，包含："职工薪酬统计表""五险一金缴费统计表""部门汇总"<br>3. 按照薪酬体系中每个项目的计算规则进行工资核算<br>4. 将工资表交给总经理审核 |
| 3 | 审核工资表 | 总经理 | 1. 收到行政经理交给的工资表<br>2. 审核工资结算总金额，了解总人工成本及波动幅度，并就变动的合理性进行核查<br>3. 审核完成后在表单对应位置签字<br>4. 将签字完成的表单交还行政经理，拿给财务部记账 |
| 4 | 填制记账凭证 | 财务经理 | 1. 收到行政经理交来的工资表<br>2. 依据工资表编制本月工资记账凭证，计提本月工资 |
| 5 | 审核记账凭证 | 总经理 | 1. 收到财务经理交来的工资表和记账凭证<br>2. 审核记账凭证的正确性<br>3. 审核无误，在记账凭证上签字或盖章<br>4. 交还给财务经理工资表和记账凭证 |
| 6 | 登记科目明细账 | 财务经理 | 1. 根据记账凭证登记科目明细账<br>2. 记账后在记账凭证上签字或盖章 |
| 7 | 登记总账 | 财务经理 | 1. 根据记账凭证登记总账<br>2. 记账后在记账凭证上签字或盖章 |

## 十、期末账务处理

1. 业务概述：财务经理在月末进行财务核算。

2. 业务场景：2019 年 1 月 25 日，财务部财务经理整理记账凭证，根据科目明细账进行期末账务处理计提企业所得税、提取法定盈余公积、结转本年利润，业务数据详见表7 – 68。

表 7－68　　科目明细表

| 凭证号 | 摘要 | 总账科目 | 明细科目 | 借方金额 | 贷方金额 |
|---|---|---|---|---|---|
| 001 | 企管部借备用金 | 其他应收款 | | 500.00 | |
| | | 库存现金 | | | 500.00 |
| 002 | 业务部借备用金 | 其他应收款 | | 500.00 | |
| | | 库存现金 | | | 500.00 |
| 003 | 发放上期职工工资 | 应付职工薪酬 | 工资 | 34 500.00 | |
| | | 应交税费 | 应交个人所得税 | | 545.68 |
| | | 其他应付款 | 五险一金（个人） | | 6 981.00 |
| | | 银行存款 | | | 26 973.32 |
| 004 | 支付材料采购款 | 应付账款 | | 7 127 040.00 | |
| | | 银行存款 | | | 7 127 040.00 |
| 005 | 采购到货 | 库存商品 | 钢管 | 2 040 000.00 | |
| | | 库存商品 | 坐垫 | 780 000.00 | |
| | | 库存商品 | 车篷 | 1 392 000.00 | |
| | | 库存商品 | 车轮 | 1 056 000.00 | |
| | | 库存商品 | 经济型包装套件 | 876 000.00 | |
| | | 应交税费 | 应交增值税（进项税额） | 983 040.00 | |
| | | 应付账款 | | | 7 127 040.00 |
| 006 | 缴纳上期增值税 | 应交税费 | 应交增值税-已交增值税 | 58 758.59 | |
| | | 银行存款 | | | 58 758.59 |
| 007 | 发生销售 | 应收账款 | 好佳童车1 | 875 568.00 | |
| | | 主营业务收入 | | | 754 800.00 |
| | | 应交税费 | 应交增值税（销项税） | | 120 768.00 |
| 008 | 发生销售 | 应收账款 | 好佳童车2 | 875 568.00 | |
| | | 主营业务收入 | | | 754 800.00 |
| | | 应交税费 | 应交增值税（销项税） | | 120 768.00 |
| 009 | 发生销售 | 应收账款 | 好佳童车3 | 875 568.00 | |
| | | 主营业务收入 | | | 754 800.00 |
| | | 应交税费 | 应交增值税（销项税） | | 120 768.00 |
| 010 | 发生销售 | 应收账款 | 好佳童车4 | 875 568.00 | |
| | | 主营业务收入 | | | 754 800.00 |
| | | 应交税费 | 应交增值税（销项税） | | 120 768.00 |
| 011 | 发生销售 | 应收账款 | 好佳童车5 | 875 568.00 | |
| | | 主营业务收入 | | | 754 800.00 |
| | | 应交税费 | 应交增值税（销项税） | | 120 768.00 |
| 012 | 发生销售 | 应收账款 | 好佳童车6 | 875 568.00 | |
| | | 主营业务收入 | | | 754 800.00 |
| | | 应交税费 | 应交增值税（销项税） | | 120 768.00 |
| 013 | 发生销售 | 应收账款 | 好佳童车7 | 875 568.00 | |
| | | 主营业务收入 | | | 754 800.00 |
| | | 应交税费 | 应交增值税（销项税） | | 120 768.00 |
| 014 | 发生销售 | 应收账款 | 好佳童车8 | 875 568.00 | |
| | | 主营业务收入 | | | 754 800.00 |
| | | 应交税费 | 应交增值税（销项税） | | 120 768.00 |
| 015 | 发生销售 | 应收账款 | 好佳童车8 | 875 568.00 | |
| | | 主营业务收入 | | | 754 800.00 |
| | | 应交税费 | 应交增值税（销项税） | | 120 768.00 |
| 016 | 发生销售 | 应收账款 | 好佳童车10 | 875 568.00 | |
| | | 主营业务收入 | | | 754 800.00 |
| | | 应交税费 | 应交增值税（销项税） | | 120 768.00 |
| 017 | 缴纳上期个税 | 应交税费 | 应交个人所得税 | 545.68 | |
| | | 银行存款 | | | 545.68 |
| 018 | 支付五险一金 | 应付职工薪酬 | 社会保险 | 11 074.50 | |
| | | 应付职工薪酬 | 住房公积金 | 3 450.00 | |
| | | 其他应付款 | 五险一金（个人） | 6 981.00 | |
| | | 银行存款 | | | 21 505.50 |
| 019 | 收到材料销售款 | 银行存款 | | 875 568.00 | |
| | | 应收账款 | 好佳童车1 | | 875 568.00 |
| 020 | 收到材料销售款 | 银行存款 | | 875 568.00 | |
| | | 应收账款 | 好佳童车2 | | 875 568.00 |
| 021 | 收到材料销售款 | 银行存款 | | 875 568.00 | |
| | | 应收账款 | 好佳童车3 | | 875 568.00 |

续表

| | | | | | |
|---|---|---|---|---|---|
| 022 | 收到材料销售款 | 银行存款 | | 875 568.00 | |
| | | 应收账款 | 好佳童车4 | | 875 568.00 |
| 023 | 收到材料销售款 | 银行存款 | | 875 568.00 | |
| | | 应收账款 | 好佳童车5 | | 875 568.00 |
| 024 | 收到材料销售款 | 银行存款 | | 875 568.00 | |
| | | 应收账款 | 好佳童车6 | | 875 568.00 |
| 025 | 收到材料销售款 | 银行存款 | | 875 568.00 | |
| | | 应收账款 | 好佳童车7 | | 875 568.00 |
| 026 | 收到材料销售款 | 银行存款 | | 875 568.00 | |
| | | 应收账款 | 好佳童车8 | | 875 568.00 |
| 027 | 收到材料销售款 | 银行存款 | | 875 568.00 | |
| | | 应收账款 | 好佳童车9 | | 875 568.00 |
| 028 | 收到材料销售款 | 银行存款 | | 875 568.00 | |
| | | 应收账款 | 好佳童车10 | | 875 568.00 |
| 029 | 计提工资 | 管理费用 | | 34 500.00 | |
| | | 应付职工薪酬 | 工资 | | 34 500.00 |
| 030 | 计提工资 | 管理费用 | | 14 524.50 | |
| | | 应付职工薪酬 | 社会保险（单位） | | 11 074.50 |
| | | 应付职工薪酬 | 住房公积金（单位） | | 3 450.00 |
| 031 | 计提固定资产折旧 | 管理费用 | | 58 000.00 | |
| | | 累计折旧 | | | 58 000.00 |
| 032 | 结转销售成本 | 主营业务成本 | | 6 173 280.00 | |
| | | 库存商品 | 钢管 | | 2 056 080.00 |
| | | 库存商品 | 坐垫 | | 781 080.00 |
| | | 库存商品 | 车篷 | | 1 402 440.00 |
| | | 库存商品 | 车轮 | | 1 054 560.00 |
| | | 库存商品 | 经济型包装套件 | | 879 120.00 |
| 033 | 期末结转收入类 | 主营业务收入 | | 7 548 000.00 | |
| | | 本年利润 | | | 7 548 000.00 |
| 034 | 期末结转费用类 | 本年利润 | | 6 280 304.50 | |
| | | 主营业务成本 | | | 6 173 280.00 |
| | | 管理费用 | | | 107 024.50 |
| 035 | 计提所得税费用 | 所得税费用 | | 316 923.88 | |
| | | 应交税费 | 应交企业所得税 | | 316 923.88 |
| 036 | 结转所得税费用 | 本年利润 | | 316 923.88 | |
| | | 所得税费用 | | | 316 923.88 |
| 037 | 结转本年利润 | 本年利润 | | 950 771.62 | |
| | | 利润分配 | 未分配利润 | | 950 771.62 |
| 038 | 提取盈余公积 | 利润分配 | 提取法定盈余公积 | 95 077.16 | |
| | | 盈余公积 | 法定盈余公积 | | 95 077.16 |
| 039 | 结转盈余公积 | 利润分配 | 未分配利润 | 95 077.16 | |
| | | 利润分配 | 提取法定盈余公积 | | 95 077.16 |

3. 业务流程图和业务流程步骤，如图 7－62、表 7－69 所示。

图 7－62 业务流程图

表 7 - 69　　业务流程步骤

| 编号 | 活动名称 | 角色 | 活动描述 - 操作指导 |
|---|---|---|---|
| 1 | 结转损益 | 财务经理 | 1. 汇总损益类发生额，并与总账核对<br>2. 将总账里的损益类科目本期发生额结转致本年利润科目<br>3. 填制记账凭证 |
| 2 | 计提企业所得税费用并结转 | 财务经理 | 1. 根据本年利润余额计算企业所得税<br>2. 填制记账凭证 |
| 3 | 结转本年利润 | 财务经理 | 1. 根据本年利润余额，结转至利润分配中<br>2. 填制记账凭证 |
| 4 | 计提法定盈余公积并结转 | 财务经理 | 1. 按本年净利润（减弥补以前亏损后）的 10% 提取法定盈余公积，法定盈余公积累计额达到注册资本的 50% 时可以不再提取<br>2. 将提取的法定盈余公积结转至利润分配中<br>3. 编制计提法定盈余公积凭证和结转凭证 |
| 5 | 审核记账凭证 | 总经理 | 审核财务经理提交的记账凭证，无误后签字或盖章确认 |
| 6 | 登记科目明细账 | 财务经理 | 1. 根据记账凭证登记科目明细账<br>2. 记账后在记账凭证上签字或盖章 |
| 7 | 登记总账 | 财务经理 | 1. 根据记账凭证登记总账<br>2. 记账后在记账凭证上签字或盖章 |

## 十一、编制资产负债表

1. 业务概述：财务经理编制资产负债表。

2. 业务场景：2019 年 1 月 25 日，财务部财务经理根据课汇总结果编制资产负债表。业务数据详见表 7 - 70。

表 7 - 70　　科目汇总表

2019 年 1 月 1 日至 2019 年 1 月 31 日

| 会计科目 | 借方金额 | 贷方金额 |
|---|---|---|
| 现金 | | 1 000.00 |
| 银行存款 | 8 755 680.00 | 7 234 823.09 |
| 应收账款 | 8 755 680.00 | 8 755 680.00 |
| 预付账款 | | |
| 其他应收款 | 1 000.00 | |
| 低值易耗品 | | |
| 库存商品 | 6 144 000.00 | 6 173 280.00 |
| 固定资产 | | |
| 累计折旧 | | 58 000.00 |
| 短期借款 | | |
| 应付账款 | 7 127 040.00 | 7 127 040.00 |
| 预收账款 | | |
| 其他应付款 | 6 981.00 | 6 981.00 |
| 应付工资 | 49 024.50 | 49 024.50 |
| 应付福利费 | | |
| 应交税金 | 1 042 344.27 | 1 525 149.56 |
| 本年利润 | 7 548 000.00 | 7 548 000.00 |
| 利润分配 | 190 154.32 | 1 045 848.78 |
| 盈余公积金 | | 95 077.16 |
| 主营业务收入 | 7 548 000.00 | 7 548 000.00 |
| 主营业务成本 | 6 173 280.00 | 6 173 280.00 |
| 主营业务税金及附加 | | |
| 管理费用 | 107 024.50 | 107 024.50 |
| 销售费用 | | |
| 所得税费用 | 316 923.88 | 316 923.88 |
| 合计 | 53 765 132.47 | 53 765 132.47 |

3. 业务流程图和业务流程步骤，如图 7－63、表 7－71 所示。

图 7－63　业务流程图

表 7－71　业务流程步骤

| 编号 | 活动名称 | 角色 | 活动描述－操作指导 |
|---|---|---|---|
| 1 | 编制财务报告 | 财务经理 | 1. 财务经理编制资产负债表和财务报表说明等财务报告相关内容<br>2. 确认无误后在财务报告上签字并盖章<br>3. 将财务报告交给总经理审查并签字盖章 |
| 2 | 审查财务报告 | 总经理 | 1. 总经理审查财务经理编制的财务报告<br>2. 总经理确认无误后在财务报告上签字并盖章 |

## 十二、编制利润表

1. 业务概述：财务经理编制利润表。
2. 业务场景：2019 年 1 月 25 日，财务部财务经理根据科目汇总结果编制利润表。
3. 业务流程图和业务流程步骤，如图 7－64、表 7－72 所示。

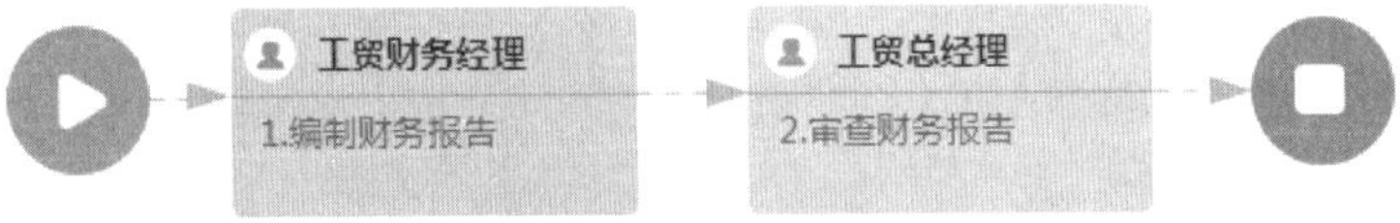


图 7－64　业务流程图

表 7－72　业务流程步骤

| 编号 | 活动名称 | 角色 | 活动描述－操作指导 |
|---|---|---|---|
| 1 | 编制财务报告 | 财务经理 | 1. 财务经理编制利润表和财务报表说明等财务报告相关内容<br>2. 确认无误后在财务报告上签字并盖章<br>3. 将财务报告交给总经理审查并签字盖章 |
| 2 | 审查财务报告 | 总经理 | 1. 总经理审查财务经理编制的财务报告<br>2. 总经理确认无误后在财务报告上签字并盖章 |

# 第八章

# 政务服务业务实训

政务部门主要包括工商局、税务局和人社局。部门主要业务包括企业商标注册与审核、行政管理检查，企业年报审核与公示；税务检查制度和奖惩机制的制定、税务稽查、税务行政处罚并处理；下达社保稽查通知书、社保稽核、行政处罚和处理。

就业指导 - 职业规划、就业指导 - 简历制作、就业指导 - 面试技巧。

主要业务如图 8 - 1 所示。

图 8 - 1　业务流程图

# 第一节 工商局业务实训

工商局设有工商专员，负责完成实训任务。

## 一、行政管理检查

工商行政管理检查是指国家为了建立和维护市场经济秩序，通过市场监督管理和行政执法等机关，运用行政和法律手段，检查消费欺诈行为，维护公平的市场交易行为，对市场经营主体及其市场行为进行的监督管理。

工商行政管理检查的内容：

（1）主管工商企业和从事生产经营活动的事业单位和科技经营团体的登记注册，依法确认其企业法人资格或合法经营地位，核发《企业法人营业执照》或《营业执照》，监督他们的生产经营活动。根据国家授权，负责各种公司的审批和核准登记发照。

（2）统一管理城乡集市贸易，依法查处集市贸易中的违章违法行为；依法监督管理农副产品市场、小商品市场和各种专业市场。参与生产资料市场以及资金、劳务、技术、信息、房地产等生产要素市场的监督管理。

（3）监督检查经济合同的订立和履行，调解与仲裁经济合同、企业承包经营合同、企业租赁经营合同和技术合同的纠纷。确认无效经济合同，查处违法经济合同。

（4）办理城乡个体工商户和个人合伙经营者的登记注册，核发《营业执照》，依法监督管理他们的生产经营活动，保护他们的合法权益。

（5）办理私营企业的登记注册，核发《企业法人营业执照》或《营业执照》，依法监督管理他们的生产经营活动。鼓励、引导私营经济健康发展。

（6）办理中外合资经营企业、中外合作经营企业、外资企业和外国企业常驻代表机构和华侨、港、澳企业常驻代表机构等的登记注册，核发《中华人民共和国工农业执照》《外国企业常驻代表机构登记证》或《华侨、港澳企业常驻代表机构登记证》，监督他们的生产经营或业务活动。

（7）负责国内商标和外国（地区）商标的统一注册和管理，保护注册商标专用权，查处假冒、侵权行为。

（8）管理经济广告、社会广告和文化广告，查处广告经营和广告宣传中的违法违章行为，指导广告协会的工作。

（9）检查、处理经济违法违章行为，打击投机倒把、走私贩私活动。对违法的单位和个人执行行政处罚。

（10）研究工商行政管理的方针政策，拟定有关法规、规章和制度。

1. 业务概述

根据《工商行政管理暂行规定》进入企业进行检查，记录结果，对确认存在问题企业开具工商行政处罚决定书，并跟踪整改情况。

2. 业务流程图和业务流程步骤，如图 8－2、表 8－1 所示。

**图 8－2　业务流程图**

**表 8－1　业务流程步骤**

| 编号 | 活动名称 | 角色 | 活动描述－操作指导 |
|---|---|---|---|
| 1 | 根据《工商行政管理暂行规定》对企业进行例行检查，并记录在案 | 工商专员 | 1. 根据《工商行政管理暂行规定》，到企业进行现场检查<br>2. 根据制定、公示的《工商行政管理暂行规定》到企业销售部、采购部或主管销售采购的负责人进行检查 |
| 2 | 下达工商行政处罚决定书 | 工商专员 | 根据检查结果对问题企业下达工商行政处罚决定书 |
| 3 | 检查整改情况 | 工商专员 | 1. 根据工商行政处罚决定书检查企业整改情况<br>2. 按期整改的，缴纳罚款，恢复信用评级<br>3. 未按期整改的，不予恢复信用评级，并给予警告或暂停营业、生产 |

## 二、商标制作及注册（以制造业为例）

1. 业务概述。制作本企业的商标标识，制作完成后提交工商局审核公示并备案。
2. 业务流程图和业务流程步骤，如图 8－3、表 8－2 所示。

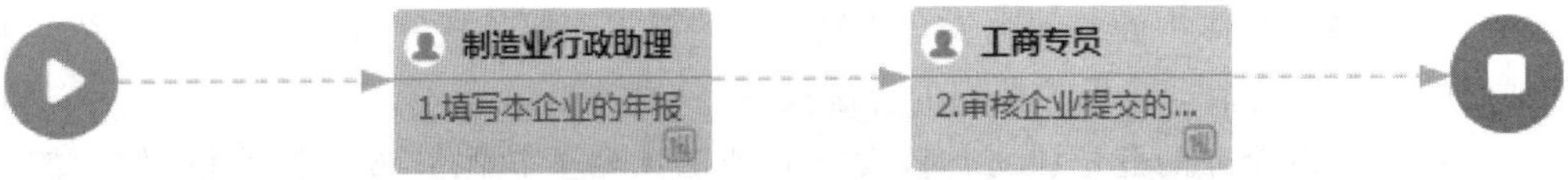


**图 8－3　业务流程图**

**表 8－2　业务流程步骤**

| 编号 | 活动名称 | 角色 | 活动描述－操作指导 |
|---|---|---|---|
| 1 | 制作本企业商标标识并提交工商局审核 | 制造业行政助理 | 1. 组织公司所有员工进行公司商标制作，包括图片、商标说明（除商标标识的说明内容还需要增加商标标识适用的产品或服务的类别）、商标含义、企业营业执照复印件、联系人、联系地址、联系电话、邮编等<br>2. 将制作好的商标标识的图片、说明文档，拷到 U 盘中提交到工商局工商专员 |
| 2 | 审核企业提交的商标标识，通过后公示并备案 | 工商专员 | 1. 接收企业提交的商标标识申请资料<br>2. 对提交的申请资料进行审核<br>3. 审核通过后进行公示（与主讲老师确认张贴公示地点），公示无异议后备案存档 |

### 三、企业年度报告公示（以制造业为例）

《注册资本登记制度改革方案》提出，企业年检制度改为企业年度报告公示制度。企业应当按年度在规定的期限内，通过全国企业信用信息公示系统向工商机关报送年度报告，并向社会公示，任何单位和个人均可查询。

企业“年报”的主要内容：包括公司股东（发起人）缴纳出资情况、资产状况等，企业对年度报告的真实性、合法性负责，工商机关可以对企业年度报告公示内容进行抽查。经检查发现企业年度报告隐瞒真实情况、弄虚作假的，工商机关依法予以处罚，并将企业法定代表人、负责人等信息通报公安、财政、海关、税务等有关部门，形成“一处违法，处处受限”。对未按规定期限公示年度报告的企业，工商机关会将其载入经营异常名录。企业在3年内履行年度报告公示义务的，可以申请恢复正常记载状态；超过3年未履行的，工商机关将其永久列入严重违法企业“黑名单”。

1. 业务概述。在系统提交本企业的年报数据，提交工商局审核、公示。

2. 业务流程图和业务流程步骤，如表8－3所示。

表8－3　业务流程步骤

| 编号 | 活动名称 | 角色 | 活动描述－操作指导 |
|---|---|---|---|
| 1 | 填写本企业的年报 | 制造业行政助理 | 1. 与人力资源确认上一年度在职人员信息、与财务部确认上一年度销售数据<br>2. 根据确认企业的信息在VBSE系统中填写年报资料<br>3. 检查信息无误后提交工商局进行审核 |
| 2 | 审核企业提交的年报，通过后公示并备案 | 工商专员 | 1. 接收企业提交的企业年报资料<br>2. 在VBSE系统中对提交的企业年报资料进行审核<br>3. 审核通过后进行公示，公示无异议后备案存档 |

## 第二节　税务局业务实训

税务局任务由税务专员完成。

### 一、税务检查制度和奖惩机制的制订

1. 任务描述

学习虚拟商业社会的运营规则，根据规则制定本次课程的税务检查制度和奖惩办法。

2. 业务流程图和业务流程步骤，如图8－4、表8－4所示。

图 8-4　业务流程图

表 8-4　业务流程步骤

| 编号 | 活动名称 | 角色 | 活动描述－操作指导 |
| --- | --- | --- | --- |
| 1 | 学习运营规则制定规则 | 税务专员 | 1. 了解虚拟商业社会经营规则<br>2. 制定本次课程的税务管理规定<br>3. 制定完成后，公示或宣讲 |
| 2 | 公示并宣讲规则 | 税务专员 | 1. 与主讲老师沟通，确认讲解的方式和时间<br>2. 进行税务规则讲解<br>3. 记录企业关于税务规则的问题，再查找资料确认后给予答复 |

## 二、税务稽查

税务稽查是税收征收管理工作的重要步骤和环节，是税务机关代表国家依法对纳税人的纳税情况进行检查监督的一种形式。税务稽查的依据是具有各种法律效力的各种税收法律、法规及各种政策规定。具体包括日常稽查、专项稽查和专案稽查。

税务稽查的范围：包括税务法律、法规、制度等的贯彻执行情况，纳税人生产经营活动及税务活动的合法性，偷、逃、抗、骗、漏税及滞纳情况。

税务稽查包含选案、实施稽查、审理、执行四个部分。

（1）稽查选案。确定税务稽查对象是税务稽查的重要环节。稽查选案分为：人工选案、计算机选案、举报、其他等

（2）实施稽查。税务稽查实施阶段是税务稽查工作的核心和关键环节。税务稽查必须依照法律规定权限实施。税务稽查人员在实施稽查之前，除另有规定之外，应当提前以书面形式通知被查对象，向被查对象下达“税务稽查通知书”，并由收件人填写送达回证。税务人员在实施税务稽查时可以根据需要和法定程序采取询问、调取账簿资料、实地稽查、账外调查和异地协查等方式进行。税务稽查人员在税务查账时，应在“税务稽查底稿”上逐笔如实记录稽查中发现的问题及所涉及的账户、记账凭证、金额等细节，全面反映此项稽查工作的情况。税务稽查实施终结，税务稽查人员应当认真整理检查资料，归集相关证据，计算补退税款，分析检查结果，提出处理意见。

（3）审理。税务稽查审理，是税务稽查机构对其立案查处的各类税务违法案件在实施稽查完毕的基础上，由专门组织或人员核准案件实施、审查鉴别证据、分析认定案件性质，制作“审理报告”和“税务处理决定书”或“税务稽查结论”的活动过程。

（4）强制执行。随着税收法制建设的不断加强，纳税人的税收法制观念也在不断提高，税务稽查文书送达后，被查对象一般都能自动履行税务机关做出的法律文书所规定的义务——自动办理补报缴纳。逾期不履行的，税务机关将采取强制执行措施。

1. 任务描述。根据制定税务管理规定对企业进行随机的稽查，记录、公示稽查结果，

并对问题企业做出行政处罚。

2. 业务流程图和业务流程步骤如图 8－5、表 8－5 所示。

图 8－5　业务流程图

表 8－5　业务流程步骤

| 编号 | 活动名称 | 角色 | 活动描述－操作指导 |
|---|---|---|---|
| 1 | 对企业的税务进行稽查并记录结果 | 税务专员 | 根据税务稽查制度对企业进行稽查，并记录在案 |
| 2 | 公示稽查结果并通知问题企业限期补缴 | 税务专员 | 1. 与主讲老师沟通，确认公示时间（每天课程结束前 5 分钟）<br>2. 将稽查结果张贴在税务局进行公示<br>3. 根据检查结果通知问题企业限期补缴 |
| 3 | 检查企业补缴情况 | 税务专员 | 1. 到期未补缴的开具税务行政处罚决定书<br>2. 到期补缴的，确认后不作处罚 |
| 4 | 做出行政处罚 | 税务专员 | 1. 根据税务行政处罚决定书，进行行政处罚<br>2. 将开具的税务行政处罚决定书送达相关问题企业 |

# 第三节　人社局业务实训

人社局任务由社保公积金专员完成。

## 一、下达社保稽查通知书

1. 任务描述。填写社保稽核通知书，下发至制造企业，经销商，工贸企业。
2. 业务流程图和业务流程步骤，如图 8－6、表 8－6 所示。

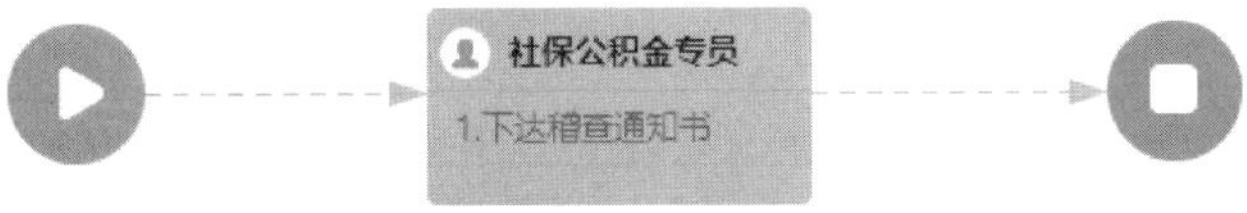


图 8－6　业务流程图

表 8－6　业务流程步骤

| 编号 | 活动名称 | 角色 | 活动描述－操作指导 |
|---|---|---|---|
| 1 | 下达稽查通知书 | 社保公积金专员 | 1. 填写社保稽核通知书<br>2. 填写完成后下发到制造企业的人力资源部或行政部门（企业管理部），经销商行政经理，工贸企业行政经理<br>3. 请各企业社保稽核通知书准备相关内容、资料、原始凭证等 |

## 二、社保稽查

社保稽核简单来说就是社保机构检查用人单位缴纳社会保险的情况。其具有促进社会保险基金的征缴、防止社保基金的流失、促进参保企业公平竞争、提高社保管理质量等作用。其最终目的就是要维护参保人员的合法权益，这样才能保证社会保险待遇按照国家法律和政策规章顺利的执行下去，对于维护社会保险事业稳定和发展有很好的作用。

社保稽查的内容：

（1）社会保险登记、变更登记和登记验证情况。

（2）社会保险费申报和代扣代缴情况。

（3）职工人数、工资基数、财务状况和缴费能力等情况。

（4）社会保险费缴纳和缴费费率执行情况。

（5）欠缴社会保险费的，其补缴计划的制定和落实情况。

（6）社会保险待遇享受者的资格条件和领取的待遇项目、标准情况。

（7）社会保险基金的筹集、支付、管理、运营等情况。

（8）法律、法规规定需要稽查的其他情况。

1. 任务描述。根据制定的社会保障制度对企业进行社保稽核，存在问题的形成稽核整改意见书 并送达相关企业。

2. 业务流程图和业务流程步骤，如图 8－7、表 8－7 所示。

图 8－7　业务流程图

表 8－7　业务流程步骤

| 编号 | 活动名称 | 角色 | 活动描述－操作指导 |
|---|---|---|---|
| 1 | 根据社会保障制度对企业进行例行检查，并记录在案 | 社保公积金专员 | 1. 根据社保稽核通知书的时间，到企业进行现场稽核<br>2. 根据制定、公示的社会保障制度到企业人力资源部、财务部或主管人力资源和财务责人进行稽查<br>3. 检查人力资源参保人员情况；财务部按时缴纳保费情况等 |

## 三、行政处罚

1. 任务描述。根据社保稽核检查结果，对问题企业做出行政处罚。

2. 业务流程图和业务流程步骤，如图 8－8、表 8－8 所示。

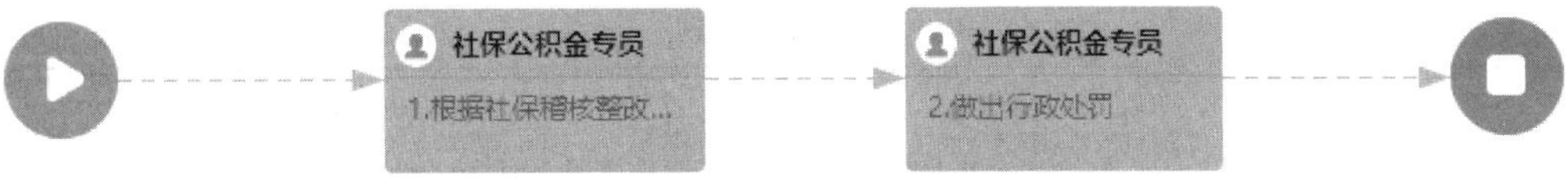


图 8－8　业务流程图

表 8－8　　业务流程步骤

| 编号 | 活动名称 | 角色 | 活动描述－操作指导 |
| --- | --- | --- | --- |
| 1 | 根据社保稽核整改意见书检查企业整改情况 | 社保公积金专员 | 1. 根据社保稽核整改意见书检查企业整改情况<br>2. 到期未整改的开具社会保险提请行政处罚建议书，提请劳动监察部门<br>3. 到期整改的，确认后不做处罚 |
| 2 | 做出行政处罚 | 社保公积金专员 | 1. 根据提请行政处罚建议书，进行行政处罚<br>2. 将开具的劳动保障监察行政处罚决定书送达相关问题企业 |

## 四、就业指导－职业规划

1. 任务描述。学习制作职业生涯规划文档，并组织企业培训学习。
2. 业务流程图和业务流程步骤，如图 8－9、表 8－9 所示。

图 8－9　业务流程图

表 8－9　　业务流程步骤

| 编号 | 活动名称 | 角色 | 活动描述－操作指导 |
| --- | --- | --- | --- |
| 1 | 职业生涯规划的学习 | 社保公积金专员 | 职业生涯规划和自我管理的学习 |
| 2 | 职业生涯规划的培训讲解 | 社保公积金专员 | 1. 与主讲老师确认时间和培训方式<br>2. 组织各企业进行培训，讲解职业规划 |

## 五、就业指导－简历制作

1. 任务描述。学习制作简历制作文档，并组织企业培训学习。
2. 业务流程图和业务流程步骤，如图 8－10、表 8－10 所示。

图 8－10　业务流程图

表 8－10 业务流程步骤

| 编号 | 活动名称 | 角色 | 活动描述－操作指导 |
|---|---|---|---|
| 1 | 简历制作的学习 | 社保公积金专员 | 简历制作的学习 |
| 2 | 简历制作的培训讲解 | 社保公积金专员 | 1. 与主讲老师确认时间和培训方式<br>2. 组织各企业进行培训，讲解简历制作 |

## 六、就业指导－面试技巧

1. 任务描述。学习制作面试技巧文档，并组织企业培训学习。
2. 业务流程图和业务流程步骤，如图 8－11、表 8－11 所示。

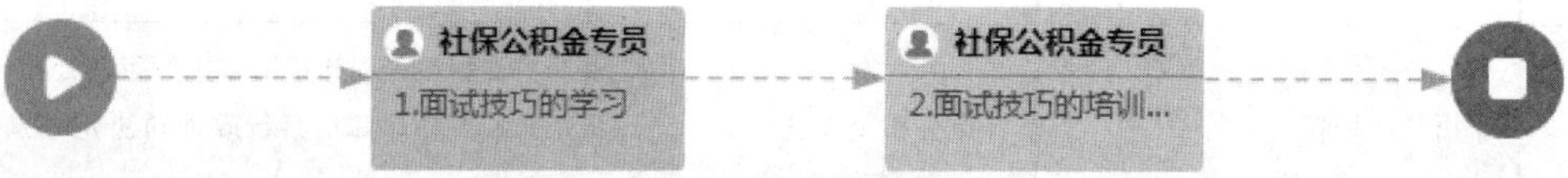


图 8－11 业务流程图

表 8－11 业务流程步骤

| 编号 | 活动名称 | 角色 | 活动描述－操作指导 |
|---|---|---|---|
| 1 | 面试技巧的学习 | 社保公积金专员 | 面试技巧的学习 |
| 2 | 面试技巧的培训讲解 | 社保公积金专员 | 1. 与主讲老师确认时间和培训方式<br>2. 组织各企业进行培训，讲解面试技巧 |

# 第九章

# 国贸经营业务实训

VBSE 中国贸易企业为五洲进出口有限公司，其组织结构如图 9－1 和图 9－2 所示。

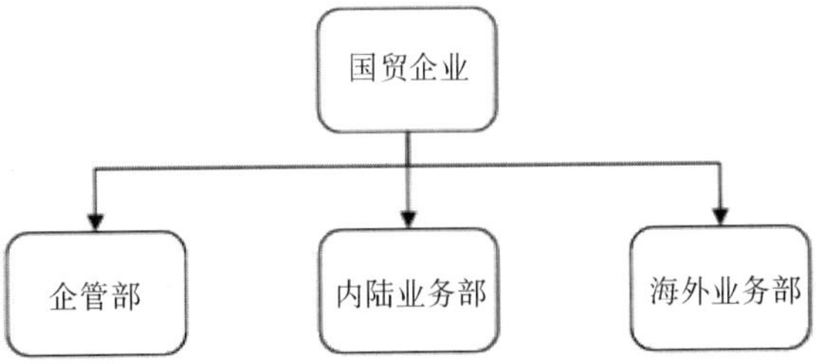


**图 9－1　国贸企业组织结构**

| 部门 | 岗位名称 | 在编人数 | 直接上级 |
|---|---|---|---|
| 企管部 | 国贸总经理 | 1 | — |
| 内陆业务部 | 国贸内陆业务经理 | 1 | 总经理 |
| 海外业务部 | 国贸进出口经理 | 1 | 总经理 |

**图 9－2　组织结构的人员构成**

国贸企业各岗位职责，具体如下：

1. 总经理

（1）负责组织制定公司经营方针、经营目标、经营计划，分解到各部门并组织实施。

（2）负责制订并落实公司各项规章制度、改革方案、改革措施。

（3）提出公司组织机构设置方案。

（4）提出公司经营理念、主导企业文化建设的基本方向、创造良好的工作环境、生活环境、培养员工归属感、提升企业的向心力、凝聚力、战斗力。

（5）负责处理部门之间事务矛盾问题。

（6）负责审核公司经营费用支出。

（7）决定公司各部门人员聘用任免。

（8）对公司的经济效益负责，分配各种资源。

2. 内陆业务经理

（1）负责销售计划的制定与执行，检查、监督销售计划的完成情况，出现偏差及时纠正，保证实现本区域的市场占有率和销售目标。

（2）负责销售费用预算、控制和管理。

（3）负责售后推行公司的售后服务规定及产品特点，与相关部门及人员配合实现售后服务目标。

（4）负责收集本区域的产品市场行情变化及重点竞争对手的销售策略、市场策略等信息，并对市场信息进行分析、预测并制订对策，及时向相关部门提供建议。

（5）负责合同履行过程中紧急意外情况的妥善处理。

（6）负责下属员工的招聘、培训、工作任务分配及业务指导等，支持销售目标的达成。

3. 进出口经理

（1）负责进出口业务的订单管理，带领外贸部积极开拓国际市场，联系国外客户，寻求订单，并领导商务谈判与签订合同。

（2）负责进出口定单的洽谈、签约、单证审核、定单管理、运输、报关、收汇等。

（3）负责对进出口订单的评估、跟踪、管理和风险控制。

（4）负责所接定单的生产和货源，货物检验、商检报关等过程的跟踪，及时处理各环节出现的问题。

（5）负责客户资料的整理，做好客户要求的及时反馈和处理。

（6）负责合同履行过程中紧急意外情况的妥善处理。

（7）负责下属业务员的培养和指导。

实训岗位设有总经理、内陆业务经理和进出口经理，经营业务由三者完成。详见任务地图 9－3。

**图 9-3 任务地图**

## 一、贸易洽谈

1. 任务描述。国贸企业进行贸易洽谈。

2. 业务场景。国贸进出口部门从网上查询并了解到一家意大利公司 ArtigoS. P. A. 经营童车产品，便给该公司书写了一封建交函，介绍自己公司的业务，表达希望能与 ArtigoS. P. A. 公司建立贸易伙伴关系（销售自己公司的童车产品）。收到对方回函询价后，双方便开始了交易的洽谈，之后达成合同，并进而是各自义务的履行。

3. 业务流程图和业务流程步骤，如图 9-4、表 9-1 所示。

图 9－4　业务流程图

表 9－1　　业务流程步骤

| 编号 | 活动名称 | 角色 | 活动描述－操作指导 |
| --- | --- | --- | --- |
| 1 | 选中目标客户（图 9－5） | 国贸进出口经理 | 在系统中选中目标客户订单 |
| 2 | 向进口商发建交函（图 9－6） | 国贸进出口经理 | 向进口商发建交函，介绍自己公司的业务，表达希望能与对方公司建立贸易伙伴关系 |
| 3 | 进口商询盘（图 9－7） | 国贸进出口经理 | 收到进口商发来的询盘函 |
| 4 | 出口报价核算 | 国贸进出口经理 | 1. 请示交易条件和利润率，并在获取相关信息后，开始计算价格<br>2. 进行报价核算，得出美元单价 |
| 5 | 起草发盘函（图 9－8） | 国贸进出口经理 | 1. 起草发盘函<br>2. 送交总经理审核 |
| 6 | 审核发盘函 | 国贸总经理 | 1. 对发盘函的内容进行审核<br>2. 签字确认 |
| 7 | 发盘 | 国贸进出口经理 | 起草发盘函，经领导审核无误，对外报价（注：初次报价中的支付条款一般坚持要求使用不可撤销、即期信用证 irrevocable sight letter of credit or L/C） |

图 9－5　国贸进出口经理在系统中选中目标客户订单

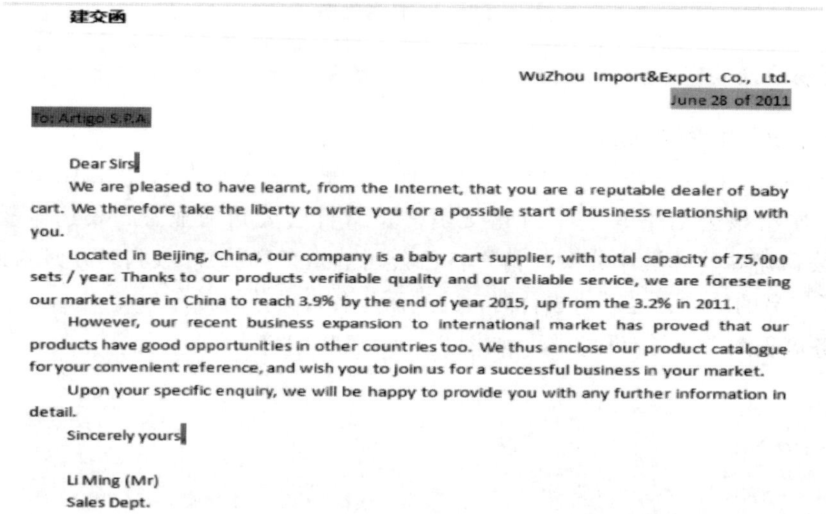
建交函

WuZhou Import&Export Co., Ltd.
June 28 of 2011

To: Artigo S.P.A

Dear Sirs

We are pleased to have learnt, from the Internet, that you are a reputable dealer of baby cart. We therefore take the liberty to write you for a possible start of business relationship with you.

Located in Beijing, China, our company is a baby cart supplier, with total capacity of 75,000 sets / year. Thanks to our products verifiable quality and our reliable service, we are foreseeing our market share in China to reach 3.9% by the end of year 2015, up from the 3.2% in 2011.

However, our recent business expansion to international market has proved that our products have good opportunities in other countries too. We thus enclose our product catalogue for your convenient reference, and wish you to join us for a successful business in your market.

Upon your specific enquiry, we will be happy to provide you with any further information in detail.

Sincerely yours

Li Ming (Mr)
Sales Dept.

图 9－6　建交函

**询价函**

Artigo S.p.A.
June 30, 2011

Mr. Li Ming
Sales Dept.
WuZhou Import&Export Co., Ltd.

Dear Mr. Li Ming,

Thank you for your letter of June 28, 2011. We are impressed by the big variety of your products, and feel interested in some of them.

As you should easily understand, the competitive price is very important for a product to enter a new market, apart from its good quality as in your case described in the catalogue. We therefore would encourage you to quote the best prices for the Art. No.YY123 of your "You You Brand" baby cart series on CIF GENOA basis, together with their shortest delivery time of five 20'FCL quantity, and the payment terms.

Looking forward to your favorable reply.

Yours sincerely,

Paolo Bolaccino
Marketing Manager

图 9－7　进口商询盘

**发盘函**

WuZhou Import&Export Co., Ltd.
July 2 of 2011

Mr. Bolaccino
Marketing Manager
Artigo S.P.A.

Dear Mr. Bolaccino,

We are pleased to have received your enquiry dated June 30, 2011. "You You" Brand baby cart series is one of our latest designs, and has met increasing market demand these days. We have the confidence that it will be also recognized by your customers.

The following is our favorable quotation subject to your acceptance reaching us before July 10, 2011:

Commodity: "You You" Brand baby cart, Art No.YY123
Price: US$139.25 PER SET CIF GENOA
Quantity: 810 SETS
Packing: Individually packed into a carton, total 162 cartons in a 20'FCL.
Shipment: Within 20 days after receipt of the relevant L/C.
Insurance: To be covered by the seller for 110% of total invoice value against all risks and war risk.
Payment: By irrevocable sight letter of credit covering full amount of the invoice value.

We look forward to your reply.

Sincerely yours,

Li Ming
Sales Dept.

图 9－8　国贸进出口经理发盘

## 二、签订出口合同

1. 任务描述。国贸企业签订出口合同。
2. 业务场景。国贸企业进出口部门根据前一阶段双方达成的交易条件，缮制销售合同，先通过电子邮件的形式发给对方审阅无误后，打印一式两份，签字后邮递给对方会签并寄回。

3. 业务流程图和业务流程步骤，如图 9－9、表 9－2 所示。

图 9－9　业务流程图

表 9－2　业务流程步骤

| 编号 | 活动名称 | 角色 | 活动描述－操作指导 |
|---|---|---|---|
| 1 | 双方接受合同条款 | 国贸进出口经理 | 双方经过贸易洽谈，接受销售合同条款 |
| 2 | 填写销售合同会签单（见图 9－10） | 国贸进出口经理 | 填写销售合同会签单 |
| 3 | 审批销售合同 | 国贸总经理 | 1. 填写合同会签单<br>2. 审核合同 |
| 4 | 在销售合同上签字、盖章 | 国贸总经理 | 在合同上签字、盖章 |
| 5 | 寄给进口商 | 国贸进出口经理 | 寄给进口商 |
| 6 | 进口商会签 | 国贸进出口经理 | 1. 进口商会签合同<br>2. 进口商寄回一份给卖方 |

**销售合同**

**销售合同**

SALES CONTRACT

卖方：
THE SELLERS: WuZhou Import&Export Co., Ltd.
地址：
ADDRESS: Yinke Bldg,No. 38 Haidiandajie Street, Haidian District, Beijing, P.R.China 100080
Tel: 010 62500478Fax: 010 60008867

合同编号：
S / C No.: CH0799
签订日期：
DATE: Janurary05, 2019

签订地点
PLACE: Beijing, China

买方：
THE BUYERS: Artigo S.P.A.
地址：
ADDRESS: 20109 Vimercate (MI), Italy
Tel: 39 555 4775 Fax: 39 555 4776

买卖双方同意购进、售出下列商品，并按下列条款达成本合同：
THIS SALES CONTRACT IS MADE BY AND BETWEEN THE SELLERS AND THE BUYERS WHEREBY THE SELLERS AGREE TO SELL AND THE BUYERS AGREE TO BUY THE UNDERMENTIONED GOODS ACCORDING TO THE TERMS AND CONDITIONS STIPULATED BELOW:

| 1. 商品名称及规格<br>NAME OF COMMODITY & SPECIFICATION | 2. 数量<br>QUANTITY | 3. 单价<br>UNIT PRICE | 4. 金额<br>AMOUNT |
|---|---|---|---|
| "You You" Brand baby cart, Art No.YY123 | 810 sets | US$ 190.88 | CIF GENOA<br>US$ 154,615.94<br>US$154,615.94 |
| 5. Total Contract Value: One Hundred and Fifty-fourThousand Six Hundred and Fifteen US Dollars and Ninety-four Cents only. | | | |

6. 包装：
PACKING: Individually packed into a carton and 810 cartons altogether in five 20'FCL.

ARTIGO S.P.A.

图 9－10　销售合同

## 三、催证、审证、改证

信用证属于银行信用，既买方通过其往来银行依据买卖双方签订的合同条款开出以卖方为受益人（Beneficiary）的银行付款担保；卖方交货后凭信用证规定的相关单据向指定银行议付货款；银行承担第一付款责任。

卖方依据合同条款履行交货义务的同时，必定要考虑买方能否依据合同规定履行支付货款的义务。为了避免卖方在合同货物生产出来后买方货款的支付得不到落实这一风险，卖方通常会要求买方提前开到信用证，而且一定是不可撤销性质的信用证。

信用证的工作流程是：

（1）买卖双方签订贸易合同，在合同的支付条款中明确使用信用证及其种类和开证时间。

（2）买方（信用证申请人）在合同规定时间内向当地往来银行要求开立以卖方为受益人的信用证。信用证内容的依据是双方贸易合同的条款。信用证申请人（Applicant）同时向开证银行（Issuing Bank）提供押金或某种担保。

（3）开证银行通过邮寄或电报方式将开立的信用证交给卖方当地的往来银行（通知行），要求其转给受益人。

（4）通知行（Advising Bank）转交卖方信用证。

（5）卖方审核信用证、发货、按照信用证要求向议付银行（Negotiation Bank）或通知行交单议付。

（6）议付行或通知行审核所有单据，确定信用证规定相符，将款项在扣除相关费用后垫付给卖方，而后将所有单据转交开证行并向开证行或其指定银行索偿。如开证行拒付，议付行可以向卖方追索款项。

（7）开证行核对单证无误，兑付款项，转向买方提示赎单。

（8）买方核实无误，赎单。如买方拒付，开证行无权向议付行追索已付款项。

1. 任务描述。国贸企业办理信用证。

2. 业务场景。由于通过银行开出信用证在办理手续上需要几天的时间，而作为一个职业的出口业务管理人员，于合同规定日期之前的适当时间善意地提醒买方开证不失为合理。

3. 业务流程图和业务流程步骤，如图9－11、表9－3所示。

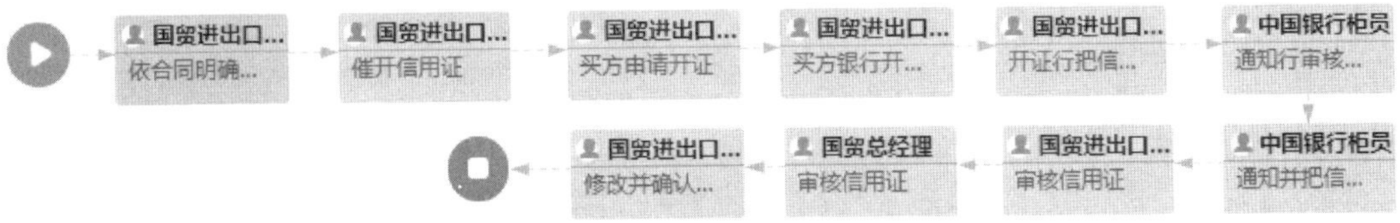


**图9－11 业务流程图**

**表9－3** 业务流程步骤

| 编号 | 活动名称 | 角色 | 活动描述－操作指导 |
|---|---|---|---|
| 1 | 依合同明确开证时间和种类 | 国贸进出口经理 | 买卖双方依据签订的贸易合同，在合同的支付条款中明确使用信用证及其种类和开证时间 |

续表

| 编号 | 活动名称 | 角色 | 活动描述－操作指导 |
|---|---|---|---|
| 2 | 催开信用证 | 国贸进出口经理 | 及时开出信用证是买方在信用证支付方式合同中一项主要义务，但买方往往会因资金短缺或市场变化等原因不能按时开出信用证。在这种情况下，卖方应适时采取措施敦促买方开证，以便如期装运。在出口贸易实践中较多使用传真和 E－MAIL 等形式向买方进行催证。由于通过银行开出信用证在办理手续上需要几天的时间，而作为一个职业的出口业务管理人员，于合同规定日期之前的适当时间善意地提醒买方开证不失为合理 |
| 3 | 买方申请开证 | 国贸进出口经理 | 1. 买方（信用证申请人）在合同规定时间内向当地往来银行申请开立以卖方为受益人的信用证<br>2. 信用证内容的依据是双方贸易合同的条款<br>3. 信用证申请人（Applicant）同时向开证银行（Issuing Bank）提供押金或某种担保 |
| 4 | 买方银行开证（图 9－12） | 国贸进出口经理 | 买方银行依据合同条款开证 |
| 5 | 开证行把信用证交给卖方银行（通知行） | 国贸进出口经理 | 开证银行通过邮寄或电报方式将开立的信用证交给卖方当地的往来银行（通知行），要求其转给受益人（卖方） |
| 6 | 通知行审核信用证 | 银行柜员 | 1. 在实际业务中，由于种种原因，买方通过其往来银行开立的信用证其条款与合同规定常有不符，这就直接影响卖方收回货款的安全性。所以严格审核信用证并及时要求买方给予必要的更正，对保护卖方合同利益至关重要<br>2. 信用证审核工作由出口方通知（议付）行和出口方共同承担。银行方面着重审核信用证真伪、开证行的政治背景、资信情况、付款责任、索汇路线等，并在通知出口方（信用证受益人）时做必要的提示 |
| 7 | 通知并把信用证交给卖方（图 9－13） | 银行柜员 | 向卖方下达信用证通知书并把信用证交给卖方 |
| 8 | 审核信用证 | 国贸进出口经理 | 出口方应注意阅读通知（议付）行提出的问题，同时依据合同条款以及国际商会的《跟单信用证统一惯例》（第 600 号出版物）审查信用证易出现问题的内容 |
| 9 | 审核信用证 | 国贸总经理 | 出口方应注意阅读通知（议付）行提出的问题，同时依据合同条款以及国际商会的《跟单信用证统一惯例》（第 600 号出版物）审查信用证易出现问题的内容 |
| 10 | . 修改并确认信用证 | 国贸进出口经理 | 1. 改证程序一般是受益人→开证申请人→开证行→通知行→受益人<br>2. 收到信用证修改件 |

信用证

BKCH CN BJ
8866
1705 05/28 05904078 TCH0531
0405065333
ABAB
FROM: BANKA DI MILANO
OUR REF: MI0405280059999B01
TO : BANK OF CHINA
1 FUCHENGMEN NEI DAJIE, BEJING 100818
PEOPLE'S REP. OF CHINA
TEST: FOR USD154,615.94ON DATE01/05/2019
PLEASE ADVICE BENEFICIARY OF THE FOLLOWING IRREVOCABLE LETTER OF CREDIT
ISSUED BY US IN THEIR FAVOR SUBJECT TO UCP 600:
DOCUMENTARY CREDIT NUMBER: RF-GF0491
DATE AND PLACE OF EXPIRY: JANURARY 25TH 2019, IN CHINA
APPLICANT: ARTIGO S.P.A. 20109 VIMERCATE (MI), ITALY
BENEFICIARY: WUZHOU IMPORT&EXPORT CO. LTD 12/F, GUOMAO BLDG, SUNSHINE STREET, BEIJING 100811, P.R.CHINA
AMOUNT: USD 154,615.94
SAYONE HUNDRED AND TWELVETHOUSANDSEVEN HUNDREDANDNINETY-TWOUNITED STATES DOLLARSANDFIFTY CENTS
AVAILABLE WITH: ANY BANK
BY: NEGOTIATION OF BENEFICIARY'S DRAFT(S) AT SIGHT DRAWN ON
BANKA DI MILANO, ACCOMPANIED BY THE DOCUMENTS INDICATED HEREIN
COVERING SHIPMENT OF: YOUYOU BRAND BABY CART ART NO.YY123 OF 810 SETS
SHIPPING TERMS: CIF GENOA
SHIPPING MARK: ARTIGO S.P.A./CH0799/GENOA ITALY/NO.1-810

DOCUMENTS REQUIRED:
- 3 COPIES OF COMMERCIAL INVOICE SHOWING VALUE IN U.S. DOLLARS

AND INDICATING L/C NO. AND CONTRACT NO.
- 2 COPIES OF PACKING LIST SHOWING GROSS/NET WEIGHT AND MEASUREMENT OF EACH CARTON
- 2 COPIES OF INSURANCE POLICY OR CERTIFICATE ENDORSED IN BLANK FOR 110% INVOICE VALUE COVERING ALL RISKS AND WAR RISK AS PER AND SUBJECT TO OCEAN MARINE CARGO CLAUSES OF THE PEOPLE'S INSURANCE COMPANY OF CHINA DATED 1/1/1981
- 3/3 SET OF CLEAN ON BOARD OCEAN BILLS OF LADING MADE OUT TO ORDER AND BLANK ENDORSED MARKED FREIGHT PREPAID AND NOTIFYING APPLICANT.
PARTIAL SHIPMENTS: NOT ALLOWED
TRANSSHIPMENTS: NOT ALLOWED
SHIPMENT FROM: XINGANG, CHINA TO: GENOA, ITALY
NOT LATER THAN: NOVEMBER 30, 2019
DOCUMENTS MUST BE PRESENTED WITHIN 15 DAYS AFTER SHIPMENT, BUT WITHIN VALIDITY OF THIS LETTER OF CREDIT

INSTRUCTIONS TO THE PAYING/ACCEPTING /NEGOTIATING BANK:
ALL DOCUMENTS MUST BE FORWARDED IN ONE AIRMAIL TO BANCA DI MILANO, VIA RUBENS, 21 – 20148 MILANO (MI), ITALY ATTN: LETTER OF CREDIT DEPARTMENT
END OF MESSAGE
NN/
86734 CB YZ
(WRU)
96886 BOC CN

NNNN

图 9-12 信用证

# 中国银行

**BANK OF CHINA**

1 FUXINGMEN NEI DAJIE, BEJING 100818, P.R.CHINA

## 信用证通知书

**Notification of Documentary Credit**

SWIFT: BKCH CN BJ DATE:2019/01/05

<table>
<tr><td colspan="2">To: 致:WuZhou Import&Export Co., Ltd.<br>Yinke Bldg,No. 38 Haidiandajie Street, Haidian District,<br>Beijing, P.R.China 100080</td><td colspan="2">WHEN CORRESPONDING PLEASE QUOTE<br>OUR REF.NO.:</td></tr>
<tr><td colspan="2">ISSUING BANK 开证行<br>BANCA DI MILANO<br>Via Rubens, 21 – 20148 MILANO (MI), ITALY</td><td colspan="2">Transmitted to us through 转递行</td></tr>
<tr><td colspan="2">L/C NO. 信用证号<br>RF-GF0491<br>DATED 开证日期<br>December5, 2018</td><td colspan="2">Amount 金额<br>USD 154,615.94</td></tr>
<tr><td colspan="4">Dear sirs, 迳启者<br>We have the pleasure in advising you that we have received from the a/m bank a(n)<br>兹通知贵司，我行收自上述银行</td></tr>
<tr><td>( ) pre-advising of</td><td>预先通知</td><td>( ) mail confirmation of</td><td>证实书</td></tr>
<tr><td>( ) telex issuing</td><td>电传开立</td><td>( ) ineffective</td><td>未生效</td></tr>
<tr><td>(x) original</td><td>正本</td><td>( ) duplicate</td><td>副本</td></tr>
<tr><td colspan="4">letter of credit, contents of which are as per attached sheet(s).<br>This advice and the attached sheet(s) must accompany the relative documents when presented for negotiation.<br>信用证一份，现随附通知。贵司交单时，请将本通知书及信用证一并提示。<br>（x）Please note that this advice does not constitute our confirmation of the above L/C nor does it convey any engagement or obligation on our part.<br>本通知书不构成我行对此信用证之保兑及其它任何责任。<br>（）Please note that we have added our confirmation to the above L/C, negotiation is restricted to ourselves only.<br>上述信用证已由我行加具保兑，并限向我行交单。<br>This L/C consists of <u>two</u> sheet(s), including the covering letter and attachment(s).<br>本信用证连同面函及附件共<u>2</u>纸。</td></tr>
<tr><td colspan="2">If you find any terms and conditions in the L/C which you are unable to comply with and or any error(s), it is suggested that you contact applicant directly for necessary amendment(s) of as to avoid any difficulties which may arise when documents are presented.<br>如本信用证中有无法办到的条款及/或错误，请迳与开证申请人联系进行必要的修改，以排除交单时可能发生的问题。</td><td colspan="2">FOR BANK OF CHINA<br><br>中国银行<br><br>信用证<br>通知章<br><br>Yours faithfully</td></tr>
</table>

图 9－13 信用证通知书

## 四、开商业发票和装箱单

1. 任务描述。国贸企业开具商业发票和装箱单。

2. 业务场景。对于出口企业，只要是信用证开到，而且里面的内容没有什么偏差，那这一单的货款就算是确定能拿到了，除非有一种情况，那就是单据制作上出了问题，导致单证不符。而制单质量和依据都与出口货物装运过程紧密相关。首先，我们需要制作商业发票和装箱单，因为在后面的装运各环节都离不开这两份文件。

3. 业务流程图和业务流程步骤，如图 9-14，表 9-4 所示。

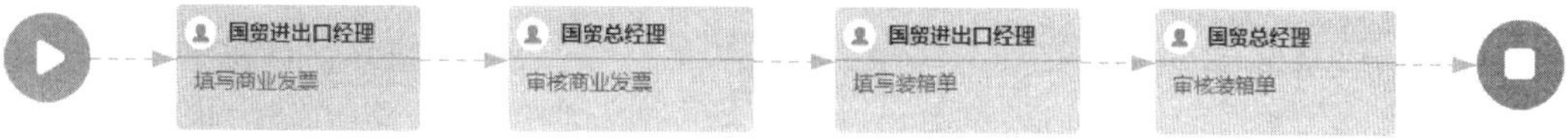


图 9-14 业务流程图

表 9-4 业务流程步骤

| 编号 | 活动名称 | 角色 | 活动描述-操作指导 |
|---|---|---|---|
| 1 | 填写商业发票（图 9-15） | 国贸进出口经理 | 商业发票是出口方对进口商开立的载有货物名称、品质、数量、包装、价格等内容的商业单据<br>它是双方交接货物、结算货款、出口进口报关以及纳税的依据，是重要的议付单据之一<br>商业发票的内容一般有卖方相关信息、买方相关信息、发票号码、发票日期、信用证号码、商品名称，规格、数量、包装、唛头、单价和货物的总值等 |
| 2 | 审核商业发票 | 国贸总经理 | 审核商业发票的正确性、真实性和完整性 |
| 3 | 填写装箱单（图 9-16） | 国贸进出口经理 | 装箱单是对商业发票的补充说明单据，是信用证普遍要求的议付单据之一。它的内容主要包括货物的包装、数量、重量、体积、件数。信用证中关于装箱单的要求比较简单，如：PACKINGLIST IN 3 ORIGINALS, SHOWING GROSS WEIGHT, NET WEIGHT AND MEASUREMENT OF EACH ITEM |
| 4 | 审核装箱单 | 国贸总经理 | 审核装箱单的正确性、真实性和完整性 |

# 五洲进出口有限公司

WUZHOU IMPORT&EXPORT CO., LTD.

Yinke Bldg.No. 38 Haidiandajie Street, Haidian District, Beijing, P.R.China 100080

Tel：010-62500478 Fax：010-60008867

TO：M/S

ARTIGO S.P.A.

20109 VIMERCATE(MI), ITALY

Tel: 39 555 4775 Fax: 39 555 4776

## 发　票

## INVOICE

发票号码

INVOICE No. CH0799IV01

合约号码

S/C No. CH0799

信用证号码

L/C No. RF-GF0491

日期

Date AUGUST 10, 2011

装船口岸 From XINGANG CHINA　　目的地 To GENOA ITALY

| 唛头号码<br>MARKS & NUMBERS | 数量与货品名称<br>QUANTITIES AND DESCRIPTIONS | 单位<br>AMOUNT |
|---|---|---|
| ARTIGO S.P.A.<br>CH0799<br>GENOA ITALY<br>NO. 1-810 | "YOUYOU" BRAND BABY CART<br>YY123<br>810 SET @ USD139.25/SET | CIF GENOA<br>USD 112,792.50 |

五洲进出口有限公司

WUZHOU IMPORT&EXPORT CO., LTD.

XXX

图9－15　商业发票

**装箱单（PACKING LIST）**

五 洲 进 出 口有限公司

WUZHOU IMPORT&EXPORT CO., LTD.

Yinke Bldg,No. 38 Haidiandajie Street, Haidian District, Beijing, P.R.China100080

Tel：010-62500478 Fax：010-60008867

TO：M/S

ARTIGO S.P.A.

20109 VIMERCATE(MI), ITALY

Tel: 39 555 4775 Fax: 39 555 4776

装箱单

PACKING LIST

发票号码

INVOICE No.　CH0799IV01

合约号码

S/C No.　CH0799

日期

Date January, 05, 2019

SPECIFICATIONS

"YOUYOU" BRAND BABY CART

YY123

Individually packed into a carton and 810 cartons altogether in five 20'FCL.

110cm x 70cm x 20cm 20kg / CTN

N. W.: 15kgs / 12150kgs

G. W.: 20kgs / 16200kgs

MEA: 110x70x20cm x810/ 24.95m3

SHIPPING MARKES:

ARTIGO S.P.A.

CH0799

GENOA ITALY

NO. 1-810

五洲进出口有限公司

WUZHOU IMPORT&EXPORT CO., LTD.

XXX

图 9－16　装箱单

## 五、订舱

1. 任务描述。国贸企业租船订舱。

2. 业务场景。以 CIF 术语成交的出口合同，在信用证得到落实、货物准备工作尽在掌握之中的情况下，出口方应尽可能提前租船或订舱，以确保船货衔接、按时出运。租船或订舱是货物出运的前期工作，是交货环节中至关重要的部分。

3. 业务流程图和业务流程步骤，如图 9－17、表 9－5 所示。

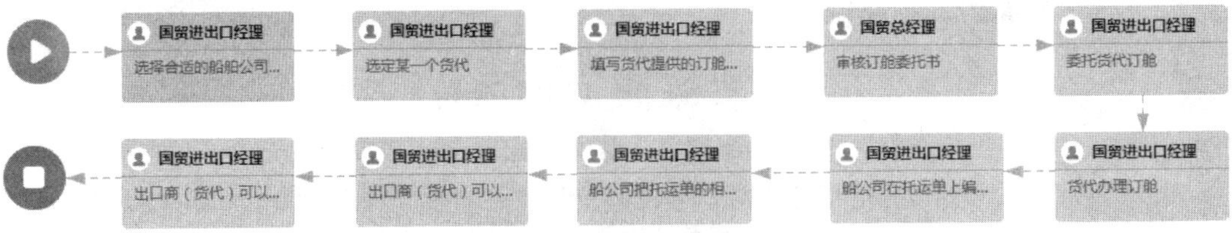


图 9－17　业务流程图

表 9－5　　　　　　　　　　业务流程步骤

| 编号 | 活动名称 | 角色 | 活动描述－操作指导 |
|---|---|---|---|
| 1 | 选择合适的船舶公司和航次 | 国贸进出口经理 | 出口方要通过各船公司定期发布的船舶、船期、运价信息选择合适的船舶和航次。这些信息也可以同时从货代那里征询 |
| 2 | 选定某一个货代 | 国贸进出口经理 | 1. 本实训没有货代组织，假设已经选定某一个货代公司<br>2. 为了让学生们体验这部分业务而更好地掌握前面外贸环节的诸多知识点，我们将这部分工作设计为由国贸公司进出口经理代替货代公司完成 |
| 3 | 填写货代提供的订舱委托书 | 国贸进出口经理 | 1. 填写其提供的订舱委托书，确立出口方与货代之间的委托代理关系。出口方与货代在订舱过程中统称托运人<br>2. 订舱委托书中需要列明托运人（出口方）名称、收货人名称、信用证相关信息、出口货物的描述、目的港、最后装运日期、是否允许分批和转运等内容，作为订舱的依据<br>3. 这些内容要严格按照信用证规定填写，如果信用证中没有相应规定，则按合同内容填写 |
| 4 | 审核订舱委托书 | 国贸总经理 | 审核订舱委托书的准确性 |
| 5 | 委托货代订舱 | 国贸进出口经理 | 把填制好的订舱委托书和商业发票、装箱单及其他必要的单据提交给货代，委托货代代理订舱 |
| 6 | 货代办理订舱 | 国贸进出口经理 | 1. 货代接受订舱委托后，开始缮制托运单，即订舱单，并同相关单据（如商业发票和装箱单）交给船公司<br>2. 托运单一式多联（本版本实训只用三联：配舱回单、装货单和大副收据联） |
| 7 | 船公司在托运单上编号并签字 | 国贸进出口经理 | 1. 船公司根据具体情况接受订舱<br>2. 船公司在托运单的几个联上编号（与提单号码一致的编号）并签字 |
| 8 | 船公司把托运单的相关联和其他单据交给货代 | 国贸进出口经理 | 船公司处理完业务，把托运单的相关联（本版本实训只用三联：配舱回单、装货单和大副收据联）以及商业发票和装箱单交给货代 |
| 9 | 出口商（货代）可以凭此办理报关、投保等手续 | 国贸进出口经理 | 出口商（货代）可以凭此办理报关、投保等手续 |

续表

| 编号 | 活动名称 | 角色 | 活动描述 – 操作指导 |
|---|---|---|---|
| 10 | 出口商（货代）可以凭此把货物发到港口，办理装船 | 国贸进出口经理 | 出口商（货代）可以凭此把货物发到港口，准备办理装船 |

## 六、出口货物发货

1. 任务描述。出口货物办理发货。

2. 业务场景。2019 年 1 月 5 日，国贸企业办理出口货物发货，经济型童车，数量 810 台。

3. 业务流程图和业务流程步骤，如图 9－18、表 9－6 所示。

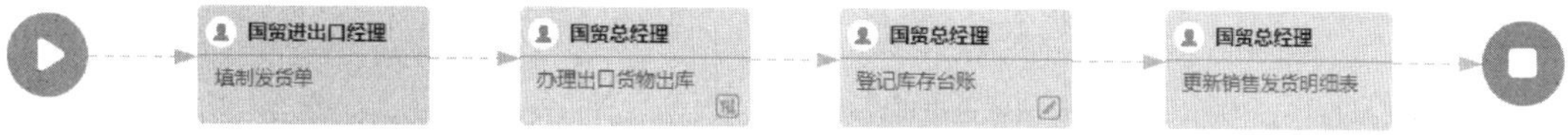


图 9－18 业务流程图

表 9－6 业务流程步骤

| 编号 | 活动名称 | 角色 | 活动描述 – 操作指导 |
|---|---|---|---|
| 1 | 填制发货单 | 国贸进出口经理 | 填制发货单，并交给国贸总经理 |
| 2 | 办理出口货物出库 | 国贸总经理 | 接收发货单，填制销售出库单，并在系统中办理出库 |
| 3 | 登记库存台账 | 国贸总经理 | 登记库存台账 |
| 4 | 更新销售发货明细表 | 国贸总经理 | 依据销售出库单更新销售发货明细表 |

## 七、商检

1. 任务描述。出口货物办理商检。

2. 业务场景。出口商填写“出境货物报检单”，附上合同副本、信用证副本、有关合同货物品质的来往通信内容、凭样成交的样品等，向检验检疫机构申报检验。一份“出境货物报检单”限报一个合同或信用证的商品。报检人员须持有“报检员证”，凭证报检。没有报检员的报检单位可委托报检行办理。检验检疫机构派人到出口货物存放地检验，检验合格，即发相应的检验证书。如检验不合格，出口商可要求复验。

3. 业务流程图和业务流程步骤，如图 9－19、表 9－7 所示。

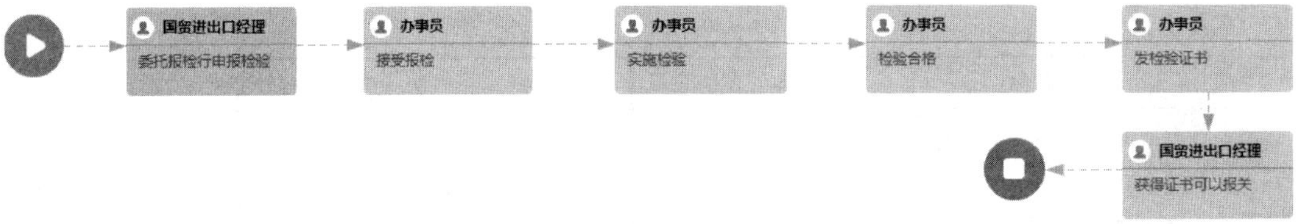


**图 9－19　业务流程图**

**表 9－7　业务流程步骤**

| 编号 | 活动名称 | 角色 | 活动描述－操作指导 |
|---|---|---|---|
| 1 | 委托报检行申报检验（图 9－20） | 国贸进出口经理 | 出口商委托报检行于装运或报关 7 天前填写“出境货物报检单”，附上合同、信用证、有关合同货物品质的来往通信内容、凭样成交的样品等，向检验检疫机构申报检验 |
| 2 | 接受报检 | 国贸进出口经理 | 1. 检查单据及相关材料<br>2. 接受报检<br>注：本版本实训没有设立检验检疫局组织，检验检疫局的工作由国贸进出口经理代替完成 |
| 3 | 实施检验 | 国贸进出口经理 | 按照检验标准实施检验<br>注：本版本实训没有设立检验检疫局组织，检验检疫局的工作由国贸进出口经理代替完成 |
| 4 | 实施检验 | 国贸进出口经理 | 经过检验，检验结果合格<br>注：本版本实训没有设立检验检疫局组织，检验检疫局的工作由国贸进出口经理代替完成 |
| 5 | 发检验证书（图 9－21） | 国贸进出口经理 | 1. 制作品质证证书<br>2. 在证书上签字、盖章<br>注：本版本实训没有设立检验检疫局组织，检验检疫局的工作由国贸进出口经理代替完成 |
| 6 | 获得证书可以报关 | 国贸进出口经理 | 将货物运送至码头，准备报关 |

# 中华人民共和国出入境检验检疫

## 出境货物报检单

报检单位(加盖公章): 五洲进出口有限公司　　　　　　　　　*编号

报检单位登记号: [redacted]　联系人: [redacted]　电话:010-62500478　报检日期: 2019 年 01 月 5 日

| | | |
|---|---|---|
| 发货人 | (中文) | 五洲进出口有限公司 |
| | (外文) | WUZHOU IMPORT&EXPORT CO., LTD. |
| 收货人 | (中文) | |
| | (外文) | ARTIGO S.P.A. |

| 货物名称(中/外文) | H.S. 编码 | 产地 | 数/重量 | 货物总值 | 包装种类及数量 |
|---|---|---|---|---|---|
| 优优牌童车<br>YOUYOU BRAND BABY CART | 9405.2000 | 中国北京 | 810 辆<br>毛重 16200kg<br>净重 12150kg | 154,615.94<br>美元 | 出口纸箱<br>(110*70*20)<br>共 810 箱 |

| | | | | | |
|---|---|---|---|---|---|
| 运输工具名称号码 | 船舶 | 贸易方式 | 一般贸易 | 货物存放地点 | 北京东城 |
| 合同号 | CH0799 | 信用证号 | RF-GF0491 | 用途 | 自营外销 |
| 发货日期 | 2019/01/5 | 输往国家(地区) | 意大利 | 许可证/审批号 | |
| 启运地 | 天津新港 | 到达口岸 | 热那亚 | 生产单位注册号 | [redacted] |
| 集装箱规格、数量及号码 | 5 个 20 英尺货柜 | | | | |

| 合同、信用证订立的检验检疫条款或特殊要求 | 标记及号码 | 随附单据(划"√"或补填) | |
|---|---|---|---|
| 由中国商检局出具的品质/重量证明书 | ARTIGO S.P.A.<br>CH0799<br>GENOA ITALY<br>NO.1-810 | √合同<br>√信用证<br>√发票<br>☐换证凭单<br>☐装箱单<br>☐厂检单 | ☐包装性能结果单<br>☐许可/审批文件<br>☐<br>☐<br>☐<br>☐ |

| 需要证单名称(划"√"或补填) | | *检验检疫费 | |
|---|---|---|---|
| √品质证书 1 正 1 副<br>☐重量证书正副<br>☐数量证书正副<br>☐兽医卫生证书正副<br>☐健康证书正副<br>☐卫生证书正副<br>☐动物卫生证书正副 | ☐植物检疫证书正副<br>☐熏蒸/消毒证书正副<br>☐出境货物换证凭单<br>☐出境货物通关单<br>☐<br>☐<br>☐ | 总金额<br>(人民币元) | |
| | | 计费人 | |
| | | 收费人 | |

| 报检人郑重声明: | 领取证单 | |
|---|---|---|
| 1. 本人被授权报检。 | 日期 | |

图 9－20　出境货物报检单

**中华人民共和国出入境检验检疫**

**ENTRY-EXIT INSPECTION AND QUARANTINE**

**OF THE PEOPLE'S REPUBLIC OF CHINA**

正 本
ORIGINAL
共 1 页第 1 页 Page 1of 1
130000204026980

编号 No.:

**品质证**

**QUALITY CERTIFICATE**

| | | | |
|---|---|---|---|
| 发货人<br>Consignor | WUZHOU IMPORT&EXPORT CO., LTD. YINKE BLDG,<br>NO. 38 HAIDIANDAJIE STREET, HAIDIAN DISTRICT, BEIJING, P.R.CHINA | | |
| 收货人<br>Consignee | ARTIGO S.P.A.<br>20109 VIMERCATE (MI), ITALY | | |
| 品名<br>Description of goods | YOUYOU BRAND<br>BABY CART | 标记及号码<br>Marks & No. | ARTIGO S.P.A.<br>CH0799<br>GENOA ITALY<br>NO. 1-810 |
| 报检数量/重量<br>Quantity/Weight Declared | 810 PIECES | | |
| 包装种类及数量<br>Number and Type of Packages | IN 810 CARTONS/810-PCS | | |
| 运输工具<br>Means of Conveyance | BY VESSEL | | |

检验结果：

RESULTS OF INSPECTION:

QUALITY OF THE ABOVE MENTIONED CARGO CONFORMS WITH THAT IS STIPULATED IN THE S/C NO. CH0799.

*************

印章
Official Stamp

签证地点 Place of Issue Beijing

签证日期 Date of Issue 5 January 2019

授权签字人 Authorized Officer LIGANG

签名 Signature 李刚

图 9－21 品质证

## 八、投保

1. 任务描述。出口货物办理保险。

2. 业务场景。国贸公司拿到配舱回单后即开始投保，因为配舱回单上已经提供了船名、航次、提单号等保单上所需要的准确的装运信息。同时，在以信用证方式结算的情况下，银行一般不接受出单日期晚于装运日期的保单。

3. 业务流程图和业务流程步骤，如图 9－22、表 9－8 所示。

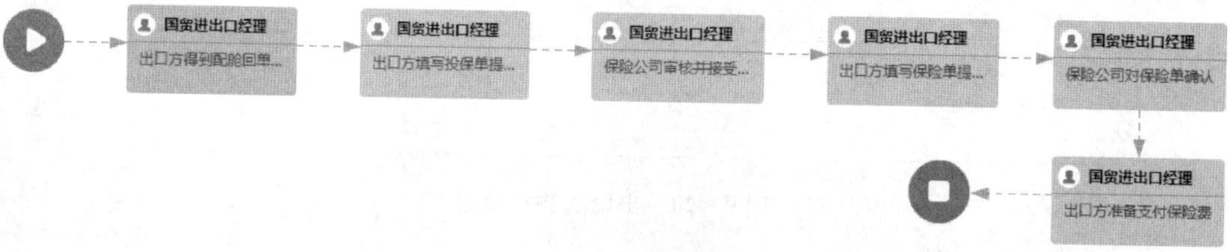


图 9－22 业务流程图

表 9－8　　　　业务流程步骤

| 编号 | 活动名称 | 角色 | 活动描述－操作指导 |
|---|---|---|---|
| 1 | 出口方得到配舱回单开始投保 | 国贸进出口经理 | 1. 出口方得到配舱回单可以开始投保<br>2. 因为配舱回单上已经提供了船名、航次、提单号等保单上所需要的准确的装运信息 |
| 2 | 出口方填写投保单提交给保险公司 | 国贸进出口经理 | 出口方根据销售合同、信用证、商业发票和配舱回单填写投保单提交给保险公司 |
| 3 | 保险公司审核并接受投保单（图 9－23） | 国贸进出口经理 | 保险公司审核并接受投保单，提供投保回执给投保人<br>注：本版本实训没有设立保险公司组织，保险公司的工作由国贸进出口经理代替完成 |
| 4 | 出口方填写保险单提交给保险公司 | 国贸进出口经理 | 出口方填写保险单提交给保险公司 |
| 5 | 保险公司对保险单确认 | 国贸进出口经理 | 保险公司对保险单确认 |
| 6 | 出口方准备支付保险费 | 国贸进出口经理 | 出口方准备支付保险费 |

PICC　中国人民保险公司北京市分公司
The people's Insurance Company of China Beijing Branch

运输险投保单
Application for Transportation Insurance

地址：中国北京市朝阳区朝外市场街 20 号
邮编：100020
电话：010-65264195 / 65264211
传真：010-65264205 / 65264186

被保险人：
Insured's Name: WUZHOU IMPORT&EXPORT CO., LTD.
154,615.94

保单号：
Policy No.
发票号：
Invoice No. CH0799IV01
合同号：
Contract No. CH0799
信用证号：
L/C No. RF-GF0491

您有下列物品向中国人民保险公司投保
Insurance is required on the following commodities

| 标记 Marks & Nos. | 包装及数量 Quantity & Packing | 保险货物项目 Description of goods | |
|---|---|---|---|
| ARTIGO S.P.A.<br>CH0799<br>GENOA ITALY<br>NO. 1-810 | 810 CARTONS | YOUYOU BRAND<br>BABY CART<br>ART NO. YY123 | 发票金额 Amount Invoice USD154,615.94<br>加成 Value Plus about 10%<br>保险金额 Amount Insured USD 170077.53<br>费率 Rate 1%<br>保险费 Premium 1,700.78 |

启运日期：
Date of Commencement 5-JAN-2019
装载运输工具
Per conveyance s.s. JINFAN V.209

自 (From) XINGANG
经 (Via)
到 (To) GENOA
提单号：
B/L NO.: / MAWB NO.: / HAWB NO.: COS669601
赔付地点：
Claims Payable at GENOA

承保险别：(Please Indicate The Conditions & or Special Coverages:)
ALL RISKS AND WAR RISK
AS PER AND SUBJECT TO OCEAN MARINE CARGO
CLAUSES OF CIC DATED 01/01/1981

请如实告知下列情况（如"是"在[ ]中打√，"不是"打×） If any, please mark √ or ×

1. 货物种类：Goods: 裸装 [ ] Nude Cargo　袋装 [ ] Bag　散装 [ ] In Bulk　冷藏 [ ] Reefer　液体 [ ] Liquid　危险品 [ ] Dangerous Goods

2. 转运工具：Transshipment: 海轮 [ ] Ship　飞机 [ ] Plane　驳船 [ ] Barge　火车 [ ] Train　汽车 [ ] Truck　邮包 [ ] Parcel Post

特别提示：
1. 投保人及被保险人确认对本保险单条款内容，特别是责任免除条款已经完全了解。
2. 如投保标的为旧物品，或装载于舱面或重复保险，必须特别声明。
3. 投保人同意保险人按所交保费币种赔付。

投保人签章
Applicant's Signature

中国人民保险公司北京市分公司
People's Insurance Co. of China
Beijing Branch

投保人：[illegible]　投保日期：2019/01/5　核保人：　核保日期：

图 9－23　投保单

## 九、支付保险费获得签发保险单

1. 任务描述。支付出口货物保险费。
2. 业务场景。国贸支付保险费，然后换取保险公司签发的保险单。
3. 业务流程图和业务流程步骤，如图 9－24、表 9－9 所示。

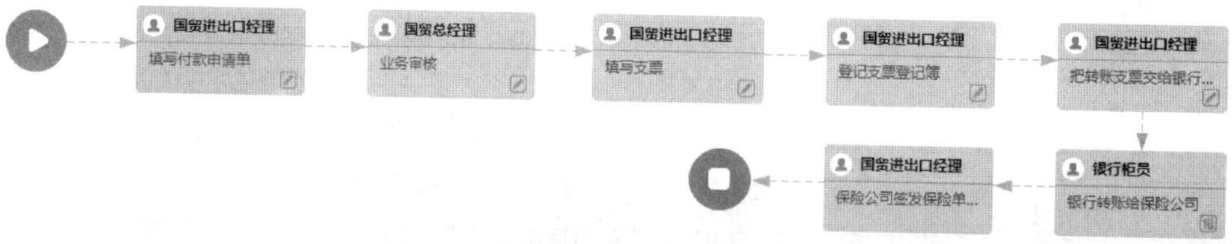


**图 9－24　业务流程图**

**表 9－9　业务流程步骤**

| 编号 | 活动名称 | 角色 | 活动描述－操作指导 |
|---|---|---|---|
| 1 | 填写付款申请单 | 国贸进出口经理 | 按照投保单和保险单填写付款申请单 |
| 2 | 业务审核 | 国贸总经理 | 1. 对付款申请单内容进行审核<br>2. 签字确认 |
| 3 | 填写支票 | 国贸进出口经理 | 填写转账支票 |
| 4 | 登记支票登记簿 | 国贸进出口经理 | 登记支票登记簿 |
| 5 | 把转账支票交给银行（实际应为保险公司） | 国贸进出口经理 | 把转账支票交给银行，实际上应为保险公司<br>注：本版本实训没有设立保险公司组织，由服务公司代替 |
| 6 | 银行转账给保险公司 | 银行柜员 | 银行转账给保险公司（服务公司代收） |
| 7 | 保险公司签发保险单给出口方（图 9－25） | 国贸进出口经理 | 保险公司签发保险单给出口方 |

**中国人民保险公司**

THE PEOPLE'S INDUSTRANCE COMPANY OF CHINA

总公司设于北京　　　　一九四九年创立

Head Office BEIJING　　　　Established in 1949

发票号码:　　　　**保　险　单**　　　　保险单号次

INVOICE NO.CH0799IV01　　　　**INSURANCE POLYCY**　　　　POLICY NO.

BJ 01/ACK　　0089

被保险人: WUZHOU IMPORT&EXPORT CO., LTD.

Inured:

中国人民保险公司（以下简称本公司）根据被保险人的要求，由被保险人向本公司缴付约定的保险费，按照本保险单承保险别和背面所载条款与下列特款承保下述货物运输保险，特立本保险单。

THIS POLICY OF INSURANCE WITNESSES THAT THE PEOPLE'S INSURANCE COMPANY OF CHINA (HEREINAFTER CALLED "THE COMPANY") AT THE REQUEST OF THE INSURED AND IN CONSIDERATION OF THE AGREED PREMIUM PAID TO THE COMPANY BY THE INSURED, UNDERTAKES TO INSURE THE UNDERMENTIONED GOODS IN TRANSPORTATION SUBJECT TO THE CONDITIONS OF THIS POLICY AS PER THE CLAUSES PRINTED OVERLEAF AND OTHER SPECIAL CLAUSES ATTACHED HEREON.

ONE ORIGINAL ONLY

| 标　记<br>MARKS & NOS | 包装及数量<br>QUANTITY | 保险货物项目<br>DESCRIPTION OF GOODS | 保险金额<br>AMOUNT INSURED |
|---|---|---|---|
| AS PER INVOICE<br>NO. CH0799IV01 | 810CTNS | YOUYOU BRAND　BABY CART<br>ART NO. YY123 | USD124,071.75 |

总保险金额:

TOTAL AMOUNT INSURED　SAY: SAY U.S. DOLLARS ONE HUNDRED AND TWENTY–FOUR THOUSAND AND SEVENTY-ONE UNITED STATES DOLLARS AND SEVENTY-FIVE CENTS

保　费　1,240.72　　　费率　　　装载运输工具

PREMIUM　AS ARRANGED　　RATE　AS ARRANGED　　PER CONVEYANCE S. S　JIN FAN　V. 209

开航日期　AUG. 29, 2011　　自　XINGANG　　至　GENOA

SLG. ON OR ABT.　　FROM　　TO

承保险别:

CONDITIONS

ALL RISKS AND

WAR RISK

AS PER C. I. C.

图 9 – 25　保险单

## 十、出口收汇核销单申领与备案

1. 任务描述。国际贸易企业出口收汇核销单申领与备案。

2. 业务场景。核销单是报关的一个很重要的单据。核销单是在第一次签定外贸合同后，持所需相关证件到外汇管理局申领，以后再申领不需要证件。领回核销单后，还需在电子口岸上进行备案，才能使用该核销单及其它单据，进行报关。

3. 业务流程图和业务流程步骤如图 9 – 26、表 9 – 10 所示。

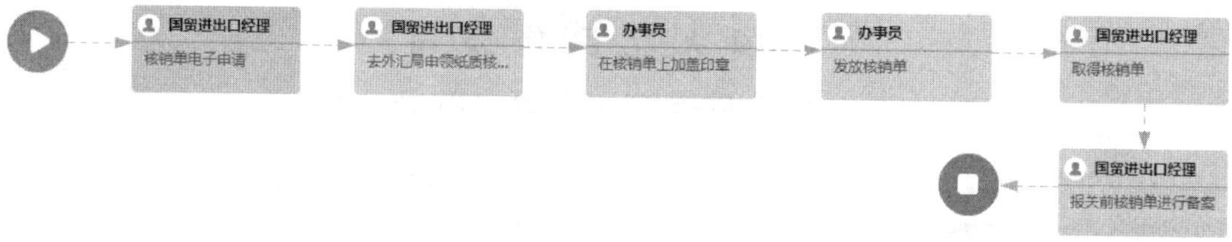


图 9－26　业务流程图

表 9－10　业务流程步骤

| 编号 | 活动名称 | 角色 | 活动描述－操作指导 |
|---|---|---|---|
| 1 | 核销单电子申请（图 9－27） | 国贸进出口经理 | 1. 在中国电子口岸上提交申请<br>2. 进入主页 http：//www. chinaport. gov. cn/，进入执法口岸，输入密码，点申请核销单就会得到一个核销单号码 |
| 2 | 去外汇局申领纸质核销单（图 9－28） | 国贸进出口经理 | 1. 到外汇管理局后，交上申请书和合同的复印件<br>注：若第一次申请，需要准备更多的文件资料<br>2. 在外汇管理局的登记本上登记一下就可以领到核销单了<br>3. 在核销单每联的“出口单位”栏内填写单位名称<br>4. 在三条之间的两个夹缝“出口单位盖章”处，加盖出口方公司公章 |
| 3 | 在核销单上加盖印章 | 国贸进出口经理 | 外汇局会在核销单上加盖“条码章”<br>注：本次实训没有设立外汇局，外汇局办事员相关工作由国贸进出口经理代理 |
| 4 | 发放核销单 | 国贸进出口经理 | 发放核销单给申请人<br>注：本次实训没有设立外汇局，外汇局办事员相关工作由国贸进出口经理代理 |
| 5 | 取得核销单 | 国贸进出口经理 | 取得核销单 |
| 6 | 报关前核销单进行备案 | 国贸进出口经理 | 1. 进行网上备案<br>2. 以备出口报关时使用 |

## 领取出口收汇核销单申请

外汇局＿北京＿市中心支局：

我司是＿五洲进出口有限公司＿企业，组织机构代码310425391，上月我司已使用出口收汇核销单＿10＿份，目前尚余未使用的空白核销单＿0＿份。为保证出口业务正常进行，特委派我公司李明（IC卡号：＿323456＿，电话＿13822334455）前来申领出口收汇核销单＿3＿份。我公司保证遵照《出口收汇核销管理办法》的有关规定使用核销单。请予以发放。

单位法人或授权人（签字）：　　　　　　　　单位公章：

年　月　日

图 9－27　申领核销单

**出口收汇核销单**

**存根**

（京）编号 999123456

| |
|---|
| 出口单位：五洲进出口有限公司 |
| 单位代码：666654321 |
| 出口币种总价：USD93530.70 |
| 收汇方式：信用证 |
| 预计收款日期：2011年9月15日 |
| 报关日期：2011年8月27日 |
| 备注： |
| 此单报关有效期截止到 2007.8.10 |

（出口单位盖章）

**出口收汇核销单**

（京）编号 999123456

| | | | | |
|---|---|---|---|---|
| 出口单位：五洲进出口有限公司 | | | | |
| 单位代码：666654321 | | | | |
| 银行签注栏 | 类别 | 币种金额 | 日期 | 盖章 |
| | 信用证 | USD 93530.70 | 2011.8.8 | |
| 海关签注栏： | | | | |
| 外汇局签注栏：<br>年　月　日（签章） | | | | |

（出口单位盖章）

（海关盖章）

**出口收汇核销单**

**出口退税专用**

（京）编号 999123456

| | | |
|---|---|---|
| 出口单位：五洲进出口有限公司 | | |
| 单位代码：666654321 | | |
| 货物名称 | 数量 | 币种总价 |
| 优优牌童车 | 810辆 | USD 93530.70 |
| 报关单编号：020220110525913535 | | |
| 外汇局签注栏：<br>年　月　日（签章） | | |

图 9－28　核销单

## 十一、报关

出口报关是国贸公司或者代理人在货物出境时，向海关交验有关单证，请求海关查验放行的过程。报关人员必须持有《报关员证》。报关是履行海关进出境手续的必要环节之一。《中华人民共和国海关法》规定所有进出境的货物和运输工具必须通过设有海关的地方出入境并接受海关监督。

1. 任务描述。国际贸易企业进行出口报关。

2. 业务流程图和业务流程步骤，如图 9－29、表 9－11 所示。

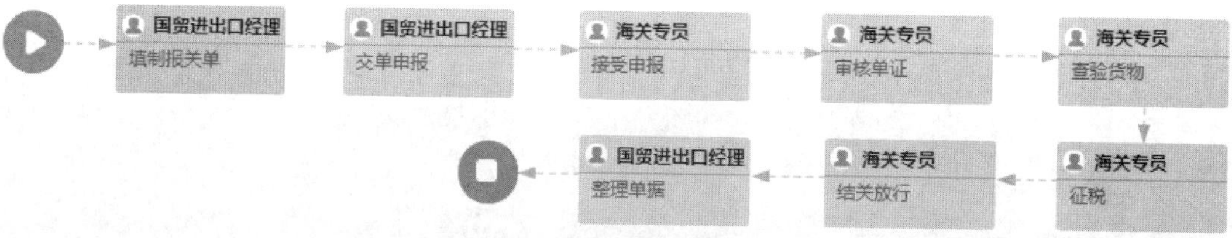


**图 9－29　业务流程图**

**表 9－11　业务流程步骤**

| 编号 | 活动名称 | 角色 | 活动描述－操作指导 |
|---|---|---|---|
| 1 | 填制报关单 | 国贸进出口经理 | 1. 报关单是海关对出口货物进行监管、查验、征税和统计的基本单据<br>2. 出口报关单一般分 5 联：<br>（1）海关作业联，报关员配合海关查验、缴纳税费、提取或装运货物和重要凭证，也是海关的重要凭证，海关收走<br>（2）海关留存联，报关员配合海关查验、缴纳税费、提取或装运货物和重要凭证，也是海关的重要凭证，海关收走<br>（3）企业留存联，企业自己留存备份<br>（4）海关核销联，海关对实际申报进口的货物所签发的证明文件，是海关办理加工贸易合同核销结案手续的重要凭证<br>（5）出口收汇证明联（黄色），用于到外汇局办理外汇核销用<br>（6）出口退税证明联（白色），是国家税务部门办理出口货物退税手续的重要凭证<br>注：本实训只用到海关作业联，海关核销联和企业留存联<br>3. 直接拿去出口报关的有三联，海关作业联，海关核销联，企业留存联<br>4. 结关后去海关打印出口退税联和出口收汇核销联。用于收汇核销和出口退税用<br>注：本实训出口退税联和出口收汇核销联不需要 |
| 2 | 交单申报 | 国贸进出口经理 | 报关时应向海关提交下列单证：<br>报关单（海关作业联，海关核销联，企业留存联）、出口收汇核销单（3 联）、装货单、品质证、商业发票、装箱单（海关方面在电脑系统中已经看到）、合同复印件 |

续表

| 编号 | 活动名称 | 角色 | 活动描述 - 操作指导 |
|---|---|---|---|
| 3 | 接受申报 | 海关官员 | 接受申报 |
| 4 | 审核单证 | 海关官员 | 对单证进行审核，单单相符，单证相符 |
| 5 | 查验货物 | 海关官员 | 1. 海关以出口报关单为依据，在海关监管区域内对出口货物进行查验，核实出口货物是否和报关单申报内容一致<br>2. 报关单位应派人员在现场负责开箱装箱，协助海关完成查验工作 |
| 6 | 征税 | 海关官员 | 本实训不缴纳税费 |
| 7 | 结关放行 | 海关官员 | 1. 向海关提交收汇核销单。海关审核无误，在核销单和与核销单有相同编号的报关单上盖“验讫”章<br>2. 报关单的海关作业联和海关核销联由海关留存，企业留存联给企业留存<br>3. 经查验合格，在报关单位照章办理纳税手续后（本实训不需要纳税），海关在装货单盖上海关验讫章，即为结关放行 |
| 8 | 整理单据 | 国贸进出口经理 | 1. 结关后去海关打印报关单出口退税联和出口收汇核销联，海关盖章，收好后拿回来，用于收汇核销和出口退税（本实训出口退税联和出口收汇核销联不需要）<br>2. 收好报关单企业留存联<br>3. 收好装货单，去要求船方装船<br>4. 收好结汇核销单，去办理结汇核销<br>5. 收好品质证、合同复印件、装箱单 |

## 十二、装船

1. 任务描述。国际贸易企业出口货物装船。

2. 业务场景。货代即可凭盖有海关放行章的装货单要求船方将货物装船，所以装货单又称为关单，俗称下货纸。货代把装货单和大副收据送交理货公司，船舶抵港后，理货公司凭此理货装船，货物都顺利装上船后，大副留存装货单，签署大副收据，理货公司将大副收据退还货代，货代凭大副收据向船运公司或其代理缴付海运运费、换取全套已装船、运费已付的清洁海运提单。出口商凭提单等到银行办理结汇。

3. 业务流程图和业务流程步骤，如图 9 - 30、表 9 - 12 所示。

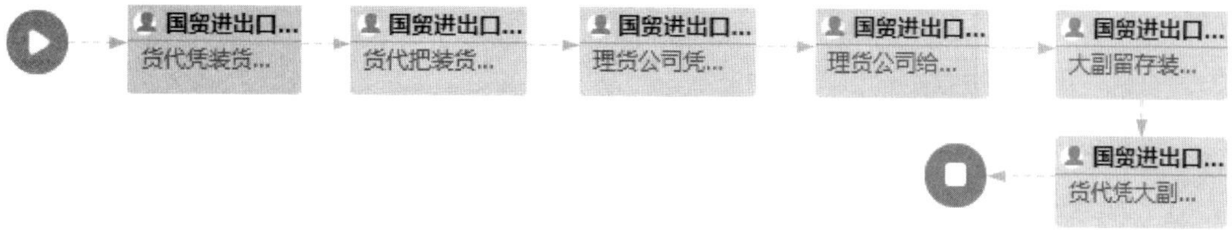


图 9 - 30 业务流程图

表 9－12　　　　业务流程步骤

| 编号 | 活动名称 | 角色 | 活动描述－操作指导 |
|---|---|---|---|
| 1 | 货代凭装货单要求船方装船（图 9－31） | 国贸进出口经理 | 货代凭盖有船运公司印章和海关放行章的装货单要求船方装船 |
| 2 | 货代把装货单和大副收据给理货公司 | 国贸进出口经理 | 货代把装货单和大副收据给理货公司<br>注：本版本实训没有理货公司组织，有国贸进出口经理替代 |
| 3 | 理货公司凭此装船 | 国贸进出口经理 | 1. 船舶抵港后，理货公司凭此理货装船<br>2. 货物都顺利装上船 |
| 4 | 理货公司给船方大副装货单和大副收据（图 9－32） | 国贸进出口经理 | 理货公司给船方大副装货单和大副收据 |
| 5 | 大副留存装货单并签发大副收据给货代 | 国贸进出口经理 | 大副留存装货单并签发大副收据经理货公司给货代 |
| 6 | 货代凭大副收据准备缴海运费 | 国贸进出口经理 | 货代凭大副收据准备缴海运费，以便换取海运提单 |

附：装货单（Shipping Order, S/O）示例

Shipper（发货人）
WUZHOU IMPORT&EXPORT CO., LTD.
YINKE BLDG, NO. 38 HAIDIANDAJIE STREET, HAIDIAN DISTRICT, BEIJING, P. R. CHINA 100080

D/R NO.（编号） COS669601

Consignee（收货人）
TO ORDER

**装 货 单**

Notify Party（通知人）
ARTIGO S. P. A.
20109 VIMERCATE (MI), ITALY
Tel: 39 555 4775 Fax: 39 555 4776

| Pre-carriage by（前程运输） | Place of Receipt（收货地点） | |
|---|---|---|
| Vessel（船名） JIN FAN　Voy. No.（航次） V209 | Port of Loading（装货港） XINGANG | |
| Port of Discharge（卸货港） GENOA | Place of Delivery（交货地点） | Final Destination for the Merchant's Reference（目的地） |

| Container No.（集装箱号） | Marks & Nos.（标志与号码） | Nos. Kinds of Packages（包装件数与种类） | Description of Goods（货名） | Gross Weight (kg) 毛重（公斤） | Measurements (m3) 尺码（立方米） |
|---|---|---|---|---|---|
| COSX339865<br>COSX339866<br>COSX339867<br>COSX339868<br>COSX339869 | ARTIGO S. P. A.<br>CH0799<br>GENOA ITALY<br>NO. 1-810 | 810 CTNS in 5 CONTAINERS | YOUYOU BRAND BABY CART | 16200KGS | 124.75M³ |

Total Number of Containers Or Packages (In Words) 集装箱数或件数合计（大写）: SAY EIGHT HUNDRED AND TEN CARTONS IN FIVE CONTAINERS

| Freight & Charges（运费与附加费） | Revenue Tons（运费吨） | Rate（运费率） | Per（每） | Prepaid（预付） | Collect（到付） |
|---|---|---|---|---|---|
| | | | | | |

| Ex. Rate:（兑换率） | Prepaid at（预付地点） XINGANG | Payable at（到付地点） | Place of Issue（签发地点） |
|---|---|---|---|
| | Total Prepaid（预付总额） | No. of Original B(s)/L（正本提单份数） THREE (3) | |

| Service Type on Receiving CY | Service Type on Delivery CY | 中华人民共和国海关<br>验讫放行 |
|---|---|---|
| 可否转船：PROHIBITED | 可否分批：PROHIBITED | |
| 装期：05-JAN-19 | 效期：05-FEB-19 | |
| 金额：US$ 154,615.94 | | |
| 制单日期：05-JAN-19 | | |

图 9－31　装货单

附：大副收据（Mate's Receipt, M/R）示例

<table>
<tr><td colspan="3">Shipper(发货人)<br>WUZHOU IMPORT&EXPORT CO., LTD.<br>YINKE BLDG,NO.38 HAIDIANDAJIE STREET, HAIDIAN DISTRICT,BEIJING, P.R.CHINA 100080</td><td colspan="3">D/R NO.（编号）<br>COS669601</td></tr>
<tr><td colspan="3">Consignee(收货人)<br>TO ORDER</td><td colspan="3" rowspan="2">大副收据</td></tr>
<tr><td colspan="3">Notify Party(通知人)<br>ARTIGO S.P.A.<br>20109 VIMERCATE (MI), ITALY<br>Tel: 39 555 4775 Fax: 39 555 4776</td></tr>
<tr><td colspan="2">Pre-carriage by（前程运输）</td><td>Place of Receipt（收货地点）</td><td colspan="3"></td></tr>
<tr><td colspan="2">Vessel(船名) Voy. No.(航次)<br>JIN FAN V209</td><td>Port of Loading（装货港）<br>XINGANG</td><td colspan="3"></td></tr>
<tr><td colspan="2">Port of Discharge（卸货港）<br>GENOA</td><td>Place of Delivery（交货地点）</td><td colspan="3">Final Destination for the Merchant' s Reference<br>（目的地）</td></tr>
<tr><td>Container No.<br>（集装箱号）</td><td>Marks & Nos.<br>（标志与号码）</td><td>Nos. Kinds of Packages<br>（包装件数与种类）</td><td>Description of Goods<br>（货名）</td><td>Gross Weight (kg)<br>毛重(公斤)</td><td>Measurements(m3)<br>尺码(立方米)</td></tr>
<tr><td>COSX339865<br>COSX339866<br>COSX339867<br>COSX339868<br>COSX339869</td><td>ARTIGO S.P.A.<br>CH0799<br>GENOA ITALY<br>NO.1-810</td><td>810 CTNS in 5 CONTAINERS</td><td>YOUYOU BRAND<br>BABY CART</td><td>16200KGS</td><td>124.75M³</td></tr>
<tr><td colspan="2">Total Number of Containers Or Packages (In Words)<br>集装箱数或件数合计(大写)</td><td colspan="4">SAY EIGHT HUNDRED AND TEN CARTONS IN FIVE CONTAINERS</td></tr>
</table>

| Freight & Charges（运费与附加费） | Revenue Tons（运费吨） | Rate（运费率） | | Per(每) | Prepaid（预付） | Collect（到付） |
|---|---|---|---|---|---|---|

<table>
<tr><td rowspan="2">Ex. Rate:<br>（兑换率）</td><td>Prepaid at（预付地点）XINGANG</td><td>Payable at（到付地点）</td><td>Place of Issue（签发地点）</td></tr>
<tr><td>Total Prepaid（预付总额）</td><td>No. of Original B(s)/L（正本提单份数）<br>THREE(3)</td><td></td></tr>
</table>

<table>
<tr><td>Service Type on Receiving<br>CY</td><td>Service Type on Delivery<br>CY</td><td rowspan="5">大副签发：</td></tr>
<tr><td>可否转船：PROHIBITED</td><td>可否分批：PROHIBITED</td></tr>
<tr><td>装期：05-JAN-19</td><td>效期：05-FEB-19</td></tr>
<tr><td colspan="2">金额：US$ 154,615.94</td></tr>
<tr><td colspan="2">制单日期：05-JAN-19</td></tr>
</table>

图 9－32　大副收据

## 十三、支付海运费换取清洁海运提单

1. 任务描述。国际贸易企业支付海运费换取清洁海运提单。

2. 业务场景。货物装船后，国贸公司开始办理缴纳海运费手续，货代凭大副收据向船公司或其代理缴付海运运费、以换取全套已装船、运费已付的清洁海运提单。货代把提单给出口商，出口商凭提单到银行办理结汇。

3. 业务流程图和业务流程步骤如图9－33、表9－13所示。

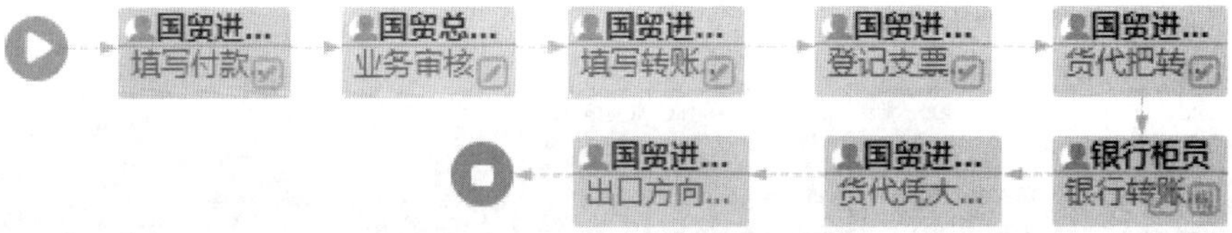


图9－33 业务流程图

表9－13 业务流程步骤

| 编号 | 活动名称 | 角色 | 活动描述－操作指导 |
|---|---|---|---|
| 1 | 填写付款申请单 | 国贸进出口经理 | 按照托运单大副收据联填写付款申请单 |
| 2 | 业务审核 | 国贸总经理 | 1. 对付款申请单内容进行审核<br>2. 签字确认 |
| 3 | 填写转账支票 | 国贸进出口经理 | 1. 填写转账支票<br>2. 把支票交给货代 |
| 4 | 登记支票登记簿 | 国贸进出口经理 | 登记支票登记簿 |
| 5 | 货代把转账支票交给银行 | 国贸进出口经理 | 货代把转账支票交给银行，实际上应为船运公司 |
| 6 | 银行转账给船运公司 | 银行柜员 | 银行转账给船运公司（服务公司代收） |
| 7 | 货代凭大副收据从船运公司换取提单（图9－34） | 国贸进出口经理 | 1. 货代凭大副收据从船运公司换取清洁海运提单<br>2. 船方留下大副收据 |
| 8 | 出口方向买方发装运通知 | 国贸进出口经理 | 出口方向买方发装运通知 |

海运提单（提单）

| | |
|---|---|
| Shipper<br>WUZHOU IMPORT&EXPORT CO., LTD.<br>YINKEBLDG, NO. 38 HAIDIANDAJIE STREET, HAIDIAN DISTRICT, BEIJING, P. R. CHINA100080 | B/L No. COS669601<br>SINOTRANS&CSC |
| Consignee<br>TO ORDER | |
| Notify Party<br>ARTIGO S. P. A.<br>20109 VIMERCATE (MI), ITALY<br>Tel: 39 555 4775 Fax: 39 555 4776 | 中国对外贸易运输总公司<br>CHINA NATIONAL FOREIGN<br>TRADE TRANSPORTATION CORP.<br>ORIGINAL |

| | | |
|---|---|---|
| Pre-carriage by | Place of Receipt | |
| Ocean Vessel Voy. No.<br>JINFANV209 | Port of loading<br>XINGANG | Combined Transport BILL OF LADING |
| Port of Discharge(卸货港)<br>GENOA | Place of Delivery | |

| Seal No. Marks & Nos. | Nos. & Kinds of Pkgs | Description of Goods | Gross Weight | Measurement |
|---|---|---|---|---|
| STN654321<br>ARTIGO S.P.A.<br>CH0799<br>GENOA ITALY<br>NO.1-810 | 810 CARTONS IN FIVE20' CONTAINER | YOUYOU BRAND BABY CART | 16,200 KGS | 124.75M3 |

TOTAL NUMBER OF CONTAINERS OR PACKAGES (IN WORDS) SAY EIGHT HUNDRED AND TEN CARTONS IN FIVE CONTAINERS ONLY

| FREIGHT & CHARGES | Revenue Tons | Rate | Per | Prepaid | Collect<br>To collect |
|---|---|---|---|---|---|

| | | |
|---|---|---|
| Prepaid at | Payable at XINGANG | Place and date of Issue<br>XINGANG, CHINA<br>FEB.05, 2019 |
| Total Prepaid | No. of Originals B(s)/L<br>THREE (3) | |
| LADEN ON BOARD THE VESSEL | | Signed for the Carrier<br>中国对外贸易运输总公司<br>CHINA NATIONAL FOREIGN<br>TRADE TRANSPORTATION CORP. |
| Date JAN. 25, 2019 | By | |

图 9－34　海运提单

## 十四、制单

制单是指出口方依据信用证要求缮制议付所需要提供的单据。国贸公司拿到提单后即可开始制单工作。根据信用证要求，一般出口方在议付时需要提供的单据有汇票、发票、装箱单、提单、保险单、商检证明书、原产地证明书等。其中，某些单据在执行交货过程中，随着相关环节的需要已经按照信用证规定制作完毕。制单时另是将它们汇集起来。制单中使用的语言一般是英语。

1. 业务场景。国际贸易企业依据信用证要求缮制议付所需要提供的单据。进出口经理拿到提单后开始进行制单工作，缮制汇票等相关单据。

2. 业务流程图和业务流程步骤，如图 9－35、表 9－14 所示。

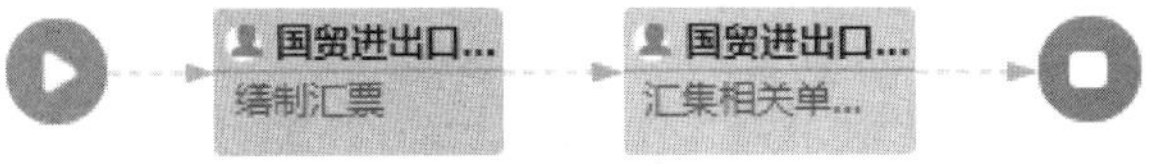


图 9－35　业务流程图

表 9－14　　业务流程步骤

| 编号 | 活动名称 | 角色 | 活动描述－操作指导 |
|---|---|---|---|
| 1 | 缮制汇票（图 9－36） | 国贸进出口经理 | 1. 拿到提单后开始进行制单工作<br>2. 缮制汇票 |
| 2 | 汇集相关单据准备议付 | 国贸进出口经理 | 1. 依据信用证要求汇集相关单据准备议付<br>2. 单据列示如下：汇票、商业发票、装箱单、保险单、海运提单 |

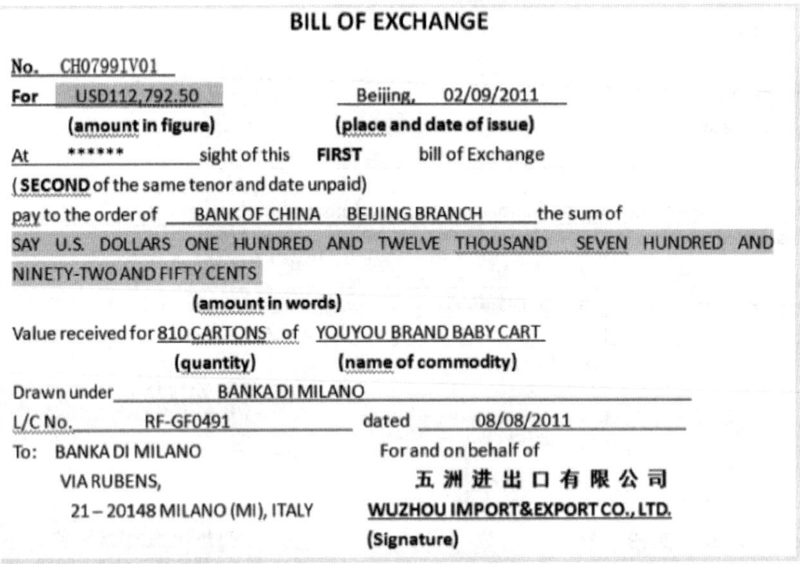
BILL OF EXCHANGE

No. CH0799IV01

For USD112,792.50　　Beijing, 02/09/2011

(amount in figure)　　(place and date of issue)

At ****** sight of this FIRST bill of Exchange

(SECOND of the same tenor and date unpaid)

pay to the order of BANK OF CHINA BEIJING BRANCH the sum of

SAY U.S. DOLLARS ONE HUNDRED AND TWELVE THOUSAND SEVEN HUNDRED AND NINETY-TWO AND FIFTY CENTS

(amount in words)

Value received for 810 CARTONS of YOUYOU BRAND BABY CART

(quantity)　　(name of commodity)

Drawn under BANKA DI MILANO

L/C No. RF-GF0491 dated 08/08/2011

To: BANKA DI MILANO　　For and on behalf of

VIA RUBENS,　　五洲进出口有限公司

21－20148 MILANO (MI), ITALY　　WUZHOU IMPORT&EXPORT CO., LTD.

(Signature)

图 9－36　汇票

## 十五、货款议付和信用证下一步处理

1. 任务描述。国际贸易企业货款议付和信用证下一步处理。

2. 业务场景。制单结束后，进出口经理到议付银行办理货款议付，议付银行和开证行就信用证结算继续处理后面的业务。

3. 业务流程图和业务流程步骤，如图 9－37，表 9－15 所示。

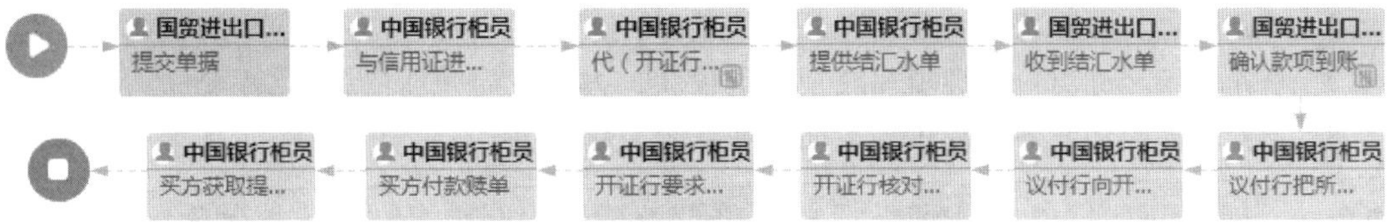


图 9 - 37 业务流程图

表 9 - 15 业务流程步骤

| 编号 | 活动名称 | 角色 | 活动描述 - 操作指导 |
|---|---|---|---|
| 1 | 提交单据 | 国贸进出口经理 | 1. 当所有装运单据（SHIPPING DOCUMENTS）准备好，便可携带这些单据连同信用证在交单日期内到银行进行汇款的议付（NEGOTIATION）<br>2. 提交单据如下：汇票、商业发票、装箱单、保险单、海运提单 |
| 2 | 与信用证进行检查核对 | 银行柜员 | 银行进行检查比对核对信用证内相应要求 |
| 3 | 代（开证行）支付货款 | 银行柜员 | 如果没有发现任何问题（正点交单），则收下单据（代开证行）支付货款，划拨至出口方的账户（外币账户） |
| 4 | 提供结汇水单 | 银行柜员 | 1. 在结汇水单上填写有关核销单编号，提供结汇水单给出口方<br>2. 结汇水单一般包括两联，一联为贷记通知，是公司财务人员的记账凭证；另一联为出口收汇核销专用联，专为外汇局核销用 |
| 5 | 收到结汇水单 | 国贸进出口经理 | 收到结汇水单，在下一步外汇核销使用 |
| 6 | 确认款项到账 | 国贸进出口经理 | 确认款项是否到账 |
| 7 | 议付行把所有单据转交开证行 | 银行柜员 | 议付行把所有单据转交给开证行 |
| 8 | 议付行向开证行索偿 | 银行柜员 | 议付行向开证行索偿 |
| 9 | 开证行核对单据无误，向议付行兑付款项 | 银行柜员 | 开证行核对单据无误，向议付行兑付款项 |
| 10 | 开证行要求买方赎单 | 银行柜员 | 开证行要求买方赎单 |
| 11 | 买方付款赎单 | 银行柜员 | 买方付款赎单 |
| 12 | 买方获取提单去提货 | 银行柜员 | 买方凭提单去提货 |

## 十六、外汇核销

国贸公司出口货物后，必须在规定的期限内足额、准时收汇，并以出口收汇核销单为主线索向注册地外汇管理局（以下简称“外汇局”）提供必须的单证和按照必需的程序进行出口收汇核销。核销后，企业凭外汇局出具的“出口收汇核销退税联”到国税局办理出口退税，享受出口优惠政策。

1. 任务描述。国际贸易企业办理外汇核销。

2. 业务场景。进出口经理填写核销单退税联，去外汇局办理核销。

3. 业务流程图和业务流程步骤，如图 9－38、表 9－16 所示。

图 9－38　外汇核销

表 9－16　业务流程步骤

| 编号 | 活动名称 | 角色 | 活动描述－操作指导 |
|---|---|---|---|
| 1 | 检查核销单前面的工作 | 国贸进出口经理 | 1. 已经申领与备案<br>2. 海关盖上“海关验讫章”<br>3. 议付时候，银行的结汇水单上有核销单编号 |
| 2 | 填写核销单退税联 | 国贸进出口经理 | 1. 办理前，在核销单上填写相关内容，注意只填写核销单最后一联，即出口退税联<br>2. 在退税联上填写货物名称、币种总价等<br>3. 填写报关单编号，报关单编号和报关号要一致 |
| 3 | 去外汇局办理核销 | 国贸进出口经理 | 持核销单、报关单（核销联、退税联）、结汇水单（出口收汇核销专用联）到外汇局办理核销 |
| 4 | 在核销单（正本联和退税联）上加盖公章和签订日期 | 国贸进出口经理 | 在核销单（正本联和退税联）上加盖公章和签订日期（本实训没有设立外汇局，外汇局专员工作由国贸进出口经理代理） |
| 5 | 退还核销单退税联给出口方 | 国贸进出口经理 | 退还核销单退税联给出口方（本实训没有设立外汇局，外汇局专员工作由国贸进出口经理代理） |

## 十七、与制造业签订购销合同

1. 任务描述。国贸企业与制造业签订购销合同。

2. 业务场景。2019 年 1 月 25 日，根据内陆业务部的销售计划与制造企业签订采购合同。

3. 业务流程图，如图 9－39 所示。

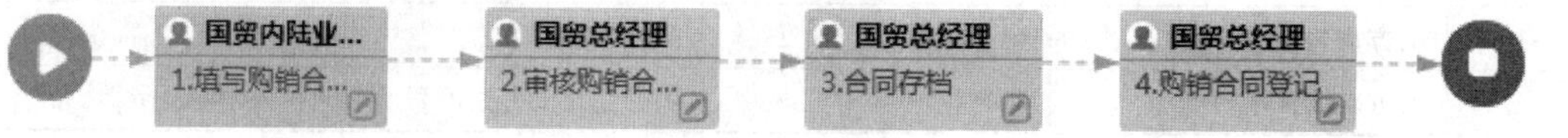


图 9－39　业务流程图

## 十八、录入采购订单

1. 任务描述。国际贸易企业录入与制造业的采购订单。

2. 业务场景。2019 年 1 月 25 日，依据采购合同向制造业采购经济型童车并录入采购订单，如图 9－40 所示。

3. 业务流程步骤，如表 9-17 所示。

国贸企业与每家制造企业签订采购订单数量如下

| 存货编码 | 存货名称 | 数量 | 单位 | 含税单价 | 单价 | 金额 |
|---|---|---|---|---|---|---|
| P0001 | 经济型童车 | 300 | 辆 | 1 010.36 | 871.00 | 303 108.00 |

图 9-40

**表 9-17** 业务流程步骤

| 编号 | 活动名称 | 角色 | 活动描述－操作指导 |
|---|---|---|---|
| 1 | 在系统中录入采购订单（图 9-41） | 国贸内陆业务经理 | 根据国贸企业与制造业签订好的购销合同，将采购订单信息录入 VBSE 系统 |

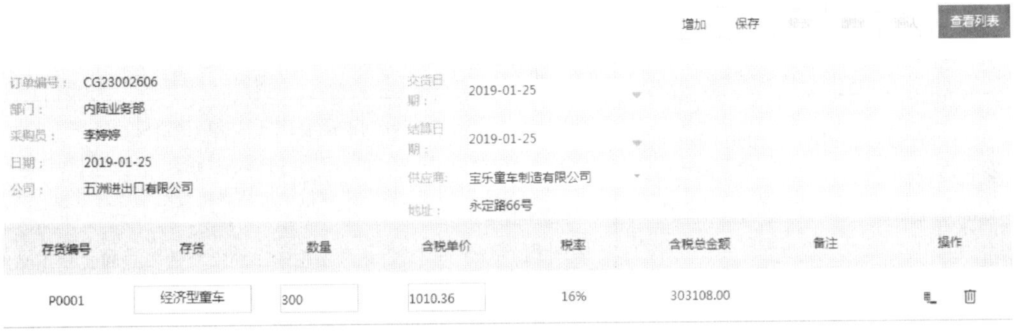


图 9-41 录入采购订单

## 十九、采购入库

1. 任务描述。接到制造业的货物，办理采购入库。
2. 业务场景。2019 年 1 月 25 日，依据到货通知收货。
3. 业务流程图和业务流程步骤，如图 9-42、表 9-18 所示。

图 9-42 采购入库

**表 9-18** 业务流程步骤

| 编号 | 活动名称 | 角色 | 活动描述－操作指导 |
|---|---|---|---|
| 1 | 依据采购订单填写采购入库单 | 国贸内陆业务经理 | 内陆业务经理依照确认的采购订单填写采购入库单 |
| 2 | 审核采购入库单 | 国贸总经理 | 审核采购入库单 |
| 3 | VBSE 系统办理入库 | 国贸内陆业务经理 | 依据采购订单、采购入库单在 VBSE 系统中办理货物入库 |
| 4 | 登记库存台账 | 国贸总经理 | 依据采购入库单（存根联）信息登记到库存台账中 |
| 5 | 更新采购情况执行表 | 国贸内陆业务经理 | 根据入库信息更新采购合同执行情况表 |

## 二十、向制造业支付货款

1. 任务描述。内陆业务经理接到制造业的销售增值税专用发票，依据增值税发票信息提交付款申请并付款。

2. 业务场景。2019 年 1 月 25 日，收到制造业的销售发票。

3. 业务流程图和业务流程步骤，如图 9－43、表 9－19 所示。

图 9－43　业务流程图

表 9－19　业务流程步骤

| 编号 | 活动名称 | 角色 | 活动描述－操作指导 |
|---|---|---|---|
| 1 | 收到制造业开具的增值税专用发票 | 内陆业务经理 | 1. 收到制造业开具的专用增值税发票<br>2. 在系统中录入付款申请表<br>3. 将发票和付款申请表提交给总经理审核 |
| 2 | 审核付款申请单 | 总经理 | 1. 收到内陆业务经理提交的发票和付款申请表，<br>2. 审核付款申请表与发票信息是否一致，付款要求是否合理<br>3. 确认合理后，签字 |
| 3 | 办理网银付款（转账） | 总经理 | 对照付款申请表在系统中办理网银付款 |

# 第十章

# 连锁经营业务实训

VBSE 实训中连锁经营企业为百联集团有限公司，其组织结构如图 10－1 所示。

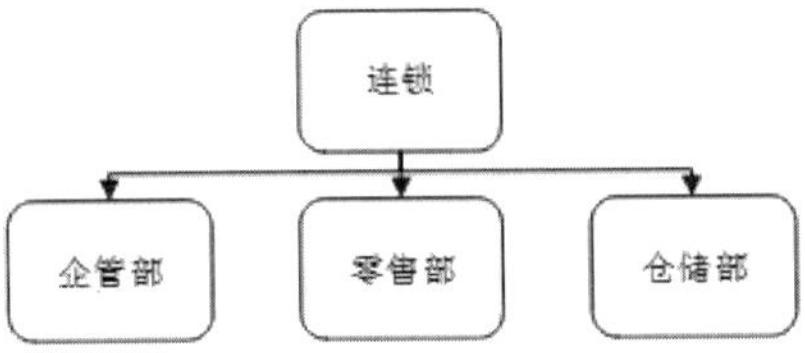


| 部门 | 岗位名称 | 在编人数 | 直接上级 |
| --- | --- | --- | --- |
| 企管部 | 总经理 | 1 | — |
| 仓储部 | 仓储经理 | 1 | 总经理 |
| 零售部 | 店长 | 2 | 总经理 |

图 10－1 百联集团有限公司组织结构

连锁企业经营业务实训具体设有四个岗位：总经理、连锁仓储经理、连锁东区店长、连锁西区店长，东区和西区店长任务相同。

各岗位职责具体如下：

1. 总经理

（1）组织制订企业年度经营计划，经董事长办公会议批准后负责组织实施。

（2）拟订企业内部管理机构设置方案。

（3）拟订企业基本管理制度和制订公司的具体规章制度。

（4）主持企业经营班子日常各项经营管理工作。

（5）负责召集主持总经理办公会议，检查、督促和协调各部门的工作进展。

（6）提请聘任或者解聘公司各部门经理。

（7）签署日常行政、业务文件。

（8）负责处理公司重大突发事件。

2. 仓储经理

（1）负责仓库相关操作规范的制订，并在实施中的指导与监督。

（2）负责仓库租赁费用的核定工作。

（3）负责公司及网点仓库的安全检查工作。

（4）负责处理各仓库的突发性事件，并在最短时间内做出正确的处理方案。

（5）负责处理仓库内各种漏装、缺损、旧损等不良品的处理工作，积极与采贩一起向上游供应商联系，及时解决。

（6）负责协调好物资的仓储摆放位置，负责做好自提货物的客户服务、核对工作。

（7）负责仓储货物的装车核实、卸货清点登记和台账管理，保证仓储货物的防火、防盗工作。

3. 店长

（1）落实上级安排的销售任务和计划，控制店内资源的损耗。

（2）负责本店客户需求分析，上架产品品类、品相的管理，库存分析及配备。

（3）分析店铺经营状况，了解周边竞争对手经营状况，作好记录并上报。

（4）听取顾客的意见及批评，保证服务质量，处理店面客户投诉。

（5）做好销售数据的记录和统计，定期上报公司。

（6）维持店内的清洁卫生，保证整个连锁店内物品摆放合理有序。

（7）指导并监督店内产品按公司统一标准摆放展示，确保所展示产品以最佳展示效果展示。

（8）确保店内现金、收款等安全，加强店面的防火、防盗、防工伤、安全保卫的工作。

实训任务地图，如图 10－2 所示。

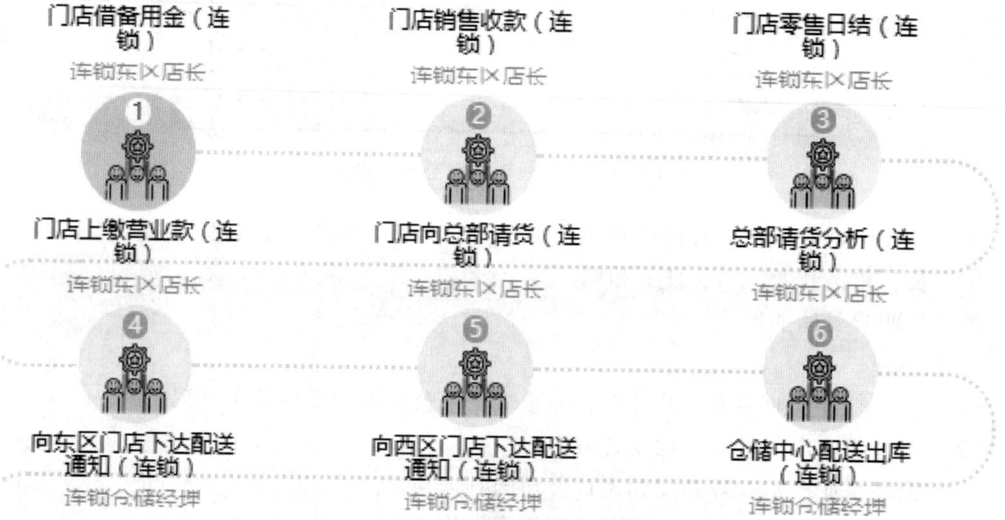

图 10－2 任务地图

## 一、门店借备用金

1. 任务描述。为方便门店收银找零，店长需借一定金额的备用金。

2. 业务场景。2019 年 1 月 5 日，东区门店店长与西区门店店长各向连锁总部借门店备用金 500 元。

3. 业务流程图和业务流程步骤，如图 10－3、表 10－1 所示。

图 10－3 业务流程图

表 10－1　　业务流程步骤

| 序号 | 操作步骤 | 角色 | 操作内容 |
|---|---|---|---|
| 1 | 填写借款单（图 10－4） | 连锁东区店长 | 1. 去连锁仓储经理处领取借款单<br>2. 填写借款单，借款 500 元作为找零备用金 |
| 2 | 审核借款单 | 连锁仓储经理 | 1. 审核借款单填写的准确性<br>2. 审核借款业务的真实性<br>3. 审核无误，签字 |
| 3 | 支付现金 | 连锁总经理 | 1. 接收店长交给的已审核过的借款单<br>2. 支付现金 500 元给借款人 |

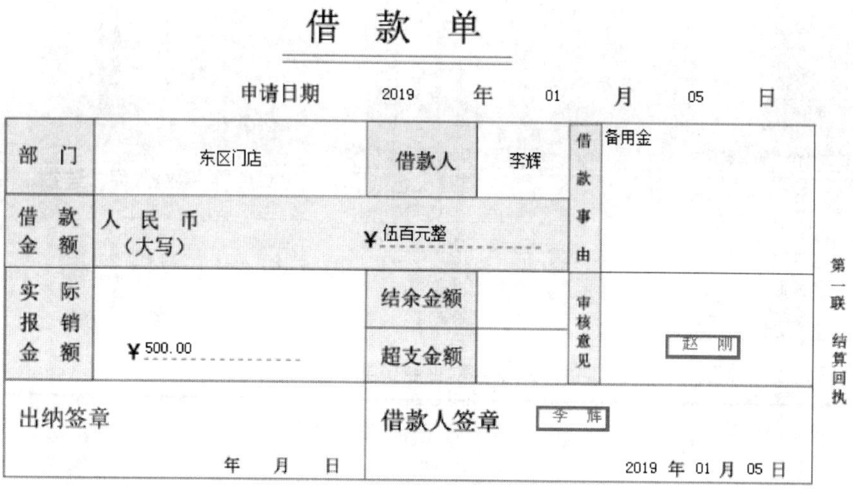


图 10－4　借款单

## 二、门店销售收款（以东区门店为例）

1. 任务描述。连锁门店日常销售，并销售收款。

2. 业务场景。2019 年 1 月 5 日，门店正常营业，顾客选中一款经济型童车，店员负责进行销售收款。

3. 业务流程图和业务流程步骤，如图 10－5、表 10－2 所示。

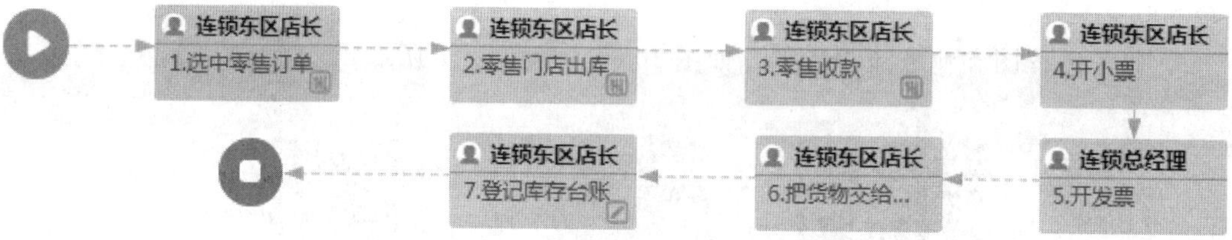


图 10－5　业务流程图

表 10－2　　业务流程步骤

| 序号 | 操作步骤 | 角色 | 操作内容 |
|---|---|---|---|
| 1 | 选中零售订单 | 连锁东区店长 | 在 VBSE 系统中选中零售订单 |
| 2 | 零售门店出库 | 连锁东区店长 | 在 VBSE 系统中处理零售货物出库 |
| 3 | 零售收款 | 连锁东区店长 | 店长核对钱数，完成收款 |
| 4 | 开小票 | 连锁东区店长 | 1. 店长开小票，一式三联<br>2. 在每一联盖上现金收讫章<br>3. 认真核对商品名称、型号、数量和金额，然后交给顾客<br>4. 店长留一联，其他两联分别给财务和顾客 |
| 5 | 开发票 | 连锁总经理 | 依据小票开销售发票，认真核对顾客姓名、商品名称、型号、数量和金额 |
| 6 | 把货物交给顾客 | 连锁东区店长 | 把货物交给顾客 |
| 7 | 登记库存台账 | 连锁东区店长 | 依据的销售小票，登记库存台账 |

## 三、门店零售日结（以东区门店为例）

1. 任务描述。门店一天营业结束后，要对现金、商品和小票进行对账，若没有问题则正常闭店。

2. 业务场景。2019 年 1 月 5 日，门店营业一天结束后，要对现金、商品和小票对账，登记销售日表表，进行日结处理，若没有问题则正常闭店。

3. 业务流程图和业务流程步骤，如图 10－6、表 10－3 所示。

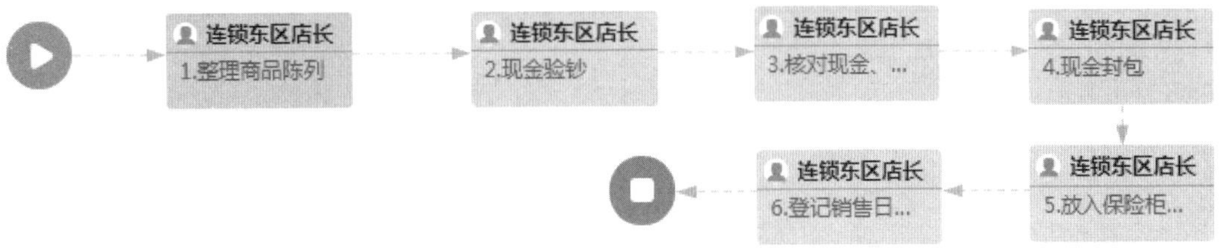


图 10－6　业务流程图

表 10－3　　业务流程步骤

| 序号 | 操作步骤 | 角色 | 操作内容 |
|---|---|---|---|
| 1 | 整理商品陈列 | 连锁东区店长 | 在营业结束前 30 分钟开始整理门店商品陈列 |
| 2 | 现金验钞 | 连锁东区店长 | 进行现金验钞 |
| 3 | 核对现金、小票和商品 | 连锁东区店长 | 核对现金、小票和商品 |
| 4 | 现金封包 | 连锁东区店长 | 核对无误后对现金进行封包，店长签字 |
| 5 | 放入保险柜并登记签字 | 连锁东区店长 | 将现金总额放入保险柜，并在保险柜检查登记本上记录和签字 |
| 6 | 登记销售日报表 | 连锁东区店长 | 闭店前，店长登记当日的销售日报表 |

## 四、门店上缴营业款

1. 任务描述。门店上缴上一天的营业款给连锁总部，分店与总店进行对账核算。
2. 业务场景。2019 年 1 月 5 日门店向总部财务部门上缴营业款，进行对账核算。
3. 业务流程图和业务流程步骤，如图 10 – 7、表 10 – 4 所示。

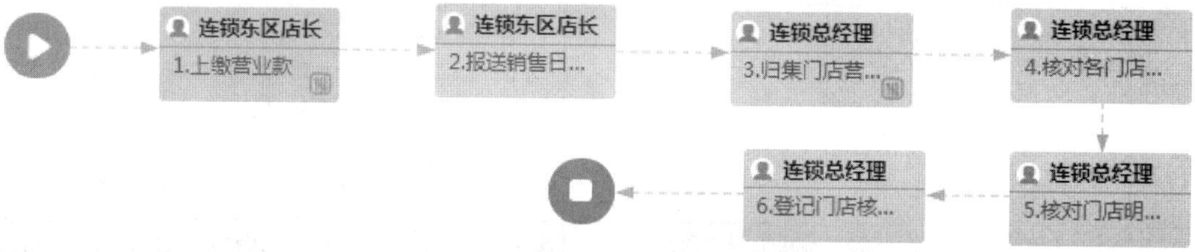


图 10 – 7　业务流程图

表 10 – 4　业务流程步骤

| 序号 | 操作步骤 | 角色 | 操作内容 |
|---|---|---|---|
| 1 | 上缴营业款（图 10 – 8） | 连锁东区店长 | 在 VBSE 系统中上缴上一天的营业款给连锁总部 |
| 2 | 报送销售日报表和销售流水小票 | 连锁东区店长 | 同时向总部报送销售日报表和销售流水小票 |
| 3 | 归集门店营业款 | 连锁总经理 | 归集各个门店营业款 |
| 4 | 核对各门店营业收入 | 连锁总经理 | 核对各门店营业收入 |
| 5 | 核对门店明细核算 | 连锁总经理 | 核对门店明细核算，包括配货数量、销售数量、存货数量、售价金额 |
| 6 | 登记门店核算明细表 | 连锁总经理 | 登记门店核算明细表 |

连锁东区店长在 VBSE 系统中上缴上一天的营业款给连锁总部。

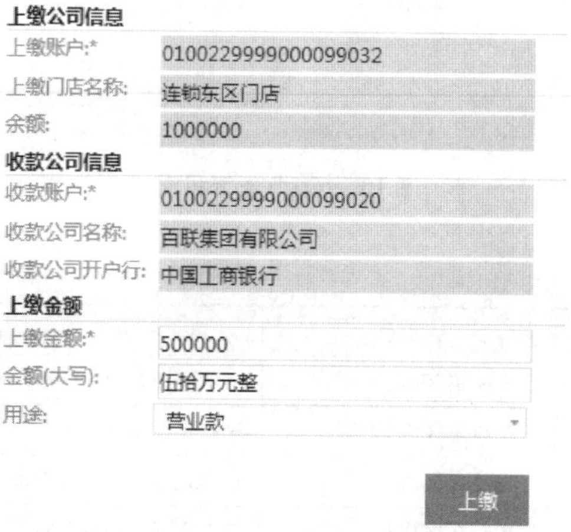


图 10 – 8　店长缴款

## 五、门店向总部请货

1. 任务描述。门店连锁东单店长根据日均销售量、库存下限、在途数量、补货周期及安全库存等因素在 VBSE 系统中填写补货申请单。

（1）门店补货规则。店面补货，通常在第一次进货之后，要根据销售情况和计划进行补货，以免出现断货的情况。完善的货品管理可以减少货品流失的机会及提高补货质量，令货品的出入得以平衡。而有效的存货管理就在于出数不入数的有效管理。

补货基本上属于连锁企业内部的业务流程范畴。有的连锁企业把补货工作称为“向配送中心点菜”，这样的提法非常形象。

（2）补货业务的要点。

①店长每天查看商品库存和销售情况。

②门店库存量设置最小、最大库存量，如图 10－9 所示。

③一次进货量保持在 30 天的销售范围内。

④店长根据最小库存量，即订货点法填制补货申请单，如图 10－10 所示。

⑤总部物流部配送员在规定时间内根据申请单要求组织送货到门店。

（3）门店补货量计算公式。

计划补货量 = 平均每天销售量 ×（补货周期 + 交货期 + 安全库存天数）+ 最小陈列量（货架容量 × 最小陈列系数）－ 最后库存量 － 在途补货量。

月销售量 = 平均每天销售量 × 订货周期

配送交货期库存量 = 平均每天销售量 × 交货期

安全库存量 = 平均每天销售量 × 安全库存天数

最小陈列数量 = 货架容量 × 最小库存系数

补货点 = 送货天数 × 每天销售量 + 安全库存 + 最小陈列数量

门店最小陈列量表：

| 门店 | 货架容量 | 系数 | 最小陈列量 |
|---|---|---|---|
| 东区门店 | 40 | 0.5 | 20 |
| 西区门店 | 40 | 0.5 | 20 |

**图 10－9　最小陈列数量**

一个门店的补货计划样表

| 项目 | 1月 | 2月 | 3月 |
|---|---|---|---|
| 月均销售量 | 400 | | |
| 安全库存量（2 天*13 辆） | 26 | | |
| 配送交货期库存量（2 天*13 辆） | 26 | | |
| 店面最小陈列量 | 20 | | |
| 最高库存量 | 472 | 472 | 472 |
| 期初库存量（400） | 420 | 420 | 420 |
| 在途补货量 | 0 | 0 | 0 |
| 30 天销售量 | 400 | 400 | 400 |
| 补货点（最低库存量） | 72 | 72 | 72 |
| 月末补货量（下单） | 400 | 400 | 400 |

**图 10－10　补货计划样表**

2. 业务场景。2019 年 1 月 5 日，东区门店向总部请货，经济型童车 400 辆；西区门店向总部请货，经济型童车 400 辆。

3. 业务流程图和业务流程步骤，如图 10－11、表 10－5 所示。

图 10－11　业务流程图

表 10－5　业务流程步骤

| 序号 | 操作步骤 | 角色 | 操作内容 |
| --- | --- | --- | --- |
| 1 | 填制补货申请单 | 连锁东区店长 | 门店连锁东单店长根据日均销售量、库存下限、在途数量、补货周期及安全库存等因素在 VBSE 系统中填写补货申请单 |
| 2 | 确认补货申请单 | 连锁仓储经理 | 1. 审核补货申请单内容填写的准确性和合理性<br>2. 在 VBSE 系统中确认补货申请 |
| 3 | 补货分类 | 连锁仓储经理 | 根据补货申请对补货情况进行分类（紧急、正常） |

（1）门店连锁店长在 VBSE 系统中填写补货申请单，如图 10－12 所示。

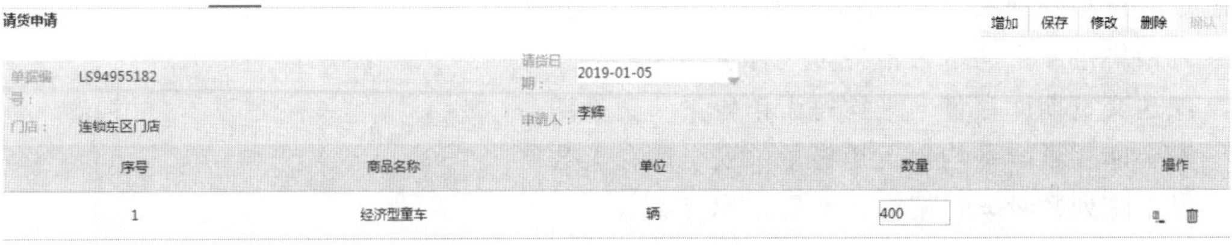


图 10－12　填写补货申请单

（2）连锁仓储经理在 VBSE 系统中确认补货申请，如图 10－13 所示。

图 10－13　确认补货申请单

## 六、总部请货分析

1. 任务描述。请货分析的目的是连锁总部通过监控各门店，及时了解经营状况，最快获悉市场动向和顾客需求，合理调配库存、加快资金周转；根据各店请货情况和仓储中心的库存情况，生成采购信息，降低库存量，减少资金占用量。

（1）请货分析业务概述。请货分析的目的是连锁总部通过及时了解门店的经营状况，最快获悉市场动向和顾客需求，合理调配库存，降低库存量，减少资金占用量，加快资金周转，生成门店配送方案。同时通过请货分析，可以指定下一步的采购计划。

（2）编写配送方案说明。

①库存数量满足请货数量时，总部指定由仓储中心给请货门店送货的方案，简称仓储中心送货方案。

②库存数量不能满足请货数量时：一是直营门店有库存量能满足请货数量时，总部制定由仓储中心到直营店取货后送往请货店的方案，简称仓储中心送货方案。二是直营门店库存量也不能满足时，总部通知采购部门采购，并指定供应商送往请货店，简称供应商送货方案。

③请货状态处理。请货状态分为“紧急”和“正常”两种。在接收到请货信息时，应根据请货状态进行区分，优先考虑“紧急”状态，再考虑“正常”状态。

④在考虑商品数量分配时，先查看仓储中心数量，再查看门店数量，最后决定是否采购。

⑤仓储中心收到的通知内容大致包括送货时间、送货门店、商品信息、商品数量等。

⑥门店收到的通知大致内容包括到货时间、由什么机构送货、商品信息、商品数量等。

2. 业务场景。2019 年 1 月 5 日，针对门店的补货申请，总部仓储部门及时了解经营状况，进行请货分析，制订配送方案。

3. 业务流程图和业务流程步骤，如图 10－14、表 10－6 所示。

**图 10－14 业务流程图**

**表 10－6** 业务流程步骤

| 序号 | 操作步骤 | 角色 | 操作内容 |
|---|---|---|---|
| 1 | 店长提供库存信息（图 10－15） | 连锁东区店长 | 提供门店库存结存信息 |
| 2 | 总经理提供库存信息 | 连锁总经理 | 汇总门店库存结存信息，提供仓储配送中心库存结存信息 |
| 3 | 请货分析 | 连锁仓储经理 | 针对各分店的请货量、请货品种及请货状态来分析哪些商品畅销、哪些商品滞销，查看商品数量能否满足请货需求。首先应该满足“紧急”请货商品；其次通过分析制定配送方案（包括配送中心配送方案和供应商配货方案） |
| 4 | 填写配送通知单 | 连锁仓储经理 | 根据配送方案填写配送通知单 |
| 5 | 审核配送通知单 | 连锁总经理 | 审核配送通知单，签字确认 |

东区门店-库存台账

新道 教学专用

库存台账

本帐頁数
本户頁数

物料名称：经济童车　　规格：　　最高存量：
物料编号：JJTC0111　　仓位：　　最低存量：

| 2019 年 | | 凭证号数 | 摘要 | 入库 | | 出库 | | 结存 | |
|---|---|---|---|---|---|---|---|---|---|
| 月 | 日 | | | 数量 | 单价 | 数量 | 单价 | 数量 | 单价 |
| 1 | 1 | | 期初库存 | | | | | 400 | |
| 1 | 5 | | 销售出库 | | | 400 | | 0 | |

图 10－15　库存台账

## 七、门店到货签收

1. 任务描述。门店到货签收，并办理入库。

2. 业务场景。2019 年 1 月 5 日，仓储中心把货物送到门店，门店办理到货签收。

3. 业务流程图和业务流程步骤，如图 10－16、表 10－7 所示。

图 10－16　业务流程图

表 10－7　　业务流程步骤

| 序号 | 操作步骤 | 角色 | 操作内容 |
|---|---|---|---|
| 1 | 清点、检验配送货物 | 连锁东区店长 | 根据配送通知单清点、检验配送的货物 |
| 2 | 填写补货入库单 | 连锁东区店长 | 填写补货入库单（一式两联） |
| 3 | 审核补货入库单 | 连锁东区店长 | 审核补货入库单的准确性和合理性，在入库单上签字 |
| 4 | 办理门店入库 | 连锁东区店长 | 在 VBSE 系统中办理门店入库 |
| 5 | 登记库存台账 | 连锁东区店长 | 根据补货入库单登记库存台账 |

## 八、向东、西区门店下达配送通知

1. 任务描述。总部通过请货分析等相关信息统筹生成配送通知单，并下达给仓储配送中心及门店，或者将需采购商品信息发送给采购员向供应商采购，并指定送货地点。

2. 业务场景。2019 年 1 月 5 日，根据东区门店的请货信息，向东区门店和西区门店下发配送通知单。东区门店向总部请货，经济型童车 400 辆；西区门店向总部请货，经济型童车 400 辆。

3. 业务流程图和业务流程步骤，如图 10－17、表 10－8 所示。

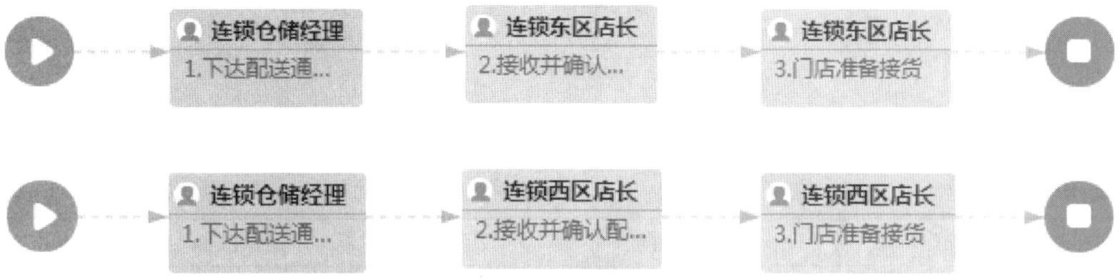


图 10－17 业务流程图

表 10－8 业务流程步骤

| 序号 | 操作步骤 | 角色 | 操作内容 |
|---|---|---|---|
| 1 | 下达配送通知单（图 10－18） | 连锁仓储经理 | 将配送通知单下达给门店店长 |
| 2 | 接收并确认配送通知单 | 连锁东区店长、西区店长 | 1. 门店店长接收配送通知单<br>2. 根据补货申请单确认配送通知单内容<br>3. 签字确认 |
| 3 | 门店准备接货 | 连锁东区店长、西区店长 | 准备按配送通知单接货 |

**配送通知单**

单据编号 配送日期 预到店日期

门店编码 门店名称 配送仓库 物流公司

| 序号 | 商品编码 | 商品名称 | 规格 | 单位 | 数量 | 配送单价 | 配送金额 | 成本单价 | 备注 |
|---|---|---|---|---|---|---|---|---|---|
| | | | | | | | | | |
| | | | | | | | | | |
| | | | | | | | | | |
| | | | | | | | | | |
| | | | | | | | | | |
| | | | | | | | | | |
| | | | | | | | | | |

审核人 填制人

图 10－18 配送通知单

## 九、仓储中心配送出库

1. 任务描述。仓储配送中心按照配送通知单的要求进行拣货，把理好的货进行复核，并办理配送出库。

2. 业务场景。2019 年 1 月 5 日，仓储经理根据配送通知单安排配送出库。

3. 业务流程图和业务流程步骤，如图 10－19、表 10－9 所示。

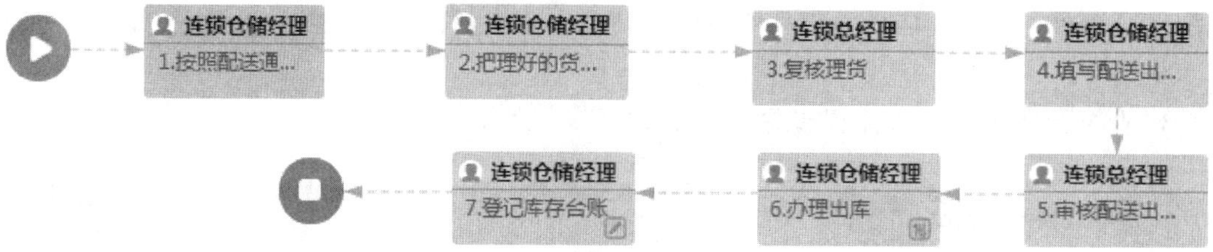


图 10－19　业务流程图

表 10－9　业务流程步骤

| 序号 | 操作步骤 | 角色 | 操作内容 |
|---|---|---|---|
| 1 | 按照配送通知单的要求进行拣货 | 连锁仓储经理 | 按照配送通知单的要求进行拣货 |
| 2 | 把理好的货发送到发货区域 | 连锁仓储经理 | 把理好的货发送到发货区域 |
| 3 | 复核理货 | 连锁总经理 | 按照配送方案的要求对理好的货进行复核 |
| 4 | 填写配送出库单 | 连锁仓储经理 | 1. 填写配送出库单（一式两联）<br>2. 然后送交总经理审核 |
| 5 | 审核配送出库单 | 连锁总经理 | 审核配送出库单的准确性和合理性，在出库单上签字 |
| 6 | 办理出库 | 连锁仓储经理 | 在 VBSE 系统中办理配送出库 |
| 7 | 登记库存台账 | 连锁仓储经理 | 仓储经理根据出库单登记库存台账 |

## 十、仓储中心补货申请

1. 任务描述。仓储中心补货业务是依据仓储中心库存商品最小库存量编制补货申请表，提交给采购部门，作为采购计划的参考。

（1）仓储中心补货规则。

①每天查看商品库存和配货情况。

②库存量设置最小、最大库存量。

③一次进货量保持在 30 天的配送范围内。

④根据最小库存量即订货点法的计算结果，填制补货申请表。

⑤总部采购部采购员依据仓储中心补货申请表编制采购计划。

（2）仓储中心补货量计算公式。

计划补货量＝平均每天配送量×（配送周期＋交货期＋安全库存天数）－最后库存量－在途订货量

月配送量＝平均每天配送量×订货周期配送交货期库存量＝平均每天配送量×交货期

安全库存量＝平均每天配送量×安全库存天数

补货点＝交货天数×平均每天配送量＋安全库存量

2. 业务场景。2019 年 1 月 5 日，总部仓储中心根据库存情况提交补货申请。

3. 业务流程图和业务流程步骤，如图 10－20、表 10－10 所示。

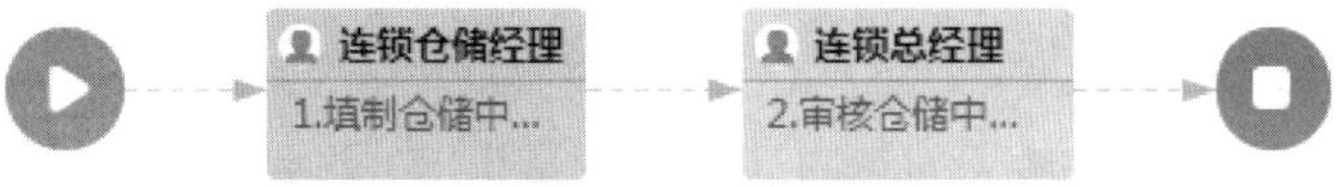


图 10－20 业务流程图

表 10－10 业务流程步骤

| 序号 | 操作步骤 | 角色 | 操作内容 |
|---|---|---|---|
| 1 | 填制仓储中心补货申请表 | 连锁仓储经理 | 1. 依据库存下限、在途数量、采购周期及安全库存等因素填写补货申请表<br>2. 补货申请表，一式两份 |
| 2 | 审核仓储中心补货申请表 | 连锁总经理 | 1. 审核补货申请表内容填写的准确性和合理性<br>2. 在补货申请表上签字确认 |

## 十一、录入采购订单

1. 任务描述。连锁企业录入与制造业的采购订单。

2. 业务场景。2019 年 1 月 25 日，依据采购合同向制造业采购经济型童车并录入采购订单，如图 10－21 所示。

连锁企业与每家制造企业签订采购订单数量如下

| 存货编码 | 存货名称 | 数量 | 单位 | 含税单价 | 单价 | 金额 |
|---|---|---|---|---|---|---|
| P0001 | 经济型童车 | 300 | 辆 | 1 010.36 | 871.00 | 303 108.00 |

图 10－21 采购订单

3. 业务流程图和业务流程步骤，如图 10－22、表 10－11 所示。

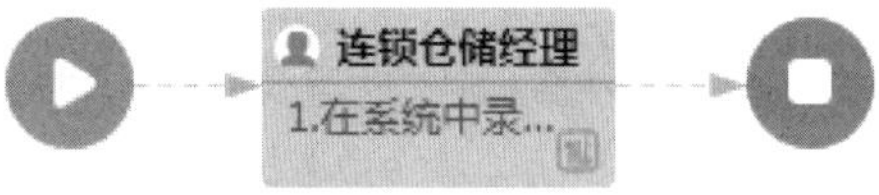


图 10－22 业务流程图

表 10－11 业务流程步骤

| 序号 | 操作步骤 | 角色 | 操作内容 |
|---|---|---|---|
| 1 | 在系统中录入采购订单（图 10－23） | 连锁仓储经理 | 根据连锁企业与制造业签订好的购销合同，将采购订单信息录入 VBSE 系统 |

图 10－23 采购订单

## 十二、采购入库

1. 任务描述。接到制造业的货物，办理采购入库。

2. 业务场景。2019 年 1 月 25 日，依据到货通知收货。

3. 业务流程图和业务流程步骤，如图 10－24、表 10－12 所示。

图 10－24 业务流程图

表 10－12 业务流程步骤

| 序号 | 操作步骤 | 角色 | 操作内容 |
|---|---|---|---|
| 1 | 依据采购订单填写采购入库单（图 10－25） | 连锁仓储经理 | 连锁仓储经理依照确认的采购订单填写采购入库单 |
| 2 | 审核采购入库单 | 连锁总经理 | 审核采购入库单 |
| 3 | VBSE 系统办理入库 | 连锁仓储经理 | 依据采购订单、采购入库单在 VBSE 系统中办理货物入库 |
| 4 | 登记库存台账 | 连锁仓储经理 | 依据采购入库单（存根联）信息登记到库存台账中 |
| 5 | 更新采购情况执行表 | 连锁总经理 | 根据入库信息更新采购合同执行情况表 |

任务中心 > 采购入库（连锁）

工作流程 填写单据 业务操作 决策依据

| 订单编号 | 供应商 | 产品名称 | 数量 | 含税单价（... | 总金额 | 付款日期 | 交货日期 | 状态 | 操作 |
|---|---|---|---|---|---|---|---|---|---|
| CG15929371 | 宝乐童车制... | 经济型童车 | 300 | 1010.36 | 303108 | 2019-01-25 | 2019-01-25 | 已确定 | |

图 10－25 采购入库单

## 十三、向制造业支付货款

1. 任务描述。连锁仓储经理接到制造业的销售增值税专用发票，依据增值税发票信息提交付款申请并付款。

2. 业务场景。2019 年 1 月 25 日，收到制造业的销售发票，并支付货款。

3. 业务流程图和业务流程步骤，如图 10－26、表 10－13 所示。

图 10－26 业务流程图

表 10 - 13　　业务流程步骤

| 序号 | 操作步骤 | 角色 | 操作内容 |
| --- | --- | --- | --- |
| 1 | 收到制造业开具的增值税专用发票 | 连锁仓储经理 | 1. 收到制造业开具的专用增值税发票<br>2. 在系统中录入付款申请表<br>3. 将发票和付款申请表提交给总经理审核 |
| 2 | 审核付款申请单（图 10 - 27） | 连锁总经理 | 1. 收到连锁仓储经理提交的发票和付款申请表，<br>2. 审核付款申请表与发票信息是否一致，付款要求是否合理<br>3. 确认合理后，签字 |
| 3 | 办理网银付款（转账） | 连锁总经理 | 对照付款申请表在系统中办理网银付款 |

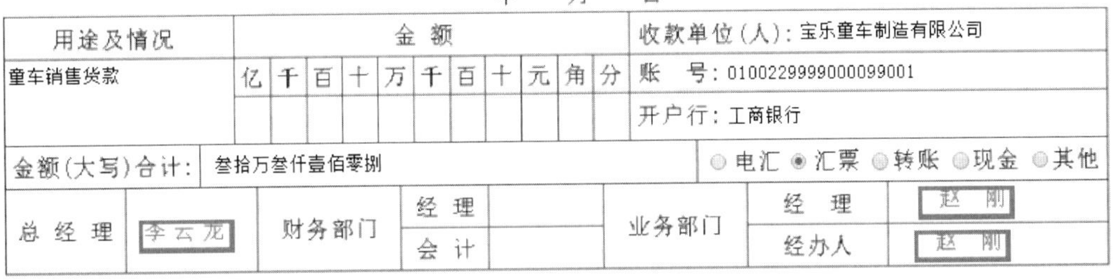
年　月　日

| 用途及情况 | 金额 | 收款单位（人）：宝乐童车制造有限公司 |
| --- | --- | --- |
| 童车销售货款 | 亿 千 百 十 万 千 百 十 元 角 分 | 账　号：0100229999000099001<br>开户行：工商银行 |
| 金额（大写）合计：叁拾万叁仟壹佰零捌 | | ○电汇 ◉汇票 ○转账 ○现金 ○其他 |
| 总经理　李云龙 | 财务部门　经理 / 会计 | 业务部门　经理　赵刚 / 经办人　赵刚 |

图 10 - 27　付款申请单

## 十四、总部编制采购计划

1. 任务描述。连锁总部根据门店的销售情况、请货分析、仓储中心补货计划，核对仓储中心库存及在途信息编制采购计划。

编制采购计划是在合理利用供应环境机会、并综合考虑运输成本、存货成本、每次订货成本等因素，将销售计划，请货分析，仓储中心补货计划转变为采购计划，确定发出订单的时机和订购数量的过程。这里主要训练仓储中心补货计划转变为采购计划。

2. 业务场景。2019 年 1 月 25 日，总部根据各门店销售情况、各门店库存、总部库存编制采购计划。

3. 业务流程图和业务流程步骤，如图 10 - 28、表 10 - 14 所示。

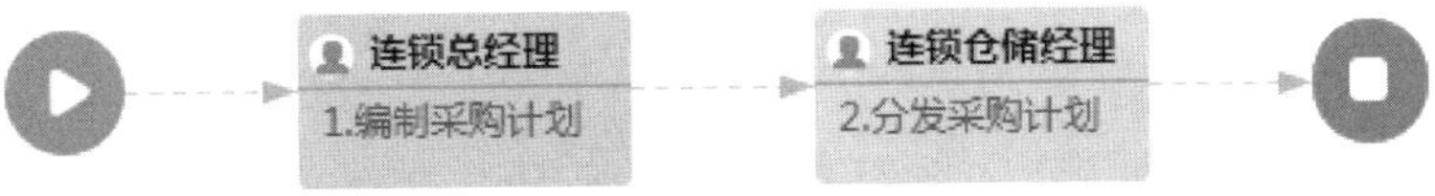


图 10 - 28　业务流程图

表 10－14　业务流程步骤

| 序号 | 操作步骤 | 角色 | 操作内容 |
| --- | --- | --- | --- |
| 1 | 编制采购计划 | 连锁总经理 | 1. 根据门店的销售情况，请货分析，仓储中心补货计划，核对仓储中心库存及在途信息编制采购计划<br>2. 初步填制采购计划表<br>3. 根据供应商的折扣等相关信息调整计划<br>4. 采购计划交采购员下发 |
| 2 | 分发采购计划 | 连锁仓储经理 | 1. 采购计划表一式两份<br>2. 分发采购计划表（仓储部，业务部各一份） |

# 第十一章

# 会计师事务所经营业务实训

VBSE 实训中事务所为立新会计师事务所，其岗位设置如图 11－1 所示。

| 部门 | 岗位名称 | 在编人数 | 直接上级 |
|---|---|---|---|
|  | 项目经理 | 1 | —— |
|  | 审计师 | 1 | 项目经理 |
|  | 审计助理 | 1 | 项目经理 |

图 11－1 会计师事务所各岗位

1. 项目经理职责。

（1）带领项目小组完成业务工作在没有担任主审时，应协助主审人员完成好项目审计任务。

（2）负责对承担项目审计（评估）计划的撰写，能较准确地测试审计项目的重要性水平和审计风险。

（3）对审计小组人员合理分工、指导，并对其工作底稿进行复核，对其业务能力进行考核。

（4）负责主审的审计项目的审计质量，及时反映审计中出现的业务问题。

（5）负责所主审项目审计报告及时上报部门经理审核，关注部门经理、总审计师审核，及时回复部门经理、总审计师的审核意见。

（6）协助部门经理收取审计费用。

2. 审计师职责。

（1）负责审计部门的审计工作；按照业务质量三级复核的程序。

（2）负责全所业务报告的审核签发、交付打印、发出。

（3）制订本所员工的业务培训计划和员工的日常培训工作。

（4）制订本所的各项业务规范并指导其实施。

（5）解决本所业务工作中出现的问题，并责成当事人妥善处理。

（6）负责客户对本所审计业务的质询和解答。

3. 审计助理职责。

（1）服从工作安排、调度。

（2）按独立审计准则的要求开设工作底稿，完成分配的工作。

（3）负责对所有涉及的审计事项，编写内部审计报告；

（4）协助政府审计部门和会计师事务所对公司的独立审计活动；

（5）负责做好有关审计资料的原始调查的收集、整理、建档工作，按规定保守秘密和保护当事人合法权益。

（6）完成正、副部门经理、项目主审交办的其他工作。

实训任务地图，如图 11 - 2 所示。

图 11－2　实训任务地图

## 一、承接物流企业代理记账业务

1. 任务描述。了解物流公司基本情况并确定服务项目及收费后承接物流企业代理记账业务。

2. 业务场景。2019 年 1 月 5 日，与物流企业签订委托代理记账服务合同，合同期为一年，年服务费为人民币：贰仟元整（￥2 000.00）。其他条款可自行约定。

3. 业务流程图和业务流程步骤，如图 11－3、表 11－1 所示。

图 11－3　业务流程图

表 11－1　　业务流程步骤

| 编号 | 活动名称 | 角色 | 活动描述－操作指导 |
| --- | --- | --- | --- |
| 1 | 与物流企业洽谈业务 | 项目经理 | 1. 物流企业财务经理与会计师事务所项目经理进行洽谈<br>2. 项目经理询问物流企业基本情况，了解委托目的<br>3. 确定服务项目及收费 |
| 2 | 签订代理记账合同 | 项目经理 | 项目经理与物流企业将业务达成一致，签署代理记账合同并签字盖章 |
| 3 | 建立客户档案（图 11－4） | 审计助理 | 登记客户的基本信息 |

续表

| 编号 | 活动名称 | 角色 | 活动描述－操作指导 |
|---|---|---|---|
| 4 | 办理物流企业财务资料移交手续 | 审计助理 | 1. 接受物流企业交来的财务资料<br>2. 填写“资料移交清单”并在接交人处签字 |
| 5 | 准备期初建账 | 审计助理 | 1. 将移交的资料进行整理并妥善保管<br>2. 熟悉物流企业业务并常用的会计科目，准备期初建账 |

**客户基本情况表**

日期：　年　月　日

| | | | |
|---|---|---|---|
| 单位名称 | | | |
| 法定代表人 | | | |
| 单位地址 | | 邮编 | |
| 项目联系人 | | 邮箱 | |
| 联系电话 | | 传真 | |
| 主管国税局 | | 主管地税局 | |
| 单位成立日期 | | 单位注册地 | |
| 经营范围 | | 经营性质 | |
| 单位经营地 | | 委托目的 | |
| 净资产 | | | |
| 股权结构 | | | |
| 说明： | | | |

经办人：

图 11－4　客户基本情况表

## 二、承接连锁企业代理记账业务

1. 任务描述。了解连锁公司基本情况并确定服务项目及收费后承接连锁企业代理记账业务

2. 业务场景。2019 年 1 月 5 日，与连锁企业签订委托代理记账服务合同，合同期为一年，年服务费为人民币：贰仟元整（￥2 000.00）。其他条款可自行约定。

3. 业务流程图和业务流程步骤，如图 11－5、表 11－2 所示。

图 11－5　业务流程图

表 11－2　　业务流程步骤

| 编号 | 活动名称 | 角色 | 活动描述－操作指导 |
|---|---|---|---|
| 1 | 与连锁企业洽谈业务 | 项目经理 | 1. 连锁企业财务经理与会计师事务所项目经理进行洽谈<br>2. 项目经理询问连锁企业基本情况，了解委托目的<br>3. 确定服务项目及收费 |

续表

| 编号 | 活动名称 | 角色 | 活动描述 - 操作指导 |
|---|---|---|---|
| 2 | 签订代理记账合同 | 项目经理 | 项目经理与连锁企业将业务达成一致，签署代理记账合同并签字盖章 |
| 3 | 建立客户档案 | 审计助理 | 登记客户的基本信息 |
| 4 | 办理连锁企业财务资料移交手续 | 审计助理 | 1. 接受连锁企业交来的财务资料<br>2. 填写“资料移交清单”并在接交人处签字 |
| 5 | 准备期初建账 | 审计助理 | 1. 将移交的资料进行整理并妥善保管<br>2. 熟悉连锁企业业务并常用的会计科目，准备期初建账 |

## 三、固定资产的实质性测试

1. 任务描述。项目经理制订固定资产实质性测试程序计划。

2. 任务场景。项目经理在对制造业采购与付款内部控制测试的基础上，制订固定资产的实质性测试程序计划并实施实质性分析程序，并分派注册会计师及审计助理对固定资产的增减变动以及账务处理、固定资产的所有权、累计折旧的计提合理性等实施审计程序，从而确定固定资产净值的审定数。在完成上述审计工作后，项目经理对注册会计师及审计整理编制的工作底稿进行现场复核。

3. 业务流程图和业务流程步骤，如图 11 - 6、表 11 - 3 所示。

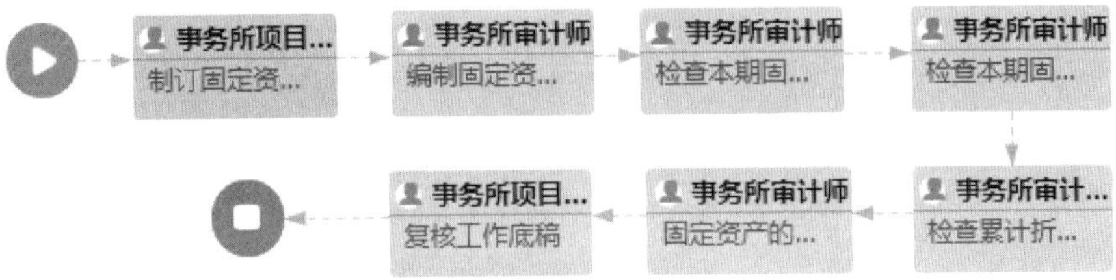


**图 11 - 6 业务流程图**

**表 11 - 3** **业务流程步骤**

| 编号 | 活动名称 | 角色 | 活动描述 - 操作指导 |
|---|---|---|---|
| 1 | 制订固定资产实质性测试程序计划 | 会计师事务所 - 项目经理 | 1. 确定审计目标与认定的对应关系<br>2. 选择计划执行的审计程序<br>3. 编制“固定资产实质性程序”工作底稿 |
| 2 | 编制固定资产明细表 | 会计师事务所 - 审计师 | 1. 获取本期固定资产、累计折旧、固定资产减值准备等总账、明细账并复核是否一致<br>2. 编制“固定资产明细表”工作底稿 |

续表

| 编号 | 活动名称 | 角色 | 活动描述－操作指导 |
|---|---|---|---|
| 3 | 检查本期固定资产的增加 | 会计师事务所－审计师 | 1. 检查固定资产明细账，抽取本期外购固定资产样本，追查至记账凭证，查看附件是否包含采购申请单、采购合同、采购发票、运费单等原始凭证<br>2. 检查采购申请单中是否有审批人签字<br>3. 重新计算固定资产的入账价值，确定是否与明细账一致<br>4. 检查会计凭证中的账务处理是否正确<br>5. 编制“固定资产增加检查情况表“工作底稿 |
| 4 | 检查本期固定资产的减少 | 会计师事务所－审计师 | 1. 抽查固定资产减少的记录样本，追查至固定资产减少的记账凭证<br>2. 查看附件中是否有固定资产减少的申请单；是否有审批人签字<br>3. 检查固定资产减少的账务处理是否正确<br>4. 编制“固定资产减少检查情况表”工作底稿 |
| 5 | 检查累计折旧的计算 | 会计师事务所－审计助理 | 1. 检查固定资产明细账，按照分类折旧率和固定资产计提折旧的基数重新计算本期计提折旧额，并与累计折旧明细账核对<br>2. 将本期计提折旧额与成本计算单以及生产成本、制造费用、管理费用等明细账中的折旧额合计进行核对<br>3. 编制“折旧测算表”工作底稿<br>4. 编制“固定资产折旧分配检查表”工作底稿 |
| 6 | 固定资产的调整与审定 | 会计师事务所－审计师 | 1. 将“固定资产监盘检查情况表”“固定资产增加检查情况表”“固定资产减少检查情况表”“折旧测算表”“固定资产折旧分配检查表”等工作底稿中需要进行账项调整的金额计入“固定资产审定表”工作底稿<br>2. 根据本期未审数、账项调整分录计算本期审定数，编制“固定资产审定表”工作底稿 |
| 7 | 复核工作底稿 | 会计师事务所－项目经理 | 1. 审核“固定资产监盘检查情况表”“固定资产增加检查情况表”“固定资产减少检查情况表”“折旧测算表”“固定资产折旧分配检查表”“固定资产所有权审查表”工作底稿<br>2. 在“固定资产审定表”复核人处签字 |

## 四、存货的实质性测试

1. 任务描述。项目经理制订存货实质性测试程序计划。

2. 任务场景。项目经理在对制造业生产与仓储内部控制测试的基础上，制订存货实质性测试程序计划，并分派注册会计师及审计助理对存货进行监盘、计价测试、产品生产成本的计算测试、存货盘点结果的核对等等审计程序，从而确定存货的审定数。在完成上述审计工作后，项目经理对注册会计师及审计助理编制的工作底稿进行现场复核。

3. 业务流程图和业务流程步骤，如图 11－7、表 11－4 所示。

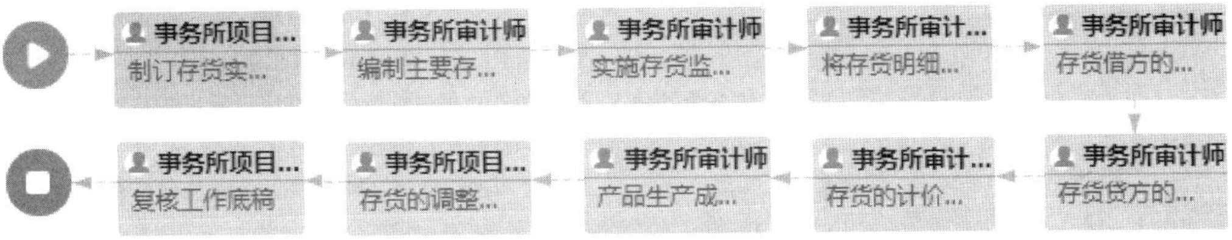


**图 11－7　业务流程图**

**表 11－4**　　　　业务流程步骤

| 编号 | 活动名称 | 角色 | 活动描述－操作指导 |
|---|---|---|---|
| 1 | 制订存货实质性测试程序计划 | 会计师事务所－项目经理 | 1. 确定审计目标与认定的对应关系<br>2. 选择计划执行的审计程序<br>3. 编制“存货实质性程序”工作底稿 |
| 2 | 编制主要存货明细表 | 会计师事务所－审计师 | 1. 获取本期存货及总账、明细账并复核是否一致<br>2. 编制“主要存货明细表”工作底稿<br>3. 检查“主要存货明细表”中是否有异常或负数余额 |
| 3 | 实施存货监盘程序 | 会计师事务所－审计师 | 1. 取得制造企业存货盘点计划<br>2. 观察制造企业人员是否遵循存货盘点计划准确记录存货的数量及状况<br>3. 从存货盘点记录中抽取部分原材料及产成品存货追查至存货实物<br>4. 从存货实物中抽取部分原材料及产成品存货追查至存货盘点记录<br>5. 编制“存货抽盘核对表”工作底稿 |
| 4 | 将存货明细表与盘点结果核对 | 会计师事务所－审计助理 | 1. 从各类存货明细账中选取具有代表性的样本，与盘点记录核对<br>2. 从盘点记录选取具有代表性的样本，与各类存货明细账核对<br>3. 编制“存货明细账与监盘报告核对表”工作底稿 |
| 5 | 存货借方的截止测试 | 会计师事务所－审计师 | 1. 在资产负债表日前存货明细账借方发生额中各选取适量样本，与入库记录（如入库单或购货发票，运输单据）核对，确定存货入库被记录在正确的会计期间<br>2. 在资产负债表日前的入库记录（如入库单或购货发票或运输单据）中各选取适量样本，与存货明细账的借方发生额进行核对，确定存货入库被记录在正确的会计期间<br>3. 在资产负债表日前后的制造费用明细账借方发生额中各选取适量样本，确定有无跨期现象<br>4. 编制“存货借方截止测试”工作底稿 |

续表

| 编号 | 活动名称 | 角色 | 活动描述－操作指导 |
|---|---|---|---|
| 6 | 存货贷方的截止测试 | 会计师事务所－审计师 | 1. 在资产负债表日前存货明细账的贷方发生额中各选取适量样本，与出库记录（如出库单、销货发票或运输单据）核对，确定存货出库被记录在正确的会计期间<br>2. 在资产负债表日前后的出库记录（如出库单、销货发票或运输单据）中各选取适量样本，与存货明细账的贷方发生额进行核对，确定存货出库被记录在正确的会计期间<br>3. 编制“存货贷方截止测试”工作底稿 |
| 7 | 存货的计价测试 | 会计师事务所－审计助理 | 1. 存货明细表中选取适量样本，将其单位成本与购货发票核对，并确认存货成本中不包含增值税<br>2. 选取适量样本，复核发出存货的金额计算是否正确<br>3. 编制“存货计价测试表”工作底稿 |
| 8 | 产品生产成本计算的测试 | 会计师事务所－审计师 | 1. 抽查成本计算单，检查直接材料、直接人工及制造费用的计算和分配是否正确，并与有关佐证文件（如领料记录、生产工时记录、材料费用分配汇总表、人工费用分配汇总表等）相核对<br>2. 获取完工产品与在产品的生产成本分配标准和计算方法，重新计算并确认生产成本计算的准确性<br>3. 编制“产品生产成本计算测试表”工作底稿<br>4. 编制“制造费用明细表”工作底稿 |
| 9 | 存货的调整与审定 | 会计师事务所－项目经理 | 1. 将“主要存货明细表”“存货抽盘核对表”“存货明细账与监盘报告核对表”“存货借方截止测试”“存货贷方截止测试”“存货计价测试表”“制造费用明细表”“产品生产成本计算测试表”等工作底稿中需要进行账项调整的金额过入“存货审定表”工作底稿<br>2. 根据本期未审数、账项调整分录计算本期审定数，编制“存货审定表”工作底稿 |
| 10 | 复核工作底稿 | 会计师事务所－项目经理 | 1. 审核“存货抽盘核对表”“存货明细账与监盘报告核对表”“存货借方截止测试”“存货贷方截止测试”“存货计价测试表”“制造费用明细表”“产品生产成本计算测试表”工作底稿<br>2. 在上述工作底稿的复核人处签字 |

## 五、应付账款的实质性测试

1. 任务描述。项目经理制订应付账款的实质性测试程序计划。

2. 业务场景。项目经理在对制造业采贩不付款内部控制测试的基础上，制订应付账款的实质性测试程序计划，并分派注册会计师及审计助理对应付账款实施函证或替代测试、抽取凭证检查、查找未入账应付账款等审计程序，从而确定应付账款的审定数。在完成上述审计工作后，项目经理对注册会计师及审计助理编制的工作底稿进行现场复核。

3. 业务流程图和业务流程步骤，如图 11－8、表 11－5 所示。

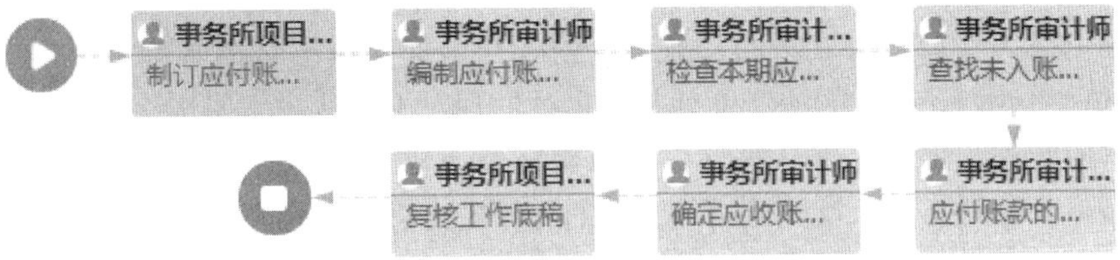


**图 11－8 业务流程图**

表 11－5 **业务流程步骤**

| 编号 | 活动名称 | 角色 | 活动描述－操作指导 |
| --- | --- | --- | --- |
| 1 | 制订应付账款实质性测试程序计划 | 会计师事务所－项目经理 | 1. 确定审计目标与认定的对应关系<br>2. 选择计划执行的审计程序<br>3. 编制“应付账款实质性程序”工作底稿 |
| 2 | 编制应付账款明细表 | 会计师事务所－审计师 | 1. 获取本期应付账款总账、明细账并复核是否一致<br>2. 确定客户应付账款的账龄致<br>3. 编制“应付账款明细表”工作底稿 |
| 3 | 检查本期应付账款的增减变动 | 会计师事务所－审计助理 | 1. 抽取已偿付的应付账款样本若干，追查至银行对账单等其他原始凭证，确定其是否在资产负债表日前真实偿付<br>2. 抽取未偿付的应付账款若干笔，检查债务形成的原始凭证，如供应商发票、验收报告或入库单<br>3. 编制“应付账款检查情况表”工作底稿 |
| 4 | 查找未入账的应付账款 | 会计师事务所－审计师 | 1. 以供应商发票、验收报告或入库单原始凭证为起点抽取若干笔业务<br>2. 追查至应付账款明细账，检查有无漏记<br>3. 编制“未入账应付账款汇总表”工作底稿 |
| 5 | 应付账款的函证或替代测试 | 会计师事务所－审计助理 | 1. 从应付账面明细账中选取余额为前 3 名的应付账款，检查后附的原始凭证的完整性、记录的恰当性等<br>2. 编制“应付账款替代测试表”工作底稿 |
| 6 | 确定应收账款审定数 | 会计师事务所－审计师 | 1. 将“应付账款检查情况表”“应付账款替代测试表”“未入账应付账款汇总表”等工作底稿中需要进行账项调整的金额过入“应付账款审定表”工作底稿<br>2. 根据本期未审数、账项调整分录计算本期审定数，编制“应付账款审定表”工作底稿 |
| 7 | 复核工作底稿 | 会计师事务所－项目经理 | 审核“应付账款明细表”“未入账应付账款汇总表”“应付账款检查情况表”“应付账款替代测试表”工作底稿并在复核人处签字 |

## 六、营业成本的实质性测试

1. 任务描述。项目经理制订营业成本实质性测试程序计划。

2. 业务场景。项目经理在对制造业生产与仓储内部控制测试的基础上，制订营业成本实质性测试程序计划，并分派注册会计师及审计助理对主营业成本实施实质性分析、抽查主营业务成本的计算及结转等审计程序，从而确定营业成本的审定数。在完成上述审计工作后，项目经理对注册会计师及审计助理编制的工作底稿进行现场复核。

3. 业务流程图和业务流程步骤，如图 11－9、表 11－6 所示。

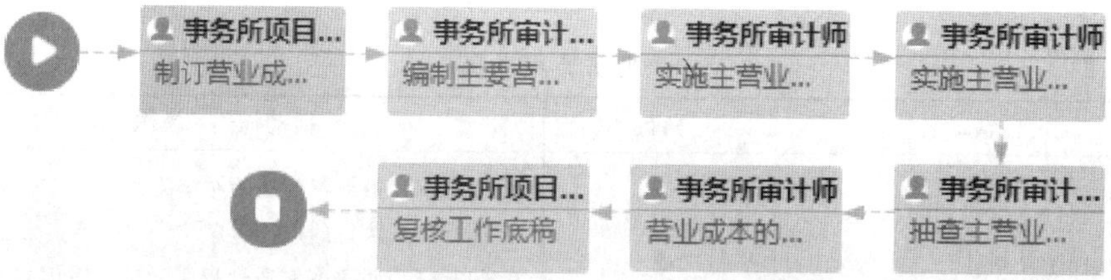


图 11－9　业务流程图

表 11－6　业务流程步骤

| 序号 | 操作步骤 | 角色 | 操作内容 |
|---|---|---|---|
| 1 | 制订营业成本实质性测试程序计划 | 会计师事务所－项目经理 | 1. 确定审计目标与认定的对应关系<br>2. 选择计划执行的审计程序<br>3. 编制“营业成本实质性程序”工作底稿 |
| 2 | 编制主要营业成本明细表 | 会计师事务所－审计助理 | 1. 获取本期主营业务成本及总账、明细账并复核是否一致<br>2. 编制“主营业务成本明细表”工作底稿 |
| 3 | 实施主营业务成本的实质性分析程序 | 会计师事务所－审计师 | 1. 获取本期和上期主营业务成本明细账资料<br>2. 将本期和上期主营业务成本按月度进行比较分析<br>3. 将本期和上期的主要产品单位成本进行比较分析<br>4. 编制“营业成本与上年度比较分析表”工作底稿<br>5. 编制“主要产品单位主营业务成本分析表”工作底稿 |
| 4 | 实施主营业务成本的倒扎测试 | 会计师事务所－审计师 | 1. 获取本期原材料、生产成本、库存商品总账及明细账<br>2. 编制“主营业务成本倒扎表”工作底稿 |
| 5 | 抽查主营业务成本的计算与结转 | 会计师事务所－审计助理 | 1. 获取本期主营业务成本明细账<br>2. 抽查主营业务成本，比较计入主营业务成本的品种、规格、数量和主营业务收入的口径是否一致<br>3. 检查主营业务成本的计算与结转是否正确、检查支持性文件，确定原始凭证是否齐全、记账凭证与原始凭证是否相符以及账务处理是否正确<br>4. 编制“抽查会计凭证记录”工作底稿 |

续表

| 序号 | 操作步骤 | 角色 | 操作内容 |
|---|---|---|---|
| 6 | 营业成本的调整与审定 | 会计师事务所－审计师 | 1. 将“主营业务成本明细表”“主营业务成本倒扎表”“抽查会计凭证记录”等工作底稿中需要进行账项调整的金额过入“营业成本审定表”工作底稿<br>2. 根据本期末审数、账项调整分录计算本期审定数，编制“营业成本审定表”工作底稿 |
| 7 | 复核工作底稿 | 会计师事务所－项目经理 | 1. 审核“主营业务成本明细表”“营业成本与上年度比较分析表”“主要产品单位主营业务成本分析表”“主营业务成本倒扎表”“抽查会计凭证记录”工作底稿<br>2. 在上述工作底稿的复核人处签字 |

## 七、货币资金的实质性测试

1. 任务描述。项目经理制订货币资金实质性测试程序计划。

2. 业务场景。项目经理在对制造业货币资金内部控制测试的基础上，制订货币资金实质性测试程序计划，实施大额货币资金收支抽查、银行存款余额调节检查、银行存款的函证等审计程序，从而确定货币资金的审定数。

3. 业务流程图和业务流程步骤，如图 11－10，表 11－7 所示。

**图 11－10 业务流程图**

**表 11－7** **业务流程步骤**

| 序号 | 操作步骤 | 角色 | 操作内容 |
|---|---|---|---|
| 1 | 制订货币资金实质性测试程序计划 | 会计师事务所－项目经理 | 1. 确定审计目标与认定的对应关系<br>2. 选择计划执行的审计程序<br>3. 编制“货币资金实质性程序”工作底稿 |
| 2 | 编制货币资金明细表 | 会计师事务所－审计助理 | 1. 获取本期库存现金、银行存款总账、明细账并复核是否一致<br>2. 编制“货币资金明细表”工作底稿 |
| 3 | 实施库存现金监盘 | 会计师事务所－审计助理 | 1. 制订监盘计划，确定监盘时间<br>2. 将盘点金额与现金日记账余额进行核对<br>3. 编制“库存现金盘点表”工作底稿 |

续表

| 序号 | 操作步骤 | 角色 | 操作内容 |
| --- | --- | --- | --- |
| 4 | 检查银行对账单及余额调节表 | 会计师事务所－审计师 | 1. 获取资产负债表日银行对账单，并与账面余额核对<br>2. 获取资产负债表日各银行存款余额调节表并进行汇总，检查调节表中加计数是否正确，调节后银行日记账余额与银行对账单余额是否一致<br>3. 复核余额调节表的调节事项性质和范围是否合理<br>4. 检查是否存在未入账的利息收入和利息支出<br>5. 检查是否存在其他跨期收支事项<br>6. 编制“银行存款余额调节汇总表”工作底稿<br>7. 编制“对银行存款余额调节表的检查”工作底稿 |
| 5 | 函证银行存款 | 会计师事务所－审计助理 | 1. 获取银行存款、短期借款、长期借款明细账及总账，获取银行存款和银行借款的日期、金额、期限等信息<br>2. 编制“银行询证函”工作底稿<br>3. 持“银行询证函”到制造企业开户银行办理函证，并取得回执<br>4. 根据银行函证回执编制“银行存款函证结果汇总表”工作底稿 |
| 6 | 抽查大额货币资金收支凭证 | 会计师事务所－审计助理 | 1. 抽取金额在××以上的银行存款以及金额在××以上的库存现金收支业务<br>2. 检查原始凭证是否齐全、记账凭证与原始凭证是否相符、账务处理是否正确、是否记录于恰当的会计期间等项内容<br>3. 编制“货币资金收支检查表”工作底稿 |
| 7 | 货币资金的调整与审定 | 会计师事务所－审计师 | 1. 将“货币资金明细表”“对银行存款余额调节表的检查”“库存现金盘点表”“对银行存款余额调节表的检查”“抽查会计凭证记录”等工作底稿中需要进行账项调整的金额过入“货币资金审定表”工作底稿<br>2. 根据本期未审数、账项调整分录计算本期审定数，编制“货币资金审定表”工作底稿 |
| 8 | 复核工作底稿 | 会计师事务所－项目经理 | 1. 审核“货币资金明细表”“对银行存款余额调节表的检查”“库存现金盘点表”“对银行存款余额调节表的检查”“货币资金收支检查表”工作底稿<br>2. 在上述工作底稿的复核人处签字 |

## 八、营业收入的实质性测试

1. 任务描述。项目经理制订营业收入的实质性测试程序计划。

2. 业务场景。项目经理在对制造业销售与收款内部控制测试的基础上，制订营业收入的实质性测试程序计划，对主营业务收入执行分析程序及其他细节测试程序、确定营业收入的审定数。

3. 业务流程图和业务流程步骤，如图11-11、表11-8所示。

图11-11 业务流程图

表11-8 业务流程步骤

| 序号 | 操作步骤 | 角色 | 操作内容 |
|---|---|---|---|
| 1 | 制订营业收入实质性测试程序计划 | 会计师事务所-项目经理 | 1. 确定审计目标与认定的对应关系<br>2. 选择计划执行的审计程序<br>3. 编制“营业收入实质性程序”工作底稿 |
| 2 | 分析全年各月主营业务收入变动情况 | 会计师事务所-审计师 | 1. 获取本期利润表、主营业务收入总账、明细账以及上期各月主营业业务收入数据<br>2. 利用分析程序计算变动额和变动比率<br>3. 编制“主营业务收入明细表”工作底稿 |
| 3 | 分析月度毛利率 | 会计师事务所-审计师 | 1. 计算本年各期毛利和毛利率<br>2. 计算上年各期毛利和毛利率<br>3. 分析本年和上年的毛利率变动幅度，做出审计结论<br>4. 编制“月度毛利率分析表”工作底稿 |
| 4 | 分析业务/产品销售情况 | 会计师事务所-审计助理 | 1. 计算本年各类收入/产品的毛利率<br>2. 计算上年各类收入/产品的毛利率<br>3. 分析本年和上年各类收入/产品的毛利率变动幅度，做出审计结论<br>4. 编制“产品销售分析表”工作底稿 |
| 5 | 执行营业收入细节测试 | 会计师事务所-审计助理 | 1. 抽取若干张记账凭证，检查后附的原始凭证的完整性、记录的恰当性等<br>2. 编制“主营业务收入检查情况表”工作底稿 |
| 6 | 执行主营业务收入的截止测试 | 会计师事务所-审计师 | 1. 选取资产负债表日前、后若干发货单据，追查至发票、记账凭证及主营业务收入明细账，判断发货单据、发票以及记账凭证日期是否在同一会计期间<br>2. 选取资产负债表日前、后若干笔主营业务收入明细账记录，追查至发货单据、发票、记账凭证，判断发货单据、发票以及记账凭证日期是否在同一会计期间<br>3. 编制“主营业务收入截止测试”工作底稿 |

续表

| 序号 | 操作步骤 | 角色 | 操作内容 |
|---|---|---|---|
| 7 | 确定营业收入审定数 | 会计师事务所－审计师 | 1. 将“主营业务收入截止测试”工作底稿中需要进行账项调整的收入过入“营业收入审定表”工作底稿<br>2. 根据本期未审数、账项调整分录计算本期审定数，编制“营业收入审定表”工作底稿 |
| 8 | 复核工作底稿 | 会计师事务所－项目经理 | 审核“主营业务收入明细表”“月度毛利率分析表”“业务/产品销售分析表”“主营业务收入检查表”“主营业务收入截止测试”“营业收入审定表”工作底稿并在复核人处签字 |

## 九、应收账款的实质性测试

1. 任务描述。项目经理制订应收账款的实质性测试程序计划。

2. 业务场景。项目经理在对制造业销售与收款内部控制测试的基础上，制订应收账款的实质性测试程序计划，对应收账款和坏账准备的计提实施函证、替代测试、抽取凭证检查等审计程序，从而确定应收账款的审定数。

3. 业务流程图和业务流程步骤，如图 11－12、表 11－9 所示。

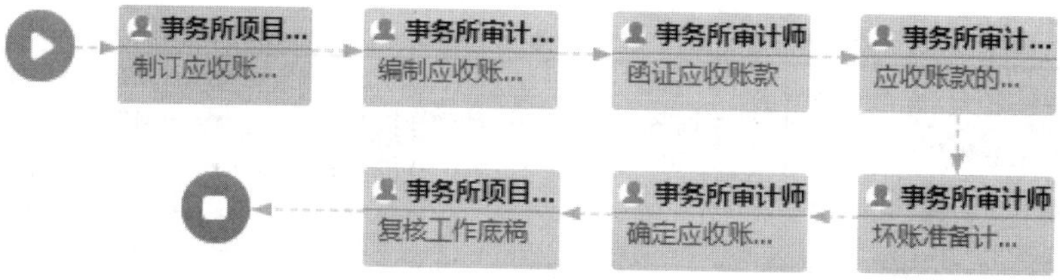


图 11－12　业务流程图

**表 11－9**　　业务流程步骤

| 序号 | 操作步骤 | 角色 | 操作内容 |
|---|---|---|---|
| 1 | 制订应收账款实质性测试程序计划 | 会计师事务所－项目经理 | 1. 确定审计目标与认定的对应关系<br>2. 选择计划执行的审计程序<br>3. 编制“应收账款实质性程序”工作底稿 |
| 2 | 编制应收账款明细表 | 会计师事务所－审计助理 | 1. 获取本期应收账款总账、明细账并复核是否一致<br>2. 确定客户应收账款的账龄<br>3. 请制造企业财务经理标识重要的欠款单位<br>4. 编制“应收账款明细表”工作底稿 |
| 3 | 函证应收账款 | 会计师事务所－审计师 | 1. 将客户按应收账款余额特征进行分层，确定函证样本数量、选取函证对象<br>2. 选择函证的方式和时间<br>3. 编制“应收账款函证结果汇总表”工作底稿 |

续表

| 序号 | 操作步骤 | 角色 | 操作内容 |
| --- | --- | --- | --- |
| 4 | 应收账款的替代测试 | 会计师事务所－审计助理 | 1. 抽取未函证应收账款若干笔，检查后附的原始凭证的完整性、记录的恰当性等<br>2. 编制“应收账款替代测试表”工作底稿 |
| 5 | 坏账准备计算的测试 | 会计师事务所－审计师 | 1. 明确制造企业坏账准备的计提政策和会计核算要求，评价其恰当性<br>2. 在确认应收账款账面余额的基础上，按照恰当的方法重新计算坏账准备本期应计提的金额<br>3. 编制“应收账款坏账准备计算表”工作底稿 |
| 6 | 确定应收账款审定数 | 会计师事务所－审计师 | 1. 将“应收账款函证差异调整表”“应收账款替代测试表”“应收账款坏账准备计算表”等工作底稿中需要进行账项调整的金额过入“应收账款审定表”工作底稿<br>2. 根据本期未审数、账项调整分录计算本期审定数，编制“应收账款审定表”工作底稿 |
| 7 | 复核工作底稿 | 会计师事务所－项目经理 | 审核“应收账款明细表”“应收账款函证结果汇总表”“应收账款函证差异调整表”“应收账款替代测试表”“应收账款坏账准备计算表”工作底稿并在复核人处签字 |

## 十、审计结束前的工作

1. 任务描述。会计师事务所项目经理应制订业务完成阶段的审计计划。即业务完成阶段的具体审计计划。根据实施阶段获取的审计证据，进行鉴定、归纳、总结，形成支持审计结论的证据链。

2. 业务场景。审计实质性测试工作结束后，会计师事务所项目经理应制订业务完成阶段的审计计划；汇总已更正错报以及列报和披露；评价识别出的错报；编制试算平衡表；与治理层进行沟通，最后评价审计结果，形成审计意见。

3. 业务流程图和业务流程步骤，如图 11－13、表 11－10 所示。

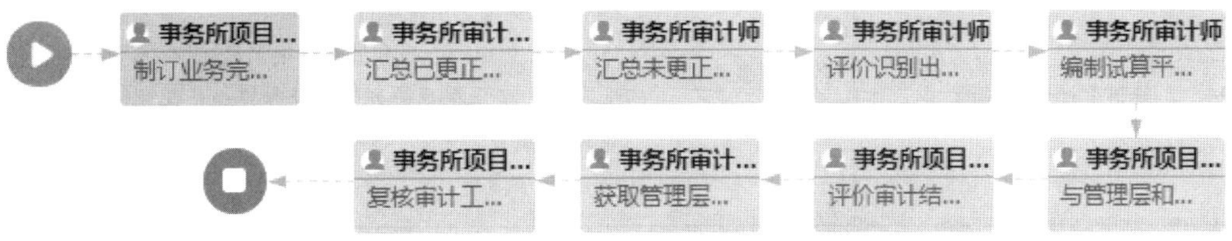


图 11－13　业务流程图

表 11－10　　业务流程步骤

| 序号 | 操作步骤 | 角色 | 操作内容 |
|---|---|---|---|
| 1 | 制订业务完成阶段的审计计划 | 会计师事务所－项目经理 | 1. 确定业务完成阶段的主要工作及每项工作的具体执行人<br>2. 编制"业务完成阶段审计工作"工作底稿 |
| 2 | 汇总已更正错报以及已更正列报和披露 | 会计师事务所－审计助理 | 1. 编制"错报累计和评价表"工作底稿<br>2. 将审计过程的所有工作底稿中已更正的错报进行汇总，编制"已更正错报汇总表"工作底稿<br>3. 将已更正的列报和披露进行汇总，编制"已更正的列报和披露错报汇总表"工作底稿 |
| 3 | 汇总未更正错报以及未更正列报和披露错报 | 会计师事务所－审计师 | 1. 将识别出的影响本期财务报表的未更正错报进行汇总，编制"未更正错报汇总表"工作底稿<br>2. 将未更正的列报和披露进行汇总，编制"未更正的列报和披露错报汇总表"工作底稿 |
| 4 | 评价识别出的错报 | 会计师事务所－审计师 | 1. 评价识别出的错报对审计的影响<br>2. 编制"评价识别出的错报"工作底稿 |
| 5 | 编制试算平衡表 | 会计师事务所－审计师 | 1. 编制"资产负债表试算平衡表"工作底稿<br>2. 编制"利润表试算平衡表"工作底稿 |
| 6 | 与管理层和治理层进行沟通 | 会计师事务所－项目经理 | 1. 就审计中发现的与董事会监督财务报告过程责任相关的重大事项与制造企业总经理进行面谈<br>2. 编制"与治理层的沟通函"工作底稿<br>3. 制造企业总经理在"与治理层的沟通函"中签署意见 |
| 7 | 评价审计结果，形成审计意见 | 会计师事务所－项目经理 | 1. 认知审计意见类型的种类<br>2. 初步确定拟出具的审计报告意见 |
| 8 | 获取管理层声明书并确定日期 | 会计师事务所－审计助理 | 1. 向制造企业总经理提交"未分组错报汇总表""未更正的列报和披露错报汇总表"以及"管理层声明书"<br>2. 制造企业审核后盖章<br>3. 接收盖章后的管理层声明书 |
| 9 | 复核审计工作底稿 | 会计师事务所－项目经理 | 1. 复核"错报累计和评价表""已更正错报汇总表""已更正的列报和披露错报汇总表""未更正错报汇总表""未更正的列报和披露错报汇总表""资产负债表试算平衡表""利润表试算平衡表"<br>2. 在复核人处签字 |

## 十一、出具审计报告

1. 任务描述。审计外勤工作结束后，会计师事务所项目经理召开项目总结会议，讨论审计中发现的重大问题，最后形成审计结论；逐级对审计工作底稿进行复核；出具审计报告并逐级复核签发，最后将审计报告送达制造企业

2. 业务流程图和业务流程步骤，如图 11－14、表 11－11 所示。

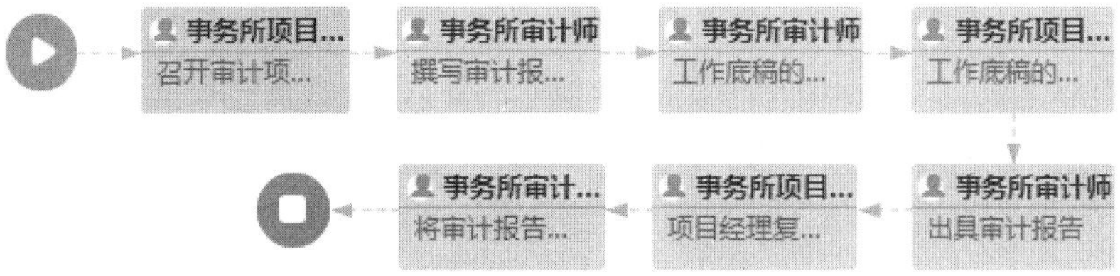


图 11－14　业务流程图

表 11－11　业务流程步骤

| 序号 | 操作步骤 | 角色 | 操作内容 |
|---|---|---|---|
| 1 | 召开审计项目总结会 | 会计师事务所－项目经理 | 1. 确定会议召开的时间和地点以及参加的人员<br>2. 确定会议的主要议题 |
| 2 | 撰写审计报告初稿 | 会计师事务所－审计师 | 1. 确定审计意见类型<br>2. 编写审计报告 |
| 3 | 工作底稿的一级复核 | 会计师事务所－审计师 | 1. 接收全部审计工作底稿并复核<br>2. 在“业务复核核对表”中记录并在项目经理复核签字处签字并签署复核日期<br>3. 将工作底稿及“业务复核核对表”提交项目经理复核 |
| 4 | 工作底稿的二级复核 | 会计师事务所－项目经理 | 1. 接收全部审计工作底稿并复核<br>2. 在“业务复核核对表”的部门经理复核签字处签字并签署复核日期<br>3. 将工作底稿及“业务复核核对表”提交项目质量控制部复核 |
| 5 | 出具审计报告 | 会计师事务所－审计师 | 1. 根据复核意见修改审计报告措辞<br>2. 出具审计报告<br>3. 填写“审计报告复核签发单”中审计报告以及主送和报送单位信息<br>4. 将审计报告及“审计报告复核签发单”提交项目经理进行审核 |
| 6 | 项目经理复核审计报告 | 会计师事务所－项目经理 | 1. 接收并审核审计报告<br>2. 在“审计报告复核签发单”的项目负责人意见处签署“同意”并签字 |
| 7 | 将审计报告送达制造企业 | 会计师事务所－审计助理 | 1. 填写“业务报告客户签收单”相关信息并在事务所经办人处签字<br>2. 将经过复核同意签发的审计报告送达制造企业<br>3. 请制造企业人员接收审计报告并在“业务报告客户签收单”签字 |

续表

| 序号 | 操作步骤 | 角色 | 操作内容 |
|---|---|---|---|
| 8 | 制造企业接收审计报告 | 制造企业－财务经理 | 1. 接收审计报告<br>2. 在“业务报告客户签收单”接收单位经办人处签字 |

## 十二、办理审计收费

1. 任务描述。会计师事务所在完成审计工作后，按照审计业务约定书的约定，向制造企业开具发票、收取审计费用并办理存入银行的相关手续。

2. 业务场景。2019 年 1 月 25 日，依据审计约定书（审计合同）给制造企业开具审计费用发票，并收款。

3. 业务流程图和业务流程步骤，如图 11－15、表 11－12 所示。

**图 11－15　业务流程图**

**表 11－12　　业务流程步骤**

| 序号 | 操作步骤 | 角色 | 操作内容 |
|---|---|---|---|
| 1 | 为制造企业开具审计收费发票 | 会计师事务所－项目经理 | 1. 开具增值税专用发票<br>2. 安排审计助理将增值税专用发票送至制造企业财务部 |
| 2 | 将开具的发票送达制造企业 | 会计师事务所－审计助理 | 将服务业发票送至制造企业财务部的财务会计 |

## 十三、物流企业代理记账收费

1. 任务描述。为物流企业开具增值税专用发票，交至物流企业，物流企业根据收到的增值税专用发票，向会计师事务所支付代理记账费用款项。

2. 业务场景。2019 年 1 月 25 日，依据代理记账合同中代理记账费用为人民币 2 000 元整，据此为物流企业开具增值税专用发票，交至物流企业，物流企业根据收到的增值税专用发票，向会计师事务所支付代理记账费用款项。

3. 业务流程图和业务流程步骤，如图 11－16，表 11－13 所示。

**图 11－16　业务流程图**

表 11－13　　业务流程步骤

| 序号 | 操作步骤 | 角色 | 操作内容 |
|---|---|---|---|
| 1 | 为物流企业开具代理记账发票 | 会计师事务所－项目经理 | 1. 开具增值税专用发票<br>2. 安排审计助理将增值税专用发票送至物流企业 |
| 2 | 办理网银转账 | 物流－总经理 | 1. 收到会计师事务所的增值税专用发票，随即在 VBSE 系统中办理网银转账<br>2. 到银行打印业务回单 |

## 十四、连锁企业代理记账收费

1. 任务描述。为连锁企业开具增值税专用发票，交至连锁企业，连锁企业根据收到的增值税专用发票，向会计师事务所支付代理记账费用款项。

2. 业务场景。2019 年 1 月 25 日，依据代理记账合同中代理记账费用为人民币 2 000 元整，据此为连锁企业开具增值税专用发票，交至连锁企业，连锁企业根据收到的增值税专用发票，向会计师事务所支付代理记账费用款项。

3. 业务流程图和业务流程步骤，如图 11－17、表 11－14 所示。

图 11－17　业务流程图

表 11－14　　业务流程步骤

| 序号 | 操作步骤 | 角色 | 操作内容 |
|---|---|---|---|
| 1 | 为连锁企业开具审代理记账发票 | 会计师事务所－项目经理 | 1. 开具增值税专用发票<br>2. 安排审计助理将增值税专用发票送至连锁企业 |
| 2 | 办理网银转账 | 连锁－总经理 | 1. 收到会计师事务所的增值税专用发票，随即在 VBSE 系统中办理网银转账<br>2. 到银行打印业务回单 |

## 十五、审计工作底稿整理归档

1. 任务描述。审计工作完成后，将所有审计工作底稿进行归类、编号、整理，装订后移交档案室进行保管。

2. 业务流程图和业务流程步骤，如图 11－18、表 11－15 所示。

图 11－18　业务流程图

表 11－15　　业务流程步骤

| 序号 | 操作步骤 | 角色 | 操作内容 |
|---|---|---|---|
| 1 | 整理审计工作底稿 | 会计师事务所－审计助理 | 1. 复核被审单位相关信息<br>2. 按照审计工作底稿目录对工作底稿进行分类和编号<br>3. 对工作底稿进行归纳整理 |
| 2 | 填写审计工作底稿索引目录 | 会计师事务所－审计助理 | 将对应的工作底稿页码填写在“审计工作底稿目录”中 |
| 3 | 装订审计工作底稿 | 会计师事务所－审计师 | 将编制好的审计工作底稿目录以及分类编号的工作底稿一并装订成册 |
| 4 | 审计档案归档保管 | 会计师事务所－审计师 | 将装订好的审计档案归入档案室进行保管 |

## 十六、物流企业月末账务处理

1. 任务描述。审计助理根据物流企业移交的资料、原始凭证编制记账凭证并根据记账凭证登记总分类账。

2. 业务场景。2019 年 1 月 25 日，根据物流企业提供的原始凭证填制记账凭证。

3. 业务流程图和业务流程步骤，如图 11－19、表 11－16 所示。

图 11－19　业务流程图

表 11－16　　业务流程步骤

| 序号 | 操作步骤 | 角色 | 操作内容 |
|---|---|---|---|
| 1 | 编制记账凭证 | 审计助理 | 根据物流企业发生经济业务的原始凭证，填写记账凭证 |
| 2 | 登记总账 | 审计师 | 依据记账凭证登记总分类账 |

## 十七、连锁企业月末账务处理

1. 任务描述。审计师根据连锁企业移交的资料、原始凭证编制记账凭证并根据记账凭证登记总分类账。

2. 业务场景。2019 年 1 月 25 日，根据连锁企业提供的原始凭证填制记账凭证。

3. 业务流程图和业务流程步骤，如图 11－20、表 11－17 所示。

图 11－20　业务流程图

表 11－17　　业务流程步骤

| 序号 | 操作步骤 | 角色 | 操作内容 |
|---|---|---|---|
| 1 | 编制记账凭证 | 审计助理 | 根据连锁企业发生经济业务的原始凭证，填写记账凭证 |
| 2 | 登记总账 | 审计师 | 依据记账凭证登记总分类账 |

## 十八、为物流企业编制财务报表

利润表是用以反映公司在一定期间的经营成果的财务报表，是动态报表。资产负债表反映企业在某一特定日期的财务状况的财务报表。是静态报表。

1. 任务描述。根据总分类账数据，审计助理编制利润表和资产负债表。

2. 业务流程图和业务流程步骤，如图 11－21、表 11－18 所示。

图 11－21　业务流程图

表 11－18　　业务流程步骤

| 序号 | 操作步骤 | 角色 | 操作内容 |
|---|---|---|---|
| 1 | 编制利润表 | 审计助理 | 根据损益账户明细账本期发生额编制利润表 |
| 2 | 编制资产负债表 | 审计助理 | 根据资产、负债、所有者权益类账户的期末余额直接或计算、分析填列资产负债表 |

## 十九、为连锁企业编制财务报表

1. 任务描述。根据总分类账数据，审计师编制利润表和资产负债表。

2. 业务流程图和业务流程步骤，如图 11－22、表 11－19 所示。

图 11－22　业务流程图

表 11－19　　业务流程步骤

| 序号 | 操作步骤 | 角色 | 操作内容 |
|---|---|---|---|
| 1 | 编制利润表 | 审计师 | 根据损益账户明细账本期发生额编制利润表 |
| 2 | 编制资产负债表 | 审计师 | 根据资产、负债、所有者权益类账户的期末余额计算、分析填列资产负债表 |

# 第十二章

# 招投标经营业务实训

VBSE 实训中的招投标公司为新华招标有限公司，其岗位设置如图 12－1 所示。

| 部门 | 岗位名称 | 在编人数 |
|---|---|---|
| 招投标公司 | 总经理 | 1 |

图 12－1　招投标公司岗位

招投标总经理岗位业务如下：

（1）负责审查每个招标项目申请、招标计划、招标方案（招标文件、资格预审文件、标底、招标方式、评标办法）等相关材料。

（2）负责监督投标资格审查、开标、评标过程。

（3）组织招投标项目的合同签订工作。

广泛收集信息，做好招标调研工作。接收投标单位及有关方面对招投标工作的投诉，并及时向监督委员会汇报。

（4）负责拟定并完善招投标管理办法及招投标工作流程，负责采购项目的招投标工，根据计划安排招标时间，编写招标文件、整理投标单位资料、发放招标文件、组织考察、询标、编写“评标结果报告”、发放中标通知书。

实训任务地图，如图 12－2 所示。

图 12 - 2　实训任务地图

## 一、签订招标委托合同

1. 任务描述。与委托方签订招投标委托合同。
2. 业务流程图和业务流程步骤，如图 12 - 3、表 12 - 1 所示。

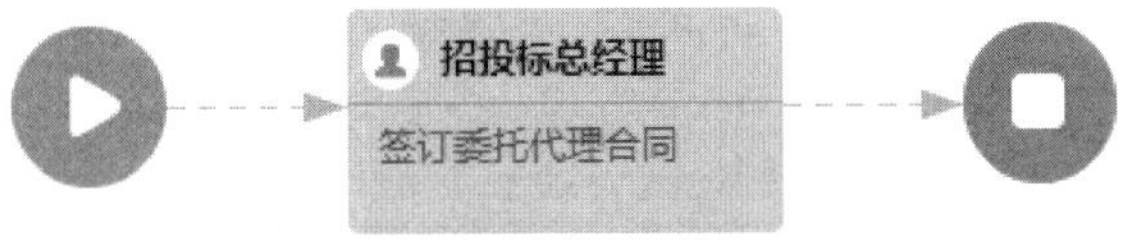


图 12 - 3　业务流程图

表 12－1　　　　业务流程步骤

| 编号 | 活动名称 | 角色 | 活动描述－操作指导 |
|---|---|---|---|
| 1 | 签订委托代理合同（图12－4至图12－7） | 招投标总经理 | 1. 委托方：湖北强盛商贸有限公司，开户行：中国工商银行，账号：456351260068102235З<br>2. 根据以上信息，签订“委托代理合同”。因委托方是虚拟企业，所以“委托代理合同”由招投标总经理一人代签 |

新道 教学专用

## 物资采购招标代理合同

合同编号：CG001

甲方(委托方)：湖北静洁商贸有限公司　　签订地点：湖北

乙方(代理方)：新华招投标有限公司　　签订时间：2017年 1 月 5 日

鉴于：

1. 委托方就 经济型童车采购项目 ，需要通过招投标的方式寻找合作对象，但无意自行组织招投标工作。

2. 代理方承诺自身是合法的招标代理机构，有能力组织本次招投标工作。

因此，双方经友好协商，就代理方受委托方委托，开展招标代理工作，签订本合同。

第1条 项目基本情况

1. 物资名称： 经济型童车

2. 规格：

3. 数量： 1500辆

4. 使用地点： 湖北静洁商贸有限公司

5. 其他特别要求： 无

第2条 代理招标的内容

1. 代理范围内单项合同估算价为 1650000 元。

2. 具体的代理事项（有委托的在□内打√；无委托的╳）：

☑ 拟定发包方案

☑ 发布招标公告/发出投标邀请书　　☑ 组织现场踏勘和答疑

☑ 编制资格预审文件　　☑ 组织开标

☑ 组织接收投标申请人报名　　☑ 组织评标

☑ 审查潜在投标人资格，确定潜在投标人　　☑ 草拟采购合同

☑ 编制招标文件　　☑ 编制招投标情况书面报告

☒ 编制标底　　□ 其他： 无

第3条 委托方的权利

1. 参与招标代理工作的有关活动。

2. 要求代理方及时提供招标代理工作进展情况。

3. 要求代理方更换不称职的人员或按规定应回避的人员。

4. 确定代理方的具体工作内容或提出具体要求。

5. 委托方或政府有关部门发现代理方在招标代理工作中违反有关法律、法规或建设程序，并经确认的，委托方有权要求代理方予以纠正。情节严重的，委托方可以解除本合同。

新道科技股份有限公司　网址：www.seentao.com　电话：4006600599　编码：DJ0192　　1/4

图 12－4　招标代理合同

新道 seentao 教学专用

# 物资采购招标代理合同

第4条 委托方的义务

1. 在开展招标代理工作之前，按照有关规定完成项目所需的有关审批手续。

2. 应向代理方及时、无偿、真实、详细的提供招标代理工作范围内所需的文件和资料。代理方应对此予以指导。

3. 委派__王力__〈人名〉作为委托方的代表，配合代理方工作。

4. 对代理方发出的书面通知，应在__日内予以书面答复。

5. 招标代理工作的内容、时间或项目的内容、时间等发生重大调整，应提前__日通知代理方，以便代理方调整相应的工作安排。

6. 对由于自身过错造成的代理方的损失，承担赔偿责任。

7. 委托方及其工作人员不得以任何形式向代理方索要或收受回扣、礼金、好处费和其他礼物，或要求代理方报销应由委托方或其工作人员自行承担的费用。

8. 委托方应在本合同签订之日的同时，向代理方出具授权委托书。

9. 其他：________________

第5条 代理方的权利

1. 委派有资质的人员，成立招标代理项目组，根据委托方的具体要求，做好招标代理工作组长为__王力__〈人名〉，具体成员名单如下：

| 姓名 | 职务 | 职称 | 注册资格 | 上岗证号 |
|---|---|---|---|---|
| 王力 | 招标A组组长 | 中级 | 注册造价工程师执业资格 | XXXXXXX |
| 赵强 | 招标专员 | 中级 | | XXXXXXX |

2. 在招标代理工作中有权拒绝任何反法律、法规和其他规定的人为干预。

3. 委托方针对招标代理工作和项目提出的某些条件和要求不符合国家有关规定的，代理方可以建议委托方进行修改。委托方拒绝修改的，代理方作出书面具体说明后，可以解除本合同。

第6条 代理方的义务

1. 不得将本合同确定的招标代理工作转让给第三方操作。

2. 向委托方提供工作计划及相关资料，做好有关法律、法规和其他规定的解释工作。

3. 委派的人员如与工程潜在投标人有任何利益关系或其他可能影响招标代理工作公正性的情形，应主动向委托方提出回避。委托方同意回避的，代理方应立即更换其他合适的人员，不得因此而影响工作。

4. 对招标代理工作中提出的技术方案、数据参数、技术经济分析结论负责。



图 12－5 招标代理合同

新道 教学专用

# 物资采购招标代理合同

5. 对由于自身过错造成的委托方的损失，承担赔偿责任。

6. 不得采用行贿、给予其他利益或者诋毁他人等不正当手段干扰招标代理工作的公正性。不得向委托人、潜在投标人或投标人索要或收受回扣、礼金、好处费和其他礼物，或要求报销应由代理方及其工作人员自行承担的费用。

7. 招标代理工作完成后__日内，代理方应向委托方提供完整、详细的书面报告，并返还委托方提供的所有材料。

8. 受托人发现可能出现流标或其他任何可能影响正常的招标结果的情形，应立即向委托人报告并提供相应材料，以便委托人及时作出指示。

9. 受托人出具的任何对潜在投标人、投标人、中标人或其他第三方具有法律效力的文件，均应告知委托方，由委托方签字或盖章确认后，方可对外公布。

第7条 招标代理工作的时间要求

1. 开始时间：2017年_1_月_5_日；

2. 完成时间：2017年_1_月_25_日；

3. 因非委托方过错造成的时间延误，完成时间可以相应延期，具体以____时间为准。

第8条 代理费的结算

1. 计费标准采用下列第_1_种方式：

（1）<固定收费>代理费__5000__元，代理方不再收取任何其他费用；

（2）按照中标价的__%收取代理费；流标且不再组织招标的，则收取固定代理费____元；标底编制费按照标底价的__%另外收取；

2. 招标代理费由委托方支付/与投标人约定，由中标人支付，包含在投标报价中，并将此项内容在招标文件中写明；

3. 代理方为完成招标代理工作而发生的一切相关费用，包括但不限于差旅费、复印费、评委聘请费用等，均由代理方承担；

4. 代理费在招标代理工作完成后__日内支付到代理方账户。

第9条 其他约定

1. 双方应对合作过程中知悉的对方的经营情况和信息予以保密。本项义务不以本合同解除而免除。保密承诺书作为本合同的附件。

2. 出现流标的，是否重新组织招标，由双方另行协商。经协商决定重新组织招标的，按本合同的条款执行。代理费只支付一次，按第九条的约定计算/在第九条约定的基础上浮__%。

第10条 附则

1. 本合同执行过程中发生争议，双方应协商解决，协商不成时，可交委托方所在地人民法院解

新道科技股份有限公司　网址：www.seentao.com　电话：4006600599　编码：DJ0192　3/4

图 12－6　招标代理合同

新道 教学专用

# 物资采购招标代理合同

决/________仲裁委员会裁决，仲裁书对双方具有终局效力。

2. 本合同一式__2__份，双方各执__1__份。本合同采用中文和________文字书写，具有同等法律效力。不同文字的文本内容如有不符，以中文为准。

（签字盖章页）

| 甲方（盖章） | 乙方（盖章） |
|---|---|
| 单位地址：武汉市星源大道19号 | 单位地址：新华招投标有限公司 |
| 法定代表人（负责人）：刘冰 | 法定代表人（负责人）：李军 |
| 签约代表：________ | 签约代表：王力 |
| 联系电话：186XXXXXXXX | 联系电话：139XXXXXXXX |
| 开户银行：工商银行 | 开户银行：工商银行 |
| 账　　号：XXXXXXXXXXXXXXXX | 账　　号：XXXXXXXXXXXXXXX |
| 邮政编码：100093 | 邮政编码：100037 |

________方担保人（盖章）

单位地址：________

法定代表人（负责人）：________

签约代表：________

联系电话：________

开户银行：________

账　　号：________

邮政编码：________

新道科技股份有限公司　网址：www.seentao.com　电话：4006600599　编码：DJ0192　4/4

图 12－7　招标代理合同

## 二、制作招标文件

招标文件是指由招标人或招标代理机构编制并向潜在投标人发售的明确资格条件、合同条款、评标方法和投标文件响应格式的文件。

招标文件内容：（1）招标公告。（2）投标人须知。

即具体制定投标的规则，使投标商在投标时有所遵循。投标须知的主要内容包括：

①资金来源。

②如果没有进行资格预审的，要提出投标商的资格要求。

③货物原产地要求。

④招标文件和投标文件的澄清程序。

⑤投标文件的内容要求。

⑥投标语言。

⑦投标价格和货币规定。

⑧标书格式和投标保证金的要求。

⑨评标的标准和程序。

⑩国内优惠的规定。

⑪投标程序。

⑫投标有效期。

⑬投标截止日期。

⑭开标的时间、地点等。

1. 任务描述。招投标总经理编制招标文件。

2. 业务流程图和业务流程步骤，如图 12－8、表 12－2 所示。

图 12－8　业务流程图

表 12－2　业务流程步骤

| 编号 | 活动名称 | 角色 | 活动描述－操作指导 |
|---|---|---|---|
| 1 | 制作招标文件 | 招投标总经理 | 招投标总经理编制招标文件 |

## 三、发布招标公告

招标公告是指招标单位或招标人在进行科学研究、技术攻关、工程建设、合作经营或大宗商品交易时，公布标准和条件，提出价格和要求等项目内容，以期从中选择承包单位或承包人的一种文书。

1. 任务描述。招投标总经理发布招标公告。

2. 业务流程图和业务流程步骤，如图 12－9、表 12－3 所示。

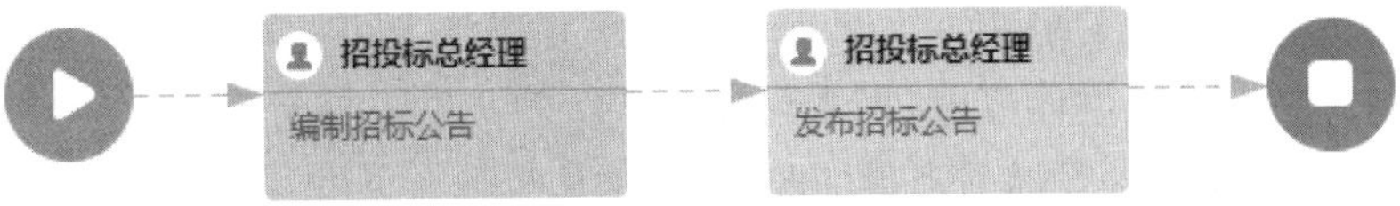


图 12－9　业务流程图

表 12－3　业务流程步骤

| 编号 | 活动名称 | 角色 | 活动描述－操作指导 |
|---|---|---|---|
| 1 | 编制招标公告 | 招投标总经理 | 招投标总经理根据招标公告模板，新建 Word 文档编制招标公告 |
| 2 | 发布招标公告 | 招投标总经理 | 1. 打印编制完成的招标公告<br>2. 将招标公告贴到公告板中，并通知企业到公告板处查看 |

## 四、出售招标文件

1. 任务描述。招投标公司出售招标文件。
2. 业务流程图和业务流程步骤，如图 12－10、表 12－4 所示。

图 12－10

表 12－4　业务流程步骤

| 编号 | 活动名称 | 角色 | 活动描述－操作指导 |
|---|---|---|---|
| 1 | 出售招标文件 | 招投标总经理 | 1. 收到企业购买申请的需求<br>2. 将招标文件销售给企业销售员，招标文件 200 元一份 |

## 五、组织开标会

开标是指在招标投标活动中，由招标人主持、邀请所有投标人和行政监督部门或公证机构人员参加的情况下，在招标文件预先约定的时间和地点当众对投标文件进行开启的法定流程。

会议议程：

（1）招标人签收投标人递交的投标文件。

（2）投标人出席开标会的代表签到。

（3）开标会主持人宣布开标会开始。

（4）开标会主持人介绍主要与会人员。

（5）开标会主持人宣读开标会纪律。

（6）核对投标人授权代表的相关资料。

（7）招标人领导讲话。

（8）主持人介绍投标人确认。
（9）主持人宣布投标文件截止和实际送达时间。
（10）代表共同检查各投标书密封情况。
（11）主持人宣布开标和唱标次序。
（12）唱标人依唱标顺序依次开标并唱标。
（13）开标会记录签字确认。
（14）公布标底。
（15）送封闭评标区封存。
（16）主持人宣布开标会结束。

1. 任务描述。招投标公司总经理组织开标会。
2. 业务流程图和业务流程步骤，如图 12－11、表 12－5 所示。

**图 12－11　业务流程图**

表 12－5　**业务流程步骤**

| 编号 | 活动名称 | 角色 | 活动描述－操作指导 |
| --- | --- | --- | --- |
| 1 | 组织开标会 | 招投标总经理 | 1. 招投标经理组织已投标的企业人员进行投标讲演<br>2. 请 4～5 位评委对招标情况进行评审 |

## 六、定标并发出中标订单

定标也即授予合同，是采购机构决定中标人的行为。定标是采购机构的单独行为，但需由使用机构或其他人一起进行裁决。在这一阶段，采购机构所要进行的工作有：决定中标人，通知中标人其投标已经被接受，向中标人发现授标意向书，通知所有未中标的投标，并向他们退还投标保函等。

中标通知书，是指招标人在确定中标人后向中标人发出的通知其中标的书面凭证。中标通知书的内容应当简明扼要，只要告知招标项目已经由其中标，并确定签订合同的时间、地点即可。中标通知书主要内容包括：中标工程名称、中标价格、工程范围、工期、开工及竣工日期、质量等级等。对所有未中标的投标人也应当同时给予通知。投标人提交投标保证金的，招标人还应退还这些投标人的投标保证金。

1. 任务描述。招投标总经理定标并发出中标订单。
2. 业务流程图和业务流程步骤，如图 12－12、表 12－6 所示。

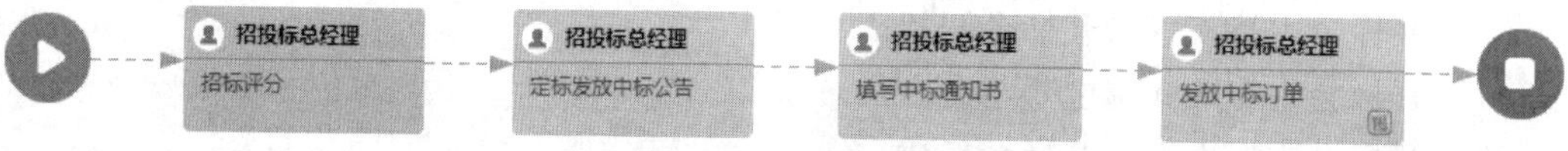


**图 12－12　业务流程图**

表 12－6　　业务流程步骤

| 编号 | 活动名称 | 角色 | 活动描述－操作指导 |
|---|---|---|---|
| 1 | 招标评分 | 招投标总经理 | 联合评标委员进行评分 |
| 2 | 定标发放中标公告 | 招投标总经理 | 1. 确定评分后，确定中标企业<br>2. 在系统中发布中标公告 |
| 3 | 填写中标通知书 | 招投标总经理 | 1. 填写中标通知书<br>2. 中标通知书送交中标企业 |
| 4 | 发放中标订单 | 招投标总经理 | 在系统中发放中标订单 |

## 七、结算招标服务费

1. 任务描述。结算招投标服务费。
2. 业务流程图和业务流程步骤，如图 12－13、表 12－7 所示。

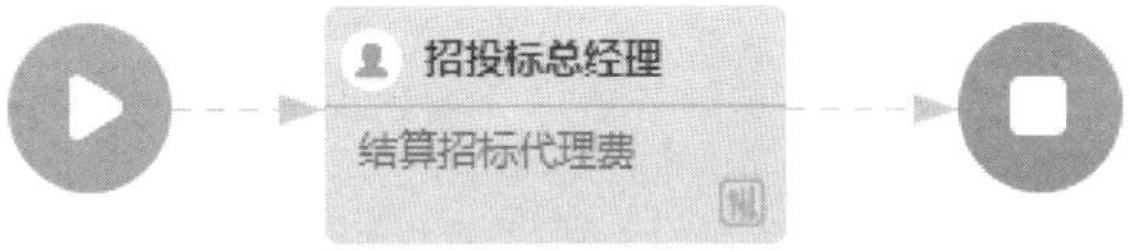


图 12－13　业务流程图

表 12－7　　业务流程步骤

| 编号 | 活动名称 | 角色 | 活动描述－操作指导 |
|---|---|---|---|
| 1 | 结算招标代理费（表 12－8） | 招投标总经理 | 结算招投标公司的服务费 |

表 12－8　　招标代理服务收费标准

| 服费务类率型<br>中标金额（元） | 货物招标 | 服务招标 | 工程招标 |
|---|---|---|---|
| 100万以下 | 1.5% | 1.5% | 1.0% |
| 100万-500万 | 1.1% | 0.8% | 0.7% |
| 500万-1 000万 | 0.8% | 0.45% | 0.55% |
| 1 000万-5 000万 | 0.5% | 0.25% | 0.35% |
| 5 000万-1亿 | 0.25% | 0.1% | 0.2% |
| 1亿~5亿 | 0.05% | 0.05% | 0.05% |
| 5亿~10亿 | 0.035% | 0.035% | 0.035% |
| 10亿~50亿 | 0.008% | 0.008% | 0.008% |
| 50亿~100亿 | 0.006% | 0.006% | 0.006% |
| 100亿以上 | 0.004% | 0.004% | 0.004% |

# 第十三章

# 自主经营

## 第一节　什么是自主经营

### 一、自主经营概念

自主经营即各组织自主展开业务。

进行自主经营，各组织可以自主决策需要开展哪些业务，可以自由定价，自主经营管理企业。进行自主经营，由 CEO 领导自己的团队在自由竞争的环境下，体验商业社会环境中的竞争与合作、生存与发展。

在自主经营阶段期初数据与固定经营阶段期初数据相同。

### 二、自主经营阶段工作特点

（1）管理者应发挥决策的作用，即企业做什么由公司高管做出决策。

（2）每个团队成员都可能成为某项工作的发起人。

（3）工作需要大家配合，当工作发起后，你可能就是这项任务的参与者之一。

（4）你可能承担很多项工作，也可能是重复的工作，因此在工作时应多与其他成员沟通。

### 三、自主经营阶段期初应注意事项

（1）请注意阅读实训规则，生产设备不支持混合生产。

（2）所有企业无期初的应收款/应付账款。

（3）各企业的现金/银行存款，以 2020 年 1 月初始数据为准。

（4）各企业（包括与虚拟企业间）默认无任何已签合同。

（5）服务公司收款时，需要记录付款人信息和金额。

（6）库存台账/各财务账页，期初数值不变，改为 2020 年 1 月。

（7）2019 年 1 月的训练内容划线，作为练习，不进入后续业务处理。

（8）各企业出纳将企业初始现金回到期初数值（第 1 次领的数值）。

### 四、自主经营阶段应考虑的一些问题

自主经营阶段应考虑的问题，如图 13－1 所示。

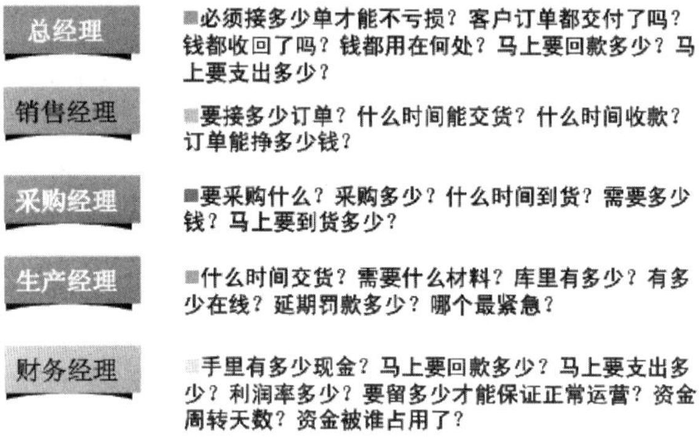


图 13－1　考虑问题

## 第二节　自主经营实训操作界面

进入教师端，找到教师端主界面左侧任务列表中的自主经营，如图 13－2 所示。

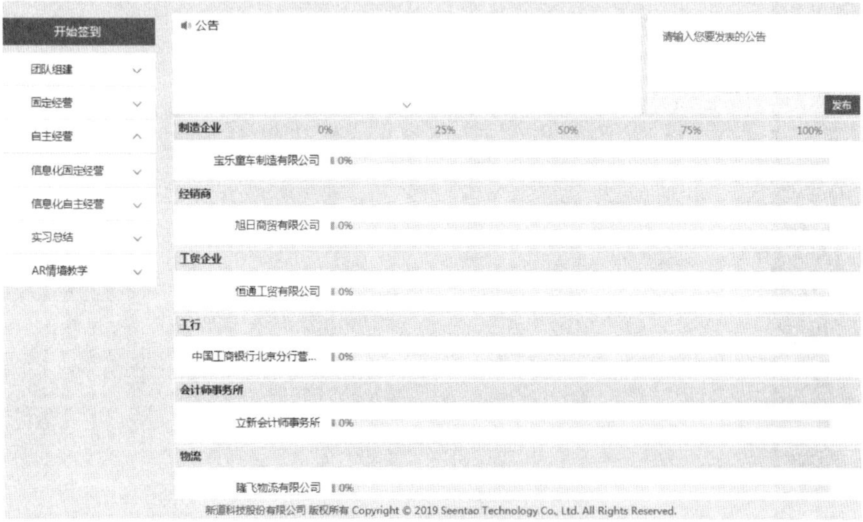


图 13－2　教师端主界面

点击自主经营，弹出对话框，提示先切换日期到 2020 - 01 - 05，如图 13 - 3 所示。

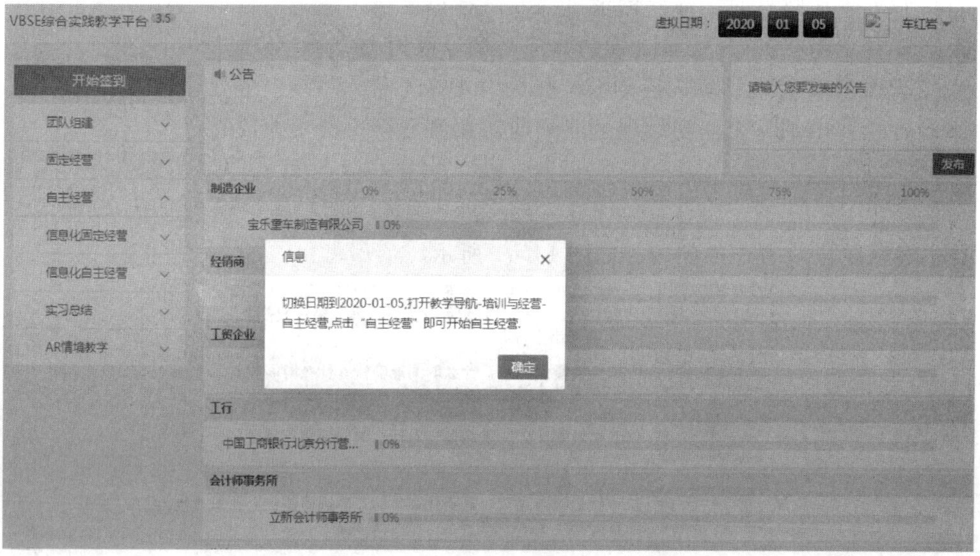


图 13 - 3　对话框

打开左侧教学导航，点击培训与经营进入自主经营界面，如图 13 - 4 所示。

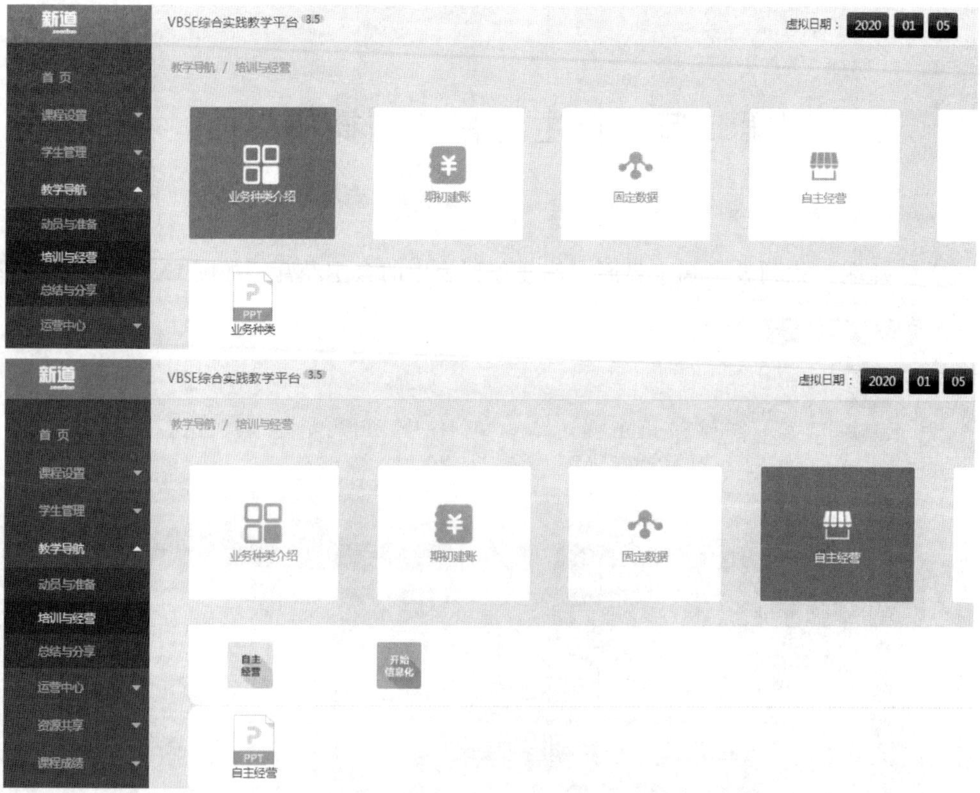


图 13 - 4　自主经营界面

点击自主经营，系统提示是否确定开始自主经营，如图 13－5 所示。

图 13－5　系统提示界面

点击确认，系统提示初始化完成，如图 13－6 所示。

图 13－6　完成确认

接下来就可以开始自主经营。

# 第三节　制造业自主生产

制造业自主生产的任务地图，如图 13－7 所示。

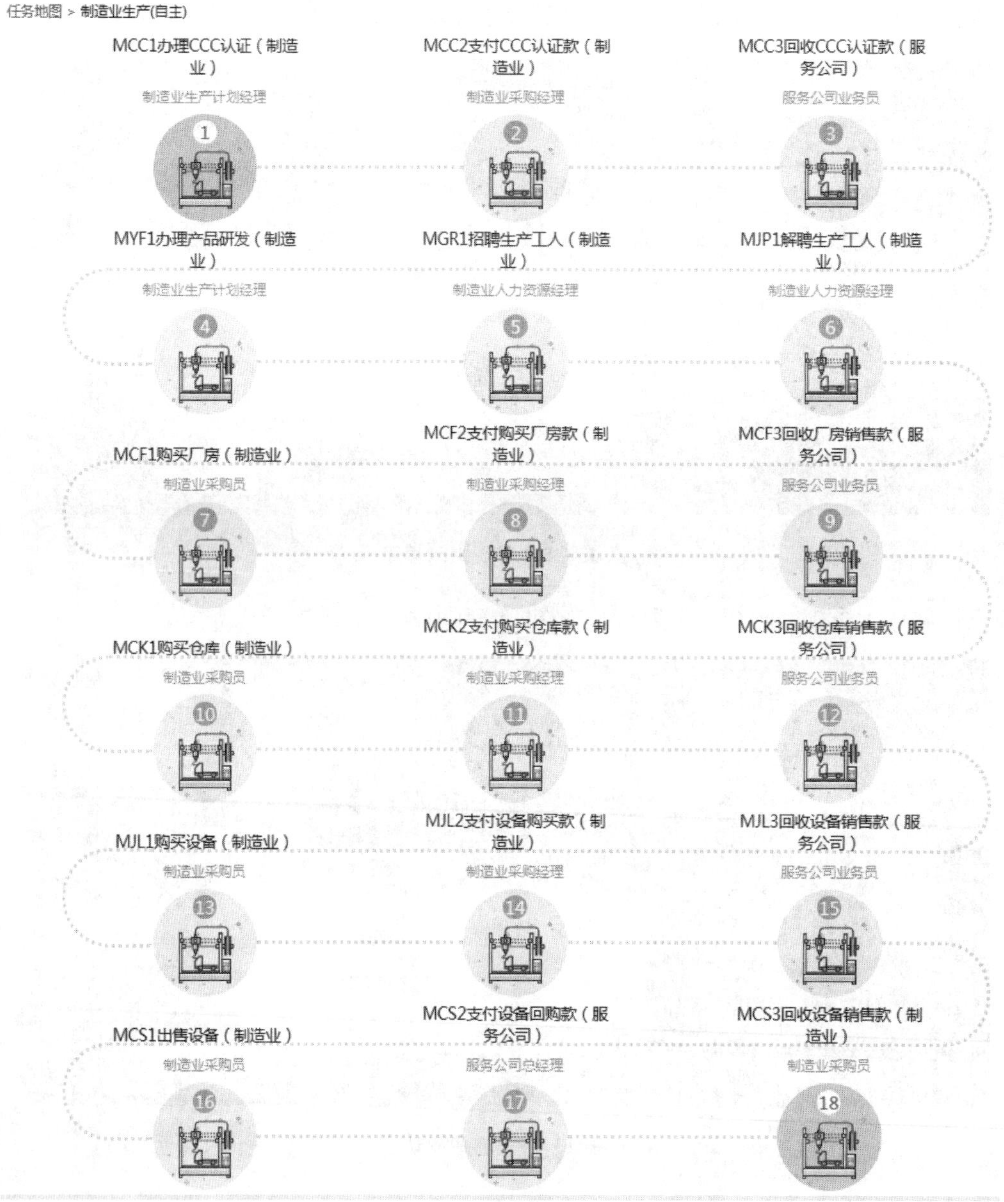


**图 13－7　任务地图**

制造业自主经营实训业务分为四个岗位：制造业生产计划经理、采购经理、人力资源经理、采购员。

## 一、生产计划经理实训任务

计划经理发起 CCC 认证和办理产品研发任务如图 13－8 所示。

图 13－8　计划经理待办任务

（一）办理产品研发

1. 任务描述。按生产需求，研发新产品。

2. 业务流程图，如图 13－9 所示。

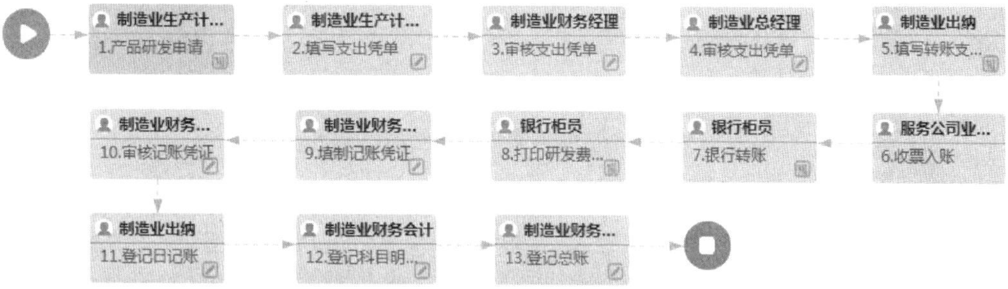


图 13－9　业务流程图

3. 具体业务操作。点击任务中心 > 办理产品研发 > 业务操作，出现操作界面，如图 13－10 所示。

图 13－10　业务操作界面

（1）点击申请产品研发，如图 13－11 所示。

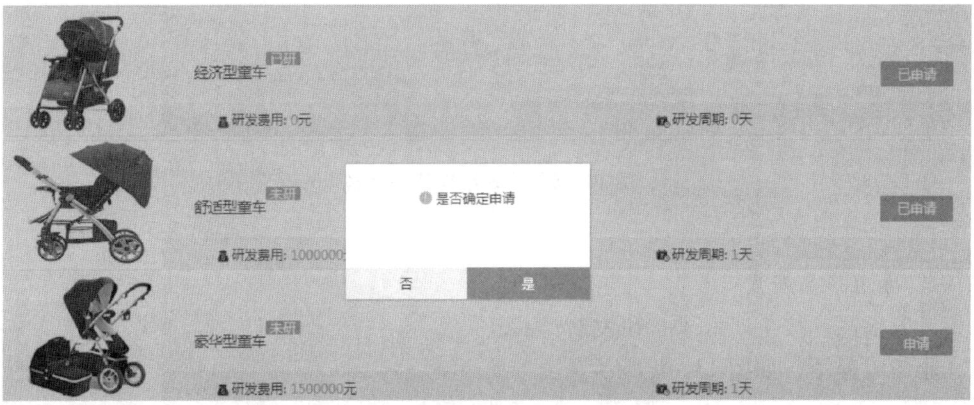


图 13－11　确认产品研发

（2）系统提示是否确定申请，确定后，系统提示已申请，如图 13－12 所示。

图 13－12　确认研发申请

（二）办理 CCC 认证

3C 认证实际上是英文名称" China Compulsory Certification"（中国强制性产品认证制度）的英文缩写（见图 13－13），是产品的强制性认证，同时也是产品进入国内市场的通行证。由中国质检总局和国家认监委制定的国家安全认证（CCEE）、进口安全质量许可制度（CCIB）、中国电磁兼容认证（EMC）三合一的“CCC”权威认证与国际标准接轨，有着不可替代的重要性。

图 13－13　3C 标识

1. 任务描述。按生产需求，办理 CCC 认证。
2. 业务流程图，如图 13－14 所示。

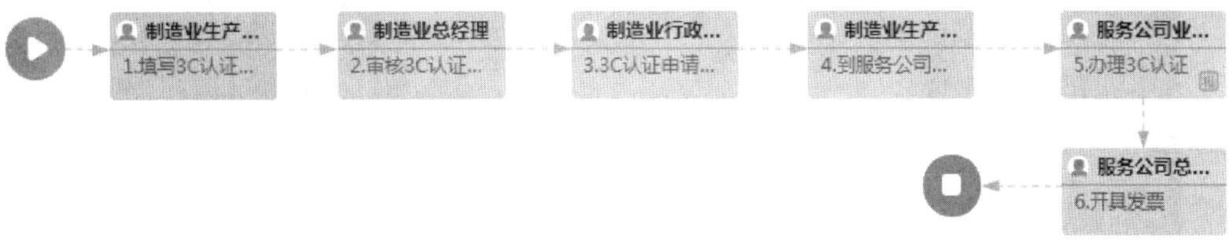


图 13－14 业务流程图

## 二、采购经理实训任务

（1）采购经理发起实训任务，如图 13－15 至图 13－17 所示。

图 13－15 步骤 1

图 13－16 步骤 2

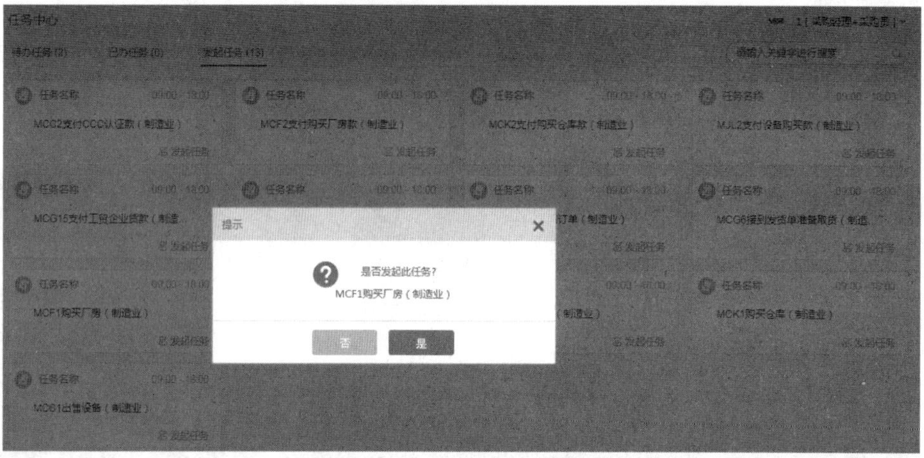


图 13－17　步骤 3

（2）发起任务后，在待办任务栏显示 8 项待办任务，如图 13－18 所示。

图 13－18　待办任务

（3）点击待办任务，显示具体任务内容，如图 13－19 所示。

图 13－19　具体任务内容

(一) 购买厂房

1. 任务描述。按生产需求，向服务公司购买厂房。

2. 业务流程图，如图 13－20 所示。

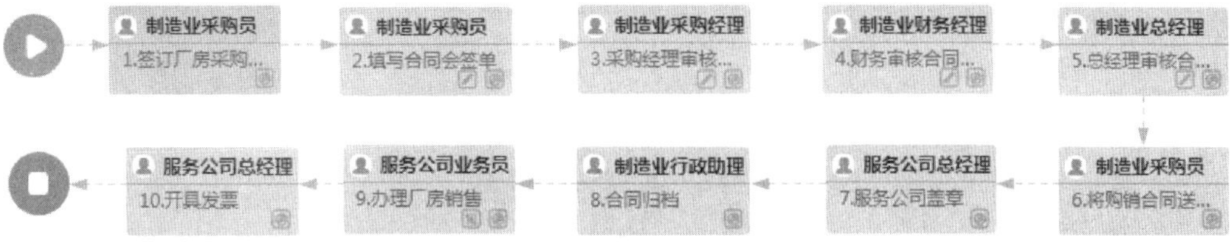


图 13－20 业务流程图

(二) 支付购买厂房房款

1. 任务描述。企业支付购买厂房的费用。

2. 业务流程图，如图 13－21 所示。

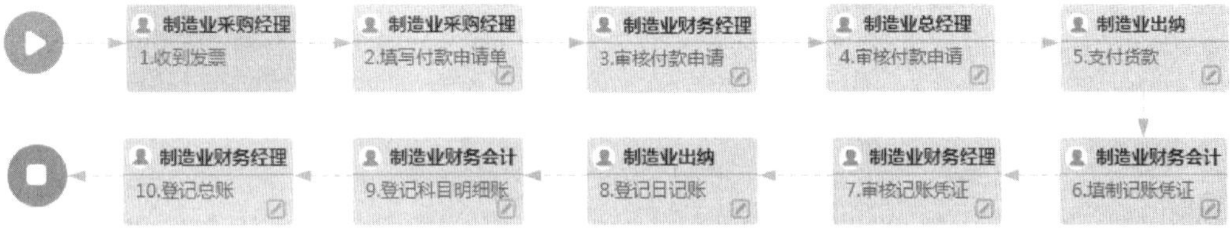


图 13－21 业务流程图

(三) 购买仓库

1. 任务描述。按生产需求，向服务公司购买仓库。

2. 业务流程图，如图 13－22 所示。

图 13－22 业务流程图

(四) 支付购买仓库款

1. 任务描述。企业支付购买仓库。

2. 业务流程图，如图 13－23 所示。

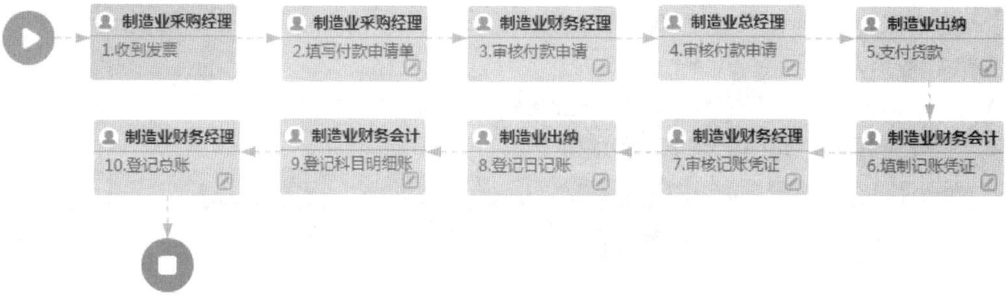


图 13－23　业务流程图

（五）购买设备

1. 任务描述。按生产需求，向服务公司购买设备。

2. 业务流程图，如图 13－24 所示。

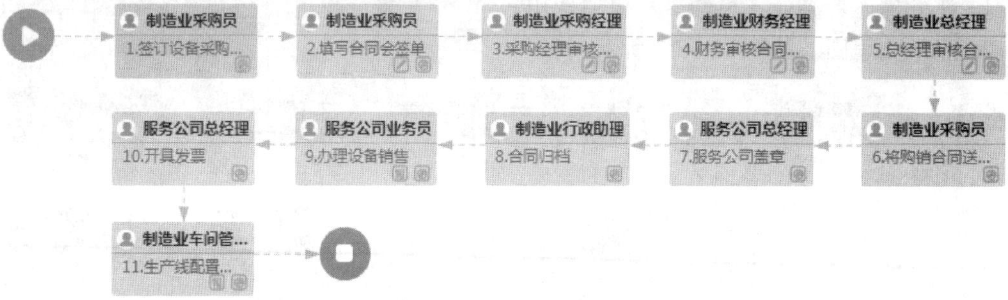


图 13－24　业务流程图

（六）支付设备购买款

1. 任务描述。企业支付购买设备的费用。

2. 业务流程图，如图 13－25 所示。

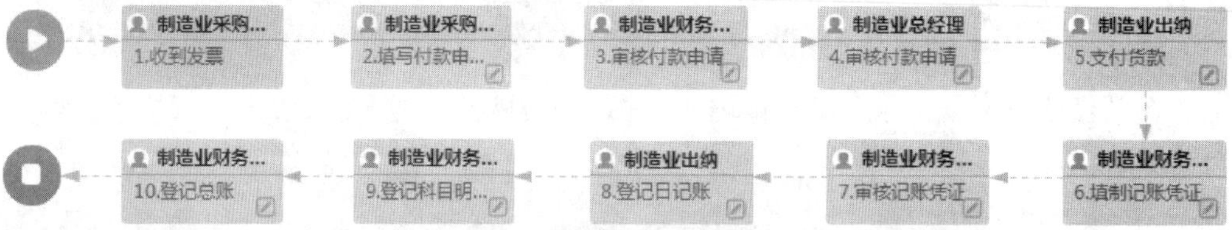


图 13－25　业务流程图

（七）出售设备

1. 任务描述。按生产需求，向服务公司出售设备。

2. 业务流程图，如图 13 – 26 所示。

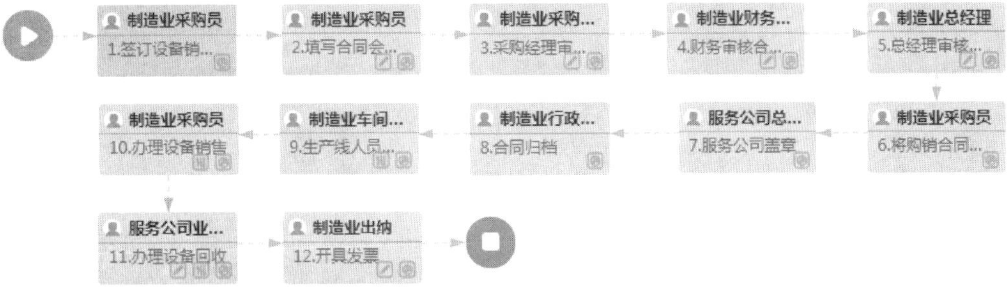


图 13 – 26　业务流程图

（八）回收设备销售款

1. 任务描述。企业回收销售生产线的设备款。

2. 业务流程图，如图 13 – 27 所示。

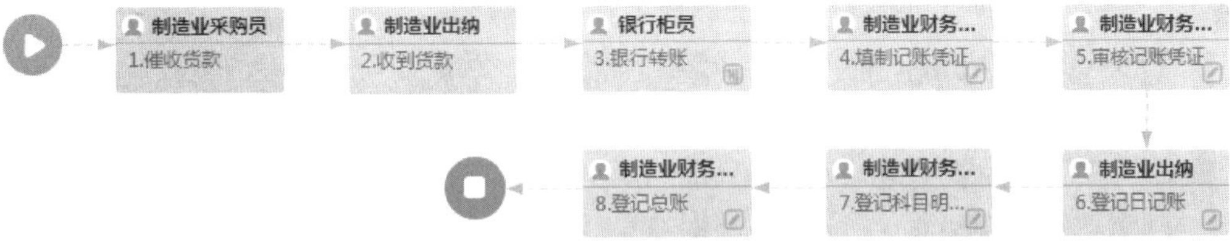


图 13 – 27　业务流程图

## 三、人力资源经理业务实训

人力资源经理和人力资源助理（角色合并）发起任务，具体步骤如图 13 – 28 至图 13 – 30 所示。

（1）步骤 1，点击发起任务。

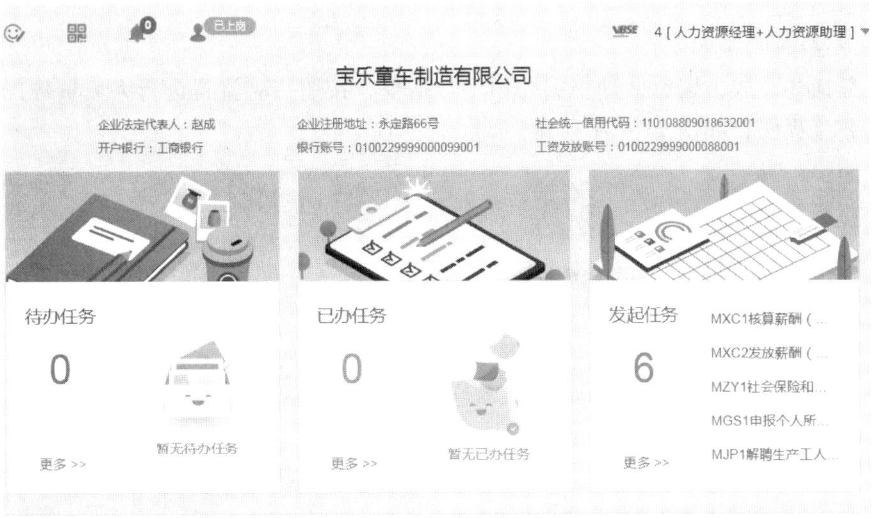


图 13 – 28　步骤 1

（2）步骤2，选择任务。

图 13-29　步骤 2

（3）步骤3，发起招聘生产工人和解聘生产工人任务。

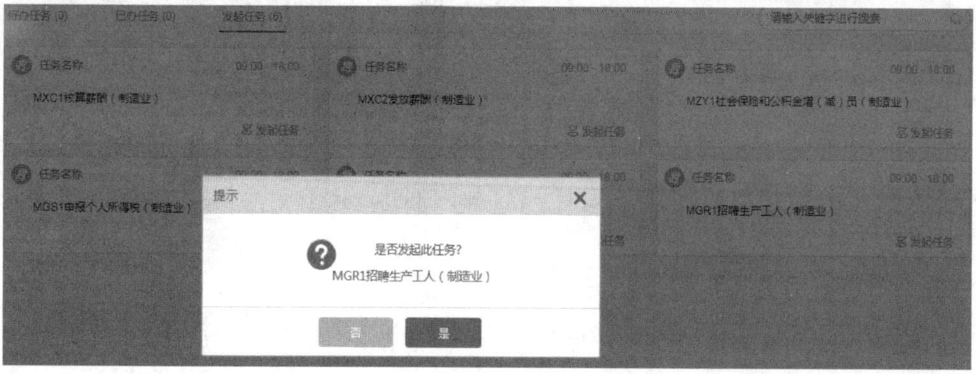


图 13-30　步骤 3

（一）招聘生产工人

1. 任务描述。人力资源助理根据公司生产需要，按照招聘流程进行人力资源的招聘。

2. 业务流程图，如图 13-31 所示。

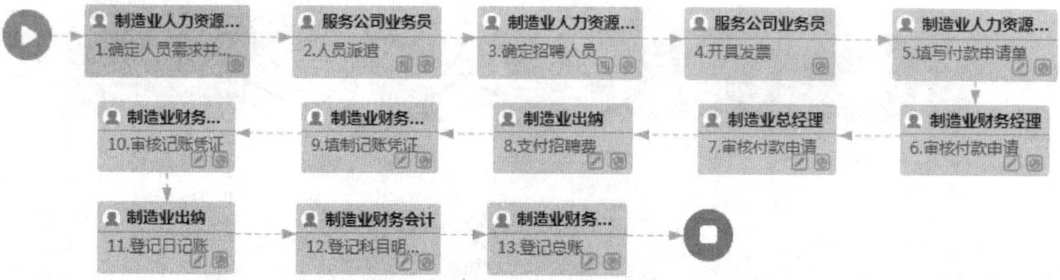


图 13-31　业务流程图

(二) 解聘生产工人

1. 任务描述。人力资源部经理根据公司生产需要，按照解聘流程进行人力资源的解聘。

2. 业务流程图，如图 13－32 所示。

图 13－32　业务流程图

# 第四节　制造业直销

制造业直销任务地图，如图 13－33 所示。

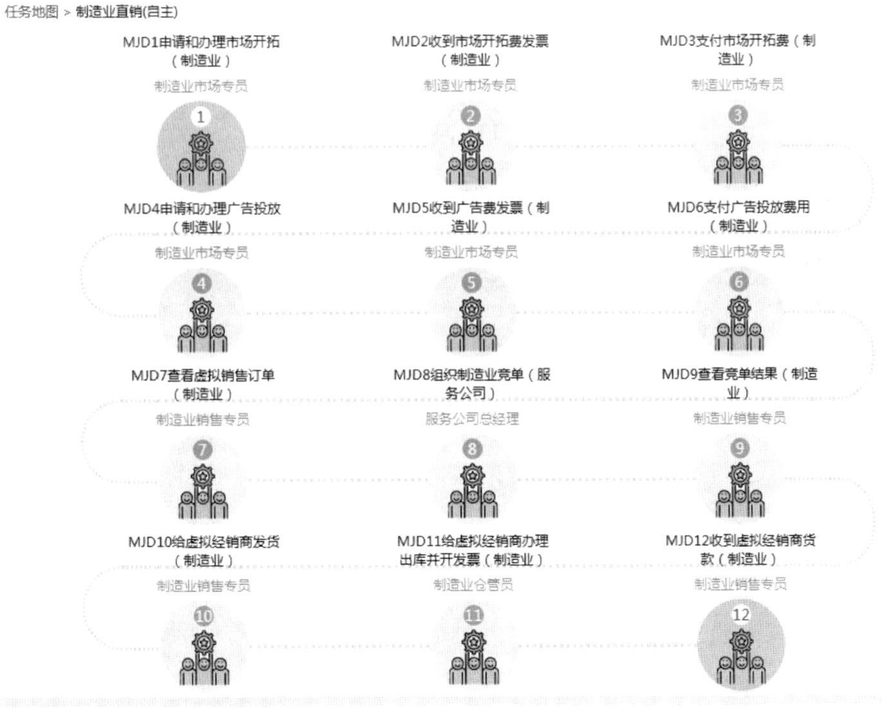


图 13－33　任务地图

制造业直销业务实训涉及三个岗位：销售专员、市场专员和仓管员，本例销售专员和市场专员合并为一，实际岗位为 2 个。

## 一、销售专员和市场专员业务实训

（1）步骤 1，点击发起任务，如图 13－34 所示。

**图 13－34　步骤 1**

（2）步骤 2，选择任务，如图 13－35 所示。

**图 13－35　步骤 2**

（3）步骤 3，发起其中 8 项任务，如图 13 – 36 所示。

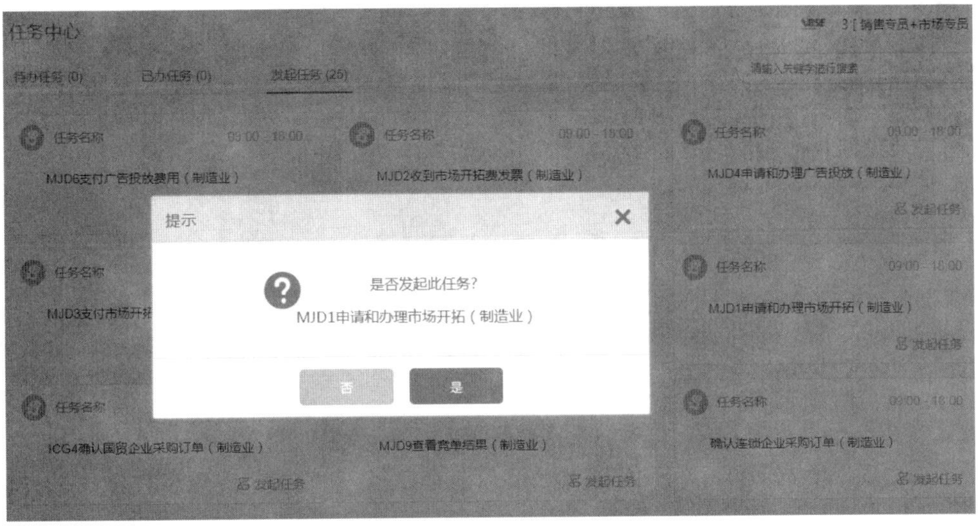


图 13 – 36　步骤 3

（一）申请和办理市场开拓

1. 任务描述。市场部为本企业开拓市场，投放资金，办理相关审批手续。

2. 业务流程图，如图 13 – 37 所示。

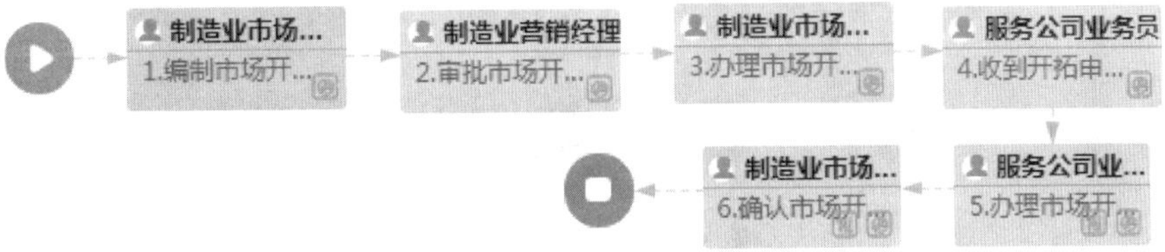


图 13 – 37　业务流程图

（二）收到市场开拓费发票

1. 任务描述。市场专员收到服务公司关于市场开拓的发票，核对后交本企业相关部门审核，并按照公司的财务付款流程，依次办理财务手续。

2. 业务流程图，如图 13 – 38 所示。

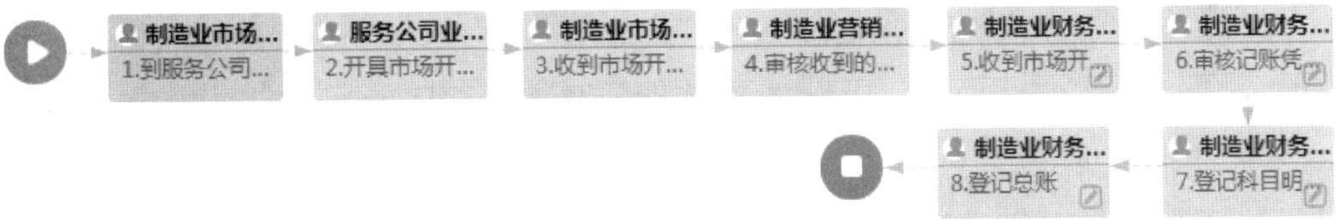


图 13 – 38　业务流程图

（三）支付市场开拓费

1. 任务描述。市场专员根据收到服务公司关于市场开拓的发票，核对后交本企业相关部门审核，并按照公司的财务付款流程，依次办理财务手续，最终支付市场开拓费用。

2. 业务流程图，如图 13－39 所示。

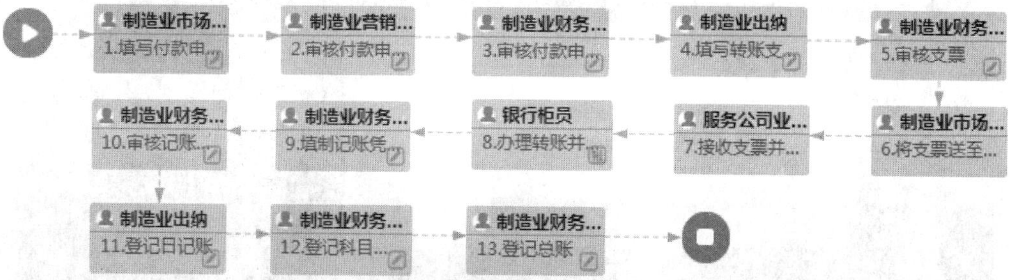


图 13－39　业务流程图

（四）申请和办理广告投放

1. 任务描述。市场专员依据公司的销售策略，提交投放广告申请及预算表，报营销部经理审核批准后，由服务公司办理投放广告业务。

2. 业务流程图，如图 13－40 所示。

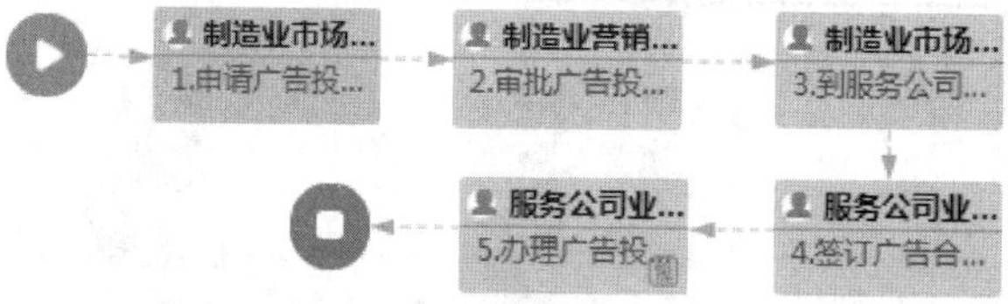


图 13－40　业务流程图

（五）收到广告费发票

1. 任务描述。市场专员收到服务公司关于市场广告费的发票，核对后交本企业相关部门审核，并按照公司的财务付款流程，依次办理财务手续。

2. 业务流程图，如图 13－41 所示。

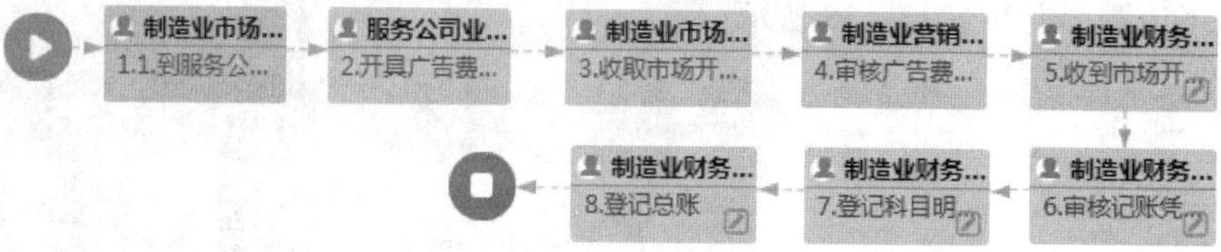


图 13－41　业务流程图

（六）支付广告投放费用

1. 任务描述。市场专员按照收到服务公司关于市场广告费的发票，核对后交本企业相关部门审核，并按照公司的财务付款流程，依次办理财务手续，最终支付市场广告的费用。

2. 业务流程图，如图 13－42 所示。

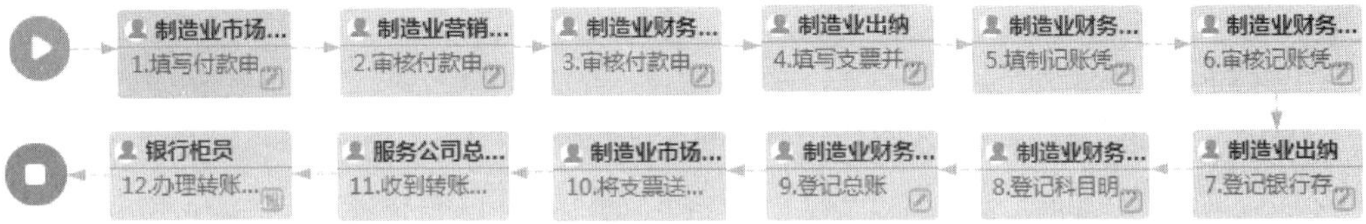


图 13－42 业务流程图

（七）查看虚拟销售订单

1. 任务描述。市场专员在系统中查看销售订单。

2. 业务流程图，如图 13－43 所示。

图 13－43 业务流程图

（八）查看竞单结果

1. 任务描述。销售专员在系统中查看竞单。

2. 业务流程图，如图 13－44、图 13－45 所示。

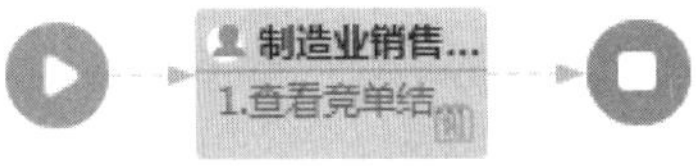


图 13－44 业务流程图

| 订单编号 | 客户 | 产品名称 | 数量 | 含税折扣价 | 总金额 | 交货日期 | 付款日期 | 状态 | 操作 |
|---|---|---|---|---|---|---|---|---|---|
| XS23002606 | 五洲进出口... | 经济型童车 | 300 | 1010.36 | 303108 | 2019-01-25 | 2019-01-25 | 已确定 | [illegible] |
| XS15929371 | 百联集团有... | 经济型童车 | 300 | 1010.36 | 303108 | 2019-01-25 | 2019-01-25 | 已确定 | [illegible] |

图 13－45 查看竞单

（九）给虚拟经销商发货

1. 任务描述。销售专员依据销售订单办理发货。

2. 业务流程图，如图 13－46、图 13－47 所示。

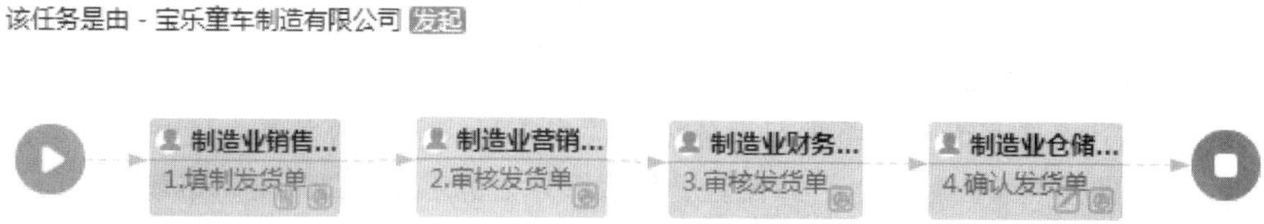


图 13 -46　业务流程图

任务中心 > MJD10给虚拟经销商发货（制造业）

工作流程　填写单据　业务操作　决策依据　　回退　保存　完成

| 订单编号 | 客户 | 产品名称 | 数量 | 含税折扣价 | 总金额 | 交货日期 | 付款日期 | 状态 | 操作 |
|---|---|---|---|---|---|---|---|---|---|
| XS23002606 | 五洲进出口... | 经济型童车 | 300 | 1010.36 | 303108 | 2019-01-25 | 2019-01-25 | 已确定 | |
| XS15929371 | 百联集团有... | 经济型童车 | 300 | 1010.36 | 303108 | 2019-01-25 | 2019-01-25 | 已确定 | |

1

图 13 -47　销售订单

（十）收到虚拟经销商货款

1. 任务描述。销售专员通知出纳查看收款信息，出纳根据收款的回单记账。

2. 业务流程图，如图 13 -48 所示。

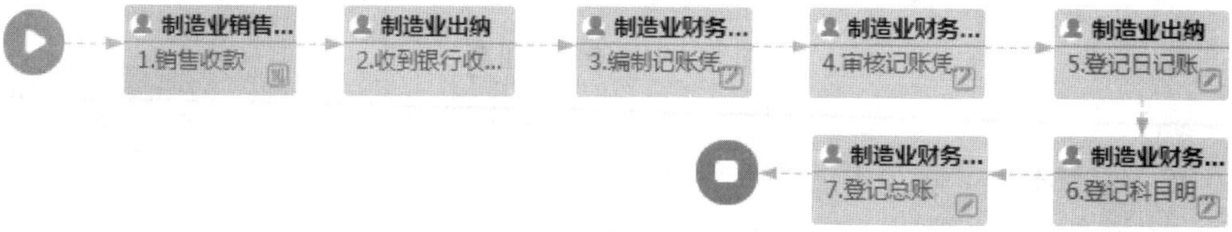


图 13 -48　业务流程图

## 二、仓管员实训

（1）步骤 1，点击发起任务，如图 13 -49 所示。

图 13 -49　步骤 1

(2) 步骤 2，选择任务，如图 13－50 所示。

图 13－50　步骤 2

(3) 步骤 3，发起任务，如图 13－51 所示。

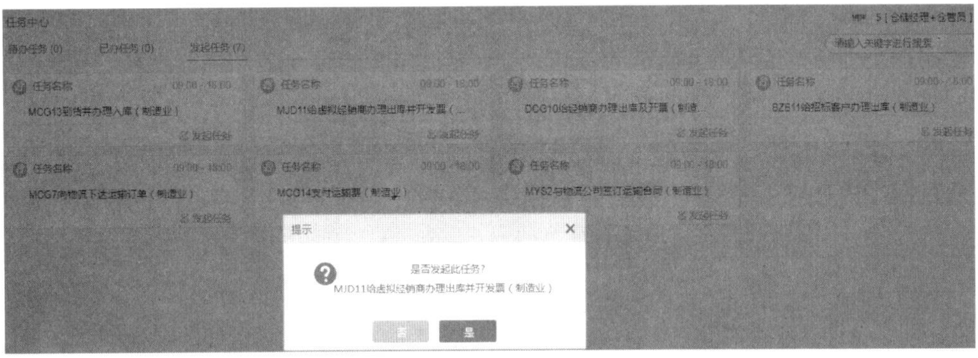


图 13－51　步骤 3

(4) 给虚拟经销商办理出库并开据发票

1. 任务描述。仓储部仓管员按照销售部提供的发货单，填制产品出库单，并报仓储部经理审核，批准后给虚拟客户发货，营销部提交开具增值税专用发票的申请，财务部开据增值税专用发票并记账。

2. 业务流程图，如图 13－52 所示。

图 13－52　业务流程图